독학자, 반 고흐가 사랑한 책

독학자, 반 고흐가 사랑한 책
책과 그림과 영혼이 하나된 사람의 이야기

첫판 1쇄 펴낸날 2014년 1월 18일

지은이 박홍규
기획·책임편집 서정순
본문 디자인 성인기획
표지 디자인 가필드

펴낸곳 해너머
출판등록 2013년 10월 1일 제2013-000024호

주소 서울시 강북구 미아동 791-3289(서울시 강북구 솔매로22가길 59)
전화 02-989-0991
팩스 02-989-0992
이메일 nillabel@naver.com

ⓒ 박홍규, 2013
ISBN 979-11-951433-0-6

* 이 책의 내용을 쓰고자 할 때는 지은이와 해너머의 허락을 받아야 합니다.
* 잘못된 책은 바꾸어 드립니다.

이 도서의 국립중앙도서관 출판시도서목록(CIP)은 서지정보유통지원시스템 홈페이지(http://seoji.nl.go.kr)와 국가자료공동목록시스템(http://www.nl.go.kr/kolisnet)에서 이용하실 수 있습니다.(CIP제어번호: CIP2013029228)

독학자, 반 고흐가 사랑한 책

책과
그림과
영혼이
하나된
사람의
이야기

박홍규 지음

해너머

| 머리말 |

반 고흐,
낮은 자세로 읽고 배웠던 사람

대개 화가는 지적인 독서가나 냉철한 사색가라기보다는 감각적 재능이나 손재주가 남다른 사람으로 여겨진다. 특히 빈센트 반 고흐는 본능적인 광기와 감성으로 미술사를 새로 쓴, 천재 화가로 통한다. 그래서 '빈센트 반 고흐' 하면 불타는 정념을 가장 먼저 떠올리곤 한다. 독서나 사색, 논리와는 별로 상관없는 사람으로 통하는 것이다. 심지어 화가나 시인이나 음악가 같은, 소위 예술가는 빈센트처럼 즉흥적이고 비논리적이어야 한다고 믿기도 한다. 대단한 미신이다. 빈센트는 결코 감정대로만 움직인 사람이 아니다. 계획 없이 되는대로 그림 작업에만 몰두한 미치광이 화가는 더더욱 아니다.

빈센트 반 고흐는 어려서부터 책과 그림을 두루 사랑하였다. 그에게 책은 제 세계관을 올곧게 정립하게끔 이끌어준 선생이었고, 그림은 그 세계관을 오롯이 드러내게 한 그릇이었다. 한마디로 빈센트의 그림들은 거의 모두 책을 읽고서 영감을 얻어 그린 것이라고 해도 좋다. 너무도 잘 알려진 〈의자와 담뱃대〉는 영국의 문호인 디킨스가 죽은 뒤 그를 추모하고자 그린 그림(루크 필데스의 작품)을 원용한 것이고, 〈아를의 침실〉은 조지 엘리엇의 사회정치소설 《급진주의자, 펠릭스 홀트》를 읽고 영향을 받아서 그린 것이다. 또한 빈센트는 인물의 본질이 아주 잘 드러나는 초상화를 그리고픈 야망을 품기도 했는데, 특히 졸라나 도데, 발자크 같은 작가들의 펜 끝에서 살아난 인물들을 볼 때마다 그 욕망은 더욱 강렬해지곤 했다.

"너도 진실을 중요하게 여긴다고 믿기 때문에 솔직하게 말하마. 시골 아낙을 시골 아낙답게 그리는 것과 마찬가지 이유로 매춘부를 그릴 때는 매춘부답게 그리고 싶다. (…) 졸라, 도데, 공쿠르 형제, 발자크 같은 문학의 거장들이 묘사한 여인의 아름다움을 뼛속 깊이 느낄 때면 더욱 그렇다."(1885년 12월 28일, 테오에게 쓴 편지)

비단 소설가들의 작품만이 아니라 키츠, 하이네 등 시인들의 작품 구절을 연상시키는 그림도 빈센트는 많이 그렸다.

책과는 도저히 떼려야 뗄 수 없는 예술가인 만큼 빈센트 반 고흐는 책을 단독으로 그린 정물화를 여러 점 남기기도 했다. 그 정물화 가운데 유독 관심을 끄는 정물화가 〈책 세 권의 정물〉이다. 꽃도 과일도 빵도 아닌 오로지 책만을 그린 정물화다. 이것은 파리에 머물던 시기인 1887년 3~4월에 그려졌다.

일본의 차茶 상자 뚜껑에 그려진, 세 권의 책이 보인다. 맨 위에 놓인 것은 리슈팽의 소설책인 《용감한 사람들》이다. 지방으로 간 음악가와 알코올 중독으로 요절한 무언극 배우의 시련을 다룬 작품이다. 1849년에 나서 1926년에 진, 리슈팽은 '시인 졸라'로 불릴 만큼 시의 자연주의적 혁명을 이룬 프랑스의 시인인데, 당국은 그가 쓴 시어가 상스럽다 하여 1개월 징역형을 내리기도 했다. 그 아래 소설책은 에드몽 드 공쿠르의《매춘부 엘리자》다. 손님을 죽여 감옥에 간 매춘부의 삶을 다룬 작품이다. 맨 아래 놓인 붉은색 표지의 소설책은 졸라의《여성의 행복》으로, 사업가인 옥타브 무레

〈책 세 권의 정물〉, 1887년, 암스테르담, 반 고흐 미술관.

가 여성들과 숱하게 교제를 하여 사업에 성공한다는 이야기다.

위 소설들은 빈센트가 파리에 있으면서 애독한 것이다. 모두 자연주의 작품을 대표한다. 빈센트는 1887년 여름 또는 가을, 누이동생 빌에게 보낸 첫 편지에서 리슈팽을 졸라와 플로베르 그리고 모파상과 공쿠르 형제, 위스망스와 함께 프랑스 자연주의의 위대한 작가로 찬양했다. 이런 작가들의 소설을 읽지 않으면 '우리 시대'에 대해 아무것도 모른다고 자신 있게 덧붙이기도 했다.

그는 1887년 여름에 그린 〈조각상과 책이 있는 정물〉에도 자신이 흥미롭게 읽은 공쿠르 형제의《제르미니 라세르퇴》와 모파상의《벨아미》를 그려 넣었다. 이번에는 비너스 조각상과 장미꽃 세 송이를 함께 그렸다. 두 소설작품은 빈센트의 여러 그림에서처럼 문명을 상징한다고 볼 수 있다. 반면 장미와 비너스는 낭만적인 사랑이라는 전통을 상징한다. 자신의 또 다른 정물화인 〈펼쳐진 성경이 있는 정물〉에서처럼 빈센트는 이 둘을 대립시키고자 한 곳에 넣은 것이 아니라 서로 어울릴 수 있다는 것을 보여주려고 한데 두었다.

그런데 왜 하필 장미일까? 서양에서는 장미가 순교의 상징이기 때

문이다. 서양의 관념에 따르면, 에덴동산에 핀 장미에는 가시가 없으나 아담과 이브의 타락 이후 장미에 가시가 돋아났다. 그래서 가시는 인간의 타락을 뜻하고, 장미꽃의 아름다움과 우아함은 천국의 기쁨을 상징한다. 그런데 빈센트가 그린 장미에는 가시가 없다. 가시 없는 장미는 보통 성모의 순수한 사랑을 뜻한다. 마찬가지로 비너스 조각상도 아름다움의 대명사다.

한편 공쿠르 형제가 쓴 《제르미니 라세르퇴》는 착하고 여리디여린 한 노동자 여성이 이런저런 밑바닥 일을 전전하다가 성性에 눈을 떠, 온몸으로 사랑을 하다가 버림받고 알코올 중독에 정신질환, 결핵을 앓다가 끝내 죽음을 맞는다는 이야기다. 누구보다도 헌신적으로 사랑을 하지만 매번 내쳐지고 이용만 당하는 가련한 노동자의 40년 일생을 그린 이 소설은 확실히 빈센트에게 깊은 감동을 주었다. 그는 〈의사 가셰의 초상〉에도 《제르미니 라세르퇴》를 그려 넣었다.

모파상의 장편소설 《벨아미》는 평범한 젊은 미남자가 사교계에 등장하여 '벨아미'라는 별명을 얻고부터, 닥치는 대로 권세 있는 귀부인들과 밀애를 즐기며 성공가도를 달린다는 이야기다.

이 〈조각상과 책이 있는 정물〉을 그릴 무렵인 1887년 여름 또는 가을, 빈센트는 빌에게 《제르미니 라세르퇴》나 《벨아미》 같은 현대소설을 추천하면서 다음과 같이 말한다. "우리네 삶을 있는 그대로 그리고 있어서, 진실을 듣고자 하는 사람들의 욕구를 만족시켜주지."(1887년 여름 또는 가을, 빌에게 쓴 편지)

그리고 2년 뒤 빌에게 들라크루아의 〈피에타〉를 설명하면서 다시금 《제르미니 라세르퇴》를 언급한다. "들라크루아는 슬픔의 성모(Mater Dolorosa)를 로마 조각상처럼 그리지 않고 도리어 《제르미니 라세르퇴》에서처럼 창백한 풍경, 고뇌와 눈물과 늙은 몸에 지친 인간의 당혹스럽고 공허한 모습으로 그렸지."(1889년 9월 19일, 빌에게 쓴 편지)

들라크루아의 〈피에타〉를 모사하면서 의미를 부여한 것처럼 〈조각상과 책이 있는 정물〉을 그리면서도 빈센트는 마찬가지 의미를 부여했음에 틀림없다. 다시 말해 빈센트는 조각상과 현대소설 책을 한데 놓아둠으로써 그 둘을 대비시켰다.

〈조각상과 책이 있는 정물〉, 1887년, 오테를로, 크뢸러 뮐러 미술관.

〈책 세 권의 정물〉이나 〈조각상과 책이 있는 정물〉 말고도 책을 그린 정물화가 여러 작품 더 있을 정도로 빈센트는 책을 좋아하였고, 탐독하였으며, 책에서 거의 모든 것을 얻었다. 그 중에서도 죽을 때까지 손에서 놓지 않은 것이 성경이다. 19세기 서양인이면 누구나 그렇듯이 빈센트도 태어나면서부터 죽을 때까지 성경을 읽었다. 비단 성경만이 아니다. 빈센트는 다른 책들도 어려서부터 손에서 놓지 않았고, 가족과 친구들에게 열렬히 책을 추천하거나 빌려주곤 했다. 남들이 귀찮아할 정도로 책에 대해서 말하는 것을 즐겼다.

나이 서른 전후부터 죽기까지 십 년 남짓 그림을 그리게 되면서는 매일같이 낮에는 그림을 그리고, 밤에는 책을 읽거나 편지를 썼다. 그 둘을 함께 하기도 했다. 빈센트가 남긴 방대한 분량의 편지는 세계적으로 유례가 없을 정도로 문학적 가치가 높다. 그래서 우리 한국에도 여러 판으로 번역되어 나와 있다. 빈센트는 편지에 자기가 읽은 책에 대해 쓰기를 좋아했다. 뿐만 아니라 그림 작업을 할 때도 자신이 감동적으로 읽은 책을 그려 넣곤 했다. 빈센트 말고는 그런 화가가 어느 시대, 어느 나라에도 없다. 그러므로 빈센트 반 고흐는 역사상 가장 창조적인 화가라 해도 좋다.

빈센트가 무엇보다 남다른 것은 처음부터 끝까지 그림도 글쓰기도 '홀로' 익혔다는 점이다. 초등학교와 중학교를 합쳐 7~8년밖에 학교를 다니지 않은 그로서는 책을 선택하고, 읽고, 소화하는 것까지 혼자서 다 해야 했다. 그야말로 독학이요 독습이었다. 인터넷이나 텔레비전 방송은커녕 신문도 흔치 않던 19세기 후반에 그는 우직하게 혼자서 공부하였다. 빈센트의 곁에는 빈센트를 지도해주고 가르쳐줄 사람이 거의 없었다. 교사도 부모도 형제도 선배도 친구도 그에게 제대로 된 가르침을 주지 않았다. 그리하여 스스로 선택해서 책을 읽고, 느낀 점을 자기 식대로 풀어썼다. 남의 의견을 듣거나 평을 참조하지도 않았다. 그럴듯하게 흉내 내지도 않았다. 그야말로 고독한 내면의 자기인식이요 자기성찰이었다.

철저히 혼자 읽고, 혼자 생각하여 글로 풀어냈듯이 그림도 《데생 교본》 같은 책을 구하다가 혼자서 공부하고 자기가 확신하는 바를 밀고 나갔다. 네덜란드 국립미술관이나 프랑스 루브르 박물관 등에 가서 할스, 렘브란트, 루벤스, 밀레 같은 거장들의 그림을 직접 보고 느끼고 배웠다. 미술 지식도 《옛 거장들》이나 《이 시대의 화가들》, 《조형예술의 문법》 같은 책을 읽고 스스로 깨우쳐 갔다. 학교에서 교육을 받은 것도 아니고 사립 미술학원에서 가르침을 받은 것도 아니었다.

빈센트 반 고흐는 끊임없이 탐구하는 삶을 살다가 갔는데, 이러한 삶의 방식은 결코 쉽게 이루어지지 않는다. 요령을 피워 간단히 완성되는 것도 아니다. 도리어 빈센트는 손쉽게 가 닿을 수 있는 길도 둘러서 가곤 했다. 그는 예술적으로 성공하기 위해서가 아니라 인간의 길을 완성해가고자 했다. 그 길은 땀 흘려 일하면서(그림 작업을 하면서) 숭고한 정신을 드러내는 것이었고, 그것이 우리에게 참으로 감동을 준다.

이처럼 더디고 외롭기까지 한 '홀로 배움'을 우리 시대는 아주 낯설어 한다. 그래서일까? 빈센트의 '홀로 하는 공부' 즉 독학을 두고, 아마추어 행태니 한 우물을 파지 못하는 어리석은 짓이니 헛고생이니 하며 무시하는 사람도 적지 않다. 한국이라는 나라가 원체 교사자격증 소지자로 채워진 학교나 박사들로 꾸려진 입시학원 등 전문가 집단에서 배우고 익히는 교육만을 중시하니 말이다. 그러나 모든 아이들이 서너 살 때부터 미술학원을 다니고, 이십대에 대학원까지 가서 배운다 해도 빈센트 같은 인물은 나오지 않을 것 같다. 오히려 빈센트처럼 이십대 말까지 미술에 대해 아무것도 배우지 않고 삶을 먼저 배워야 독보적인 예술가가 나오지 않을까? 아예 빈센트라는 이름을 단 학원까지도 없어져야 '한국의 빈센트'가 나오지 않을까?

빈센트 반 고흐는 평생 자신을 낮추고 '공부하는 자'로 일관했다. 선생들에게서 들어 익힌 것이 아니라 끊임없이 홀로 배우고 생각하고 터득하는, 실로 '공부하는 자'였다. 그러니 소위 전문가들의 눈에는 빈센트의 방식이 잘 이해되지 않을뿐더러 불편하게 느껴질 법도 하다. 사실 빈센트의 방식은 딴 게 아니다. 빈센트는 극단의 대립이 시작된 시대, 그 복잡했던 19세기의 여러 경향들을 종합했다. 자기 분야에만 몰두하는 전문가들로서는 꿈도 꾸지 못할 일이다. 그는 특히 유신론과 무신론, 낭만파와 사실파, 보수와 진보 등의 온갖 반대개념을 제 나름대로 종합했다. 빈센트의 그런 경향에 대해서는 지금도 여러 비판이 있다. 그러나 나는 그런 종합적인 사고야말로 지금 우리 시대에 가장 필요한 태도라고 본다. 그것은 전방위적으로 공부한 빈센트 같은 사람만이 할 수 있는 일인지도 모르겠지만.

서로 반대되는 개념을 종합하여 한 줄기로 꿰는 이러한 방식이 신선하게 다가오는 것은 소위 전문가나 전문적 제도가 자신의 집단 이익을 추구하느라 너무도 쉽게 지배체제와 공모하는 세상에 우리가 살고 있기 때문이다. 가령 의사회가 사리사욕을 채우느라 훌륭한 의료를 제한하듯이 전문가 집단은 주로 자기 이익을 증대시키는 일에 앞장선다. 또한 의학이나 법학 등 출세 지향적인 전문 교육기관은 의도했건 의도하지 않았건 치열한 경쟁을 유도하여 그 전문 직업인을 비양심적이고 불법적인 인간으로 만들어낸다.

이러한 집단 이기주의와 속물주의를 빈센트만큼 뼈저리게 느낀 이도 드물 것이다. 빈센트는 열여섯 살부터 상업 화랑에 나가 일하면서 화가나 화상이 지배계급에 아첨하는 그림을 그리고, 파는 것을 목격했다. 또한 스물두 살부터 스물일곱 살까지 종교 생활에 심취하면서는 복음을 전하는 목사들이 교회에 돈을 내는 지배자와 부자들의 세속적 목적에 봉사한다는 것을 두 눈으로 똑똑히 보았다.

빈센트 반 고흐가 어린 시절에 무슨 책을 읽었는지는 자세히 알 수 없다. 그러나 이십대 이후의 독서에 대해서는 꽤나 상세히 알 수 있다. 빈센트가 제 독서 편력을 편지에 세심하리만치 늘어놓고 있기 때문이다. 그가 편지에 언급한 작가만 해도 150여 명에 이르고, 문학 관련 언급은 800건이 넘는다. 고대 그리스의 아이스퀴로스나 소포클레스부터,

빈센트 자신과 같은 시대를 살았던 졸라와 톨스토이까지 아우른다. 그 수많은 작가들이 쓴 책 중에 언급된 것만도 300권이 넘는다. 빈센트는 〈그래픽〉 같은 잡지도 엄청나게 읽었다.

문학작품만큼이나 빈센트는 열심히, 그야말로 닥치는 대로 미술책을 읽었다. 그 미술책은 그림을 소재로 한 '시 모음집'부터 르네상스기 거장의 작품에서 교훈을 이끌어내는 이야기책까지 참으로 다양했다. 빈센트가 평생 마음속 스승으로 모신, 화가로서만이 아니라 인간으로서도 모범으로 여긴 밀레도, 상시에가 쓴 '밀레 전기'를 읽고 알았다.

빈센트가 읽은 책을 모두 살펴볼 수는 없다. 아직 번역되지 않은 책도 많기 때문이다. 나는 주로 번역되어 있는 책들에서 유익하고 의미 있는 책을 빈센트와 함께 읽으려고 한다. 그 책들에서 문제점이 발견되면 비판도 곁들일 것이다. 빈센트와 같은 19세기 유럽 사람이 아닌 21세기 한국 사람으로서 비판할 것이 있으면 비판해야 하고, 그것이 독서 행위를 알차게 하리라 믿는다.

이 책은 총 5장으로 구성되어 있다. 먼저 1장에서는 빈센트가 빠져든 책과 그의 독서 행위를 큰 틀에서 따져본다. 2장에서는 빈센트를 평생토록 지배한 종교철학책을 함께 읽으며 비판적으로 살펴본다. 3장에서는 빈센트가 사랑한 시인들을 만나보고, 4장과 5장에서는 프랑스 문학과 영문학 작품을 함께 읽으며 다소 아쉬운 부분도 짚어본다. 이 책의 내용은 지금까지 내가 빈센트에 대하여 쓴 책들과 중복되는 부분이 더러 있다. 특히 빈센트의 편지를 번역한 책(《세상에서 가장 아름다운 편지》)에 얼마간 빚졌음을 밝힌다. 독자께 양해를 구한다. 사실 이는 어쩔 수 없는 일이기도 하다.

처음에는 빈센트의 편지 모음에서, 독서와 관련되는 부분만을 가지고 책을 쓰려고 했다. 그러나 빈센트가 주로 테오에게 쓴 편지에 등장하는 독서 이야기는 체계적이지도 논리적이지도 않다. 오히려 책을 읽고 느낀 바를 솔직하게, 짧게, 툭툭 던지듯이, 두서없이 쓰곤 했다. 아쉽게도 빈센트는 자신이 읽은 책들에 대해 너무도 간단하게 설명하는 것으로 만족했다. 따라서 나는 빈센트가 왜 하고 많은 책들에서 그러한 책을 읽고, 그와 같이 느끼고 생각했는지를 나름대로 헤아리고 보충할 필요가 있다고 생각하였다. 그것이 이 책이 나온 이유다.

나는 빈센트가 주로 어떠한 책을 읽어왔는지, 나아가 매일같이 책을 읽으면서 그가 어떻게 자신만의 사상과 예술을 구축해나갔는지를 알기 위해서만 이 책을 쓴 것이 아니다. 그의 독서에 공감하는 시대에 살고 있기에 이 책을 썼다. 그 점에서 빈센트 반 고흐는 우리와 동시대인이다. 빈센트가 살았던 서양의 19세기도 자본주의 세상이고, 지금 우리가 살고 있는 21세기도 자본주의 세상이다. 이백 년 전의 19세기라고 하면 꽤나 먼 옛날 같지만, 적어도 서양의 19세기는 지금 우리 시대와 동시대다. 조선의 19세기나 20세기 전반, 심지어 근대기인 1970년대까지의 한반도는 우리가 지금 살고 있는 시대와는 너무도 다르게 느껴지기도 하지만, 놀랍게도 서양의 19세기는 지금 우리 시대와 크게 다르지 않다. 물론 차이가 아주 없지는 않다. 가령 위고가 19세기 초에 주장한 '사형제 폐지론'은 아직도 우리에게는 멀게만 느껴진다. 자본주의의 폐해만 보더라도, 21세기 한국의 자본주의 폐해가 19세기 유럽의 그것보다 못할지도 모른다.

그래서 나는 빈센트의 그림에 공감하는 것만큼이나 그의 독서에도 공감한다. 우리는 19세기 서양과 같은 시대를 살고 있다. 이를 '좋다', '나쁘다'라는 식으로 단순히 말할 수는 없다. 우리 시대에 문제가 있다면 그것을 고치려고 노력하면 된다. 이 자본주의 시대가 비인간적이고 잔인하다고 해서 19세기 조선으로 되돌아갈 수는 없는 노릇이고, 돌아갈 수도 없다. 다만 19세기 이전의 조선은 왜 그대로 유지되지 못하고 변화의 길을 걷게 되었는지를 성찰하면 되는 것이다.

우리 시대의 잘못을 고치는 것은 좋은데, 왜 굳이 빈센트 반 고흐의 그림과 독서 행위를 들먹이느냐고 점잖게 따지는 분도 있을 듯하다. 또는 그런 식으로 빈센트 반 고흐를 이야기하는 것 자체를 혐오하는 분이 있을지도 모른다. 나는 예술이 반드시 그런 사회적 효용을 지녀야 한다고는 생각하지 않는다. 그러나 적어도 빈센트 반 고흐나 레프 톨스토이는 '예술만을 위한 예술'보다는 예술이 어떻게 사회를 변화시키는지를 깊이 고민하였다. 그 점에 나는 공감하고 지지한다.

한 가지 더 말하고 싶은 것은, 빈센트가 미처 몰랐거나 무관심했던 19세기의 또 다른 측면인 제국주의에 대해서는 비판적으로 봐야 한다는 점이다. 일제에 빌붙어 나라와 민족을 팔아먹은 자들은 친일분자여서 문제인 것이 아니라, 약소국을 침략한 제국주의에 봉사한 제국주의자여서 문제다. 그것이 문제의 본질이다. 따라서 자국의 조선 침략을 정당화하고 실천한 일본의 정치가 '이토 히로부미' 같은 이를 서슴없이 비판하듯이 제국주의자의 모습을 조금이라도 내비친 문인이 있으면 주저없이 비판해야 한다. 가령 빈센트가 아주 좋아하였던 위고는 세계적인 문인이기도 하지만 식민지 지배를 어느 정도 정당화한 제국주의자이기도 했다. 셰익스피어, 르낭, 칼라일, 디킨스 등도 마찬가지다. 이것이 빈센트와 함께 독서를 하면서 우리가 새롭게 인식해야 할 문제다. 나는 이 책에서 제국주의 면을 드러낸 작가들의 면모를 비판했다. 동시에 그보다 더 중요한 그들의 도덕적 위대함도 드높였다. 빈센트는 미처 인지하지 못했다고 해도 우리는 그들의 장단점을 똑똑히 인지해야 한다. 만약 빈센트가 지금 살아 있다면 나의 이 같은 문제의식에 동의하리라 믿는다. 그가 제국주의에 찬성할 리는 없기 때문이다.

나는 빈센트 반 고흐의 독서가 고독하게 자신을 성찰하는 '주체적 독서'였다고 본다. 그의 독서는 특정한 분야를 탐닉하는 것도 아니고, 더욱이 기술적인 지식을 얻기 위한 것은 아니었다고 생각한다. 빈센트는 죽을 때까지 손에서 책을 놓지 않았고, 그런 만큼 그의 내면은 점차 깊어졌다는 점을 거듭 강조하고 싶다. 사회의 불의에 눈감기보다는 저항하고자 애쓴 것도 다독의 결과라고 믿는다. 무엇보다도 빈센트 반 고흐의 독서는 지성과 감성의 겸비라고 하는, 진정한 교양인의 독서였음을 강조하고 싶다. 교양인이란 끊임없이 낮은 자세로 공부하면서 약자의 아픔에 공감하려 노력하는 사람이라고 한다면 말이다. 그렇게 쌓아온 교양을 바탕으로 빈센트는 사람의 마음을 움직이는 예술을 이뤄냈다.

결코 오만하지 않고 지극히 겸손한 지성과 따뜻한 감성만이 진정한 학문을 낳으며, 자유와 민주주의를 드높인다고 생각하기에 나는 이 책을 쓴다.

2011~2013
박홍규

차례

머리말 반 고흐, 낮은 자세로 읽고 배웠던 사람

1장 반 고흐, 책에 빠지다

책을 읽는 이유 025
독서의 배반 027
독서의 위로 030
반 고흐를 사로잡은 작가 033
반 고흐의 독서 취향 039
영원·노동자·공동체에 이끌렸던 사람 044
작은 공동체를 꿈꾸던 소박한 아나키스트 049
자연에서 경이로움을 보는 범신론자 053

2장 반 고흐가 사랑한 종교철학책

날 때부터 죽을 때까지 품에 안은 성경 059
그리스도에 대한 사랑
르낭의《예수의 생애》 075
아나키스트 예수 | 르낭의 문제점
버니언의《천로역정》 093
켐피스의《그리스도를 본받아》 102

톨스토이의 《나의 종교》　106
톨스토이 독서와 빈센트

마음속 스승을 다룬 '밀레 전기'　116
빈센트와 밀레

3장 반 고흐가 사랑한 시인

키츠　135

롱펠로　142

휘트먼　150

하이네　155

셰익스피어　162

4장 반 고흐가 사랑한 프랑스 문학

미슐레의 여자와 사랑 예찬　171
《사랑》

거리의 여자 시앵과 인민　179
이 여자에게 돌을 던지지 마라 | 역사가 미슐레
《인민》과 협동체 이론 | 미슐레의 문제점

볼테르의 《캉디드》　192

발자크의 《시골 의사》　199
발자크와 빈센트

위고의 번뇌하는 숭고의 사람들　**208**
《사형수 최후의 날》|《레미제라블》|《범죄의 역사》|《93년》

졸라의 격정과 불굴의 사람들　**241**
《사랑의 한 페이지》|《제르미날》|《작품》| 졸라와 빈센트

로티의《국화 부인》　**273**
〈아를의 여인〉과 〈무스메〉

모파상의 추락하는 상처받은 사람들　**291**
《벨아미》|《피에르와 장》

플로베르의《부바르와 페퀴세》　**304**

공쿠르 형제의 질곡의 사람들　**314**
《제르미니 라세르퇴》와 《마넷 살로몽》

도데의《타라스콩의 타르타랭》　**323**

5장 반 고흐가 사랑한 영문학

스토의《톰 아저씨의 오두막》　**335**

칼라일의《의상철학》　**343**
칼라일의 문제점

디킨스의 인간적인, 너무도 인간적인 사람들　**355**
《크리스마스 캐럴》|《어려운 시절》|《작은 도릿》
《데이비드 코퍼필드》|《두 도시 이야기》

엘리엇의 이토록 아름다운 사람들   378
《목사 생활의 양상》 | 《아담 비드》 | 《사일러스 마너》
《급진주의자, 펠릭스 홀트》

맺음말 반 고흐와 함께 톰 아저씨의 오두막을
빈센트 반 고흐의 발자취

1장

반 고흐, 책에 빠지다

> 나는 책에 억누를 수 없는 정열을 지니고 있고,
> 나의 마음을 개선하고자 끊임없이 노력할 필요가 있다.
> 말하자면 빵을 먹고 싶은 것과 같이 공부를 하고 싶다.
> 너라면 이해할 것이다.

책을 읽는 이유

새삼 자문해본다. 지금 우리에게 독서는 무엇일까? 아니 독서라는 것이 있을까? 우리 한국은 세계에서 가장 적게 책을 읽는 나라가 아닐까? 굳이 나라별 독서 통계를 들먹일 필요도 없다. 이 나라에서는 도서관을 찾기 어렵고, 공공장소에서 책을 읽는 사람도 보기 힘들다. 애초에 많지도 않았던 책방은 언제부터인가 소리 소문 없이 사라지고 있다. 그나마 책 읽을 시간이 많은 학창 시절에는 동화책 하나 제대로 읽을 수가 없다. 학생 대부분이 수험공부에만 매달리기 때문이다. 입시지옥인 한국에서는 당연한 일인지도 모른다.

게다가 국민의 일상을 지배하다시피 한 텔레비전은 온종일 먹고 또 먹는, 밥상머리 장면을 수시로 내보낸다. 헤어진 연인을 그리워하며 우는, 이른바 신파까지 뽕짝으로 더해져 전국의 노래방으로 확산된다. 그게 예술로 통한다. 그리고 말재주를 자랑하는 학문이 대중의 지적 허영심을 채워준다. 초등학교부터 대학교까지, 그리고 죽기까지 일관되게 출세를 보장하는 교과서적인 지식이 일류대학 교수의 입에서 입으로 확대 재생산된다. 학부모들은 그러한 지식을 금지옥엽으로 여기고 아이들에게 전해준다.

"정말 독서 행위가 없을까요?"라고 의심의 눈초리로 묻는 이가 있을지도 모르겠다. 하긴 이 나라에도 독서 행위가 아예 없지는 않다. 자기계발서를 읽는 사람들이 있는 것이다. 한국뿐만 아니라 전 세계적으로 자기계발서를 읽는 것이 유행이다. 자기계발서의 원조는 아무래도 새무엘 스마일즈의 《자조론》이다. 1859년에 출간된 이 책은 일제 이후 지금까지 꾸준히 한국에 소개되어 왔다. 《자조론》은 사회적 빈곤을 개인의 나태함이나 방탕함 탓으로 돌리면서, 개인이 각자 알아서 근면하고 검약하며 자기를 닦을 것을 권한다. 한마디로 이 책은 자유방임주의의 핵심인 '자수성가'를 찬양하는 이기주의의 고전古典이다. 잘못의 책임을 온전히 개인에게 전가하는 것은 다름 아닌 자본주의 권력을 유지케 하는 이데올로기다. 이 이데올로기는 정치·경제·사회에만 힘을 행사하는 것이 아니라 문화에도 힘을 행사한다. 부조리한 제도나 체계를 고치려 하기보다는 무조건 개인에게 탓을 돌리는 이 '네(내)탓이오. 이데올로기'가 백 년 넘게 세력을 떨치고 있으니 제대로 된 독서가 있을 수 없다. 수험용 암기를 위한 교과서나 참고서는 있어도 새로운 생각을 가능케 하는 자유로운 독서, 즉 잡독잡상雜讀雜想은 거의 없는 셈이다.

나는 분야를 가리지 않고 이 책 저 책 성실히 읽으면서 생각의 꼬리에 꼬리를 무는 '잡독잡상'이야말로 새로운 사상을 낳게 하는 힘이라고 본다. 진화론을 주장한 다윈이 그 좋은 보기지만 이 책에서 다루는 빈센트 반 고흐 역시 누구보다도 좋은 본보기다. 사실 수많은 창조자들은 잡종의 산물이다. 순수니 단일이니 순혈주의니 하는 것만큼 위험한 것도 없다. 순수나 단일 자체가 나쁘지는 않다. 그러나 자기만이 깨끗하고 남은 그렇지 못하다는 식으로 교조적인 비난을 일삼으며 자신의 순수를 주장하는 것은 대단히 위험하다. 우리 민족도 우리 문화도, 지난 반만 년 동안 외국의 침략을 받았고 알게 모르게 영향을 받아왔다는 것을 고려하면 당연히 잡종임을 알 수 있다. 그런데 아직도 '한국적'이니 '단일민족'이니 해가며 순혈을 주장하는 사람이 많다. 약자의 피해망상이다. 이제는 당당해져야 한다. 세상의 모든 사상이나 예술 앞에서도 당당해야 한다. 모든 것을 읽어서 알고 느껴, 내 것으로 종합해야 한다. 교과서같이 주입식이고 교조적인 지식체계는 버려야 한다. 교과시적인 인간상도 내던져야 한다. 풍부하게 책을 읽고 다양하게 경험함으로써 사고와 감정의 폭을 넓혀야 한다. 그 과정에서 겪는 시행착오를 무서워하지 않아야 한다.

빈센트 반 고흐는 적어도 150년 이전의 사람이고, 지구 반대편인 유럽에서 살았기에 그가 살았을 때는 우리가 없었고 우리가 살고 있는 지금엔 그가 없다. 우리는 서로 모르는 사이다. 그러나 빈센트는 오래전에 이미 잡상잡독의 독서인으로 살다 갔고, 그 지칠 줄 모르던 독서 행위를 기반 삼아 자신의 예술세계를 이뤄나갈 수 있었다. 그 점이 우리에게 공감을 준다. 빈센트는 결코 학점을 얻거나 취업을 하려고, 그러니까 무슨 실용적인 목적으로 책을 뒤적인 게 아니다. 그는 보다 가치 있게, 보다 인간적으로, 도덕적으로 살고자 책을 읽었다.

독서의 배반

아우슈비츠 수용소 같은 여러 강제수용소에서 600만 명 가까운 유대인을 학살한 독일인은 한눈에도 무시무시하게 생겼을까, 소름이 끼칠 만큼? 그럴 리가. 눈 하나 깜짝 안 하고 유대인들을 학살한 그 독일인들은 사실 매일같이 칸트와 니체와 릴케를 읽고 토론하고, 바흐와 베토벤과 바그너를 즐겨 들으며, 미켈란젤로와 렘브란트와 반 고흐의 그림을 감상한 독서인이자 교양인이자 예술애호가였다. 이 나라의 유신 시대(제4공화국, 1972~1979)를 지배한 자들도 원효나 퇴계 이황이나 율곡 이이를 한문으로 줄줄 읽고, 해마다 바이로이트에서 열리는 세계 최고의 바그너 음악제에 빠지지 않고 참석하여 악보를 보며 바그너 음악을 듣던, 당대 최고의 지식인이었다. 한국에서는 퇴계를 읽고 나라 밖에서는 바그너 음악을 듣던 그 지식인들은 약속이나 한 듯이 동서양 문화가 한데 어울려 소통해야 한다는, '원융회통'을 입에 올리기도 했다.

이를 두고 다음과 같이 비웃을 수 있을까? "저들은 순전히 지적인 허영심에서 사치스럽게 예술을 감상하거나 독서를 했을 뿐이야!" "히틀러나 그 주변 인간들은 무던히도 유식한 체했지만 사실은 무식했어!" 이렇게 조롱한다고 해서 아우슈비츠 문제가 해결될까? 이렇게 비웃는 자들과 그들 사이에 무슨 차이가 있을까? 이렇게 비웃는 자들도 권력에 영합하는 일이 수두룩하지 않은가? 과연 독서와 교양이 인간을 자유롭게 할까? 그런 경우가 전혀 없지는 않겠지만 참으로 드물지 않을까? 특히 대학에서 독서나 교양을 직업적으로, 전문적으로 가르치는 교수들은 자기가 가르치는 교양대로, 책에서 읽은 대로 권력에 구속받지 않고 자유롭게 살고 있을까? 아니라고 생각한다. 그들 가운데 능력 있는 자들은 대개 정치니 경제니 사회니 문화니 하는 각종 변태의 출세 코스로 나가기 바쁘고, 나처럼 무능한 자들만이 대학에 남아서 이런 글이나 쓰고 있는 걸 보면.

전문가 집단이나 전문적 제도는 대개 집단 이익만을 추구하고, 제 집단에 이롭다 싶으면 너무도 쉽게 지배체제와 공모하곤 한다. 거기엔 일말의 품위도 없다. 유감이지만 그와 같은 세상에 우리는 살고 있다. 가령 복음을 전하는 목사들이나 승려들은 십일조를 많이 내고 시주를 많이 하는 부자들, 또는 정치 권력자같이 힘 있는 세력에 봉사하기를 좋아한다. 검찰과 경찰은 기회가 있을 때마다 서로 우위를 점하려고 신경전을 벌이고, 의사회와 약사회는 서로 밥그릇 싸움을 하느라 본분을 망각하고 훌륭한 의료 행위를 스스로 포기한다. 게다가 의학이나 법학 등 출세 지향적인 전문 교육은 경쟁이 치열한 만큼 그 전문 직업인을 비양심적이고 불법적인 인간으로 만들기 쉽다. 최근 그러한 전문직 양성기관이 미국을 모방하여 대학에서 대학원으로 바뀐 것은, 명분상 교육을 제대로 하겠다는 '교육 정상화'를 내세운 것이지만 실제로는 더욱 천박하고 비정상적인 살인 경쟁만을 낳고 있을 뿐이다.

나는 줄곧 칸트나 니체 그리고 릴케, 바흐나 베토벤 그리고 바그너가 사실은 아우슈비츠나 유신에 완전히 무방비하고, 심지어 체제 영합적인 내용을 품고 있다고 비판해왔다. 그러나 이러한 비판 작업에 소위 전문가라는 사람들은 집단적으로 저항을 했다. 아니 철저히 무시를 하는 편이니 나로서는 숨이 막힌다. 이 나라의 진보 언론인이었던 리영희는 유신 시대에 숨도 쉬기 어려웠다고 토로한 적이 있는데, 나는 지금 시대에도 숨 쉬기가 버겁다. 어찌 되었든 나는 그 리영희조차 서양문화에 사대적인 태도를 보이는 것이 아쉽다. 또한 푸코나 벤야민을 소개하는 자들이 "서양문화라는 것은 야만일 뿐"이라고 일갈한 푸코나 벤야민의 비판을 곁들이면서도 다른 여러 서양문화까지 태연하게 소개하는 것이 기이하게 느껴진다. 그러니까 서양문화를 비판하는 것은 좋은데, 그 비판조차도 서양인들의 비판을 빌려서 한다. 그것이 나는 영 거북스럽다. 서양학자의 입을 빌려서 하는 비판이라니 얼마나 주체적이지 못한지! 게다가 이 전문가들은 푸코나 벤야민을 전문적으로 공부한 사람이 아닌, 나 같은 아마추어가 서양문화를 비판하면 아예 무시를 하고 거들떠도 안 본다. 그러니 한국사회에서 학문이나 예술은 인간을 고상하게 하고 자유롭게 하기보다는 권력에 봉사하는 것이지 딴 게 아니다. 고상이니 품위니 하는 것은 실상 '교양 매매업자'의 과대광고일 뿐이다.

독서의 위로

한데 어떤 이득과는 상관없이 그저 책이 좋아 평생 책을 읽은 사람이 여기서 말하는 빈센트 반 고흐다. 그는 출세를 하려고, 시험을 잘 보려고, 남 앞에서 과시를 하려고, 명예를 드높이려고 책을 읽은 것이 아니다. 오직 공부하는 마음으로 순수하게 독서를 즐겼다. 그럼으로써 자연스레 보다 나은 세계관을 품게 되고, 그 세계관을 오롯이 화폭에 담아냈다. 빈센트가 주로 무슨 책을 읽었는지 알고 싶다면 그저 그가 쓴 편지 한 통을 읽어보는 것만으로 충분하다. 그것도 특별한 편지가 아니라 900통에 이르는 편지 가운데 어느 것을 읽어도 무방하다.

나는 책에 억누를 수 없는 정열을 지니고 있고, 나의 마음을 개선하고자 끊임없이 노력할 필요가 있다. 말하자면 빵을 먹고 싶은 것과 같이 공부를 하고 싶다. 너라면 이해할 것이다. 내가 다른 환경, 그림과 예술작품에 둘러싸인 세계에 몸담고 있었을 때, 알다시피 나는 그런 세계에 격렬한 열정을 품었다. 거의 열광에 가까울 정도였지. 나는 그것을 후회하지 않는다. 지금은 그 고향에서 멀리 떠나 있지만 나는 아직도 그 그림의 나라를 자주 그리워하고 있다. (…)

그래, 나는 더 이상 그런 환경에 살고 있지 않다. 그래도 영혼이라고 부르는 무언가는 죽지 않고, 늘 살아 있다. 그것은 언제까지나 영원히 추구하는 것이라고 말할 수 있지. 따라서 나는 향수에 굴복하는 대신 나 자신보고 말했다. 너의 고향이나 조국은 곳곳에 존재한다고. 그래서 나는 절망감에 빠지기보다는 내게 움직일 힘이 있는 한, 적극적인 우울 쪽을 택했다. 달리 말하면 생동감 없이 침체된 절망에 허우적대는 그러한 우울보다는 도리어 희망을 품고 탐구하는 우울 쪽을 택한 것이다. 그래서 나는 수중에 있는 성경이나 미슐레의 《프랑스혁명》 같은 책들을 상당히 진지하게 공부했고, 내처 지난겨울에는 셰익스피어와 함께 위고, 디킨스, 스토의 책 몇 권, 그리고 최근에는 아이스킬로스(기원전 6세기에서 5세기경에 활동한 그리스의 극작가)를 포함한, 조금은 덜 고전적인 여러 작가들이나 약간은 예외적인 대가들의 위대한 작품들을 읽었다. 알다시피 이는 파브리시우스(17세기에 활동한 네덜란드의 화가로, 베르메르에게 영향을 미침)나 비더(Bida)에 견줄 만한 사람들이다.

(…) 너도 잘 알겠다만 나는 외모에 신경을 쓰지 않는다. 나도 그걸 알고 있고 그게 충격적일 수 있다는 점도 인정한다. 그런데 생각해보렴. 그것은 내가 몸치장을 하는 일에 환멸을 느끼는데다 그렇게 할 돈도 없기 때문이다. 게다가 외모에 신경을 쓰지 않으면 그만큼 공부에 깊이 전념할 수 있게 고독한 시간이 마련되기도 한다. 정말 필요한 공부라면 의학을 들 수 있겠지. 조금이라도 그 지식을 얻고자 노력하지 않는 인간, 적어도 그것이 무엇인지를 이해하려고 들지 않는 인간은 거의 없다. 그렇지만 너도 알다시피 나는 아직도 의학 지식은 전혀 모른다. 그리고 이런 것은 모든 사람들의 마음을 빼앗아 그것에 몰두하게 만들고, 사람들에게 꿈을 꾸게 하며 생각할 기회를 준다. (…)

따라서 지금 내가 렘브란트나 밀레나 들라크루아 등 그 누구 혹은 뭔가에 열중하지 않는다고 여긴다면 그것은 잘못이다. 도리어 그 반대지. 세상에는 믿고 사랑할 만한, 가치 있는 것이 너무도 많다. 셰익스피어 안에 렘브란트적인 것이 있고, 미슐레 안에는 코레조(16세기에 활동한 이탈리아 화가. 원근법과 명암 묘사에 뛰어나 르네상스 시대 바로크 회화에 영향을 미침)적인 것, 위고에는 들라크루아적인 것이 있다. 나아가 복음서에는 렘브란트의 무엇인가가, 렘브란트에는 복음서의 무언가가 있다. 말하자면 그것들은 대체로 같은 선상에 있다. 그러나 그것은 사람들이 옳게 이해하고 사물을 왜곡하지 않는 경우에 한하고, 또 비교하는 요소를, 그 사람의 진면모를 손상시키지 않는 마음에서 찾는 한에서다. 그리고 버니언 속에는 마리스(19세기 중후반에 활동한 네덜란드 화가)적인 것과 밀레적인 것이 있고, 스토 속에는 아리 셰퍼(19세기 중반에 활동한 네덜란드 화가)적인 것, 사르토(16세기에 활동한 피렌체 화가)적인 것이 있다.

만일 네가 지금 그림을 탐구하고자 하는 인간을 용인할 수 있다면, 책을 사랑하는 것은 렘브란트를 사랑하는 것과 마찬가지로 신성하다고 인정해도 좋지 않을까? 그 둘은 서로 보완하는 것이라고 나는 생각한다. (…)

또한 나는 디킨스의 《1793년의 파리와 런던》에 나오는 리처드 카턴■도 똑같이 좋아한다. 그리고 다른 책에서도 꽤 놀라울 정도로 유사한, 특별히 감동적인 인물을 보여준다고 말할 수 있지. 나아가 나는 셰익스피어의 《리어왕》에 나오는 켄트가, 드 케이세르(16~17세기에 활동한 암스테르담의 화가)의 인물화 주인공만큼 고귀하고 훌륭한 인물이라고 생각한다. 켄트나 리어왕이 훨씬 이전에 살았음을 인정한다고 해도 말이다. 이 정도로 하자. 아아, 셰익스피어는 얼마나 아름다운가! 그만큼 신비로운 사람이 또 있을까? 그의 말과 방식은 흥분과 감동에 떠는 붓과 똑같은 느낌을 준다. 그래도 사람들은 보는 방식이나 사는 방식을 배워야 하듯이 책을 읽는 방법도 배울 필요가 있다. - 1880년 6월 22~24일경, 테오에게 쓴 편지

■ 빈센트가 《1793년의 파리와 런던》이라고 한 것은 《두 도시 이야기》를 말하고, 그 속에 나오는 사람도 '리처드 카턴'이 아니라 '시드니 카턴'이다.

빈센트 반 고흐의 생애를 어느 정도 아는 이한테는 위 편지에 대해 굳이 설명하지 않아도 되지만, 모르는 독자도 있을 테니 여기서 간단히 말하는 것도 좋겠다. 위 편지를 쓸 때 빈센트는 스물일곱 살이었다. 화가가 되기로 결심한 때다. 벨기에 땅인 보리나주의 척박한 광산촌에서 임시 전도사로 일하다가 쫓겨난 뒤이기도 하다. 그 전에도 빈센트는 여러 직업을 거쳤지만 7~8년 정도의 짧은 학교생활을 그만두고 처음으로 얻은 직업이 화랑의 점원이다. 그때가 겨우 열여섯 살이었다. 위 편지의 두 번째 단락에서 그가 말한 '다른 환경'은 곧 '화랑에서 일하던 환경'이다. 편지에서도 묻어나듯이 당시 빈센트는 너무도 고독했고 비사교적이었다. 한창 멋을 부릴 나이인데도 외모야 어떻든 고독 속에서 자신의 길을 걸어갔다. 앞에 인용한 편지에서 가장 주목할 것은 '셰익스피어 안에 렘브란트적인 것이 있다'고 한 것인데, 이는 책과 그림을 함께 보는 빈센트만의 독특한 관점이다. 이러한 관점은 적어도 그가 화랑에서 일을 시작했을 때부터 몸에 익힌 것으로, 그가 죽을 때까지 유지한 것이다. 빈센트는 밝은 낮에는 그림을 그리고, 어둠이 내린 밤에는 책을 읽고 편지를 쓰면서 10년을 살다가 죽었다.

반 고흐를 사로잡은 작가

흔히 빈센트 반 고흐를, 제 손으로 귀를 자른 '미치광이 천재 화가'라고 말한다. 심지어 종교적 광신자나 예술적 극단주의자로 이해하는 사람도 적지 않다. 그러나 이는 오해다. 빈센트는 당대의 한 흐름이던 진보 사상을 누구보다도 충실히 소화해낸 현대인이었다. 1830년 이후 프랑스를 비롯한 유럽 전역에서는 낭만주의가 유토피아주의(보다 이상적인 사회를 구현하고자 사색하고 행동으로 옮기는 것)로 전환되었는데, 빈센트는 바로 이 유토피아주의의 영향을 받았다. 당시 유토피아주의는 인민의 시대를 낳은 진보 사상이었기 때문이다. 그렇다면 낭만주의는 무엇일까? 그것은 19세기 초 독일과 영국에서 시작된 예술운동으로, 지극히 정적이고 규칙적인 고전주의에 맞서 다분히 동적이고 정서적인 태도를 보였다. 고전주의가 균형과 조화, 안정을 추구하였다면 낭만주의는 감각과 인간의 내면을 추구하는 쪽이었다. 독일과 영국에서 시작된 이 낭만주의는 1830년 7월혁명으로 왕정복고가 성립된 이후 망명 귀족들이 대거 귀환을 하면서 프랑스에서 찬란히 꽃피웠다. 그러나 1848년에 발발한 2월혁명이 실패로 돌아가자 제2제정이 수립되었고, 혁명조차도 세상을 바꾸지 못한다는 생각에 지식인 부류는 일제히 좌절감에 빠져들었다. 결국 19세기 후반에 이르러서는 현실(사실주의)과 이상(상징주의) 가운데 하나를 선택해야 했다. 미술에서 사실주의는 인상주의로 이어지고, 상징주의는 표현주의와 초현실주의로 이어졌다. 문학에서 사실주의는 자연주의*로, 상징주의는 표현주의와 초현실주의로 이어졌다. 빈센트는 후자보다 전자에 공감했지만 그 둘을 조화시키고자 노력했다.

이는 빈센트가 1881년 11월 19일, 테오에게 보낸 편지에 미슐레

■ 여기서 자연주의는 루소 식의 '자연으로 돌아가자.'라든가 현대의 생태주의 같은 것을 말하는 것이 아니다. 졸라로 대표되는 19세기 문학사조로써 자연주의는 문학에 자연과학적 방법론, 특히 유전론과 환경결정론을 적용하는 것이었다. 자연주의는 그 앞의 발자크, 스탕달, 플로베르 등의 사실주의와 구별되기도 하고 동일시되기도 한다. 반 고흐도 그렇고 문학이론가들도 그렇다. 가령 보들레르부터 하우저까지는 둘을 같은 것으로 본 반면, 마르크스주의자인 루카치는 자연주의가 사실주의의 타락한 변종이므로 자연주의와 사실주의는 엄연히 다르다고 보고, 특히 졸라를 그렇게 본다. 그러나 반 고흐는 그렇게 보지 않았고, 나도 그렇게 보지 않는다. 일반적으로 자연주의는 1865년 공쿠르 형제가 《제르미니 라세르퇴》를 발표한 때에 시작되었고, 졸라가 《목로주점》을 썼을 때를 그 황금기로 본다.

(1798~1874)와 함께 스토(1811~1896), 칼라일(1795~ 1881), 엘리엇(George Eliot, 1819~1880)을 가리켜 "현대문명의 첨단"이라고 한 것을 봐도 알 수 있다. 여기서 빈센트는 남자 둘(미슐레와 칼라일)과 여자 둘(스토와 엘리엇)을 나란히 언급하는데, 그렇다고 빈센트가 특별히 남녀 평등을 의식하여 정치적인 주장을 편 것은 아니다. 빈센트는 동생 테오한테 그야말로 사적인 편지를 보낸 것이지 무슨 공적인 문서를 보낸 것이 아니므로. 다만 빈센트가 남자 둘과 여자 둘을 각각 당대의 가장 위대한 지성으로 보았다는 점이 놀라울 뿐이다. 잘 알다시피 빈센트는 우리보다 한 세기 그리고 반세기 전前 사람이 아닌가.

현대문명의 첨단에 서 있는 것으로 보이는 남녀들, 가령 미슐레, 스토, 칼라일, 엘리엇 등 많은 사람들은 우리에게 다음과 같이 절규하고 있다. "인간이여, 그대가 누구건 간에 가슴에 심장이 있다면 무엇인가 진실하고 영속성 있는 참된 것을 세우고자 하는 우리를 도와주라. 하나의 직업에 종사하고 단 한 여자를 사랑하라. 그대의 일이 현대적인 것이라고 해도 그대 아내의 내면에 자유로운 현대적 영혼을 불어넣고, 그녀를 억누르는 무서운 편견으로부터 그녀를 해방하라. 신이 그대에게 바람직한 것을 이루고자 하면 신의 도움에 의문을 품어서는 안 된다. 그리고 신은 지금 도덕의 변혁, 영원한 사랑의 빛과 불의 회생으로 세계가 새롭게 변화되기를 바라고 있다. 그대가 이러한 노력을 함으로써 목표에 다다름과 동시에 주위 사람들한테 좋은 영향을 미칠 수 있을 것이다. 이 영향은 그대의 사정에 따라 크기도 작기도 할 것이다." - 1881년 11월 19일, 테오에게 쓴 편지

여성 해방이라는 것은 다양하게 논의될 수 있지만, 빈센트가 위 편

지에서 말한 대로 아내의 내면에 자유로운 현대적 영혼을 불어넣고 그녀를 억누르는 무서운 편견으로부터 그녀를 해방하는 것이야말로 진정한 여성 해방이 아닐까? 그리고 "도덕의 변혁, 영원한 사랑의 빛과 불의 회생으로 세계를 새롭게 변화시키는" 것이 종교를 비롯한 모든 문화의 목표가 아닐까? 결국 "진실하고 영속성 있는 참된 것을 세우"는 것이야말로 우리가 살아가는 이유가 아닐까?

빈센트는 분명 여성 해방과 함께 도덕의 변혁, 영원한 사랑의 빛과 불의 회생으로 세계가 새롭게 변화되기를 바라마지 않았다. 확실히 밝히건대 그것이 빈센트가 평생 추구한 가치이자 예술의 목표였다. 마찬가지로 이 책을 쓰는 나의 목표이기도 하다. 또한 그것이 빈센트가 책을 읽으면서 절실히 다다르고픈 목표였다. 이러한 목표를 함께 추구한, 위 네 사람 외에 빈센트가 좋아한 문학자를 시대 순으로 정리해보았다.

발자크(1799~1850)

위고(1802~1885)

디킨스(1812~1870)

플로베르(1821~1880)

르낭(1823~1892)

에르크만-샤트리앙(에밀리 에르크만, 1822~1899; 알렉산드르 샤트리앙, 1826~1890)

공쿠르 형제(형 에드몽, 1822~1896; 동생 쥘, 1830~1870)

톨스토이(1828~1910)

졸라(1840~1902)

도데(1840~1897)

모파상(1850~1893)

로티(1853~1924)

위 작가들 가운데 빈센트는 졸라를 압도적으로 많이 언급하였다. 이어 디킨스, 미슐레, 위고 순으로 언급하였고, 그 다음이 공쿠르 형제, 발자크, 모파상, 도데 순이다. 가장 적게 언급한 작가는 칼라일, 엘리엇, 플로베르, 로티, 스토, 르낭 순이다. 따라서 처음에 말한 네 사람이 반드시 빈센트의 평생 멘토였다고 말하긴 어렵다. 참고로 이 명단에서 우리에게 전혀 알려지지 않은 작가는 에르크만-샤트리앙이다. 에르크만 샤트리앙은 두 사람의 공동 필명으로, 소설과 희곡을 같이 썼다. 대표작은 《친구 프리츠》다. 오페라 〈카발레리아 루스티카나〉를 작곡한 마스카니(1863~1945)가 이 소설을 원작으로 오페라 〈친구 프리츠〉를 만들었는데, 오페라 〈친구 프리츠〉는 1891년에 초연되었기 때문에 1890년에 세상을 등진 빈센트로선 볼 수 없었다. 어찌됐든 빈센트는 원작소설을 읽고 다음과 같이 말했다.

아주 오래전에 에르크만-샤트리앙의 《친구 프리츠》를 읽었는데 거기서 늙은 랍비가 "우리는 살아 있는 동안 행복할 수 없다. 그래도 행복을 누릴 가치 있는 사람이 되려고 노력해야 한다."라고 말한 것을 나는 결코 잊을 수가 없구나. 이 말만 떼어서 보면, 그런 생각 속에는 현학적인 무언가가 있다. (…) 그 한 마디 한 마디가 다비드 세헬이라는, 내가 공감하는 그 랍비의 입에서 나왔을 때 나는 깊이 감동했다. 그리고 자주 그 말을 생각하곤 했다. - 1882년 11월 5일, 테오에게 쓴 편지

또한 빈센트는 네덜란드 친구인 라파르트에게 보낸 편지에, 프랑스 혁명을 주제로 한 《농민의 역사》를 보내고 싶다고 쓰기도 했다. 여하튼 빈센트가 편지에 자주 언급했다고 해서 그 작가를 특히 더 좋아했다고 말하긴 어렵다. 빈센트가 편지에 쓴 작가 관련 이야기도 그렇게 썩 구체적이지 않다. 다시 말해 특정 작품을 언급한 경우도 있지만 그렇지 않은 경우도 있다. 한데도 나는 빈센트가 이름 있는 작가의 작품은 거의 모두 읽었을 거라고 짐작한다. 다음 편지를 보자.

> 소설가의 이야기인데, 디킨스, 발자크, 위고, 졸라와 같은 작가의 경우 그들 작품의 전체에 대해 일반적인 관념을 얻고 난 뒤라야 비로소 그들을 안다고 할 수 있지 않겠나? 미슐레나 에르크만-샤트리앙에 대해서도 마찬가지라고 생각하네. - 1883년 5월 21일, 라파르트에게 보낸 편지

빈센트는 왜 유독 그들을 좋아했을까? 그 작가들 대부분이 당대에 반항아였기 때문은 아닐까? 그들이 당대의 썩은 종교와 정치 그리고 사회에 반기를 들어서가 아닐까? 그 당시는 삶이 탄탄대로일 경우엔 조잡한 소비주의에 빠지고, 밑바닥일 경우에는 황폐한 빈곤에 빠지는 것 말고 다른 길은 불가능했다. 그 어느 쪽도 비인간적이었다. 따라서 그들은 19세기 후반 공업화가 낳은 사회적 모순에서 벗어나기를 원했고, 부단히 대안적 탈출을 모색했다. 그래서 모두 창조적인 노동을 바탕 삼아 간소하게 생활할 것을 주장했고, 그 전형인 중세의 '직인 길드'를 이상으로 삼았다. 물론 순진하게 그러한 과거로 돌아가자고 주장한 것은 아니었다. 돌아가고 싶다고 돌아갈 수는 없음을 그들은 잘 알고 있었다. 그들은 자유와 자치 그리고 자연을 되찾기를 원했다.

위 명단에 빈센트가 좋아한 셰익스피어(1564~1616)를 포함시킬 수도 있는데, 그 역시 19세기에 낭만주의적인 차원의 반항자로 재조명된 셰익스피어였다. 사실 셰익스피어는 그가 살았던 17세기보다도 19세기에 와서 세계적으로 유명해졌다. 여러 가지 이유가 있겠지만, 나는 19세기에 영국이 세계 제국이 된 점도 그 중요한 하나라고 본다. 이는 단순히 영국이라는 나라 사정에만 그치는 것이 아니라 셰익스피어 작품 자체가 안고 있는 제국주의적 성격과도 관련된다. 나는 이 점을 《셰익스피어는 제국주의자다》에서 충분히 밝혔으므로 여기서는 더 이상 언급하지 않으려 한다. 그러나 위에서 든 19세기 문학인들에게도 그런 제국주의적 요소가 전혀 없지는 않다는 점은 짚고 넘어가야겠다. 빈센트한테는 제국주의가 그리 큰 문제로 여겨지지 않았지만 지금 우리에게는 그것이 매우 심각한 문제이기 때문이다. 그러나 빈센트가 보기에는, 그 작가들 하나 하나가 적어도 그 시대 인민들의 벗이었다. 19세기의 현실도 지금 우리가 사는 21세기의 현실과 크게 다르지 않았다. 그런 점에서 빈센트의 시대는 여전히 우리의 시대다. 또한 그의 독서는 여전히 우리의 독서다.■

반 고흐의 독서 취향

빈센트 반 고흐의 독서나 미술 취향은 당연히 그가 살았던 시대의

■ 빈센트가 읽은 책을 최초로 분석한 글은 1935년 뉴욕 현대미술관에서 열린 전시회 목록에 Alfred H. Baar가 쓴 논문이다. 이는 뒤에 Alfred H. Baar, *Vincent van Gogh*, Greenwood, 1970, 44~46쪽에 다시 실렸다. 그 밖에 Carl Nordenfalk, 'Van Gogh and literature', *Journal of the Warburg and Courtauld Institute* 10(1947), 142~147쪽 참조.

흐름이 반영된 것이다. 그러나 당대에 이름을 날리던 작가들이 반드시 빈센트의 독서 목록에 들어가는 것은 아니다. 가령 빈센트는 출신국인 네덜란드 문학에는 거의 무관심하면서도* 네덜란드 미술에는 상당히 호감을 느꼈다. 반면 영국과 미국 문학은 좋아하면서도 그 나라의 미술에는 무관심했다. 겨우 시사판화가 몇 사람에게만 관심을 보였을 뿐이다. 또한 영미문학 작품을 광범하게 읽으면서도 셰익스피어, 키츠, 디킨스, 엘리엇, 칼라일, 휘트먼 정도만 좋아하고, 워즈워스나 콜리지, 바이런, 셸리, 오스틴, 스콧, 새커리, 러스킨 등에는 별 관심이 없었다. 특히 빈센트는 시보다 소설을 좋아했다. 불문학에 있어서도 마찬가지인데 위고, 발자크, 졸라, 공쿠르 형제, 도데, 모파상, 르낭, 로티, 플로베르 등의 작품은 즐겨 읽으면서도 샤토브리앙, 뮈세, 고티에, 뒤마, 상드, 스탕달, 메리메, 보들레르 등의 작품은 읽지 않았다. 또한 만년에는 톨스토이와 도스토옙스키 같은 러시아 작품도 즐겨 읽었다.

빈센트의 이러한 독서 취향은 톨스토이의 독서 취향과 비슷하다. 톨스토이는 참회 이후에 쓴《예술이란 무엇인가》에서 스토의《톰 아저씨의 오두막》, 위고의《레미제라블》, 디킨스의《두 도시 이야기》와《크리

---

* 빈센트가 편지에 언급한 네덜란드 소설가는 다음의 멀타툴리(1820~1887)뿐이다. 우리말로 번역된 작품은《막스 하벨라르》(지명숙 옮김, 문학수첩, 1994)가 있다.

나는 멀타툴리가《무지한 사람의 기도》끝에서 "오, 신이시여, 신이 없습니다."라고 말한 바를 입에 담는 순간에야 비로소 진실하게 신이 나타난다는 것은 그녀에게 생길 수 없는 일이라고 생각한다. 내가 보기에 성직자들이 말하는 신은 완전히 죽었다. 그렇다면 나는 무신론자인가? 성직자들은 내가 그렇다고 하지. 좋다. 그러나 너도 알다시피 나는 사랑을 한다. 그리고 만일 내가 살아 있지 않다면, 또 만일 다른 사람들이 살아 있지 않았다면 어떻게 내가 사랑을 느낄 수 있을까? 우리는 살아 있기 때문에, 삶에 무엇인가 경이로운 것이 있는 것이다. 지금 그것을 신이라고 부르든, 인간성이라고 부르든, 또는 달리 어떻게 부르든 간에, 거기에는 지극히 생생한 진실이 있고, 나로서는 하나의 체계로 정의할 수 없는 무엇인가가 확실히 있다. 그래, 그것이 나에게는 신이다. 아니면 신처럼 훌륭한 것이지. -1881년 12월 23일경, 테오에게 쓴 편지

스마스 캐럴》, 엘리엇의 《아담 비드》, 도스토옙스키의 《지하생활자의 수기》 등을 참된 예술작품으로 인정하였다. 톨스토이가 1899년에 《예술이란 무엇인가》를 발표했으니 1890년에 죽은 빈센트가 그 책을 읽었을 리 없는데도, 이런 일치를 보이는 것은 그만큼 톨스토이와 빈센트 두 사람의 생각이 비슷하기 때문일 것이다. 물론 셰익스피어를 비롯한 몇몇 작가에 한해서는 빈센트와 톨스토이의 생각이 조금 다르기는 하다. 그러나 전체적으로 볼 때 그것은 그리 큰 문제가 아니다. 문학에서 톨스토이가 지니는 의미를 미술에서 빈센트가 지니는 의미로 생각해볼 여지가 있다. 즉 두 사람은 그 누구보다도 서로 가깝다. 그런데도 두 사람을 제대로 비교한 이가 없으니 놀라울 따름이다. 종래 톨스토이가 《예술이란 무엇인가》에서 말한 바는 과도한 도덕주의로 비판을 받고 무시되어 왔는데, 빈센트를 비롯한 많은 이가 톨스토이와 같은 의견을 가졌다는 사실은 무엇을 의미할까?

 톨스토이는 도덕적인 차원보다는 아나키즘 내지 사회주의의 차원에서 보아야 한다. 빈센트도 마찬가지다. 톨스토이나 빈센트는 19세기 예술가 무리에서 보기 드물게 제국의 식민주의에 반대한 사람이지만 빈센트가 좋아한 작가들 중에는 셰익스피어나 칼라일, 미슐레나 르낭, 위고나 도데같이 제국주의자의 면모를 지닌 사람도 있다. 빈센트가 그런 점을 알았는지 몰랐는지는 분명치 않다. 그러나 설령 알았다고 해도 관심 밖이었을 것이다. 따라서 빈센트가 제국주의에 관심을 두지 않았다는 것을 굳이 따질 필요는 없다. 하지만 지금 우리로서는 그런 작가들의 제국주의 성향을 따지지 않을 수 없다. 그 성향이 짙건 짙지 않건 말이다. 여하튼 빈센트의 독서에는 나름 일관성이 있다. 가령 위고는 낭만주의에서 사회주의로 변화했는데, 빈센트는 위고의 낭만주의 작품보다 《레미제라블》 같은 사회주의적이면서도 종교적인 작품을 좋아했다. 그러나 한국에서는 그 작품을 사회주의적이라고 보는 사람은 없다(일제 때 활동한 '사회주의 작가'라는 이태준조차 《사상의 월야》라는 장편소설에서 주인공인 가난한 소년이 성공한 뒤 자신이 천대받던 시절을 장발장을 통해 회상하며, 그를 잡으려고 기를 쓰는 자베르 경감이야말로 법의 수호자로서 사회에 필요하다고 말한다. 이는 자베르로 상징되는 '법'의 심판을 받아 억울하게 살았음을 깨달은 장발장이 마침내 혁명에 나섰다고 하는, 소설의 주제의식과 반대된다).

빈센트는 빈곤, 아동 학대, 착취 등 사회문제를 다루면서 그것을 법으로만 해결하려 드는 대신 인간 본연의 고귀함과 종교성으로 극복하는 모습을 그린 작품을 좋아하였다. 디킨스의 《크리스마스 캐럴》 같은 작품을 빈센트가 유난히 좋아한 것도 그래서다. 《크리스마스 캐럴》은 우리 한국에도 잘 알려져 있고, 누구나 한번쯤은 스크루지 영감에 대해서 들은 적이 있을 것이다. 스크루지 같은 지독한 수전노를 비판하는 그 소설은 반세기 전 내가 초등학교를 다닐 때도 교과서에 실려 있어서 읽었다. 그러나 교과서는 그 소설이 사회주의 소설이라고 말하지 않았고, 교사들도 그렇게 가르친 적이 없다. 《레미제라블》을 비롯하여 빈센트가 좋아한 소설에 대한 우리의 상식이 대부분 이렇다.

반면 반세기 동안 내가 들어온 것은 죄다 스크루지 같은 경제적인 부자가 되자는 이야기였고, 마침내 우리는 그런 사람을 대통령으로까지 모시게 되었다. 겉으로는 선비니 유교니 민주주의니 하면서도 속으로는 돈을 좇는 게 현실이다. 이 글을 쓰고 있는 2012년 말, 대통령이 새로 뽑혔지만 '잘 살아보세.'라며 돈을 숭상하는 경향은 바뀌지 않았다. 빈센트는 이미 19세기에 시작된, '남이야 어떻든 잘 먹고 잘 살기'

경향에 반대하여 보다 정신적인 사람이 되고 싶어 책을 읽고 그림을 그렸다. 빈센트의 그림만 보고는 이 점을 알기가 조금 어렵지만, 그의 독서 행위를 좇다 보면 그가 얼마나 그러한 고민을 했는지 알 수 있다.

빈센트의 독서력에는 그 밖에도 남다른 점이 많다. 가령 셰익스피어는 1880년에서 1881년 사이에 쓴 편지에 자주 언급되다가 중단된 뒤 1889년 이후 다시금 편지에 자주 등장한다. 이를 두고 그 사이에 빈센트가 셰익스피어를 읽지 않았고, 아예 관심을 끊은 것이라고 볼 수 있을까? 정확히 알 수는 없지만 적어도 그림을 그리기 시작하던 1880년~1881년과 그림을 거의 마치게 되는 1889년~1890년이라는 두 시기에는 유사점이 있다고 볼 수 있다. 이러한 경향성은 그림 작업에서도 마찬가지다. 렘브란트(1606~1669)나 밀레(1814~1875)처럼 빈센트가 평생 좋아한 화가도 있지만 시기에 따라 선호도가 달라지는 화가도 많다. 이러한 경향은 한평생 독학자로 살았던 빈센트의 사상과 예술을 이해하는 데 중요한 자료가 된다.

빈센트는 또한 독서를 할 때 단순히 책이라는 텍스트에만 몰입한 것이 아니라 그 책의 저자한테도 관심을 보였고, 시대사적 흐름까지도 파악하려 애썼다. 지금까지 독서는 작품 위주로 이루어왔지 그 작품의 작가나 시대는 별로 중요하게 다루어지지 않았다. 저자나 시대는 부수적인 자료로만 다뤄졌다. 그러나 이러한 작품 위주의 접근은 그 창작자인 인간과 창작 배경인 시대를 무시하고, 초역사적이고도 초공동체적인 논의만을 중시한다는 점에서 문제가 많다. 그러한 태도는 학자나 이론가들에게서 자주 보이는데, 일반인들이 반드시 그에 따라야 하는 것은 아니다. 가령 아무리 위대한 작품이라고 해도 그것을 결코 공감할 수 없는 사람이 창작한 것이라면 마냥 좋아할 수는 없다. 빈센트의 경우, 그가 평생 스승으로 삼은 밀레는 위대한 화가이자 위대한 인간이었다. 빈센트가 좋아한 문학인도 마찬가지다. 특히 빈센트는 자신과 같은 환경이나 처지에 놓였던 사람들을 좋아했다. 이는 단순히 개인적인 기호에 그친 것이 아니라, 인민의 시대에 인민 출신 예술가들을 인민으로서 좋아한 것이었다. 그리고 그것은 당연히 시대정신에 따른 것이었다.

영원·노동자·공동체에 이끌렸던 사람

책벌레 빈센트 반 고흐는 주로 어떤 책을 읽었을까? 그것을 알려면 우선 빈센트가 살았던 시대를 살펴보는 게 좋을 것이다. 당대는 그야말로 부르주아라는 중산계급의 시대였다. 돈이 모든 생활을 지배하여, 모든 것이 돈 앞에 굴복하고 돈에 봉사하며 돈에 더럽혀진 그런 시대였다. 영국에서 산업혁명이 일어난 뒤 자본주의는 본격적으로 전개되었다. 그리하여 19세기부터는 자본주의가 세계로 뻗어나가 제국주의 시대를 열었다.

당시 이를 주도한 영국의 지성은 벤담(1748~1832)이 대표하는 공리주의였다. 스미스(1723~1790)의 제자인 벤담은 인생의 목적이 최대 다수의 최대 행복이라고 주장하였다. 그것은 개인보다는 집단의 이익을 중시하는 경제관념이었다. 이에 대항한 것이 콜리지(1772~1834)와 칼라일 그리고 러스킨(1819~1900)이 대표한 낭만주의다. 빈센트는 벤담이 아닌 칼라일(콜리지는 아니었다)을 애독하였다. 그리고 공리주의의 비인간성을 날카롭게 성찰한, 디킨스의 장편소설 《어려운 시절》을 읽고 몹시 감동하였다. 그럼으로써 빈센트는 벤담으로 대표되는 시대적 흐름을 거역하였다. 낭만주의는 공리주의가 추구하는 산업화를 비판했지만 산업화가 급속도로 진행되는 것을 막지는 못했다. 그러한 좌절 때문이었는지 프랑스에서는 반민주적 태도가 나타나기도 했으나 그래도 기본적으로는 이성을 중시한 합리주의가 밑바탕에 깔려 있었다.

반면 영국에서는 혁명적인 단계는 아니어도 어느 정도 급진적인 태도가 나타났다. 하지만 프랑스의 합리주의와는 달리 비합리주의 내지 독일식의 애매한 이상주의로 흘렀다. 그 대표인 칼라일이 합리주의와 자유주의의 원칙을 포기한 것만 봐도 그렇다. 산업화가 진행되면서 공동체가 파괴되자 칼라일은 공동체를 구할 사상으로 자유주의가 아닌, 국가의 간섭을 용인하는 국가주의를 주장하였다. 이는 영웅적인 독재자를 대망한 것이기도 하고, 나아가 국가의 영광을 외연으로 넓히는 제국주의를 예견케 하는 것이기도 했다. 따라서 칼라일이 무한과 영원에 대한 갈망, 초인과 영웅에 대한 열광적 숭배를 드러냄으로써 본의 아니게 무솔리니와 히틀러의 전체주의에 단초를 제공했다는 점은 필히 짚고 넘어가야 한다.

물론 빈센트가 이해하고 공감한 칼라일은 공동체의 파괴를 탄식하고 걱정하는 칼라일이었지 국가주의자나 제국주의자로서의 칼라일은 아니었다. 칼라일의 제국주의적인 속성을 잘 이해하지 못했다고 해서 빈센트를 비판할 수는 없다. 왜냐하면 지금도 영국에서는 빈센트의 수준에서 칼라일을 받아들이고 예찬하기 때문이다. 또한 영국이 칼라일을 그렇게 보니까 당연히 한국에서도 영국의 입장을 무비판적으로 받아들이고 있는 상황이다. 여하튼 당대 독자들은 점점 더 삭막해져가는 현실에서 위안을 얻고자 열심히 책을 읽었다. 뒤에서 보다 깊이 있게 살펴보겠지만, 디킨스의 장편소설 《어려운 시절》에 나오는 코크타운의 노동자들은 하루에 15시간을 일하고 난 뒤에도 지적 허기를 달래기 위해 도서관에 가고, 몇 년씩 자투리 시간을 이용하여 어려운 학문을 공부하기도 한다.

이러한 19세기는 문학이 본격적으로 상업화되는 시대이기도 했다. 1816년부터 1850년까지 매년 평균 100편에 달하는 소설작품이 쏟아져 나왔고, 1853년에 출판된 책은 25년 전보다 무려 3배나 많았다. 대개 소설류였다. 이는 18세기에 문학 독자층이 두터워지고 독자 수가 비약적으로 늘어났기 때문이다. 그러나 책값은 비싸기만 했다. 값이 조금이라도 저렴해지면 사서 볼 텐데, 좀처럼 책값이 내려가지 않아 극소수 사람만이 책을 구입해서 읽었다. 당연히 독자들 대부분은 책을 빌려주는 도서관에 의존했다. 그 뒤 신문 연재소설이 등장하고 월부 판매가 시작되면서 책값은 조금씩 떨어지기 시작했다. 덩달아 판매 수도 늘어났다. 그야말로 출판산업의 호황이었고, 책 소비가 민주적으로 이루어진 시대였다. 빈센트가 좋아한 디킨스 같은 19세기 대중 소설가들은 바로 그런 시대의 총아들이었다.■

빈센트가 인민을 생각하는 마음은 어릴 때부터 자연스레 형성되었다. 빈센트는 농촌 노동자를 단순하고 친절한 마음씨와 용기를 지닌 사람으로 생각했고, 그들이 문명화된 사람들보다 더욱 가치 있다고 믿었다.

노동자 인민에 대한 빈센트의 이러한 생각은 십대에 화랑에서 일하며 가까이한 밀레와 브르통을 비롯한 농민화가를 존경하는 것으로 이

■ 아르놀트 하우저, 《문학과 예술의 사회사》, 개정판 4권, 창작과비평사, 1999.

어졌고, 그 뒤 졸라와 공쿠르 형제 등의 자연주의 소설을 애독함으로써 거칠고 원시적인 농민의 삶을 더욱 귀중히 여기게 되었다.

빈센트가 인민을 사랑한 것을 두고, 어떤 이는 그것이 부르주아적인 동정심에 불과했다고 보기도 한다.[**] 그러나 빈센트는 인민의 용기와 진실성과 노동에 대한 열정이 바로 인민의 특성임을 정확하게 인식한 사람이었다. 그는 또한 인민들의 '무지'라고 하는 비참한 현실까지도 파악하고 있었다. 우리는 그 점을 무시해서는 안 된다.

> 나는 너무나도 자주 농민은 자기만의 세계에 살고 있고, 수많은 관점에서 바라볼 때 그 세계는 문명화된 세계보다 더더욱 뛰어나다고 생각한다. 모든 점에서 그렇다는 것은 아니다. 그들은 예술에 대해, 또한 다른 많은 것에 대해 잘 모르기 때문이다. - 1885년 4월 30일, 테오에게 쓴 편지

빈센트도 인민의 시대를 꿈꾸었다. 사회 정의와 자유를 누구보다도 열망했던 그는 산업적인 착취가 행해지는 새로운 시대에 학대받는 '비참한 사람들'을 연민하였다. 그러한 연민은 자연스럽게 하나의 믿음으로 이어졌다. 다시 말해 아무리 사람이 사람을 이용하고 착취한다고 해도 인간의 본능은 선하므로 종국에는 인류를 굴종과 증오심에서 구할 수 있다고 믿었다. 그렇다면 억압받는 사람들을 무슨 수로 해방시킬 수 있을까? 빈센트가 특히 좋아한 미슐레는 1846년에 발표한 《인민》에서 '사랑에 의한 해방'을 주장했다. 미슐레는 인민을 상층계급과 달리 본능적으로 선하게 행동하는 사람으로 보았으며, 생산과 경영의

** Griselda Pollock, 'Van Gogh and the Poor Slaves: Images of Rural Labourers Modern Art,' *Art History*, 11:3 (September 1988), 408~432쪽.

기계화 때문에 도덕적 결속력이 사라졌다고 비판하였다. 그러면서 인민만이 사회개혁에 필요한 자질인, 사랑할 수 있는 능력과 본능적인 활력 그리고 생명력을 지니고 있다고 주장하였다. 미슐레는 민주주의에 기초한 새로운 유기적 사회를 꿈꾸었다. 그 민주주의란 궁극적으로 사회주의였다. 다음 편지는 빈센트가 사회주의에 공감했음을 보여준다.

> 사회주의자가 자신의 논리적인 사회체계를 구축할 때―지금도 노력하고 있다만―, 나는 인류가 그러한 사회의 재생을 볼 수 있으리라고 믿네. 그러나 지금 우리가 살고 있는 사회는 자유방임적이고 혼란스러운 상태에 놓여 있지. 질서와 균형을 사랑하는 우리 예술가는 스스로 고립되어 오직 하나만을 정의하려 애쓰고 있네. - 1888년 8월 5일경, 베르나르에게 쓴 편지

이 편지로는 빈센트가 말한 사회주의가 구체적으로 어떤 것인지 분명히 알 수 없다. 빈센트는 사회주의에 공감하고, 그것이 앞으로도 존속하리라고 보면서도 자신은 사회주의자가 아니라고 한 적도 있다.

> 10년 내지 15년 사이에 국가종교의 모든 전당이 무너진다 해도 여전히 사회주의는 남고 앞으로도 존속할 것이다. 너나 나는 그 어떤 신조에도 복종하지 않지만 말이다. - 1888년 6월 16~20일, 빌에게 쓴 편지

그럼에도 빈센트의 친구들은 빈센트를 사회주의자로 여겼다. 가령 빈센트의 친구이면서 그 자신이 화가이기도 한 베르나르(1868~1941)는 탕기 영감이 빈센트의 그림 자체보다도 빈센트가 드러낸 사회주의에 더 매혹되었다고 털어놓은 바 있다. 탕기 영감은 빈센트가 파리에

머물러 있을 때 친하게 지냈던 화상이다.

> 탕기는 모든 인류를 서로 연결하여, 언제나 고통스럽고 피비린내 나는 이기적이고 야심적인 투쟁을 없애는 절대적 사랑을 믿었다. 빈센트는 화가라는 점에서 탕기와 달랐을 뿐, 같은 이상을 품고 그러한 사회적 조화를 종교와 미학으로 삼았다.■

작은 공동체를 꿈꾸던 소박한 아나키스트

빈센트 반 고흐가 꿈꾸던 유토피아는 결코 거창한 것이 아니었다. 빈센트는 그저 간소한 공동생활을 희망했을 뿐이다. 그는 마음이 맞는 사람들끼리 공동체를 꾸려서 사는 것을 유토피아로 여겼다. 그러나 그것은 언제나 꿈에 머물렀다. 남프랑스 아를에서 그 꿈을 이루려고 했으나 좌절되자 결국 죽음을 맞았다. 따뜻한 아를에 있으면서 고갱과 빚었던 충돌은 단순히 작업상의 의견 충돌이 아니었다. 그것은 빈센트가 고갱과 함께 이루고자 했던 공동체 유토피아가 철저히 깨진 것을 의미했다. 그래서 빈센트는 깊은 좌절감에 빠질 수밖에 없었다.

빈센트가 꿈꾼 이상적인 공동체는 나름 아나키 사회주의에 기초한, 소박한 것이었다. 그는 어린 시절 단란했던 가족처럼 서로 마음이 통하는 사람들이 한데 모여 공동체를 꾸려간다면 그것이 곧 유토피아라

■ Susan Alyson Stein ed., *Van Gogh, A Retrospective*, Beaux Arts Editions, 1986, 94쪽. 이하 이 책은 *Van Gogh, A Retrospective*로 인용함. 이 글의 원문은 Emile Bernard, Julien Tanguy, dit le 'Père Ranguy', *Mercure de France*, 1908년 12월 16일호, 606쪽.

고 믿었다. 그런 만큼 뜻과 마음을 함께 나누는 새로운 인간 공동체를 절실히 원하였다. 그것이 빈센트가 평생 추구한 아나키 유토피아였다.

빈센트가 살던 시대에 그런 소박한 유토피아주의를 주창한 이는 생시몽(1760~1825), 푸리에(1772~1837), 오언(1771~1858)과 같은 유토피아 사회주의자다.■ 그러나 빈센트는 편지에서 그들을 언급하지는 않았다. 또한 그들을 비판하면서 과학적 사회주의를 주창한 마르크스(1818~1883)나 엥겔스(1820~1895)를 언급하지도 않았으며, 제정러시아의 사상가인 바쿠닌(1814~1876)이나 크로폿킨(1842~1921) 같은 아나키스트를 언급한 적도 없다. 그러나 프루동(1809~1865)만큼은 몇 번이고 언급했다(1883년 9월 21일경, 1883년 11월 18일, 84년 11월 10일 편지). 빈센트는 화랑에 근무하던 시절 관리자에게 "장사는 조직화된 절도."라고 말하기도 했는데, 이 말은 당시 프루동이 《소유란 무엇인가》에서 "소유는 절도다."라고 한 말을 연상시킨다. 아나키스트인 프루동은 '소유'는 모든 권력과 착취와 지배로 가는 수단이라 결코 용인할 수 없다고 주장한, 대단히 진보적인 사상가였다. 당시 빈센트가 프루동의 책을 읽었다고 볼 만한 자료는 없으나 그때 널리 유행한 그러한 사조에 빈센트가 어느 정도 동조했음은 틀림없다. 빈센트가 프루동을 언급할 때도 프루동의 아나키즘에 대해서는 말한 적은 없다. 그럼에도 나는 빈센트가 분명히 프루동의 아나키즘에 공감했으리라고 생각한다.

마르크스한테서 누구보다도 공상적이라고 맹공격을 당한 프루동은

■ 생시몽과 푸리에, 그리고 오언을 흔히 3대 유토피아 사회주의자라고 한다. 프랑스 귀족 출신인 생시몽은 사람이 사람을 지배하는 관계가 아니라 사람은 물질을 지배해야 한다고 주장했고, 역시 프랑스 사람인 푸리에는 자본주의 사회를 강력하게 비판하면서 농업을 기반으로 공산주의적 생산 협동체를 제안하였다. 영국 사람인 푸리에는 도제로 출발하여 방직공장 지배인으로 활약하다가 마침내 방직공장을 직접 경영하였다. 이때 노동시간 단축, 탁아소 설치 등 노동환경 개선을 꾀하였고 노동조합운동에 투신하였으며 공동체를 조직하였다.

프랑스 사실주의의 거장 쿠르베가 그린 〈프루동과 그의 아이들〉. 1865년 작품. 프루동은 자신을 아나키스트라고 부른, 최초의 인물이다. 가정형편이 어려워 출판사 식자공으로 일하면서도 고학을 하였고, 브장송 아카데미에서 준 장학금을 받아 파리에 유학하면서 역작인 《소유란 무엇인가》를 썼다. 빈센트 반 고흐는 편지에 프루동을 몇 번이나 언급하였다. 또한 화랑에서 일할 때 관리자에게 "장사는 조직화된 절도."라고 말한 적이 있는데, 이는 프루동의 "소유는 절도."라는 말을 떠올리게 한다.

마르크스와 달리 완벽한 체계나 절대적인 관념은 부정한, 아나키스트였다. 프루동은 주어진 현실 안에서 모순을 파악하고 비판하는 입장을 취했다. 이러한 점에서부터 프루동은 빈센트와 일치했다. 또한 프루동이 국가를 개조해야 한다고 주장한 생시몽이나 경제의 개조를 주장한 마르크스와 달리 사회를 개조해야 한다고 주장한 점도 빈센트와 유사했다. 빈센트가 그런 입장을 분명히 밝히지는 않았어도 마르크스보다는 프루동에 훨씬 가까웠다. 그러나 프루동도 빈센트도 개인주의자는 아니었다. 프루동에게 '국가'의 반대는 '개인' 자체가 아니라, 개인의 자유의지로 결합된 단체와 유기적인 연관을 지닌 개인이었다. 특히 프루동은 중앙집권주의에 반기를 들고 상호주의, 연합주의 및 자치주의로 나아갔다. 상호주의란 노동자가 자본가를 위해 일하는 대신 노동자 자신을 위해 노동자들이 서로 협력하여 공동의 생산물을 만들고, 그 이익을 공정하게 나누는 것을 말한다. 구체적으로 말하면 협동조합이다. 빈센트는 그런 협동조합을 화가의 입장에서 구상했고, 그것이 바로 아를의 예술가 공동체였다. 비록 실패로 끝나고 말았지만.

그런데 빈센트의 이러한 아나키 유토피아를 일부 전문가들은 단순하게 해석한다. 즉 사회주의적 입장을 취하는 미술사학자와 미술평론가들은 빈센트의 아나키 유토피아 사상을 두고, 산업도시 중심의 자본주의 사회에 대한 보수적 저항으로 본다. 하지만, 적어도 빈센트 당대의 사고방식으로는 아나키 유토피아가 대단히 진보적인 것이었음을 알아야 한다. 나아가 지금처럼 공동체와 자연 생태가 극도로 위기에 처해 있는 상황에서는 빈센트의 아나키 유토피아를 다시금 새롭게 조명할 필요가 있다. 즉 현대의 에콜로지 사상을 단순히 보수적 저항이라고 볼 수 없듯이, 19세기의 반反산업주의적인 사상과 예술을 보수적이라고 할 수는 없다.

또한 나는 일부 미술사학자들의 견해와 달리한다. 다시 말해 빈센트 반 고흐의 생애에서 앞부분을 광적인 기독교 신앙의 시절로, 뒷부분을 신앙을 버리고 자연에 빠진 시절로 보는 견해에 반대한다. 그렇다고 일부 신학자들처럼 기독교 신앙이 빈센트를 평생 지배했다고 보지도 않으며, 최근 일부 신학자들이 주장한 내용, 즉 빈센트가 복음주의파로 전향했다고 보는 것에도 찬성하지 않는다. 빈센트가 부모로부터 물려받은 세속적 신학을 포기하고, 자기희생적인 신앙으로 나아간 것은 사실이다. 하지만 이는 흔히 복음주의라고 하는 근본주의적 신앙과는 다르다. 빈센트의 신앙은 서로 동등하게 토론하고 땀 흘려 노동하면서 살아가는 '아나키 유토피아'다. 구조적인 사회문제는 외면한 채 오로지 개인의 구원(어쩌면 영달)에만 몰두하는 형식적 기독교 신앙과는 차원이 다른 것이다.

빈센트의 신앙은 단순히 기독교 신앙이 아니었다. 빈센트는 신교니 구교니 하는 구별을 마땅찮게 생각했거니와 불교에도 관심을 드러냈다. 승려처럼 머리를 깎고 그 모습을 화폭에 담아 고갱에게 주기도 했다. 그렇다고 빈센트가 기독교만큼이나 불교를 예찬했을까? 꼭 그렇지는 않다. 빈센트는 그저 겸손한 마음으로, 열린 마음으로 석가 붓다의 소박한 금욕 정신을 찬양한 정도였다. 빈센트에게 예수나 석가는 열렬히 따르고픈 위대한 스승이자 예술가였다. 따라서 나는 빈센트를, 동서양을 초월한 아나키 유토피아의 사상가이자 그것을 표현한 화가로 본다.

자연에서 경이로움을 보는 범신론자

빈센트 반 고흐는 인민을 좋아했고, 그 인민의 삶터인 자연을 우러렀다. 자연에 대한 사랑은 그가 초기 편지에 자주 언급한 《자연 속에서 예수와 함께》에서 단적으로 드러난다. 1881년에 출간된 이 책은 빈센트가 애정을 갖고 읽은 책으로, 네덜란드의 시인이자 목사인 로리알이 썼다. 서문을 조금 옮겨본다.

자연의 아름다움은 무수하고 다양하다. 그 부분은 경이에 가득 차 있다. (…) 나는 즐겨 예수와 같이 자연 속에 있고 싶다. 도서관이나 학교에 있는 거짓 신학자들과는 같이 있기 싫다. 그렇다. 예수와 함께 자연 속으로! 나는 예수와 함께 들판을 걷고 싶다.

19세기에 활동한 로리얄은 자연을 사랑함으로써 신을 만날 수 있다고 믿었고, 제도 교회는 오히려 신과의 만남을 방해한다고 보았다. 빈센트는 이십대에 로리얄의 설교를 즐겨 들었다. 이 책에 나오는 씨 뿌리는 사람, 땅을 파는 사람, 밀, 태양과 비, 빛과 어둠이라는 여러 장은 빈센트가 평생 화폭에 옮긴 주제이기도 하다. 그러나 여기서 중요한 것은 빈센트가 로리얄 등으로부터 영향을 받은 것은 분명하지만, 그렇다고 그가 신앙을 자연으로 대체한 것은 아니라는 점이다. 빈센트는 평생 예수에 대한 믿음을 포기하지 않았다. 가령 1883년 가을, 빈센트는 창녀 시앵과 결별하고 난 뒤 드렌테에 혼자 머물며 테오에게 다음과 같이 썼다.

우리의 목적은 무엇보다도 손을 써서 일을 하고 자연과 교류함으로써 자신을 개혁하는 것이다. 그 밖의 사람들에게 성실하기 위해, 또 자신의 일관성을 지키기 위해 그렇게 하는 것이 우리의 첫 번째 의무라고 믿는다. 우리의 목표는 '신과 함께 걷기'다. 이는 대도시에서 행해지는 삶의 방식과는 정반대다. - 1883년 10월 31일경, 테오에게 쓴 편지

빈센트에게 삶의 목적은 자연과 교류하며 사는 것이고 궁극적으로는 신과 함께 걷는 것이었다.
편지에서, 자연과 교류한다는 것은 몸소 땀 흘려 일하면서 자기를 보

다 나은 인간으로 개선시켜가는 것으로서 대도시의 야만적인 자본주의 삶과는 대립되는 것이다. 즉 빈센트가 중요하게 여기는 자연과의 교류는 사회적 의미를 지니는 것이지 애니미즘이나 물신주의 같은 자연 숭배와는 아무런 상관이 없다. 빈센트는 "그림이라는 것이 자신이 보는 것을 조금이라도 표현할 수 있는 것이라면 바로 자연과의 조화 속에 사는 것이 된다."라고 썼다.(1882년 11월 26~27일 편지) 빈센트가 좋아한 화가들이 바로 그런 그림을 그렸고, 빈센트 자신도 그렇게 그렸다.

이처럼 빈센트는 문명의 때가 타지 않은 자연을 사랑했다. 반면 도시에 대해서는 거의 언제나 혐오감을 품었다. '언제나'가 아닌 '거의 언제나'라고 한 것은 빈센트도 한때는 도시의 삶에 호의적이었기 때문이다. 즉 빈센트는 십대에 처음 런던으로 가서는 그곳의 '이상한 아름다움'을 느꼈고(1876년 10월 7일 편지), 이십대에 파리의 몽마르트에 살면서는 그곳의 이웃 사람들에게 정을 느끼기도 했으며, 안트베르펜에서는 '환상적이고 독특하며 전대미문의 것'(1885년 11월 28일 편지)을 느끼기도 했던 것이다. 게다가 도시의 공원이나 정원에서도 자연을 느낄 수는 있었다. 무엇보다도 빈센트가 도시를 아주 싫어하지 않은 것은 그곳에서 성공의 기회를 얻을 수 있었기 때문이다. 다시 말해 자신의 작품을 완성도 있게 만들고 팔려면 예술가와 화상과 수집가가 한데 모여 있는 파리와 같은 대도시가 유리하다는 점을 내심 인정했기 때문이다. 따라서 빈센트는 대도시 자체를 무조건 싫어한 반反문명주의자가 아니라 대도시의 속성인 자본주의의 야만적인 경쟁을 유독 싫어했다고 볼 수 있다. 빈센트의 일생을 살펴보더라도, 그는 분명히 도시를 증오하고 시골의 자연을 사랑했다. 그렇다고 도시 자체에 증오심을 갖거나 시골 자체에 맹목적인 동경심을 품은 것도 아니었다. 단지 비인간적인 도시의 속성이 불편했고, 온종일 땀 흘려 일하는 정직한 사람들의 터전인 시골을 사랑했을 뿐이다.

그렇다면 빈센트는 정치적인 상황이나 사회문제 같은 것은 전혀 모르는 '문맹'이었을까? 아니다. 뒤에서 보듯이 빈센트는 자기 시대의 중요한 문헌과 언론을 언제나 정확하게 읽어냈다. 그리고 정치적·사회적 현실을 정확하게 직시함과 동시에 비판적으로 바라봤다. 물론 당시에 벌써 유행을 하고 있던 마르크스주의와 같은 혁명적 사회주의의 눈으로 현실을 바라보지는 않았다. 그보다는 훨씬 약하고 무디며 부드러운 시선으로 현실을 보았다. 결코 과격한 시선은 아니었지만 빈센트 역시 사회주의자 못지않게 자본주의에 저항하였다. 요컨대 빈센트는 자본주의를 부정한 비폭력 사회주의자·마을 공동체주의자·아나키 유토피아주의자로 평생을 살았다.

어떻게 빈센트는 이러한 삶을 살게 되었을까? 무엇이 그를 온건하지만 뚜렷한 사회의식을 지닌 사람으로 만들었을까? 그에게 깊고 넓은 사회의식을 지니도록 북돋운 것은 무엇이었을까? 정규 교육을 다 마친 것도 아니고 유능한 가정교사한테서 일대일로 배운 것도 아닌데 어떻게 그는 지성을 쌓을 수 있었을까? 과장하고 말 것도 없이 그것은 단연 독서다. 빈센트는 어려서부터 독서광이었다. 그는 편식하지 않고 여러 주제의 책을 탐독하였다. 도무지 건성건성 읽는 법이 없었다. 특히 종교책과 문학작품에 열광했다. 빈센트의 한결같은 자연 사랑도 디킨스나 졸라와 같이 산업화의 어두운 면을 날카롭게 고발한 작가들에게서 영향을 받았기 때문이다. 상시에(1815~1877)가 쓴 《장 프랑수아 밀레의 삶과 예술》 역시 빈센트의 자연 예찬 그리고 삶, 예술, 사상에 많은 영향을 미쳤다.

2장

반 고흐가 사랑한 종교철학책

> 영국의 조지 엘리엇처럼
> 톨스토이는 자국 인민의 종교에 대단한 관심을 가진 것 같다.
> 톨스토이는 종교에 대한 책도 썼지.
> 그 제목이 《나의 종교》라고 생각되는데,
> 너무나도 훌륭한 책임에 틀림없다.

날 때부터 죽을 때까지 품에 안은 성경

잘 알려져 있듯이 빈센트 반 고흐는 목사의 아들로 태어났다. 설령 목사의 아들이 아니었다고 해도 19세기 서양 사람인 만큼 빈센트가 제일 처음 읽은 책은 당연히 성경이었다. 십대 후반부터 이십대 초반까지 빈센트는 특히 성경 공부에 열을 올렸다. 프랑스에 머물던 시기인 1875년에는 파리에 작은 방을 빌리고 그 방의 벽에 판화들을 붙였다. 렘브란트의 〈성경 읽기〉도 벽에 걸어놓았다. 빈센트는 테오에게 쓰기를, "사랑하는 테오, 편지 너무 고맙다. (…) 나는 몽마르트르에 작은 방을 빌렸다. 네가 좋아할 방이지. 아주 작긴 해도 창밖에는 담쟁이덩굴로 가득 찬 정원이 보인다. 벽에 붙인 판화들을 소개하마."라면서 로이스달의 〈잡목 숲〉, 밀레의 〈하루 네 차례〉 등을 포함하여 렘브란트의 〈성경 읽기〉를 언급하였다. 렘브란트의 〈성경 읽기〉에 대해서는 자상하게 설명을 곁들이기까지 했다.

> 해가 질 무렵, 구식 네덜란드 큰방 탁자 위에 촛불이 있다. 젊은 어머니가 아이의 요람 옆에 앉아 성경을 읽고 있고 늙은 부인이 그걸 듣고 있지. 이 작품은 '진실로 너희에게 고한다. 너희들 몇 사람이 내 이름 아래 모이는 곳에 나도 함께 있을 것이다.'라는 성경 구절을 생각나게 하는구나. - 1875년 7월 6일, 테오에게 쓴 편지

이 몽마르트 작은 집에 살면서 빈센트는 일을 마치고 돌아와 저녁에 성경을 소리 내어 읽기도 했다. 1876년 영국 아일워스에 있을 때 테오에게 쓴 편지를 보면 시편이나 이사야 같은 성경 구절이 인용되어 있음

을 알 수 있다.

> 테오야, 지난 일요일에 형이 처음으로 신의 거처에서 설교를 했다. '이 곳에서 평안을 주리라.'라고 씌어 있는 자리에서 말이다. 그 내용을 복사해서 동봉하마. (…) 아우야, 우리가 병들고 싸움에 휘말려 낙담할 때마다 우리에게 이러한 시간을 허락한 신께 감사를 드리자. 또 온화한 마음을 잃지 말자. 성경에 이렇게 씌어 있잖니. '그러나 내가 굽어보는 사람은 억눌려 그 마음이 찢어지고, 내 말을 송구스럽게 받는 사람이다.' (…) 잘 있어라. 마음으로 악수를 건넨다. - 1876년 11월 3일, 테오에게 쓴 편지

빈센트는 임시 전도사로 있으면서 첫 설교를 하기도 했다. 그가 설교에 인용한 성경 구절은 시편 119장 19절이다. "이 땅의 나그네인 이 몸에게 당신의 계명을 숨기지 마소서." 뒤에서 자세히 언급하겠지만 이것은 버니언의 《천로역정》을 읽고 감동을 받아서, 순례자를 주제로 설교를 한 것이다.

1877년에는 도르트레흐트에 머물렀다. 화랑에서 해고를 당한 뒤 친척의 도움으로 서점에서 일을 할 수 있게 된 빈센트는 이곳 도르트레흐트에서도 성경 공부에 열중하였다. 그는 성경 말씀을 보물이라 칭하면서 그것을 제 것으로 삼고 싶다고 말했다.

> 너한테 보여주려고 내 계획을 글로 적어보니 나의 생각을 확실히 하는 데 도움이 되는구나. 우선 나는 이 구절을 생각하고 있다. '당신의 말씀을 지키는 것이 내 몫입니다.' 나는 성경 말씀이라는 보물을 내 것으로 삼고 싶다. (…) 성경에는 이런 훌륭한 말이 있다. '슬프더라도 기뻐하자.' 자애

란 대체 무엇인지. 고린도전서 13장에는 사랑이 이렇게 나오잖니. '사랑은 모든 것을 덮어주고 모든 것을 믿고 모든 것을 바라고 모든 것을 견디어 냅니다. 사랑은 가실 줄을 모릅니다.' (…) 언제나 나를 믿어주렴. - 1877년 3월 27일, 테오에게 쓴 편지

이 시기만 해도 빈센트는 아버지와 같이 성경을 읽었다. 그러나 3~4년 뒤에는 성경을 조금 다르게 본다. 성경만이 인생을 참되게 이끈다고 믿었던 빈센트가 이제는 문학도 성경만큼 삶에 도움이 된다고 믿게 된 것이다. 빈센트는 성경을 미슐레나 발자크나 엘리엇을 읽는 것같이 읽는다고 썼다. 그러면서 아버지와는 다른 것을 성경에서 본다고 분명히 밝혔다.

> 성경에서 나는 아버지와 전혀 다른 것을 본다. 아버지가 성경에서 어설픈 학문적 방법론으로 끄집어내는 것을 나는 전혀 찾을 수가 없다. (…) 아버지는 확실히 성경을 제대로 이해하지 못하신다. - 1881년 12월 21일경, 테오에게 쓴 편지

왜 빈센트는 아버지와는 다른 것을 성경에서 본다고 말했을까? 몇 년 사이에 무슨 일이 있었던 걸까? 빈센트의 그 몇 년을 잠시 더듬어보자. 1878년 11월 중순에 빈센트는 탄광촌인 보리나주로 갔다. 평신도 신분으로 전도를 하기 위해서였다. 보리나주는 한눈에도 척박한 땅이었고, 빈민들이 사는 마을이었다. 어린이, 어른 할 것 없이 모두가 탄광에서 일을 했다. 빈센트는 열광적으로 마을 사람들을 섬기면서 그들을 빛의 세계로 이끌어 내려 애썼다. 약 한 달 뒤에는 임시 전도사가 되

어 더욱 열심히 전도를 하였다. 제 몫의 빵을 광부들에게 주고, 심지어 잠자리까지 내어주며 자기는 지푸라기 더미에서 잤다. 이런 그를 벨기에 교회위원회는 불편하게 여겼다. 그들은 빈센트가 외모에 신경을 쓰지 않아 교회의 품위를 떨어뜨리는데다 설교마저 잘 못한다고 생각했다. 그래서 빈센트의 임시 전도사 자격을 박탈하였다. 빈센트는 제도권 교회의 횡포와 비인간성에 점차 환멸감을 느낄 수밖에 없었다. 그로부터 2년 뒤인 1881년 가족이 있는 에텐으로 돌아가지만, 아버지는 무슨 일을 해도 잘 풀어나가지 못하는 빈센트를 마뜩잖게 여기기 시작했다. 그것이 빈센트에게는 못내 상처가 되었다. '목사라는 아버지가 어떻게 아들의 마음을 몰라줄 수 있을까. 아버지는 왜 아들이 그렇게 행동하는지를 헤아려주지 않는 걸까.' 아마도 빈센트는 속으로 이렇게 생각하며 가까스로 울분을 삼켰을 것이다. 아버지를 비롯하여 어머니, 형제들에게서도 넘지 못할 벽을 느낀 빈센트는 더더욱 독서에 몰두하게 되고, 문학책을 닥치는 대로 읽어나갔다. 미슐레, 발자크의 문학작품을 그가 성경처럼 대접한 것도 그래서다.

아버지와의 사이가 결정적으로 나빠진 것은 빈센트가 보리나주의 삶을 뒤로하고 에텐으로 돌아가, 외사촌 '케이 보스'를 사랑하고부터다. 케이는 과부였다. 불행한 여자에게 잘 끌리는 빈센트는 케이에게 사랑을 고백하지만 일언지하에 거절당한다. 빈센트의 아버지는 물론 케이의 아버지 역시 빈센트의 사랑을 인정하기는커녕 강하게 비난한다. 특히 빈센트의 아버지는 빈센트가 문학책을 너무 읽어서 미치광이가 돼버렸다고 단언하면서 빈센트를 정신병원에 넣겠다고 위협했다. 아버지는 빈센트가 읽는 책이라면 무조건 부정했지만 빈센트는 문학작품들에서 인간의 사랑, 포용, 관대함 등을 배웠다. 조지 엘리엇의 《아담

〈펼쳐진 성경이 있는 정물〉, 1885년, 암스테르담, 반 고흐 미술관.

비드》나 빅토르 위고의 《레미제라블》 같은 역작에서.

 어쨌든 1885년 아버지가 갑작스럽게 돌아간 뒤 얼마 지나지 않아 빈센트가 그린 〈펼쳐진 성경이 있는 정물〉은 그런 점에서 대단히 의미 있는 작품이다.

 이 〈펼쳐진 성경이 있는 정물〉은 빈센트가 처음으로 그린 책 정물화다. 빈센트는 성경과 함께 에밀 졸라의 소설책인 《삶의 기쁨》을 그렸다. 《삶의 기쁨》은 졸라의 20권에 이르는 '루공마카르 총서, 제2제정 시대 어느 집안의 자연적·사회적 역사'에 포함된 책이다. 성경 앞에 보란듯이 놓인 졸라의 《삶의 기쁨》을 두고, 어떤 이는 아버지에 대한 빈센트의 적의가 표현된 것이라고 해석하기도 한다. 가족의 비난을 받으면서도 빈센트가 끝내 아버지를 용서하지 않았다는 것이다. 그러나 이는 과도한 해석이다.

나는 빈센트가 이 그림으로 죽은 아버지에게 화해를 청했다고 본다. 그림을 찬찬히 들여다보자. 죽음을 상징하는, 꺼진 촛불 앞에 커다란 성경이 놓여 있다. 성경은 아버지를 상징한다. 그리고 성경 앞에 놓인 작은 책은 졸라의 《삶의 기쁨》이다. 이것은 빈센트 자신을 상징한다. 즉 성경이야 말할 것도 없이 위대한 경전이고, 현대문학 역시 그 나름대로 가치를 지니고 있다는, 빈센트만의 생각이 깃든 작품이다. 아버지가 절대시한 성경을 인정하면서도 자기가 좋아하는 현대문학의 가치 또한 인정하는 태도가 이 정물화에는 있다. 그러니 성경과 현대문학을 함께 읽는 것이 얼마나 유익한지를 빈센트 식으로 풀어낸, 화해의 그림이다. 실제로 빈센트는 아버지에게 몇 번이나 미슐레나 위고의 책을 읽어보라고 권유했다(1881년 11월 18일 편지). 그러나 아버지는 거부했다. 비록 살아생전에는 화해하지 못했지만 아버지가 죽은 뒤 빈센트는 그림으로 아버지에게 화해를 청했다고 볼 수 있다.

〈펼쳐진 성경이 있는 정물〉에 그려진 성경 면은 구약의 이사야 53장 3~5절(공동번역)이다.

(그는) 사람들에게 멸시를 당하고 퇴박을 맞았다. 그는 고통을 겪고 병고를 아는 사람, 사람들이 얼굴을 가리우고 피해갈 만큼 멸시만 당하였으므로 우리도 덩달아 그를 업신여겼다. 그런데 실상 그는 우리가 앓을 병을 앓아주었으며, 우리가 받을 고통을 겪어주었구나. 우리는 그가 천벌을 받은 줄로만 알았고 하느님께 매를 맞아 학대받는 줄로만 여겼다. 그를 찌른 것은 우리의 반역죄요, 그를 으스러뜨린 것은 우리의 악행이었

다. 그 몸에 채찍을 맞음으로 우리를 성하게 해주었고 그 몸에 상처를 입음으로 우리의 병을 고쳐주었구나.

예수의 수난을 예고한 것으로 해석되는 이 성경 구절은 빈센트가 보리나주에서 설교한, 사도행전 16장 9절과 유사하다. 즉 수난의 예수다. 빈센트는 교의 중심의 기독교는 싫어했지만 예수만은 평생토록 존경했다. 그는 생레미에서 그린 〈피에타〉와 〈나사로의 소생〉에서 예수를 자신처럼 붉은 머리와 턱수염을 가진 모습으로 그렸다. 그러나 〈펼쳐진 성경이 있는 정물〉에서 성경은 아버지를 상징하고, 예수도 아버지와 중첩된다.

졸라의 《삶의 기쁨》에 나오는 주인공 '폴린' 역시 빈센트가 좋아한 위고의 《레미제라블》 주인공 '장발장'처럼 빈민에 대한 애정이 남달라, 엄청난 슬픔과 고통 속에서도 인내와 끈기로 삶을 아름답게 가꾼 사람이다. 결국 성경이나 졸라의 소설 모두 아버지에 대한 감사와 추억을 담고 있는 것이다. 졸라의 소설 제목이기도 한 '삶의 기쁨'은 빈센트의 편지에 자주 나오는 말이기도 하다. 책 정물화를 그린 직후인 1885년 4월 2일경 빈센트는 테오에게 보낸 편지에 다음과 같이 쓴다. "행복이든 삶의 기쁨이든 간에 참되게 살고자 한다면 인간은 일을 하고 용기 있게 행동해야 한다." 이는 빈센트가 《삶의 기쁨》에 나오는 폴린처럼 살고픈 의지를 표현한 것이라고 볼 수 있다. 그 뒤에도 빈센트는 '삶의 기쁨'이라는 말을 그러한 의지의 표현으로 썼다. 특히 아를에서 시도한 예술가 공동체의 꿈이 산산조각난 뒤, 생레미에서 투병생활을 하던 빈센트가 실의에 빠져 빌에게 보낸 편지를 보면 그렇다. "삶의 기쁨을 다시 추구하려는 기분은 그다지 강하지 않구나."

그러나 그런 개인적인 사정을 넘어 〈펼쳐진 성경이 있는 정물〉에 표현된 성경과 현대문학 간의 화해는 빈센트가 평생토록 추구한 것이었다. 1887년 여름 또는 가을, 누이동생 빌에게 쓴 편지를 보자.

우리 문명인을 가장 힘들게 하는 병은 무엇보다도 우울증과 비관론이지. 가령 나도 그렇다. 웃고 싶은 생각이 든 지도 오래구나(그게 내 잘못인지 아닌지는 덮어두고). 때문에 나는 무엇보다도 정말 잘 웃어야 되지 싶다. 그 웃음을 모파상 속에서 발견했다. 그 밖에도 옛날 작가 중에서는 라블레(Rablais), 현대 작가 중에서는 앙리 로쉬포르(Henry Rochefort) 속에서 찾았다. 볼테르의 《캉디드》도 마찬가지다.

반대로 진실을, 있는 그대로의 인생을 바란다면, 공쿠르의 《제르미니 라세르퇴》와 《매춘부 엘리자》, 졸라의 《삶의 기쁨》과 《목로주점》, 기타 많은 걸작들이 삶을 있는 그대로 그림으로써 진실을 듣고자 하는 사람들의 욕구를 만족시켜준다.

졸라, 플로베르, 모파상, 공쿠르 형제, 리슈팽, 도데, 위스망스*와 같은 프랑스 자연주의자들의 작품은 정말 훌륭하다. 그런 소설을 읽지 않으면 우리 시대를 전혀 알지 못한다. 모파상의 걸작은 《벨아미》인데 너 자신을 위해서라도 구했음 한다.

우리는 성경으로 충분할까? 지금이라면 예수는 우울해하는 사람들에게 "그것은 여기가 아니다. 일어서라. 왜 죽은 자들 가운데서 산 자를 찾느냐?"라고 말할 테지. 만약, 말이나 글이 지금도 세상의 빛이라고 한다

■ 위스망스(Joris-Karl Huysmans, 1848~1907)는 프랑스 소설가다. 졸라의 친구로, 자연주의 소설을 쓰다가 1884년 《거꾸로》(유진현 옮김, 문학과지성사, 2007)를 발표한 이후 퇴폐적이거나 유미적 경향의 작품을 썼다. 한국어로 번역된 다른 작품집으로는 《궁지》(손경애 옮김, 문학과지성사, 2004)가 있다.

면 예수의 시대처럼 위대하고 훌륭하며 창의적이고, 사회 전체를 변화시킬 만큼 강력한 무언가를 발견하기 위해서는, 옛 기독교인들이 이룩한 혁명에 비교해도 좋을 방식으로 말하고 기록해야 할 시대에 우리는 살고 있음을 인정하는 것이 우리의 권리이자 의무다.

나는 내가 요즘 사람들보다 성경을 정독했음을 언제나 다행으로 여긴다. 그야말로 성경 덕분에 과거에 그런 고상한 사상이 존재했음을 알고서 위안을 얻었기 때문이다. 하지만 과거의 것을 아름답다고 생각하기 때문에, 같은 이유로 새로운 것도 아름답다고 여긴다. 과거나 미래는 우리에게 간접적으로 다가오는데다 더욱이 우리는 우리 자신의 시대에만 활동할 수 있으니 말이다. - 1887년 여름 또는 가을, 빌에게 쓴 편지

흔히 전문가들은 이렇게 해석한다. 위 편지에서 '어둠을 밝혀주는 책'과 '우리는 성경으로 충분할까?'라는 표현을 근거 삼아 '어둠'은 곧 아버지의 기독교 내지 성경을 가리키고, 그 성경만으로는 안 된다고 빈센트가 주장했다고. 그러나 편지 전체를 읽어보면 도리어 빈센트는 두 가지 모두를 읽어야 한다고 강조하고 있음을 알게 된다.

또한 현대문학 내지 소설은 현대문명을 상징하는 것으로 이해할 수도 있다. 당시는 책을 정물화의 소재로 삼은 일이 흔치 않았다. 그러나 성경과 소설책이 함께 있는 정물화 이후 빈센트의 그림에는 책이 자주 등장하게 된다. 뒤에서도 보겠지만 빈센트는 소설을 읽는 현대인의 상징으로 현대소설인 《삶의 기쁨》을 그려 넣었다.

그리스도에 대한 사랑

보통 미술을 연구하는 사람들은 빈센트가 남프랑스 아를로 가서는,

그 전까지 독실했던 기독교를 버리고 자연에 귀의했다고 본다. 그러나 앞에서도 살폈듯이 빈센트가 아버지나 기독교에서 멀어졌다고 해서 예수를 배반한 것은 결코 아니다. 빈센트가 비판한 것은 기계적인 교의 중심의 기독교였지 예수나 성경 자체는 아니었다. 빈센트는 성경조차도 비판적으로 읽어 그 본질을 정확하게 이해했다. 1888년 6월 26일 베르나르에게 빈센트는 다음과 같이 썼다.

자네가 성경을 읽는 것은 정말 좋은 일이네. 말머리부터 이것에 대해 쓰는 것은, 자네가 그리 하도록 권하는 일을 매번 참아왔기 때문이네. 모세나 누가의 말을 읽으면서 나는 이렇게 생각하지 않을 수 없었지. 즉 그에게 결여되어 있는 것은 예술적 신경뿐이지만, 그래도 그것은 이미 완벽하다고. 왜냐하면 그리스도를 연구하면 어쩔 수 없이 거기에 빠져들고 말기 때문이네. 특히 나의 경우 파이프를 수도 없이 피우게 되어 귀찮아지기는 하지만.

성경, 그것은 그리스도다.라고 하는 것도, 구약성경이 그리스도라는 정점에 이르기 때문이네. 바울이나 복음서 기자들은 그 성스러운 산의 다른 쪽 비탈을 차지하고 있지. 그런데 그 이야기는 사실 얼마나 편협한 것인가! 정말이지, 자신들 외에는 모두 불순하다는 선언에서 출발한 유대인 세계 외에는 아무것도 없지 않은가!

그곳의 거대한 태양 아래 다른 민족, 즉 이집트인, 인도인, 에티오피아인, 바빌로니아인, 니네베인은 왜 마찬가지로 훌륭한 그들의 기록을 가지고 있지 않을까? 그래, 여하튼 그런 것을 연구하는 것은 아름답네. 그리고 모든 것을 읽는다는 것은 전혀 읽지 않는 것과 마찬가지일 테지. 그러나 성경은 너무나도 비통하여, 우리에게 슬픔과 분노를 불러일으키네.

그 편협함과 전염성의 광기를 보면 완전히 혼란에 빠진 나머지 우리도 마음속 깊이 고통스러운 생각에 젖게 되지. 그러나 그것은 마치 굳어진 껍질, 쓰디쓴 열매 속의 핵과 같이 내부에 포함된 위안, 그것이 바로 그리스도네.

내가 느끼고 있는 그리스도의 모습을 그린 이는 오직 들라크루아와 렘브란트뿐이지. 나아가 밀레는 그리스도의 가르침을 그렸네. 다른 것, 다른 종교화는 우스울 뿐이라고. 그림의 관점에서가 아니라 종교적인 관점에서 말일세. 그리고 이탈리아 르네상스 전파前派인 보티첼리, 또는 말하자면 초기 플랑드르파인 반 에이크, 독일인 크라나하 등은 그리스인, 벨라스케스, 기타 많은 자연주의파와 같은 자격으로밖에 나의 흥미를 불러일으키지 못하는 이교도에 불과하네.

오직 그리스도만이 모든 철학자와 마법사들 가운데 영원한 삶을, 무한한 시간을, 죽음의 부정을, 마음의 평안과 헌신의 필요와 존재 이유를 근본적으로 확실한 것이라고 단언했지. 그는 모든 예술가보다 더욱 위대한 예술가로서 대리석과 점토와 그림을 무시하며 살아 있는 육체로 일하며 평온하게 살았네. 달리 말하면 이 전대미문의 예술가, 우리 현대인의 신경질적이고 둔한 머리로는 거의 상상조차 할 수 없는 이 예술가는 조각도, 그림도, 책도 만들지 않았지. 그는 소리 높여 단언했네. 자기는 살아 있는 인간, 불멸의 인간을 만들었다고. 이는 매우 중요하다네. 여하튼 그것이 진실이니 말일세.

이 위대한 예술가는 책도 쓰지 않았지. 그는 모든 그리스도교 문학에 분개할 것임에 틀림없네. 그 중에서 누가복음서나 바울의 편지—견고하고 전투적인 표현 형식으로 정말 솔직하지—를 예외로 한다면, 그의 마음에 들 문학작품이란 거의 없네. 이 위대한 예술가, 그리스도는, 사상(감정)에 대한 책을 쓸 생각이 없었지만, 이야기와 특히 비유만은 그렇게 경시하지는 않았지. (가령 씨 뿌리는 사람, 추수, 무화과나무 등!)

그리고 그가 로마의 건축물이 붕괴할 것이라고 모욕적으로 예언하고, "천지가 무너져도 내 말은 없어지지 않는다."라고 단언한 날, 그가 거짓말을 했다고 누가 말할 수 있을까? 그러한 이야기—위대한 예언자처럼 그는 글로 쓰는 것은 생각조차도 하지 않았지—는 예술에 의해 도달된 가장 높은 꼭대기의 하나, 아니 최고봉 그 자체이고, 예술은 거기에서야말로 창조하는 힘, 순수한 창조의 동력이 된 것이네.

이러한 생각은, 사랑하는 벗, 베르나르, 우리를 먼, 정말 먼 곳으로 인도하고, 예술 그 자체를 초월한 단계로 우리를 드높이지. 그리고 생명을 만드는 예술, 불멸의 생명으로 변화시키는 예술을 바로 보여준다네. 이러한 생각은, 그림과 관련되고 말일세. 그림의 수호성인이면서 의사이자 화가이자 복음서의 저자인 누가는 그 상징으로 오직 황소만을 가졌다만 바로 그 점이 우리에게 희망을 준다네.

그러나 우리 자신의 생활은 얼마나 초라한 것인가. 우리네 화가는 "예술에 대한 참된 사랑을 잃게 하는" 이 무자비한 유성 위에서, 실제로는 거의 갖지 못하는 직업상의 고통에 얽매여, 머리가 이상하게 되는, 대단히 힘든 멍에를 짊어지고 헛되이 살아가고 있지.

그러나 다른 무수한 유성이나 태양에도 마찬가지 선이나 형태나 색채가 있다고 생각한다면, 그것에 반대할 이유는 전혀 없네. 때문에 더욱더 뛰어나고 급변한 생활 조건—송충이가 나비 되고, 유충이 황금충으로 변하는 것보다는 그다지 어렵지도 놀랍지도 않은 어떤 현상에 의해 급변한 생활— 속에서 그림을 그릴 수 있는 가능성에 대해, 어느 정도 안심할 자유는 우리에게 남아 있으리라고 보네.

이 화가-나비라는 존재는 무수한 별 중의 하나를 활동 무대로 삼겠지만 이 지상의 삶에서 도시와 시골을 보여주는 지도상의 흑점에 도달할 수 없지 않는 것과 마찬가지로, 아마 사후에는 우리도 그 별에 도달할 수 없지는 않을 것이네. 내가 생각하기에 과학(과학적 추리)은 앞으로도 더욱 발전할걸세. 왜냐하면, 그래, 사람들은 과거에 지구가 평탄하다고 생각했지. 그건 옳다네. 지금도 말이지. 말하자면 파리에서 아스니에르까지는 평탄하네. 그러나 그것은 지구가 전체로 둥글다고 하는 과학의 증명을 변화시키는 것이 아니네. 지금은 누구도 그것에 이의를 제기하지 않지. 그런데도 지금 사람들은 인생은 평탄하고, 태어나서 죽을 때까지 그렇다고 믿는 경향이 있네. 그러나 인생도 역시 둥글 것이고, 나아가 지금 우리에게 알려진 범위보다 그 넓이도 가능성도 훨씬 클 것이네. 미래의 사람들은 아마도 이 흥미로운 문제를 해명해줄 거고. (…)

아, 외젠 들라크루아의 〈게네사렛 해상의 그리스도 배〉[※]는 얼마나 아름다운 그림인가! 그리스도는—엷은 레몬 색을 배경으로 깜짝 놀란 제자들 무리의 극적인 보라색, 어두운 푸른색, 진홍색 반점 속에서 빛을 내며 잠들어 있다— 위로, 위로 올라 그림 위 테까지 이른 에메랄드 초록색의 무서운 해상에 있다. 아, 너무나도 훌륭한 에스키스! (…)

퓌비(퓌비 드 샤반)의 〈세례자 요한〉을 기억하나? 그것은 너무도 아름답고 외젠 들라크루아처럼 신비롭네. 자네가 복음서에서 찾은 세례자 요한에 관한 일절이야말로 바로 자네가 그 그림에서 본 것이라네…. 사람들이 그의 주위에 모여들어 물었지, "당신이 그리스도입니까? 당신이 엘리야입니까?" 마치 오늘날 인상주의, 또는 탐구심이 왕성한 그 대표 한 사람에게 "발견했습니까?"라고 묻는 것과 같네. 정말 그래. (…)

자네는 루터의 전기를 읽은 적이 있는가? 크라나흐도, 뒤러도, 홀바인

※ 원래 이름은 〈게네살렛 호상의 그리스도〉이다.

도 그의 신봉자거든.

 그(그의 인격)는 중세의 빛나는 광명이었지. 나는 자네와 마찬가지로 태양왕은 좋아하지 않네. 외려 등불을 끄는 것처럼 보이는 그 루이 14세 말일세. 아, 이 감리교의 솔로몬은 얼마나 지긋지긋한지. 나는 솔로몬도 좋아하지 않고, 감리교는 정말 싫네. 솔로몬은 나에게 위선자 이교도로 보이지. 사실 그의 건축물도 다른 건축물을 모방한 것이어서 존중할 기분이 들지 않네. 그가 쓴 것도 전혀 중요해 보이지 않고. 이교도들은 보다 훌륭한 것을 쓰고 있거든. - 1888년 6월 26일, 베르나르에게 쓴 편지

 빈센트는 결코 성경을 부정하지 않았다. 위 편지에도 잘 드러나 있듯이 빈센트는 성경을 읽는다는 것은 좋은 일이고, 성경이 곧 예수(그리스도)라고 말했다. 오직 예수만이 영원한 생명을 확신했다고도 썼다.
 정말로 빈센트는 죽을 때까지 성경을 잊지 않았다. 빌에게 보낸 편지(1887년 10월 후반 편지)에서 요즘 사람들보다 성경을 정독했음을 늘 다행으로 느낀다고 자신할 만큼, 누구보다도 열심히 성경을 파고든 이가 빈센트였다. 그는 베르나르에게 보낸 위 편지에서 누가복음과 바울에 대한 비평을 곁들이기도 했다. 또한 위고, 발자크, 졸라 등의 문학작품을 그토록 좋아하면서도 성경의 누가복음과 바울의 서간을 뛰어넘는 문학작품은 거의 없다고도 말했다. 빈센트는 성경 속 이야기인 피에타, 선한 사마리아인, 소생한 나사로 등 예수가 비유의 말씀으로 가르친 이야기를 그 절망스러운 상황에서도 꿋꿋이 화폭에 담아냈다. 성경은, 아니 그 안의 예수는 빈센트를 평생토록 지배하였던 것이다.
 일반적으로 전기 작가들은 빈센트가 너무나도 소극적이고 유약해서 정치적으로 살기는 어려웠다고 본다. 그리하여 빈센트가 현실을 극

복하고자 종교에 매달렸다고 본다. 그러나 나는 조금 달리 생각한다. 즉 빈센트에게 사회적 관심은 언제나 종교적 관심과 동반되었다고 말이다. 이는 빈센트가 사회적으로 행동했다는 것과는 다르다. 도리어 빈센트는 가난한 사람들에게 평생 관심을 가졌고, 그 한결같은 애정이 빈센트의 가난한 일상생활로 나타났다고 봐야 옳다.

왜 그토록 빈센트는 소박하고 가난한 삶을 살려고 애썼을까? 밀레를 진정한 삶의 지표로 여겼기 때문이다. 밀레는 빈센트가 스승으로 삼은 화가다. 비록 과장된 것이기는 해도 밀레의 신앙심 깊은 검소한 삶은 빈센트에게 강한 인상을 남겼다. 빈센트는 밀레처럼 평생 검소하게 살고자 노력했다. 아니 검소하다못해 빈곤한 삶을 스스로 택했다. 어려서부터 몸에 밴 것도 있겠으나 빈센트는 한창 나이 때도 멋 부리는 것을 별로 좋아하지 않았다. 십대 후반에서 이십대 초반 화랑에서 일할 때는 지위가 낮고 급료도 시원찮아, 그런 부르주아적인 생활을 하기엔 무리였을지 모른다. 하지만 그렇다고 불가능한 일은 아니었다. 화랑에서 일할 때만 해도 빈센트는 가난하고 불행한 사람들에게 특별히 공감을 드러내지 않았고, 그저 자신의 검소한 생활 태도에 만족하는 수준이었다. 그런데 점차 강한 공감을 드러내게 된 것이다.

빈센트 반 고흐가 유독 성경 공부에 심취한 것은 목사 집안에서 태어나 어려서부터 자연스레 신앙생활을 해왔기 때문이기도 하지만, 그가 사회생활을 하게 되면서 목격한 비참한 사회현실과도 깊이 관련되었으리라. 당시 유럽의 대도시와 마찬가지로 헤이그나 런던도 극단적인 빈부 갈등을 보이고 있었다. 빈센트는 그 현실의 고통을 비록 주관적이고 피상적이나마 분명히 느끼고 있었다. 아직 사회 초년생이라 여러 가지 상황이 온전히 잘 이해되지는 않았다. 가령 농민의 고뇌를 화폭에 옮기던 화가들이 어떻게 사치스러운 생활을 할 수 있는지 순진한 빈센트로선 이해하기 어려웠다. 빈센트는 점차 예술 따로, 삶 따로인 그런 부유한 화가들을 경멸하게 되었고, 그 화가들보다도 더 속물적이고 돈 많은 부르주아 손님들을 혐오하기에 이르렀다.

성경 고대 사본의 하나인 시내 사본

예수가 말하기를, 나는 세상의 빛이다 나를 따라오는 사람은 어둠 속을 걷지 않고 생명의 빛을 얻을 것이다. 이에 바리사이파 사람들이 대들기를, 당신이 당신 자신을 증언하고 있으니 그것은 참된 증언이 못 됩니다. (…) 예수가 대답하기를, 너희는 사람의 기준으로 사람을 판단하지만 나는 결코 아무도 판단하지 않는다. 혹시 내가 무슨 판단을 하더라도 내 판단은 공정하다. 그것은 나를 보내신 아버지와 함께 판단하기 때문이다.
- 신약성경 요한복음 8장 12~16절에서

르낭의 《예수의 생애》

스무 살 무렵 빈센트 반 고흐가 읽은 중요한 종교책은 르낭의 《예수의 생애》다. 1863년에 출간된 이 책은 당시 그리스도에 대한 기존의 도그마적 해석을 부정하고 과학적인 해석을 시도한 것이었다. 르낭은 프랑스의 사상가이자 종교사학자이며 언어학자로서, 비평가이자 문학사가인 이폴리트 텐(1828~1893)과 함께 실증주의를 대표한 사람이기도 한데, 빈센트가 이폴리트 텐이나 실증주의에 무심하면서도 르낭에게 관심을 보인 것은 오로지 르낭이 '예수'라는 위대한 사람의 생애를 썼기 때문이다.

그러니 르낭의 민족주의론 등에 빈센트가 공감하는 일은 없었다. 빈센트는 르낭의 사상 전모를 알았을까? 그렇지는 않아 보인다. 빈센트가 편지에 언급한 것은 오로지 종교사학자로서의 르낭이기 때문이다. 빈센트는 르낭의 《예수의 생애》를 읽고 크게 감동하였으며, 르낭을 몇 번이나 편지에 언급하곤 했다.

> 르낭의 탁월한 책들을 다시 읽지는 않았지만 올리브나무 같은 특별한 식물들이 자라나고 파란 하늘이 펼쳐진 이곳에서는 틈만 나면 그 책들이 생각나는구나. (…) 르낭이 쓴 책은 정말 훌륭하다. 프랑스어를 그렇게 구사하는 사람은 그밖에 없을 거다. 단어를 읽을 때마다 푸른 하늘을 느

▪ 콩트(1798~1857)에서 비롯되어 마르크스와 다윈으로 나아간 실증주의는 먼저 회화에서 쿠르베(1819~1877)의 사실주의로 나타났는데, 그 획기적인 작품이 1849년작 〈오르낭의 매장〉이다. 빈센트는 쿠르베를 존경했으나, 쿠르베보다는 밀레를 더 사랑했다. 그런 점에서 빈센트는 사실주의에 철저하지는 않았다. 문학에서는 발자크와 스탕달이 낭만주의적 기질에도 사실주의에 충실했으나 아무래도 사실주의의 걸작은 플로베르가 1857년에 발표한 《마담 보바리》일 것이다.

끼고 올리브나무 잎이 조용히 바스락거리는 소리가 들려온다. 르낭은 성실하게 수천 개나 되는 주석을 달아 '역사'를 '부활'의 경지까지 이르게 했다. 자만에 빠지고 편견에 사로잡힌 사람들이 우리 시대에 창조된 훌륭하고 멋진 저작들을 인정하지 않는다는 건 참으로 애석한 일이다. 아, 영원한 무지, 영원한 몰이해여… 진정 평화로운 말을 대하면 이토록 좋은 것을…. - 1889년 4월 28일~5월 2일경, 빌에게 쓴 편지

빈센트가 르낭의 '탁월한 책들'이라고 한 것은 아마도 《예수의 생애》와 《주아르의 수녀원장》일 것이다. 빈센트는 《예수의 생애》 말고도 《주아르의 수녀원장》을 감동적으로 읽었다. 그는 1889년 7월 테오에게 쓴 편지에 《주아르의 수녀원장》을 언급하며, 르낭이 작심을 하고서 아름다운 말을 구사했을 것이라고 상상한다. "나는 르낭이 일단은 아름다운 언어를 많이, 충분히 사용하리라 마음먹고 《주아르의 수녀원장》에 즐거이 매진하였으리라고 생각한다. 정말 아름다운 말이기 때문이다." 《주아르의 수녀원장》은 주아르 수녀원을 배경으로 벌어지는 일

르낭(Joseph Ernest Renan, 1823~1892) 프랑스 브르타뉴 지방 북부인 트레기에 태생으로, 종교사학자이면서 언어학자이고 철학자다. 아버지가 일찍 죽어 가정형편이 어려웠고 어머니가 식료품 가게를 열어 간신히 생계를 꾸려갔다. 종교적인 가정 분위기에서 자라면서 열두 살 많은 누이를 많이 존중하고 따랐다. 필생의 역작인 《예수의 생애》를 누이에게 바칠 정도로.(학교 선생이던 누이는 르낭의 시리아 답사 길에 올라 함께 일하다가 열병에 걸려 세상을 떠났다.) 신학교에서 철학과 신학을 공부했으며 학업 성적이 뛰어나 장학금을 받았다. 성직자가 되기를 바라는 주변의 관심을 물리치고 학문 연구에 매진하였다. 1849년에 철학교수 자격시험에 수석으로 합격한 뒤 콜레주드프랑스의 연구원으로 있으면서, 발굴 작업 차 시리아 지역을 여행하다가 예수의 근거지인 팔레스타나를 답사하였다. 귀국하고 나서 얼마 지나지 않은 1862년 1월에 콜레주드프랑스의 셈어 교수로 임명되었다. 그러나 취임식에서 예수를 "유대교를 개혁한 사람"이라고 해서 꼬투리를 잡혔고, 교수직에서 쫓겨났다. 그 뒤 저술에 몰두하면서 《예수의 생애》를 썼다. 이 예수전은 총 8권으로 구성된, 기독교 기원사 시리즈의 첫 번째 책이다. 십 년이 훌쩍 넘어서야 강단에 복귀하여 기독교 기원사를 완성해갔다. 그 밖의 책으로 《사도들》, 《이스라엘 민족사》, 《마르쿠스 아우렐리우스와 고대 세계의 종말》 등이 있다.

을 다룬 철학소설이다.

어쨌든 종교사학자로서 르낭이 쓴 《예수의 생애》는 출간되자마자 양쪽에서 매도와 비판을 받았다. 한쪽은 정통신학자들, 또 다른 한쪽은 자유사상가들이었다. 정통신학자들은 본디 성경무오류설(성경은 처음부터 끝까지 글자 하나 하나가 참된 것이라는 주장)을 강력히 지지하는 입장이라 르낭이 《예수의 생애》에서, 복음서에도 틀린 내용이 있다고 주장하자 기다렸다는 듯이 온갖 비난을 퍼부어댔다. 그들은 르낭이 예수에게서 고귀한 신성을 빼앗고 한낱 인간으로 추락시켰다고 개탄하였다. 반면 자유사상가들은 거룩한 책에 담겨 있는 영감을 일체 믿지 않는 부류인지라 르낭이 제시한 예수의 영적 가르침이나 예수가 몸소 체험한 하느님과의 합일 등은 논리와 이성 면에서 전혀 맞지 않다고 문제 삼았다. 르낭은 이런 정통신학자와 자유주의 사상가들에게 다음과 같이 말했다. "정통파 신학자는 새장에 갇혀 있는 새와 같다. 그가 할 수 있는 모든 운동이 금지되고 있다. 자유주의 신학자는 날갯깃이 몇 개 꺾인 새다. 그는 자기 자신의 주인인 것처럼 보이지만 사실은 날려고 하는 순간까지만 저 자신의 주인이다."

두 부류의 갖은 비난에도 르낭의 《예수의 생애》는 과학적인 엄밀성과 종교적인 감수성을 토대로 예수를 입체적으로 조명한, 뛰어난 전기로 평가받는다. 르낭은 애초에 예수의 전기 대신 사람은 거의 등장하지 않는 교리사를 쓸 생각이었으나 예수가 거닐었던 예루살렘, 헤브론, 사마리아 같은 팔레스티나 땅을 답사하고 치밀하게 연구하면서 생각이 바뀌었다. 즉 르낭은 다음과 같은 사실을 깨달았던 것이다. 역사란 한낱 추상의 활동이 아니요 거기 나오는 인물들이 교리보다도 더 중요하다는 것을! 르낭은 복음서는 전설로 이루어져 있으므로 그 안에는 역사적인 사실만 들어 있는 것이 아니라 초자연적인 것도 들어 있다는 것을 인정해야 하고, 어떤 전설은 사상에 의해 변형된 것이기도 하지만 현실적인 사실로부터 이 전설이 파생된다는 것도 분명히 인정해야 한다고 주장했다. 즉 4복음서에 등장하는 예수는 전설적인 면을 지니고 있긴 하지만 그럼에도 철저히 역사 속 인물이라는 것이다.

이러한 인식을 바탕으로 르낭이 제시한 예수는 어떠한가? 복음서 안의 예수가 극도로 신격화되고 추상화된 존재라면, 르낭이 보여준 예수는 살아서 움직이며 하느님의 말씀을 전하는 최고의 인격자이자 인류의 공통 명예다. 특히나 르낭은 글을 읽지 못하는 가난한 민중과 함께하는 예수를 열의를 다해 조명하였고, 당대 권력의 무리한테서 온갖 경멸을 받는 부류에게 관심을 보인 예수를 드높였다.

예수가 실존인물인지를 두고 예나 지금이나 의문을 품는 사람이 있는 게 사실이다. 그러나 성경 전문가이자 예수 연구자인 르낭이 쓴 '예수 전기'를 요약하여 발췌하면, 예수는 결코 허구 인물이 아니다.

> 예수는 정말 이 세상에 존재하였다. 그는 갈릴리의 나사렛 사람이었다. (…) 그는 평민계급 출신이었다. 그의 부친 요셉과 모친 마리아는 자기 손으로 일해서 먹고사는 중류계급의 사람들이었다. 그는 부친의 직업인 목수 일을 했다. (…) 예수는 율법학자들이 가르치는 상급학교에는 다니지 않았다. 예수는 결혼하지 않았다. 예수는 언제나 한적한 곳에서 기도하거나 혹은 묵상하는 것으로 만족하였다. 예수는 희생 제사의 폐지, 믿음 없고 교만한 사제의 제거, 그리고 넓은 의미에서 율법의 폐지가 절대적으로 필요한 것이라고 생각했다. 그의 가르침은 공적인 것이 되고 많은 사람의 주목을 끈다. 그의 나이는 서른살쯤 되었다. 예수는 베드로 집안

을 좋아해 보통 거기서 유숙했다. 예수는 유월절을 쇠러 거의 해마다 예루살렘에 갔다. 그리고 가르침을 펼쳤다. 그러나 예수는 예루살렘에서는 끝내 한 시골 사람이었고 같은 시골 사람들의 경모를 받았지만 그 민족의 귀족들로부터는 배척당했다. 예수를 처형한 것은 디베료도 아니요 빌라도도 아니다. 그것은 낡은 유대당이요 모세의 율법이었다. 예수는 교리를 세우지 않았고 신조를 만들지도 않았다. 그는 세계를 새로운 정신으로 인도하였다. 그러므로 인간의 위대함의 꼭대기에 예수의 인격을 두자. 지금도 날마다 세계의 운명을 지배하고 있는 이 숭고한 인물을 신이라 부를 수 있겠다. 이는 예수가 신성의 모든 것을 흡수했다거나 신과 일치했다는 의미에서가 아니라 인류로 하여금 신을 향한 최대의 걸음을 내딛게 한 개인이라는 의미에서다. 예수 속에는 우리의 본성의 좋은 것과 숭고한 것이 모두 응집해 있다. 그는 오직 그의 아버지와 숭고한 사명만을 위해서 살았다. 그리고 그는 이 사명을 완수할 자신을 가지고 있었다. 모든 세기는 사람의 아들들 가운데 예수만큼 위대한 자가 태어난 적이 없었다고 선포해가리라.

사료에 근거한 이 '예수 전기'를 읽고 빈센트 반 고흐는 크게 감동하였다. 빈센트는 아를에 머물던 시기인 1889년 4월 테오에게 쓴 편지에서, 르낭이 제시한 예수가 이런저런 제도권 교회에서 수도 없이 들려주는 '종이로 된' 예수보다 훨씬 더 위안이 된다고 고백했다. "르낭이 말한 예수가 프로테스탄트든 가톨릭이든 혹은 다른 어떤 교파든 간에 제도권 교회에서 수없이 들려주는 '종이로 된' 예수보다 수천 배 더 위안이 되지 않던?"(1889년 4월 28일, 테오에게 쓴 편지)

하지만 14년 전인 1875년에 빈센트는 종교에 너무도 심취한 나머지 르낭의 책을 처분할 것을 테오에게 당부하기도 했다. (즉흥적이고 격정적인 성정의 빈센트를 누가 말리랴!) 그는 테오에게 보낸 편지에 이렇게 썼다. "네가 갖고 있는 미슐레 책이나 르낭의 책을 내 말대로 처분했느냐? 그래야 마음이 편해질 게다." 1875년이라면 한창 복음주의에 열광하던 때다. 이때는 아직 교회로부터 배신감을 겪지 않았던 때고, 제도 종교에 한창 몰두해 있을 때다. 그러나 아를에 있으면서는 다시 르낭을 읽었고, 거기서 위안을 얻었다.

실로《예수의 생애》에는 빈센트가 감동할 만한 대목이 많아 보인다. "예수는 율법학자들, 즉 소페림이 가르치는 상급학교에는 다니지 않았다. (…) 그는 세상 사람들의 속된 눈에 지식인의 권위로 비치는 저 칭호들을 하나도 가지고 있지 않았다."

많이 배우지 못했으나 인류의 스승이 된 예수는 빈센트에게 귀감이 됐을 것이다. 예수를 얼마나 좋아하고 공감했으면 '피에타'의 예수 자리에 붉은 수염을 기른, 빈센트 자신을 넣었을까?

"예수의 가족은 예수를 사랑하지 않았던 것 같고, 또 가끔 예수는 자기 가족에게 까다로웠음을 볼 수 있다. (…) 한때 예수의 모친과 형제들은 예수가 미쳤다고 생각하고, 또 열광적인 몽상가로 여겨 붙들어 두려고 하였다." 이 대목도 빈센트에게 묘한 울림을 주지 않았을까? 빈센트의 가족은 빈센트를 별로 좋아하지 않았으며 특히 밥벌이를 제대로 하기는커녕 일만 벌였다 하면 망치기만 하는 빈센트를 버거워했으니 말이다. 빈센트는 화상으로도 성공하지 못했고 성직자의 꿈도 중도에 포기했으며 이런저런 보조교사 일, 책방 점원 일을 했으나 무엇 하나 제대로 한 게 없었다. 가족은 빈센트를 신임할 수 없었고, 급기야 목사라는 아버지는 빈센트에게 정신 좀 차리라고 꾸짖었다. 빈센트는

〈피에타〉, 1889년, 암스테르담, 반 고흐 미술관.

이런 가족한테서 극도의 피해의식을 느낄 수밖에 없었다.

빈센트가 《예수의 생애》에서 특히 벅찬 감동을 느낀 곳은 아마 이 대목이 아닐까?

바야흐로 탄생하는 그리스도교의 역사 전체는 하나의 향기로운 전원극이 되었다. 혼인 잔치에 자리를 같이하는 메시아, 그 향연에 초대된 창부와 선량한 삭개오 (…) 예수 주위에 모여든 사람은, 특권계급이라고는 한 사람의 세리와 어떤 청지기의 부인밖에 없었다. 나머지는 어부가 아니면 그저 단순한 평민이었다. (…) 그러나 거기에는 따뜻한 마음과 선의가 넘쳐흐르고 있었다.

손가락질 받는 창부, 강도나 파렴치한으로 취급당하는 것으로도 모자라 유언까지 못하게 되어 있던 세리, 그리고 천대 받는 여자, 문맹의 민중들과 함께하는 예수와 하느님의 무한 사랑! 빈센트는 감정이 북받쳐 눈물을 흘렸을지도 모른다. 빈센트는 보조 교사직을 맡을 때에도 밑바닥 노동자들을 가르치기를 바랐다. 빈센트는 늘 없는 사람, 못 배운 사람들과 함께하기를 원했다. 하긴 그 자신도 가난했고 많이 배우지는 못했다. 그러나 그에게는 뛰어난 공감 능력, 지적 열망, 종교적 확신이 있었다.

빈센트 반 고흐는 선한 사마리아 사람을 그렸다. 그것도 가장 힘겨운 시기에, 아무도 곁에 없을 때 이 비유 말씀을 화폭에 옮겼다. 그는 선한 사마리아인을 그릴 때, 르낭이 쓴 '예수 전기'의 한 구절을 떠올렸을 것이다. "어떤 때 예수가 감사와 참된 신앙심을 접한 것은 오직 한 사마리아인을 통해서였다. 예수의 가장 아름다운 비유 말씀의 하나는 여리고로 가는 길에서 부상당한 사람의 비유다. 한 사제가 지나가면서 이 부상당한 사람을 보고 그냥 지나간다. 한 레위인은 지나가던 발길을 멈추지 않는다. 한 사마리아인은 부상당한 사람을 측은히 여겨 다가가서 상처에 기름을 붓고 싸매준다. 예수는 거기서 참된 형제애는 자애로 사람들 사이에 생기는 것이지 교리를 믿음으로써 생기는 게 아니라고 결론지었다."

빈센트가 혼신의 힘을 다해 선한 사마리아인을 화폭에 담을 때 그 옆에 누가 있었을까? 어느 누가 사마리아인이 되어 빈센트의 짓밟힌 마음을 보듬어주었을까? 아무도 없었다.

앞서 보았듯이 빈센트는 1888년 6월에 베르나르에게 쓴 편지에서 '누가'를 높이 평가한다.

> 그림의 수호성인이면서 의사이자 화가이자 복음서 기자인 누가는 상징이라야 오직 황소뿐이네만 바로 그 점이 우리에게 희망을 준다네. - 1888년 6월 26일, 베르나르에게 쓴 편지

빈센트가 누가를 이토록 호의적으로 말한 것은 아마도 르낭이 《예수의 생애》에서 밝힌 누가의 면모를 마음속에 담아두고 있었기 때문일 것이다. 르낭은 《예수의 생애》에서 누가를 복음서 기자라기보다는 예수의 전기 작가이자 조화자, 수정자라고 말한다. 덧붙여 누가는 신운을 풍기는 예술가여서, 단순히 사료 정보만을 가지고 예수를 그린 것이 아니라 마태복음이나 마가복음과 같은 두 공관복음에서는 볼 수 없는 유려한 필치를 보여준다고 썼다. 예술가! 빈센트는 이 예술가라는 말에 압도되었을 것이 분명하다. 르낭은 누가복음서가 4복음서에서 가장 매력적이라면서 비상한 묘사력과 기교가 첨가되면서도 본질의 진실성을 크게 손상시키지 않는다는 것이다. 이런 생각이 빈센트에게 강하게 이입되었을 것이고, 그리하여 지인 베르나르에게 복음서 기자인 누가를 기쁜 마음으로 드높였을 것이다.

이 편지에서 빈센트는 예수야말로 세상의 모든 예술가보다 더 위대한 예술가라고 말하고 있다. "예수는 다른 모든 예술가보다 더 위대한 예술가로서 (…) 신경질적이고 둔한 우리 현대인의 머리로는 전혀 이해할 수 없는 존재인 이 두려움 없는 예술가는 조각을 하지도 그림을 그리지도 글을 쓰지도 않았네. 단지 자신의 말로써 살아 있는 사람을 불멸의 존재로 만들었던 것이네."

빈센트는 어떤 책을 읽어도 그 저자에게 관심을 보이고 공감을 느꼈으므로 르낭에 대해서도 마찬가지였으리라. 빈센트처럼 르낭도 불우한 어린 시절을 보냈다. 르낭은 태어날 때부터 몸이 너무 허약하여 목숨을 부지할 수 있을지 의심스러웠다. 아버지가 다섯 살 때 죽는 바람에 가정형편도 어려웠다(르낭은 《예수의 생애》를 발표하고 난 뒤, 따로 가난한 사람들을 위하여 《예수의 생애》를 《예수》란 제목으로 염가판을 내었다고 한다. 그것은 가난을 겪은 사람으로서, 가난한 사람의 순수한 마음을 아는 사람으로서 어쩌면 당연한 일이었는지도 모른다). 그래서 보수적인 어머니와 외가의 영향 아래 자랐고, 어려서부터 사제의 길을 갔다. 그러나 열여섯 살 무렵 종교에 의문을 품기 시작했다. 그때부터 죽을 때까지 초자연적인 것을 부정하고 자연을 신뢰했으며, 이성은 날로 진보한다는 믿음을 지켜 나갔다. 신학교를 포기하고 대학에 가서 종교의 본질과 원천을 다른 원전에서 찾기도 했다. 그럼에도 르낭은 머리로는 과학적인 엄정성을 중시하면서도 가슴은, 종교에서 멀어지지 않았다. 오히려 신앙심이 그에게 예수를 살아 있는 예수로, 박제된 예수가 아니라 살아서 움직이는 예수로 드러내 보이고 싶은 열망을 느끼게 했다.

서른아홉 살에 콜레주드프랑스의 교수가 되었으나 취임 연설에서 예수의 신성을 부정하여 해직되었다. 그 이듬해 출판된 《예수의 생애》

는 당시 마르틴 루터(1483~1546) 이래 기독교의 가장 위험한 적으로 받아들여졌다. 실로 충격적인 문제작이었다. 《예수의 생애》는 르낭이 페니키아 학술조사에 근거해 쓴 것으로, 예수가 일으킨 기적 이야기는 경신과 기만을 포함하고 있으므로 엄밀하게 비판되고 해석되어야 한다는 성경 해석의 원칙을 고수했다. 그리하여 예수를 신과 한몸인 존재가 아니라 죽을 운명을 지닌 한 인간으로 묘사하였다. 이에 종교계는 즉각 반발하였고, 학계도 가만 있지 않았다. 르낭은 결국 대학에서 쫓겨나고 말았다.

그때까지도 독실한 기독교인이었던 빈센트가 르낭의 실증적이고 과학적인 성경 비판에 얼마만큼 공감했는지는 알 수 없다. 그러나 르낭의 이상에 공감한 것만은 분명하다. 빈센트는 1875년 테오에게 르낭의 《예수의 생애》를 보냈다(1875년 3월 6일 편지). 그리고 약 두 달 뒤 르낭의 《종교 역사 스케치》를 인용했다.

살면서 훌륭하게 행동하려면 자신의 모든 개인적 욕망을 희생해야 한다. 종교사상의 전도자가 될 사람은 이러한 사상 외에 다른 조국을 가져서는 안 된다. 인간은 오로지 행복하기 위해 이 세상에 존재하는 것이 아니고, 심지어 단순히 정직하기 위해 존재하는 것도 아니다. 그는 인간성을 드러내는 위대한 일을 실현코자, 숭고에 이르고자, 모든 사람들이 살면서 겪는 비속함을 초월코자 세상에 존재하는 것이다. - 1875년 5월 8일, 테오에게 쓴 편지

빈센트는 또한 자신이 만든 '시의 앨범'에서도 르낭의 다음 구절을 인용했다.

처음으로 영원한 종교의 건물이 그 위에 설 말씀을 하신 것이다. 그는 기한도 조국도 없는 순수한 종교, 높은 마음을 품은 모든 사람이 세상 마지막 날까지 지켜나갈 종교를 세웠다. 그의 종교는 그때, 그저 인류의 좋은 종교였을 뿐만 아니라 절대의 종교였다. (…)

그것은 제사도 신전도 사제도 없는 순수한 종교였다. 그것은 의인의 양심과 인민의 팔에 맡겨진 세계의 도덕적 심판이었다.

르낭은 예수의 가르침이 곧 순수한 종교고 유토피아이며, 예수가 아나키스트임을 줄곧 강조했다. "사실상 예수를 당시의 선동자들 및 다른 모든 세기의 선동자들과 구별케 하는 것은 그의 완전한 이상주의다. 어떻게 보면 예수는 무정부주의자." 빈센트가 예수를 예술가로 생각한 것도 르낭의 영향을 받아서다. 특히 빈센트는 르낭이 파악한 비사제로서의 예수를 자신의 이상으로 삼았다. 빈센트가 처음에는 성직자를 꿈꾸었지만 결국은 성직자가 되지 못하고 화가가 된 점도 그런 이상에서 나온 것이다. 이에 대해 르낭은 다음과 같이 말했다.

여태껏 예수만큼 비사제적이었던 사람도 없었고, 또 예수만큼 종교를 보호한다는 미명 아래 종교를 질식시키는 갖가지 형식을 적대시한 사람도 없었다. 이 때문에 우리는 모두 그의 제자요 그의 후계자다. (…) 전혀 새로운 관념, 정결한 마음과 인간의 형제애에 기초를 두는 종교의 관념은 그로 말미암아 세계 안으로 들어왔다.

예수는 거기서(선한 사마리아 사람에 관한 비유 말씀에서) 참된 형제애는 자애에 의하여 사람들 사이에 생기는 것이지 교리를 믿음으로써 생기는 것이 아니라고 결론지었다. (…) 예수에게는 종파의 구별 없이 동포를 측은히 여기는 사람이 이웃이었다.

이어 르낭은, 도덕은 예술과 마찬가지로 말은 소용없고 오직 행하는 것이 전부라고 했다. 나아가 예수가 이루려고 한 혁명은 언제나 정신적인 혁명이라고 했다. 르낭은 예수가 인민을 사랑했다는 것, 그리고 예수가 인민과 함께 있으면 편안한 마음을 느꼈다는 것도 힘주어 말했다. "내 나라는 이 땅에 있지 않다."는 예수의 말을 르낭도 알고 있는 만큼, 르낭은 또한 말했다. 예수는 지상의 부나 세속적 권력을 무가치한 것으로 보았다고. 그러나 핵심은 바로 다음 구절이었다.

복음서의 도덕을 계속해서 찬탄하자. 그러나 행복이라든가 개인적 덕성 같은 단순한 관념들을 가지고 세계를 움직일 수 있다고는 생각하지 말자. (…)
결국 이상은 하나의 유토피아다. 오늘날 현대적 의식의 그리스도, 위안자, 새 시대의 심판자를 머리에 그려보려 할 때, 우리는 어떻게 하는가? 1830년 전에 예수 자신이 한 대로 한다. 우리는 현세의 여러 가지 형편을 현재의 상태와는 아주 달리 상상한다. 우리는 무기도 없이 흑인의 쇠사슬을 부수고 빈민의 생활을 개선하고 피압박 민족들을 해방시키는 도덕적 군주를 그린다. 이렇게 되는 데에는 세계가 뒤집히고 버지니아와 콩고의 기후가 달라지고 수백 만 명의 피와 종족이 변화하고 우리의 사회적 분규는 가공적 단순성으로 되돌아가고 유럽의 정치 조직이 그 자연적 질서를 깨뜨려야 한다는 것을 망각하고 있다. 예수가 바라던 '만물의 개혁'도 이보다 더 어려운 것은 아니었다. 새 땅, 새 하늘, 하늘로부터 내려오는 새 예루살렘, "보아라, 내가 모든 것을 새롭게 만든다!"라는 외침, 이것들은 개혁자들에게 공통되는 특징이다. 이상과 현실의 서글픈 대조는, 언제나 인류에게 냉철한 이성에 대한 이러한 반항을 야기할 것이다. 마침내 승리하고 한때는 적이었던 사람들이 누구보다도 먼저 그 높은 이유를 인정하게 되는 그날까지, 범인들이 어리석은 일이라고 비난하는 이 반항을.

아나키스트 예수
이어 르낭은 예수를 아나키스트라고 보았다. 그 까닭을 다음과 같이 설명했다.

> 왜냐하면 그는 이 세상의 정치에 대해서는 아무런 관념도 가지고 있지 않으니 말이다. (…) 그러나 스스로 권력자나 부자의 자리에 올라서 보려는 의도는 한 번도 볼 수 없다. 그는 부와 권력을 없애려고는 하지만 탈취하려고는 하지 않는다. 그는 제자들에게 박해와 고난을 예언한다. 그러나 무력적 반항을 하려 한 기미는 전혀 엿보이지 않는다. 고뇌와 체념을 통해서 힘 있게 되고 정결한 마음에 의해서 권력을 이긴다는 생각은 예수만의 고유한 사상이다. 예수는 유심론자가 아니다. 왜냐하면 모든 것이 그에게는 손에 잡히는 현실로 나아가기 때문이다. 그러나 그는 완성된 이상주의자다. 물질은 그에게 관념의 표적일 따름이요 현실은 나타나지 않는 것의 살아 있는 표현이기 때문이다.
>
> 하느님의 나라를 세우는 것은 마음이 가난한 사람들이다. 부자도 아니고 학자도 아니고 사제도 아니며, 부녀자들과 서민들과 비천한 사람들과 어린아이들이다. (…) 계급이 전도되고 이 세상에서 권세를 잡은 모든 자들이 천하게 되는 하나의 큰 사회적 혁명, 여기에 그의 꿈이 있다.

또한 르낭은 그 혁명의 구체적 모습이 '재산 공유'라고 지적했다.

> 생활이 공기와 햇빛으로 윤기를 얻는 나라에 알맞은 이 격률들, 아버지의 품속에서 마음 놓고 살아가는 하느님의 아들들의 일단의 이 아름다운 재산 공유론은 유토피아가 금방 실현될 것을 순간마다 믿고 있던 소박한 한 교파에 아주 잘 어울리는 것이었다.

빈센트는 '비할 데 없는 인간'으로서 예수가 가난한 사람들에게 헌신한 것을 진정 따르고자 했다. 그리하여 가난한 사람들과 어울려 사느라 바쁠 텐데, 부자들에게 그림이나 팔면서 삶을 허비한다는 것은 도저히 참을 수 없는 일이라 느끼고는 화랑 일에 급속히 흥미를 잃어갔다. 빈센트는 만년에도 르낭을 자주 언급했다.

> 르낭이 말한 그리스도가 프로테스탄트든 가톨릭이든 아니면 어떤 교파든 간에 제도권 교회에서 수없이 들려주는 '종이로 된' 그리스도보다는 수천 배 더 위안이 되지 않던? - 1889년 4월 28일, 테오에게 쓴 편지

> 졸라를 읽고 있어도 가령 르낭의 순수한 프랑스의 울림에 마음을 빼앗기고 만다. - 1889년 6월 18일경, 테오에게 쓴 편지

르낭의 문제점

빈센트가 많이 좋아하고 감동을 한 르낭이지만, 이 사람에게도 선뜻 동의하기 어려운 모습이 있다. 가령 르낭은 《마르쿠스 아우렐리우스》에서 바느질도 예술이라고 하면서, 여성복을 고급 예술품으로 인정

하지 않는 자는 매우 편협하고 우둔한 무리라고 비판하였다. 이 점에서 르낭은 생활미술의 가치를 인정한 모리스(1834~1896, 영국의 시인이자 공예가이고 사회주의자)의 선구자 같다. 톨스토이도 《예술이란 무엇인가》에서 르낭의 그런 견해를 인용하고 찬성했다.

《마르쿠스 아우렐리우스》는 르낭의 '기독교의 기원에 대한 비판적 역사' 7권 중 마지막 권이고 (빈센트가 이 책을 전부 읽었는지는 알 수 없다. 르낭의 《이스라엘 민족의 역사》 5권도 마찬가지다), 그 1권이 《예수의 생애》다. 흔히 르낭의 저작들에서 《마르쿠스 아우렐리우스》가 가장 뛰어나고, 르낭은 예수보다 이성과 자연(본성)에 토대를 둔 덕을 주장한 아우렐리우스를 더 좋아했다고 한다.■

그러나 우리가 르낭을 읽으면서 눈여겨봐야 할 점은 르낭이 프랑스 국민주의나 국가주의, 나아가 제국주의의 선구자라고 하는 점이다. 그런 선구자로는 독일의 관념론 철학자인 피히테(1762~1814)가 있는데, 특히 그의 〈독일 국민에게 고함〉은 일찍부터 긍정적으로 소개되어왔다(나는 그 점에 대단히 비판적이다). 피히테에 대응되는 르낭의 경우, 2002년에야 비로소 〈민족이란 무엇인가〉■■가 소개되었다. 이것은 르낭이 1882년 소르본 대학에서 강연한 것이다.

한데 그보다 더 중요한 책이 있다. 〈민족이란 무엇인가〉보다 10여년 앞인 1871년에 쓴 《지적 및 도덕적 개혁》이다. 이 책에서 르낭은 1870년 보불전쟁에서 프랑스가 독일에 패한 이유를 제시한다. 즉 보통선거로 프랑스인의 무기력함과 이기적인 물질주의가 심해진 탓에 프랑스가 졌다는 것이다. 이처럼 그는 인민을 불신하였고, 훌륭한 군주와 소

■ 에드먼드 윌슨, 유강은 옮김, 《핀란드 역으로》, 이매진, 2007, 95쪽.
■■ 에르네스트 르낭, 신행선 옮김, 《민족이란 무엇인가》, 책세상, 2002.

수의 계몽된 집단이 사회를 지배하기를 희망했다(《예수의 생애》를 염가판으로 내어 가난한 사람들도 부담 없이 사서 읽을 수 있게 했던 르낭인데, 참으로 안타까운 일이다). 무엇보다 더욱 큰 문제점은, 인종 간에는 극복할 수 없는 차이가 존재한다고 믿는 것이었다. 《지적 및 도덕적 개혁》에서 도드라지게 드러난 르낭의 인종주의 발언을 보자. 그는 자연은 노동자 인종으로 중국인을 만들고, 대지에서 노동하는 인종으로 흑인을 만들었으며, 주인이자 병사인 인종으로 백인을 만들었다고 했다. 요컨대 우수한 인종이 열등한 인종을 정복하고 통치하기 위해 식민지로 만드는 것은 정당한 일이자 바람직한 일이라는 것이다.

1876년에 출간된 《철학적 대화》에서도 르낭은 인간과 인종은 평등하지 않고, 흑인은 백인이 원하고 그들이 생각한 위대한 일들에 봉사하도록 만들어졌다고 주장했다. 그는 프랑스혁명에 대해서도 자유만을 인정하고 평등은 부정했다. 그는 백인 중에서도 아리아인(인도·유럽어족에 속하는 인종)이 셈족(아라비아인, 유대인 등)보다 우수하고, 유럽인은 오직 성경만 셈족에 빚을 졌다고 주장했다. 셈족은 유럽인에게 성경을 전해준 뒤 그 부정적 성격인 편협한 형식주의와 배타적 광신주의에 의해 급격히 쇠퇴한 반면, 유럽인은 유대교를 뛰어넘는 기독교를 만들어 세계의 모든 민족을 이끈다는 것이다.

그뿐인가? 르낭은 만년에 발표한 《과학의 미래》에서도 흑인과 인디언을, 불완전하여 정체할 수밖에 없는 가장 열등한 인종으로 보았다. 그리고 그 위에 있는 황인종도 완전할 수 없어서 항상 야만적인 상태에 머물러 있다고 주장했다.

인종을 차별하는 이러한 시선은 미슐레가 1846년 《인민》에서 프랑스인을 선택된 민족, 예외적으로 우수한 민족이라고 주장한 것을 계승

한 것이다. 또한 위고가 1847년 〈아프리카〉라는 글에서 주장한 내용을 되풀이한 것이기도 하다. 위고는 이 글에서 프랑스와 아프리카 사이에는 3중의 단절, 즉 문화적·정치적·종교적 단절이 있고, 두 인종은 너무나도 달라서 서로 반발할 뿐 교섭할 수 없다고 보았다. 이처럼 양자의 괴리는 극복할 수 없으므로 아프리카 주민을 문명화하던지 식민지화하던지 해야 하는데, 결국은 식민지화해야 한다고 위고는 주장했다. 이러한 주장은 빈센트가 사랑한 소설가 모파상에 의해서 1888년에 되풀이되었다.

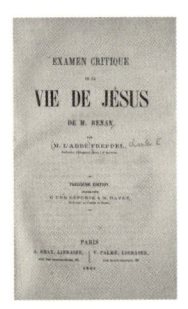

예수의 생애, 르낭 지음
최명관 옮김, 창

"가이사의 것은 가이사에게, 하느님의 것은 하느님에게 바치라." (…) 예수의 제자가 되는 것은 이것이나 저것을 믿음으로써가 아니라 예수의 인격을 사모하고 사랑함으로써였다. (…) 예수는 교리를 세우지 않았고 신조를 만들지도 않았다.
-《예수의 생애》에서

버니언의 《천로역정》

생애 초기에 빈센트 반 고흐는 번민하는 고귀한 인간을 주로 묘사한 엘리엇의 작품과 함께 버니언의 《천로역정》을 읽었다.

빈센트가 《천로역정》을 읽었다는 것을 은연중 보여주는 편지가 있다. 이것은 빈센트가 파리에서의 화상 일을 그만두고, 영국으로 건너가 한두 달 남짓 보조교사 노릇을 하다가 마침내 존스 목사가 운영하는 아일워스 학교의 조수로 있으면서 쓴 편지다. 1876년 10월 31일 테오한테 쓴 이 편지에서 빈센트는 자기가 처음으로 하느님의 거처에서 설교를 했다면서, 아직도 채 가시지 않은 벅찬 감동을 드러냈다. 빈센트는 자신을 가난한 선교사라고 지칭하며, 이 선교사는 비록 아주 고독한 처지에 있지만 하느님이 더욱 큰 깨달음을 주신다고 말했다. 빈센트는 이 편지에 제 설교문을 복사해서 동봉하기까지 했다. '이 땅의 나그네인 이 몸에게 당신의 계명을 숨기지 마소서.'(시편 119:19)를 인용하면서 시작되는 설교문이다. 조금만 옮겨본다.

> 우리네 삶이 순례자의 여정이고 우리가 이 땅에 나그네로 왔다는 것은 오래된 믿음이자 훌륭한 믿음입니다. 그러나 우리는 혼자가 아닙니다. 하느님께서 우리와 함께하시기 때문입니다. 우리는 순례자고 우리네 삶은 이 땅에서 하늘로 가는 기나긴 산책 혹은 여행입니다.

이 설교문은 《천로역정》에 나오는 순례자를 연상시킨다. 그 뒤에 쓴 편지에서 빈센트는 직접적으로 버니언의 《천로역정》을 언급한다. 1876년 11월 25일 테오에게 쓴 편지에서다. "버니언이 쓴 《천로역정》을 한

번 읽어보면 그 진가를 알 수 있지. 나는 그 책에서 무한한 감동을 받았다."

17세기 청교도문학에서 가장 널리 알려진 《천로역정》은 전 세계 대부분의 언어로 번역되어(한국어로도 수없이 번역되었다) 성경에 비길 정도로 많이 읽혔다고 전해진다.

'천로역정'은 하늘로 가는 여정이라는 뜻이다. 다시 말해 보다 높은 차원의 진리를 얻고자 끊임없이 순례를 하는 길이라는 말이다. 버니언은 꿈속에서 본 것을 영감에 사로잡혀 글로 옮겼다. 어느 날 그가 잠을 자다가 꿈을 꾸었는데, 그 꿈속에 독실한 기독교인이 나온다. 주인공인 이 사람은 이름도 '크리스찬'이다. 크리스찬은 자기 마을이 곧 불에 타서 멸망하리란 것을 알고 마을을 떠나 불멸의 도성인 시온 성으로 떠난다. 이 시온 성이 바로 천성(하늘의 성)이다. 그에게 시온 성으로 가라고 이른 사람은 전도자(이밴질리스트)다. "저쪽에 있는 좁은 문이 보입니까? (…) 저 빛을 놓치지 말고 그쪽으로 똑바로 올라가시오. 그러면 문이 보일 것입니다. 가서 문을 두드리시오. 어떻게 하라는 말이 있을 거요." 그리하여 크리스찬은 "생명을, 영원한 생명을!" 하고 외

버니언(John Bunyan, 1628~1688) 영국 베드퍼드 태생의 종교저술가이자 전도사다. 땜장이의 아들로 태어나, 어려운 가정형편 탓에 정규 교육을 얼마 받지 못하고 아버지의 일을 도왔다. 16세 때인 1644년 크롬웰의 의회군 수비대에 들어갔고, 1647년 의회군이 해산하자 고향으로 돌아와 결혼을 했다. 그때 고아인 아내가 지참금 대신 들고 온 종교책 《천국으로 가는 길》, 《신앙심과 실행》을 우연히 읽으면서 신앙에 눈을 떴다. 그 뒤 성경을 깊이 파고들었고 마을 교회에 가서 설교를 하기도 했다. 특히 존 기퍼드 목사를 만나 신심이 깊어졌으며, 1653년에는 정식으로 존 기퍼드의 교회에 들어갔다. 존 기퍼드가 죽은 뒤에는 비국교회파의 설교자로 이름을 알렸으나 국교회파의 박해에서 자유롭지는 못했다. 급기야 1660년에는 비밀집회 금지령 위반죄로 체포되어 12년간 옥고를 치렀다(그 뒤에도 한 번 더 수감되었다). 국교회의 무지막지한 억압이었다. 감옥에서 영감에 사로잡혀 써내려간 《천로역정》은 그의 최대 걸작으로 평가받는다. 제1부는 1678년에 발표되었고, 제2부는 1684년에 세상에 나왔다. 그 밖에 자서전인 《넘치는 은총》, 《거룩한 전쟁》 같은 작품을 남겼다.

치며 먼 길을 떠난다. 진흙으로 뒤덮인 수렁, 속세에 적을 둔 현자의 감언이설, 무신론자의 그럴듯한 논변, 멸망의 땅 군주인 아폴리온의 맹공격, 죽음의 그늘 계곡, 제2의 소돔(구약성경에 나오는 타락한 도시)이라고 할 수 있는 배니티 마을에서의 재판 등 온갖 괴롭과 시련, 유혹을 가까스로 견뎌낸 크리스찬은 마침내 천성에 도달하게 된다.

소설의 제1부는 그가 천성에 이르는 가시밭길을, 제2부는 남편이 시온 성으로 떠나는 것을 비웃고 조롱했던 아내가 얼마 뒤 마음을 고쳐먹고 남편의 뒤를 따라 순례 길에 나서고, 마침내 구원에 이르는 과정을 그리고 있다. 사실상 제2부는 곁가지라고 할 수 있다. 1부에서 이미 버니언은 진리 여행의 모든 것을 그렸기 때문이다. 소설에 나오는 여러 곳은 실제로 베드퍼드 마을에 있는 장소이기 때문에《천로역정》을 마을 순례기라고 볼 수도 있다.

《천로역정》은 물질적 부의 허상을 깨닫고 영적인 부를 얻고자 길을 나서는 여행자를 통해, 기독교인의 참모습을 보여주는 작품인 만큼 빈센트가 읽고 매우 공감했다. 청교도들은 자신을 세상과 동떨어진 집단인데다 낯설고 적대적인 땅에 잠시 머무는 비천하고 가난한 순례자로 보았다. 빈센트는 이 소설에서 영향을 받아 자신을 한평생 순례자로 여겼다. 어찌나 순례자란 이미지에 공감을 했던지 자신의 첫 번째 설교 주제를 '순례자'로 정할 정도였다.

《천로역정》에서 버니언은 성경 구절을 자유자재로 인용하고 있는데, 소설을 읽으면서 성경 구절까지 함께 음미할 수 있다는 점에서 신심 깊은 빈센트에게는 더없이 감동적이었을 것이다. 빈센트가 특히 공감했을 부분을 옮겨본다. 등장인물인 굿윌이 한 말이다. "우리는 여기 오는 사람들이 전에 무엇을 했든 그것을 문제 삼지 않습니다. 그들은 결코 버림받지 않습니다(요한복음 6장 37절)." 빈센트는 성직자의 길을 준비하기 전에 미술품을 파는 사람이었다. 속된 말로 장사치였다. 그는 하루에도 수십 번 번지르르한 말로 손님의 비위를 맞췄을 것이고, 물건을 하나라도 더 팔기 위해 애를 썼을 것이다. 그는 미술품 매매업이 비도덕적인 일임을 내심 인정했다. 그런 그가 마음을 바꾸어 목자의 길을 걷겠다고 나섰고, 가장 낮은 자리인 벨기에 보리나주 탄광촌으로 가서 광부들과 함께 생활했다. 자신이 전에, 중산층 사람들의 비위를 맞추며 굽실거렸던 것이 못내 마음에 걸렸을 그가 "여기 오는 사람들이 전에 무엇을 했는지는 문제 삼지 않는다."는 말에 깊이 공감하지 않았을까? 실제로 빈센트는 화상 일을 그만둔 지 한참 뒤에도 화상 일에 거부감을 내비친 적이 있다.

> 너무 많은 화상들이 대중을 기만하고 오도하는 것을 팔려고 드니까 사람들은 외려 안 팔리는 것을 좋아한다. (…) 심지어 요즘도 상당히 정력적인 기업가들이나 몇몇 출판인 이야기를 들을 때, 나는 여전히 화가 난다. 내가 구필 상사에서 느끼던 것과 똑같은 분노 말이다. - 1889년 9월 10일, 테오에게 쓴 편지

또한 톨스토이의 '바보 이반'을 떠올리게 하는 대목, 즉 "하늘나라를 위해 스스로 바보가 되는 자가 가장 지혜로운 자라는 것, 하느님을 사랑하는 가난뱅이가 그분을 미워하는 부자들보다 더 부자라는 것"도 빈센트의 마음을 사로잡지 않았을까? 빈센트는 보리나주에 머물면서 광부처럼 남루한 옷을 입었고, 광부처럼 짚더미 위에서 잠을 잤으며, 광부의 일터인 컴컴한 지하 갱도에 직접 내려가 일을 도우기도 했다.

그런 모습이 교회의 권위를 추락시킨다고 여겼던 교회위원회는 빈센트의 전도사 자격을 빼앗아버렸다.

《천로역정》에서 버니언은 시종 말과 행동이 일치해야 함을 역설한다. "페이드: 당신(수다쟁이)은 말에만 근거한 종교를 가졌고 언행이 일치하지 않는다는 말을 들었기 때문이오." 말로는 하느님을 사랑한다고 하면서 행동은 그렇지 않음을 비판하는 것이다. 빈센트는 저 교회위원회를 보면서 말과 행동이 다른 기독교인의 모습을 보았을 것이다.

흥미롭게도 《천로역정》에는 빈센트가 그린 〈영원의 문 앞에서〉라는 작품을 연상시키는 대목이 나온다.

> 그 사람은 매우 슬픈 기색이었다. 그는 바닥만 내려다보고, 두 손은 포개 쥐고 가슴이 터질 듯이 한숨을 쉬고 있었다. (…) 그러자 크리스찬이 물었다. "당신은 누구요?" (…) 그 사람이 말했다. "전에는 자타가 인정하는 훌륭하고 화려한 신자였지요. 나는 한때 하늘나라에 이를 자격이 훌륭히 있다고 생각했고 또 그리로 가게 될 생각만 해도 즐거웠소. (…) 나는 지금 절망하는 인간이 되어 이 쇠우리 같은 절망 안에 갇혀 있는 거요. 나는 나갈 수가 없어요. 오, 나갈 수가 없단 말이오." 크리스찬 "그런데 어쩌다 이렇게 되셨나요?" 그 사람 "나는 경계와 주의를 게을리 했지요. 내 정욕의 목에 사슬을 드리웠던 것이오. 나는 하느님의 선하심과 그 말씀의 빛에 대항하여 죄를 지었소. (…) 오, 영원이여! 영원이여! 이 영원히 맛보아야 할 비참한 신세와 내 어떻게 싸울 것인가?"

〈영원의 문 앞에서〉라는 그림에서 머리를 두 손으로 감싸 안으며 절규하는 노인. 빈센트는 이 그림을 처음(1882년)에는 연필로, 죽음이 가

〈영원의 문 앞에서〉, 1890년, 오테를로, 크뢸러 뮐러 미술관.

까워진 해(1980년)에는 유화로 그렸다. 그는 자신의 회한 많은 삶을 그런 식으로 반성하고 싶었을지도 모른다.

《천로역정》 자체에도 빈센트는 깊이 공감하였지만 저자인 버니언한테도 일말의 호의를 느꼈을 것이다. 버니언은 영국 시골 마을의 땜장이의 아들로 태어나 교육도 제대로 받지 못하고 가업을 이어갔다. 그러다가 결혼 뒤 신앙에 눈을 떠서 성경을 파고들었고, 비국교도가 되어 설교를 했다. 국교회(영국 성공회)는 버니언이 허가도 없이 설교를 한다며 고발하였고, 그 때문에 버니언은 1660년부터 12년간 감옥신세를 져야만 했다. 어떻게 이럴 수 있을까? 버니언은 "환상을 보고 악마에게 사로잡혀서 거리로 뛰쳐나와 그와 함께 무식하고 하잘것없는 사람들의 영혼을 구하려" 했으나, 당시 영혼을 구하는 일은 신사계층만이 누리는 특권이었다. 무식한 땜장이의 아들 따위가 감히 영혼을 구하는 사업에 뛰어들다니 기득권 쪽으로선 영 못마땅했던 것이다. 그래서 그들은 버니언을 박해했다.■ 그럼에도 버니언은 감옥을 나온 뒤 헛간에서 죽을 때까지 설교를 했다.

무슨 책이던지 그 책의 저자와 무관하게 읽는 법이 없었던 빈센트 반 고흐는 이러한 버니언의 삶에서 깊은 감동을 받았을 것이다. 허가 없이 무자격으로 설교를 한 것은 빈센트도 마찬가지였으니. 보리나주에서 전도사 자격을 박탈당한 뒤에도 빈센트는 그 부근을 떠나지 않고 한동안 전도 일을 계속하지 않았던가. 어느 순간부터 빈센트는 자격증이나 당국의 허가 따위가 과연 꼭 필요한 것인지를 자문하게 되었다. 이 문제는 사실 빈센트 개인의 문제가 아니라 당시 사회에서 공식적으로 요구하는 자격을 갖추지 못한 많은 사람들에게도 해당되는 문제였다. 특히 합법성을 인정받지 못한 노동조합이나 사회단체들이 두고두고 회의하는 문제였다. 심지어 버니언은 단순하기 이를 데 없는 형식적인 선서를 하지 않겠다고 버텨, 판사들을 곤경에 빠뜨리기도 했다.

■ 업턴 싱클레어, 박준황 옮김, 《힘의 예술》, 종로서적, 1979, 131쪽.

결국 버니언은 일종의 양심범 내지 사상범으로 12년형을 선고받았다.

이와 같이 사회가 이런저런 자격을 요구하는 제도와 그 문제점은 우리가 사는 21세기에도 여전히 존재한다. 각 교단으로부터 자격을 부여받은 사람만이 종교적인 설교 행위를 할 수 있다고 규정하는 법은, 지금 우리 사회에 존재하지는 않는다. 그러나 노동조합 활동 등은 관련 법상 국가의 허가를 받지 않으면 불법으로 간주되어 처벌을 받게 되어 있다. 버니언은 그런 법에 끝까지 저항하여 설교를 했고, 12년형을 언도받았다. 또한 그 뒤에도 다시 무허가 설교를 하다가 투옥되었다. 수인의 몸으로 버니언은 《천로역정》을 써내려갔다. 몸은 갇혀 있어도 정신은 자유이므로. 그러니 좁은 의미에서 《천로역정》은 버니언 자신의 내적 투쟁의 기록일 수 있다.

빈센트가 버니언을 편지에 언급한 것은 1880년 7월의 편지로 끝난다. 하지만 삶을 '신에게로 가는 여정'으로 보는, 버니언의 순례 개념은 빈센트를 평생 지배했다. 또한 빈센트가 제도 안에 있는 미술교육이나 미술직업, 단체 등과는 무관하게 철저히 독학자로 살았던 것도 버니언의 삶과 비슷했다. 버니언 역시 땜장이 기술에다 글만 겨우 깨친 사람이었으나 스스로 공부하여, 대단한 직위 없이 평신도로서 사람의 마음을 울리는 설교자가 되었으니.

한편 버니언은 런던에서 북쪽으로 약 80킬로미터 떨어진 베드퍼드에서 태어났기 때문에 빈센트는 2년 넘게 런던에서 생활하면서 그곳을 일부러 방문했을 수도 있었겠지만, 그런 기록은 남아 있지 않다. 지금 베드퍼드는 인구 13만 명 정도가 사는 도시다. 버니언이 태어났을 때만 해도 2천 명 정도가 살던 시골이었다. 시내 중심가의 다리 쪽에 있던 감옥에 버니언은 나이 마흔일곱이던 1675년부터 그 이듬해까지 또 다시 갇혔는데 이때 《천로역정》을 거의 완성해가고 있었다고 전해진다. 앞에서도 잠깐 말했듯이 사실 버니언은 감옥에 있으면서 성자들의 행적과 생애를 기록하는 데 여념이 없었다. '천로역정' 같은 것은 생각도 하지 않았다. 그런데 불현듯 성자들이 순례 여행을 떠나고 그 과정에서 겪는 우여곡절, 참다운 신앙을 비유로 그려내고 싶은 충동에 빠져들었다. 그렇게 열에 들떠서 써내려간 것이 바로 《천로역정》이다. 이 종교 우화는 영국 근대소설에도 나름 기여를 했다고 평가받는다. 그러니 수년간의 감옥생활이 버니언 자신뿐만 아니라 인류의 정신사에도 이로웠다고 할 수 있으리라.

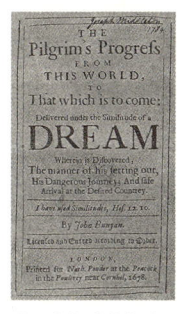

천로역정, 버니언 지음
이현주 옮김, 범우사

"파이어티: 그래, 도중에 무엇을 보셨나요?
크리스찬: 굉장한 걸 봤지요. 조금 더 나아가다가 나는 내 마음속으로 나무에 매달린 것 같다 싶은 한 사람을 만났는데, 그를 보는 바로 그 순간 내 등에 졌던 짐이 벗겨져 나가는 것이었습니다." - 《천로역정》에서

켐피스의 《그리스도를 본받아》

청년 빈센트 반 고흐가 감동한 또 하나의 종교책은 켐피스의 《그리스도를 본받아》다. 빈센트는 화상 일, 기독교학교 보조교사 일, 책방 점원 일을 그만두고 성직자의 길을 걷겠다고 결심한 뒤 곧장 암스테르담으로 갔다.

그곳에는 삼촌 얀 반 고흐가 있었다. 스물두 살 때인 1877년 5월 중순경이었다. 빈센트는 얀 삼촌의 집에 머물면서 신학 공부를 본격적으로 하기 시작했다. 그는 갈 길이 정해지면 온 정신을 집중하는 격정적인 사람이어서 《그리스도를 본받아》의 내용을 복제그림 여백에 깨알같이 적어 넣을 정도였다. 그 책을 얼마나 귀하게 여겼던지, 빈센트가 신학교에 입학하려고 한창 공부하던 이때 빈센트에게 그리스어와 라틴어를 가르쳤던 멘데스 다 코스타는 다음과 같이 증언하였다.

> 당시 빈센트는 미술작품을 복제한 작은 석판화 따위의 인쇄물을 잔뜩 모아두고 있었습니다. 몇 번인가 그걸 가져와서 저한테 보여주었는데 늘 인쇄물들이 심하게 상해 있었지요. 그림의 흰색 테두리가 토마스 아 켐피스의 책과 성경에서 인용한 문구로 완전히 뒤덮여 있었던 겁니다. - 《영혼의 순례자 반 고흐》

빈센트가 토마스 아 켐피스를 최초로 언급한 것은 1875년 7월 15일, 테오에게 쓴 편지에서다. 이 편지에서 빈센트는 기회가 되면 프랑스판 성경과 《그리스도를 본받아》를 테오에게 보내고 싶다고 말했다. 그다음 1877년 9월 4일 편지에서는 좀 더 적극적으로 《그리스도를 본받아》

를 찬양했다. "토마스 아 켐피스의 책은 특별하구나. 너무도 심오하고 진지한 내용이라 읽을 때마다 존경스러운 감정이 북받쳐 오른다."

그로부터 몇 달 뒤에 쓴 편지에서도 이 종교책을 언급하였다.

> 테오야, 너에게 편지를 쓸 시간이구나. (…) 좋은 작품이라면 《그리스도를 본받아》인데 플랑드르어판 있니? 필요하다면 보내주고 싶다. 주머니에 넣고 다닐 수 있을 정도로 작은 책이다. - 1878년 3월 3일, 테오에게 쓴 편지

빈센트는 테오뿐만 아니라 헤이그에 살고 있던 친구 라파르트에게도 토마스 아 켐피스를 언급하며, 이 책은 가슴에서 우러나온 이야기를 담고 있으므로 사람의 마음을 사로잡는다고 썼다(1882년 10월 29일 편지). 《그리스도를 본받아》는 사실 빈센트의 집안이 속한 흐로닝언파에게는 가장 중요한 고전이었기 때문에 더 어린 시절부터 읽었을 것이다. 뒤에 빈센트는 신학을 공부하면서 라틴어로 씌어진 《그리스도를 본받아》를 번역하려고 마음먹을 정도로 그 책에 열중했다. 라틴어를 직접 번역한 것인지는 정확하게 알 수 없지만 《그리스도를 본받아》는 한국어로도 많이 번역되어 있다.

켐피스 역시 르낭이나 버니언처럼 예수를 본받아 모든 물질과 쾌락

켐피스(Thomas a Kempis, 1380 ~ 1471) 독일 쾰른 부근에 있는 켐펜 출신의 수도자이자 종교사상가다. 13세에 네덜란드에 있는 데벤터로 유학을 가, 공동생활형제회의 학교에서 공부하였다. 1399년에는 아우구스티노회(會) 수도원에 들어가 1413년 사제(司祭) 서품을 받았다. 생애의 대부분을 이 수도원에서 보내며 후진을 양성하고자 설교를 하고 독서, 명상, 저술에 힘을 쏟았다. 성경 다음으로 많이 읽힌다고 알려진, 기독교 고전 《그리스도를 본받아》를 썼으며 《그리스도의 생애에 관한 기도와 묵상》도 남겼다.

을 버리고 자기의 내면으로 들어가야 한다고 주장하였다. 또한 하느님 앞에서 자신이 비참할 정도로 가치 없음을 받아들여야 하며, 그럴수록 주변의 미움을 받기 때문에 신앙인은 숙명적으로 이방인이나 낯선 땅의 순례자가 될 수밖에 없다고 했다. 그리고 기독교도의 공동생활을 제창하면서 그 속에서야말로 허식 없는 만족감을 얻을 수 있다고 역설했다.

빈센트는 《그리스도를 본받아》에 나오는 내용을 실천하려고 애썼다. 그리하여 암스테르담에서 1년 남짓 전념한 신학 공부도 포기하고 이론과 학식이 아닌, 온 마음으로 헌신의 삶을 살고자 홀로 벨기에의 척박한 땅 보리나주로 갔다. 1887년 11월 겨울이었다. 그 탄광촌에서 궁핍하고 못 배운 사람들을 가르치고, 성경 말씀을 전했다. 그러면서 빈센트는 육체적 쾌락뿐 아니라 기본적인 안락마저도 거부했다. 편안한 침대에서 자기보다는 난롯가 구석에서 웅크리고 자기를 원했다. 빈센트의 이런 금욕적인 모습은 《그리스도를 본받아》의 여러 구절을 떠올리게 한다.

> 네가 다른 사람보다 나은 줄로 생각지 말아야 한다. 사람의 마음속에 무엇이 있는지를 샅샅이 아시는 하느님 앞에서 네가 남만 못할까를 두려워해야 한다.

> 참다운 수도자가 되려면 삶을 바꾸고 모든 욕망을 완전히 끊어버려야 한다.

> 스스로 가장 작은 사람이 되거나 모든 이의 종이 되게끔 힘쓰지 않는

사람은 오랫동안 평화를 보존할 수 없으리라.

네가 소유하기에 부당한 것을 무엇 하러 보려 드는가? '세상은 지나가고 세상의 욕망도 지나간다.'(요한1서 2장 17절) 육체의 욕망으로 우리는 이리저리 끌려다니지만 시간이 지나고 보면 그와 같이 한 것이 네게 양심의 짐을 더하고 정신을 산란케 한 것밖에 무엇이 남는가?

자기를 부정하고 금욕할 것! 이 시기 빈센트는 그야말로 보리나주의 성자가 되고 싶었다. 토마스 아 켐피스에 대한 빈센트의 언급은 1883년 초(2월 15일 편지)에 끝난다. 그러나 토마스 아 켐피스의 공동생활 형제단(the Bretheren of the Common Life)은 빈센트가 남프랑스 아를에서 시도한 예술가 공동체의 모델이 되었다.

그리스도를 본받아, 켐피스 지음
윤을수 옮김/박동호 윤문, 가톨릭출판사

가장 고상하고 유익한 지식은 자신을 참되게 알고 자신을 낮추는 데 있다. (…) 사람은 누구나 약하다. 그러나 너보다 더 약한 사람은 아무도 없다는 것을 잊지 마라. -《그리스도를 본받아》에서

톨스토이의 《나의 종교》

빈센트가 마지막으로 관심을 기울인 종교서는 톨스토이의 《나의 종교》다. 톨스토이는 이 책을 1883년에 썼으나, 이듬해 판매가 금지되었다. 빈센트는 1888년 9월 24일 아를에서 테오에게 보낸 편지에 톨스토이의 《나의 종교》를 언급하였다. 내면의 혁명을 주장한 톨스토이에 빈센트는 십분 공감하였다.

영국의 조지 엘리엇처럼 톨스토이는 자국 인민의 종교에 대단히 관심을 가진 것 같다. 톨스토이는 종교에 대한 책도 썼지. 그 제목이 《나의 종교》라고 생각되는데, 너무나도 훌륭한 책임에 틀림없다. 글을 읽고 짐작하기로 《나의 종교》에서 톨스토이는 그리스도교에서 영원한 진실로 남는 것과 모든 종교에 공통된 것을 탐구하고 있다. 그는 육체의 부활도 심지어 영혼의 부활도 인정하지 않고, 허무주의자처럼 죽음 뒤에는 아무것도 없다고 말하지. 비록 인간은 죽고, 반드시 죽지만 인류는 영원히 존속한다.
 여하튼 그 책 자체를 읽지 않았기 때문에, 그가 어떻게 생각했는지 정확하게 말할 수는 없다. 그러나 그의 종교는 결코 우리의 고통을 증가시키는 잔혹한 것이 아니라 그 반대로 우리의 마음을 크게 위로하고, 사람들에게 마음의 평화, 활력, 삶에 대한 용기 등을 고무시키는 것임에 틀림없다. (…)
 톨스토이는 《나의 종교》에서 그것이 설령 폭력혁명이 될지 모른다 해도, 사람들의 내면에도 은밀한 혁명이 일어나, 거기서 새로운 종교라기보다 전혀 새로운 무언가가 재생되고, 그 이름은 아직 없지만 과거 기독교가 가졌던 것과 같은, 사람을 위로하고, 사람을 살리는 효과를 줄 것이라 시사하고 있다. - 1888년 9월 23일 또는 24일, 테오에게 쓴 편지

빈센트가 죽기 직전까지 《나의 종교》를 읽었는지 아닌지는 모른다. 그리고 위 편지에서 말한 《나의 종교》의 내용을 어디서 알았는지도 알 수 없다. 빈센트가 그 책의 내용이라고 말한 것은, 종교란 인간에게 행복을 주는 것이라는 확신이다.

빈센트는 톨스토이의 《참회록》을 편지에서 언급하지는 않지만 톨스토이는 《나의 종교》를 쓰기 전에, 그러니까 1879년에서 1882년 사이에 《참회록》을 썼다. 빈센트가 1878년 그 어떤 지위도 없이 낮은 자리에서 헌신의 삶을 살고자 보리나주로 갔을 때, 톨스토이도 참회를 했다. 1878년에 빈센트는 종교인에서 농민화가로, 톨스토이는 문인에서 신앙인으로 변화하였는데 묘하게도 종교를 추구한다는 점에서는 뜻이 같다. 이때부터 톨스토이는 예수처럼 살고자 결심하고, 모든 예술을 경박한 것으로 간주하기 시작했다. 빈센트가 전도사 양성학교에 들어간 그해 8월, 톨스토이는 농민처럼 살고자 친구와 함께 모스크바 부근으로

톨스토이(Lev Nikolayevich Tolstoy, 1828~1910) 러시아 남부 툴라 근처인 야스나야 폴랴나에서 백작의 아들로 태어났다. 법대에 들어갔으나 흥미를 못 느끼고 그만둔 뒤 고향 야스나야 폴랴나로 돌아가 농민계몽에 힘썼다. 그러나 실패로 돌아가고 한동안 방탕한 생활을 일삼았다. 스물셋에 군대에 입대하여 세바스토폴 전투 등 여러 전투에 참전하였다. 군대에 회의를 느낀 뒤 제대하여 소설을 잇따라 발표하였다. 《세 죽음》, 《전쟁과 평화》 등을 발표하였고, 쉰 살을 넘기자 《안나 카레니나》를 쓰고 난 뒤에는 자살을 시도할 만큼 지독한 우울증에 빠졌다. 인간이 무엇이고, 삶이 무엇인가?라는 질문을 스스로 던지며 삶의 궁극적 목적에 매달렸다. 그리하여 진리만이 삶의 목적임을 깨닫고 《부활》 같은 걸작을 비롯하여 《참회록》, 《통합복음서》 등 깊은 신앙심에 입각한 종교서를 발표했다. 진리를 말하지 않는 작품은 그 어떤 것도 무가치하다는 '예술무용론'을 펼쳤고, 민중에게 잘 읽히는, 쉽고 재미난 진리 이야기를 써서 널리 보급하였다. '사랑이 있는 곳에 신이 있다'는 톨스토이즘을 전 세계에 행동으로 알린 것으로도 유명하다. 머리 둘 곳 없이 살았던 예수의 삶을 따르고자 출가하여 조그만 시골 역에서 눈을 감았다.

순례 여행을 떠났다. 두 사람은 모두 기독교가 아닌 성경에 매달렸다.

톨스토이는 대학을 다니다가 2학년 때인 열여덟 살에 학업을 중단하면서 기독교에서 벗어났다고 《참회록》의 서두에 밝힌다. 그리고 기독교에서 이탈하기 시작한 것은 열다섯 살에 철학책을 읽으면서라고 말한다. 그러다가 톨스토이는 쉰 살 무렵 자살 일보 직전으로 몰아넣은 의문을 하나 품게 되는데, 그것은 '나는 왜 살아야 하는가.'라는 것이었다. 지적인 톨스토이답게 처음에는 학문으로 이 의문에 답하고자 했다. 그러나 이내 톨스토이는 깨달았다. 법학이니 정치학이니 사학이니 하는 어중이떠중이 학문 따위로 뜯어 맞춘 실험과학·이론과학과는 결코 타협할 수 없다는 것을. 톨스토이가 스물일곱 살에 쓴 일기를 들여다보면 그의 종교관의 시작을 알 수 있다.

> 나는 전 생애를 바쳐 구체화해도 좋을 이념에 접근했다. 이 이념은 새로운 종교, 그리스도교의 근간이지만 교리와 기적에서 자유롭다. - 젊은 시절의 일기(1855년 3월 5일)

로맹 롤랑과 함께 톨스토이에 대한 가장 뛰어난 평전을 쓴 이는 슈테판 츠바이크다. 츠바이크는 톨스토이의 사상의 핵심이, 악을 징벌하지 말라는 복음서의 말씀을 '권력으로 악인을 징벌하지 말라'로 해석하는 데 있다고 보았다.

> 권력이라는 것이 재산·무기·법으로써 또는 소위 종교조직으로써 결정되든, 아니면 어떤 미명을 빙자하여 보호받는 국가·종교·종족·소유권으로 존립하든, 오늘날 그것이 항상 부정되는 이 시점에 톨스토이의 권위와

열정에서 드러나는 동포애의 증명력은 모든 '도덕적 혁명가'의 귀감이 되고 있다.

　차가운 교리, 국가의 지배욕에 대한 요구, 진부하고 도식적으로 작용하는 사법권 대신 독립적인 양심이 인류동포애의 감정에 대해서만 도덕적 재판으로써 최후의 결정권을 맡기는 곳에서는 어디서든, 인간적인 것 속에서 인간을 일깨우는 톨스토이의 전형적 '루터 행위'가 호소력을 지닌다. 그것은 누구나가 어떤 경우에도 '가슴으로'만 일어서라는 외침이다.▪

위 글만 보더라도 우리는 앞에서 살펴본 르낭의 견해와 톨스토이의 견해가 크게 다르지 않음을 알 수 있다. 즉 이십대의 빈센트가 공감한 르낭과 삼십대의 빈센트가 공감한 톨스토이가 빈센트의 삶에 일관된 것이었음을 알 수 있다. 나아가 톨스토이가 당시는 마르크스보다도 한발 앞선, 가장 급진적인 사회주의자였음을 다음 말에서 알 수 있다.

　재물은 모든 악과 모든 고통의 뿌리다. 분규의 위험은 재물을 과다하게 가진 자들과 무산자들 사이에 도사리고 있다.▪▪

그러나 톨스토이의 사회주의는 반체제 혁명이 아니라 '종교적 혁명', 모든 권력 조직에 대한 양심적인 자기거부라는 점에서 단연 돋보인다.

　근본적으로 기독교도에게는 국가가 존재하지 않는다. 그러나 저들은

▪ 슈테판 츠바이크, 장영은·원단희 옮김, 《톨스토이와 도스토예프스키》, 자연사랑, 2001, 88~89쪽.
▪▪ 같은 책, 89쪽.

2장　반 고흐가 사랑한 종교철학책　109

국가를 전멸시키려 한다. 기독교도에게는 재산이 존재하지 않는 데 반해 저들은 재산을 폐기하고자 한다. 기독교도에게는 모든 인간이 본원적으로 평등하다. 그러나 저들은 불평등 상태를 파괴하려 든다. 혁명가들은 외부에서 정권과 투쟁하지만 기독교는 전혀 투쟁하지 않는다. 기독교는 내부에서 국가의 기초들을 파괴한다."

빈센트도 그렇게 생각했음을 우리는 뒤에서 계속 보게 될 것이다.

톨스토이 독서와 빈센트

앞서 보았듯이 빈센트가 톨스토이에게 관심을 보인 것은 죽기 2년 전이다. 빈센트는 특히 《나의 종교》에 심취하였다. 또한 톨스토이의 소설집도 읽었다. 《행복을 찾아서》라는 민화집이다. 빈센트는 1887년 여름에서 가을 사이, 여동생 빌에게 보낸 편지에 이렇게 썼다. "《행복을 찾아서》를 읽고 깊이 감동했단다. (…) 《행복을 찾아서》에도 악은 우리 자신의 본성에 있는 것이지 우리가 스스로 만드는 게 아니라고 씌어 있지 않던?" 1년 뒤 빈센트는 사랑하는 동생 테오에게 쓴 편지에 다시금 《행복을 찾아서》를 언급한다.

> 기억하고 있는지? 《행복을 찾아서》에 나오는, 하루 종일 원을 그리듯이 걸어서 그만큼의 땅을 샀던 남자 이야기를. 그래, 내가 그린 장식적인 과수원 그림에서 나는 얼마간 그 남자와 똑같았다. 그래도 지금 12매 가운데 6매는 완성했지만 나머지 6매는 그리 좋지 않구나. - 1888년 5월 1일, 테오에게 쓴 편지

■ 같은 책, 94쪽.

빈센트가 읽은 민화집 《행복을 찾아서》에는 〈인간은 얼마만큼 땅이 필요한가〉를 포함하여 〈사랑이 있는 곳에 신이 있다〉, 〈바보 이반〉, 〈머슴 에멜리안과 북〉 등이 수록되어 있다. 만년에 톨스토이는 지식인만 알아듣는 소설, 부르주아만이 향유하는 문학은 가치가 없다면서 '예술무용론'을 펼쳤다. 그리하여 민중에게 재미나고 쉽게 읽히는 진리 이야기를 쓰게 되었고, 이것이 곧 민화다. 빈센트가 테오에게 말한 '원 그리는 남자'는 바로 〈인간은 얼마만큼 땅이 필요한가〉에 나오는 주인공이다. 톨스토이가 쉰여덟 살에 쓴 이 민화는 매우 짧은 이야기지만 톨스토이의 메시지가 잘 드러나 있다.

과연 인간은 땅을 얼마나 필요로 할까? 주인공 바홈은 가난한 소작농이다. 그는 자기 소유의 땅을 갖고자 열심히 일한다. 그것이 바홈의 유일한 희망이다. 그는 착실히 일하였고, 살림이 다소 불어나자 드디어 땅을 갖는 기회를 얻는다. 한 촌장에게 1천 루블만 내면 자기가 걸어서 돌아오는 길이만큼 땅을 가질 수 있다는 것이다. 촌장과 바홈의 이야기를 조금 옮겨본다.

"말하자면 그 사람이 하루 종일 걸은 만큼의 땅을 드리는 거죠. 그래서 하루치 1천 루블이라는 겁니다." 바홈은 놀랐다. "그렇다면 하루 종일 걸으면 상당한 면적이 되겠는데요." 촌장은 웃었다. "네, 그게 모두 당신 것이 됩니다." 하고 그는 말했다. "다만 한 가지 조건이 있습니다. 만약 당일에 출발점까지 돌아오지 못하면 그건 무효가 됩니다."

들뜬 마음으로 밤을 지새운 바홈은 이튿날, 땅을 왕창 얻을 욕심에 쉬지도 않고 걷다가 너무 무리를 하는 바람에 출발점에 도착해서는 끝내 죽고 만다. 결국 그가 가진 땅은 자기 키만큼이다. 즉 자신이 죽어서 누울 무덤만큼이다. 톨스토이가 이 이야기로 말하려고 한 것은 자명하다. 탐욕을 부리다가 정작 가장 중요한 것(생명)을 잃어버린다는 말이다. 이것은 성경의 한 대목을 연상시킨다. 밤낮없이 곳간을 채우다가 그날 밤 죽고 말았다는 예수의 비유 말씀. 빈센트가 민화를 읽고서 여기까지 생각했는지는 확실치 않다. 그러나 빈센트는 이 민화를 좋아하였고, 동생들한테 즐겨 언급했다. 빈센트가 테오에게 말한 그 남자, 그러니까 하루 종일 원을 그리듯이 걸어서 그 만큼의 땅을 샀던 남자의 모습은 이렇다.

하늘 끝에서 해가 얼굴을 내밀기가 무섭게 바훔은 괭이를 어깨에 메고 초원을 향해 걷기 시작했다. 바훔은 느리지도 빠르지도 않게 걸었다. 1베르스따쯤 가다가 걸음을 멈추고 구덩이를 파서 거기에 눈에 잘 띄도록 잔디를 여러 덩이 묻어놓았다. 그러고는 또 걸어갔다. 걷기 시작하니 절로 걸음이 빨라졌다. 조금 있다가 또 구덩이를 팠다.

이런 식으로 자기가 걸어온 지점을 표시해가며 무작정 걷던 남자. 그의 최후는 죽음이었다!

빈센트가 민화집 《행복을 찾아서》 말고 톨스토이의 소설을 읽었다는 기록은 없다. 그러나 십대부터 죽기 직전까지 당대의 중요한 문학 작품은 두루 섭렵한 빈센트가 톨스토이를 몰랐을 리 없다. 다만 빈센트가 《전쟁과 평화》를 읽었다고 해도 크게 좋아하지는 않았을 것 같다. 그런 주제의 소설을 빈센트는 읽은 적이 없기 때문이다. 어쩌면 《안나 카레니나》도. 반면 《부활》과 같은 인간의 구원을 다룬, 톨스토이의 만년 작품들은 빈센트도 좋아했으리라.

빈센트가 죽기 2년 전인 1888년에 톨스토이, 특히 그의 종교론을 열심히 읽기 이전부터 톨스토이는 러시아뿐 아니라 유럽 전역, 나아가 세계적으로 이름을 떨치고 있었다. 그가 1864년부터 1869년에 걸쳐 쓴 《전쟁과 평화》가 1880년대 후반에 대부분의 유럽어로 번역되었고, 1885년에서 1887년 사이에는 톨스토이의 작품이 거의 모두 유럽어로 번역되었다. 프랑스에서는 1885년에서 1887년 사이에 집중적으로 번역되었다. 당시 대학생이던 로맹 롤랑은 훗날 톨스토이 평전에 쓰기를, 다양한 사상을 지닌 동급생들이 몇 달 동안 톨스토이에 대한 사랑으로 하나가 되었는데, 이는 톨스토이에게서 저마다 자기 자신을 발견했기 때문이라고 했다.■

흔히 톨스토이의 정신적 암흑기로 일컬어지는 1880년 이후 구체화된 '톨스토이 사상(톨스토이즘)'은 사실 그의 청년기부터 싹튼 것이었다. 예컨대 1856년에 쓴 《지주의 아침》에서 톨스토이는 소유권이라는 것에 회의적인 태도를 드러냈고, 이듬해 《루체른》에서는 사회의 관례와 풍습을 고발했다. 또한 그 무렵 일기에는 프루동의 저작을 읽고서 최고의 이상은 아나키즘이라고 썼다. 이어 《코삭》에서는 문명을 비판하고 자연 속의 노동을 찬양했으며, 《전쟁과 평화》에서도 플라톤 카라타에프의 입을 빌려 인민적 기독교를 찬양했다. 특히 《안나 카레니나》에 등장하는 레빈의 고백에서 톨스토이즘은 정점을 이루었다.

1882년부터 톨스토이는 빈민구제사업에 뛰어들었고 그 이듬해 《나의 종교》 그리고 《그렇다면 우리는 무엇을 해야 하는가》를 잇따라 발

■ 로맹 롤랑, 장민영 옮김, 《사랑과 죽음의 순례자―레프 톨스토이》, 신구문학사, 《세계의 인간상》, 1권, 1964, 13쪽.

표했다. 《나의 종교》에서 톨스토이는 '산상수훈(산 위에서 가르친 교훈적인 말씀)'을 중심으로 무저항주의를 주장했고, 뒤 작품에서는 경제적 불평등의 원인을 논하고 노동의 소중함을 강조하면서 참된 과학과 예술을 논하였다. 그 글들은 당국에 미리 압수되고 출판이 금지되었다. 이후 톨스토이의 글은 대부분 출판 금지되어 프랑스를 비롯한 외국에서 먼저 출판되기 시작했다. 빈센트가 톨스토이를 읽게 된 것도 바로 이 시기다.

그러나 무엇보다 흥미로운 것은 머리말에서도 밝혔듯이 톨스토이와 빈센트의 문학관이 일치한다는 점이다. 다시 말해 톨스토이가 《예술이란 무엇인가》에서 스토의 《톰 아저씨의 오두막》, 위고의 《레미제라블》, 디킨스의 《두 도시 이야기》와 《크리스마스 캐럴》, 엘리엇의 《아담 비드》, 도스토옙스키의 《지하생활자의 수기》 등을 참된 예술작품으로 인정한 것*이 빈센트의 문학관과 일치한다는 점이다. 그러나 톨스토이는 디킨스의 작품이라고 해도 자서전 성격이 짙은 《데이비드 코퍼필드》나 《피크위크 페이퍼스》와 같은 작품들은 낮게 봤다. 마찬가지로 세르반테스의 《돈키호테》와 몰리에르, 뒤마와 모파상, 고골리와 푸시킨**도 높게 보지 않았다. 반면 빈센트는 모파상을 좋아하였다. 그래서 《벨아미》나 《오를라》 같은 모파상의 소설을 재밌게 읽었다.

톨스토이와 빈센트의 미술관이 서로 비슷한 것도 흥미롭다. 톨스토이가 높이 평가한 밀레, 브르통, 레르미트 등은 빈센트도 높이 평가하

---

* 톨스토이, 이철 옮김, 《예술이란 무엇인가》, 대톨스토이전집, 9권, 신구문화사, 1972, 221쪽. 그 밖에 실러의 《군도》가 있다.
** 《이브게니 오네긴》과 《집시》는 제외하고 《보리스 고두노프》를 비현실적인 작품으로 평한다. 같은 책, 194쪽.
*** 같은 책, 222쪽.

고, 톨스토이가 낮게 본 제롬 등은 빈센트도 낮게 보았다.***

톨스토이는 1910년에 죽었다. 그리고 러시아혁명은 1917년에 터졌다. 톨스토이의 사상과 혁명은 반드시 일치하지 않았고 톨스토이가 혁명을 직접 보았더라면 충격을 받았겠지만, 루소(1712~1778)가 프랑스혁명 발발에 영향을 미쳤듯이 톨스토이가 러시아혁명을 발발케 한 것은 분명한 사실이다. 그러한 영향력은 빈센트가 1890년에 죽고 난 뒤 현대미술의 혁명에 끼친 영향력과도 비교될 수 있다. 정치를 포함한 체제 전반의 혁명과 예술의 혁명을 이와 같이 단순하게 비교하는 것은 무리다. 그렇더라도 전자보다는 후자가 역사에 더욱 긍정적인 영향을 미쳤다고 평가할 수 있지 않을까?

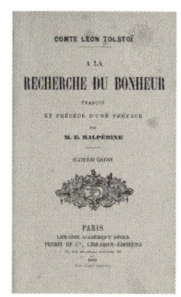

행복을 찾아서, 톨스토이 지음
김근식·고산 옮김, 동서문화사

(소작농) 바흠은 곧장 언덕 쪽을 향해 걸었으나 점점 피로워지기 시작했다. 몸은 땀범벅이 되고 장화를 벗은 발은 찢기고 베이고 상처투성이가 되어 제대로 걸을 수가 없었다. (…) '너무 욕심을 낸 게 아닐까? 만약 늦으면 어떡한담.' –《행복을 찾아서》에 수록된 〈인간은 얼마만큼 땅이 필요한가〉에서

마음속 스승을 다룬 '밀레 전기'

빈센트 반 고흐는 평생 밀레를 스승으로 삼았다. 그래서 그의 편지에는 밀레 이야기가 자주 나온다. 밀레를 최초로 언급한 것은 1873년 런던의 화랑에서 벌이를 할 때다. 이듬해 편지에서도 빈센트는 밀레의 〈만종〉을 격찬했다. 1880년 8월경 그는 성직자의 길을 포기하고, 화가가 되겠다는 일념으로 그림을 그리기 시작했다. 빈센트는 〈만종〉을 포함한 밀레의 작품들을 모방하며 자연과 농민을 성실히 그렸다. 그러나 화가의 길을 아버지가 반대하면서 고통스러운 시간을 보내야 했다. 외사촌 케이를 사랑하는 것도 뜻대로 되지 않아 심적 고통은 이루 말할 수 없었다. 그러다가 1882년 3월 헤이그에서 《장 프랑수아 밀레의 삶과 예술》을 읽고 용기를 얻었다. 《장 프랑수아 밀레의 삶과 예술》은 상시에가 밀레와 주고받은 수백 통의 편지를 토대로 1881년 파리에서 발표한, '밀레 전기'였다.

알프레드 상시에의 책은 36장으로 구성되어 있으나 26장까지는 상시에가 1864년 말까지 쓴 것이고, 나머지는 미술사학자인 폴 망츠가 가필하고 보완하였다. 상시에가 죽기까지 불완전한 상태로 방치된 것을 폴 망츠가 마무리한 것이니 완전한 평전이라고 보기는 어렵다. 이 책은 프랑스보다 미국에서 1년 먼저, 즉 1880년에 길더의 번역에 의해 《장 프랑수아 밀레: 농민과 화가》로 출판되었다. (아직 우리말 번역은 없다). 빈센트는 '밀레 전기'가 몹시 흥미로워 잠을 자지도 않고 밤새 램프를 켜두고 읽었다면서 전기의 내용을 일부 편지에 옮겨 적기도 했다.

예술이야말로 투쟁이다. 당신은 전 생애를 예술 안에 던져 넣어야 한다. 중요한 문제는 흑인 무리처럼 일하는 것이다. 조심스럽게 자기를 드러내는 정도라면 아무것도 말하지 않는 편이 좋다. - 1882년 3월 11일, 테오에게 쓴 편지

그리고 석 달 뒤에는 친구 라파르트한테 '밀레 전기'를 읽으라고 권했다. 네덜란드 화가인 안톤 반 라파르트(1858~1892)는 1880년 10월 브뤼셀 미술학교에서 빈센트에게 원근법을 가르쳐주고, 에텐에서 둘이 공동 작업을 하면서 친구가 되었다. 그러나 1854년 4~5월, 빈센트의 〈감자를 먹는 사람들〉을 라파르트가 나쁘게 평하면서 두 사람의 사이는 틀어지고 말았다.

빈센트는 또한 네덜란드 풍경화가인 빌터스(1838~1865)를 밀레와 비교하기도 했다. 게라르트 빌터스는 빈센트가 1881년 헤이그에서 잠시 그림을 배운 안톤 모베(1838~1888)의 스승이다.

최근에 나는 꽤나 우울한 책인 게라르트 빌터스(Gerard Bilders)의 《편지와 일기》를 조금 읽었다. 그는 내가 그림을 시작할 무렵에 죽었지. 그 책을 읽으면서 내가 너무 늦게 시작한 게 후회되지 않더구나. 그는 정말 불행했고, 가끔은 오해도 받았지만 그에게는 중대한 약점이 있었다. 어딘가 모르게 성격이 우울했던 거다. 그것은 너무 빨리 싹을 틔운 식물이 모진 서리를 견디지 못하고 어느 날 밤 뿌리까지 얼어서 시들어버린

상시에(Alfred Sensier, 1815~1877) 밀레의 친구이자 화상이며 공화주의자다. 그는 밀레를 처음 만난 1846년부터 1874년 사이 밀레의 곁에서 수집한 증언과 서로 나눈 편지를 바탕으로 '밀레 전기'인 《장 프랑수아 밀레의 삶과 예술》을 썼다. 그러나 이 책을 완성하지 못하고 죽어 미술사학자인 폴 망츠가 완성하였고, 1881년에 출판되었다. 그림은 〈상시에의 초상〉으로, 루이 귀스타브 리카르의 작품이다.

이야기와 같지. 초기에는 모든 것이 순조로웠다. 온실 속의 화초처럼 선생의 지도를 받으며 꽃을 피웠고, 빠르게 성장했다. 그러나 암스테르담에서 홀로 고독을 견디며 지내야 했고, 결국은 낙담과 불만을 안고 아버지 집으로 돌아왔지. 그곳에서 그림을 조금 그렸지만 스물여덟 나이에 결핵인지 무슨 병인지로 죽고 말았다.

내가 그를 좋게 보지 않는 것은, 그는 그림을 그리는 동안에조차 따분해하고 게으름에 빠져 마치 어쩔 수 없이 그린다는 식이고, 자신이 답답하다고 생각하는 친구들과 어울려 다니면서, 자기가 지긋지긋하게 싫어하는 오락과 삶의 방식에 빠져 지냈다는 점이다. 그에게 공감은 가지만 늙은 밀레나 T. 루소 또는 도비니의 전기를 빨리 읽어보고 싶구나. 상시에가 밀레에 대해서 쓴 책을 읽으면, 빌터스의 책이 우리를 비참하게 만드는 것과는 달리 용기를 얻게 된다.

나는 늘, 밀레의 편지 어느 것을 읽어도 그가 많은 어려움을 겪었음을 발견해낸다. 그리고 "그럼에도 불구하고 나는 이러저러한 일을 꼭 해야 한다."고 했고, 언제나 그는 자신이 절대적으로 해야 한다고 생각한 일을 찾아 그것을 해냈지. 반면 빌터스의 책을 보면, "이번주에 나는 기분이 나빠서 많은 일을 망쳐버렸다. 이런저런 콘서트나 놀이에 참석한 뒤면 그 전보다도 더 비참해진 기분으로 돌아왔다."는 느낌을 자주 받게 된다.

밀레를 읽으며 감동하는 점은 별거 아니다. "그럼에도 불구하고 나는 이러저러한 일을 꼭 해야 한다."는 것이다. 빌터스는 매우 재치 있는 사람이었고, 그가 좋아하는 분에 넘치는 고급 시가나 재단사의 청구서에 익살스런 한숨을 쉴 수 있었는지는 모르지만 아무것도 해결하지는 못했다. 그는 돈 문제에 대해 너무나 재치 있게 쓰고 있어서 그것을 읽는 사람은 웃지 않을 수 없다. 그러나 아무리 재치가 있어도 그런 것은 짜증스러울 뿐이다. 오히려 "그럼에도 불구하고 아이들을 위한 스프가 필요하다." 라고 말한 밀레의 개인적 고충에 더욱 큰 존경심을 품게 된다. 그는 고급 시가나 오락 따위에 대해서는 전혀 말하지 않는다.

내가 말하고 싶은 것은 이 점이다. 즉 빌터스가 인생을 바라본 방식은 낭만적이고, 그는 끝내 말도 안 되는 환상에서 벗어나지 못했다는 것이다. 그리고 나의 경우, 낭만적인 환상에서 벗어난 뒤에 그림을 시작한 게 정말 특권 같은 것이라고 생각한다는 점이다. 그동안 잃어버린 시간을 만회해야 하고, 열심히 일을 해야 한다. 그러나 무익한 환상에서 벗어나야만 그 일은 꼭 필요하고 몇 안 되는 즐거운 일의 하나가 될 수 있다. 그래야만 충분한 평화와 안식을 얻을 수 있다. - 1882년 8월 20일, 테오에게 쓴 편지

빈센트와 밀레

빈센트는 밀레의 삶에서 용기를 얻었을 뿐만 아니라 밀레를 더욱 잘 이해하게 되었다. 그는 밀레와 같은 예술가의 삶을 살겠다고 결심하고, 밀레 덕분에 자신이 예술가의 길을 선택한 것이 옳았다고 확신하였다. 특히 빈센트는 당시 스스로는 발견할 수 없었던 중대한 점을 발견해냈다. 즉 그때까지만 해도 막연했던 삶의 목표가, 밀레를 공부하게 되면서 차츰 뚜렷해졌다. 그 후 빈센트는 확고한 농민화가로 자신의 길을 묵묵히 걸어갔다.

밀레가 "나는 고통을 없애려고 하지 않는다. 왜냐하면 그것은 예술가에게 그 자신을 가장 힘있게 표현하게끔 해주기 때문이다."라고 한 말을 나는 언제나 생각하고 있다.

5월 1일, 이사할 생각이다. 어머니와 누이들과는 정말 잘 지내고 있지만 이사를 하는 게 최선이라고 믿는다. 그래도 오랫동안 함께 살다 보면 참기 어려워질 테지. 그건 가족들 탓이라거나 나 자신 탓이라고는 말할 수 없고, 도리어 어떤 사회적 입장을 지키려는 사람들과, 그런 것에 무관심한 농민화가 사이의 사고방식이 서로 일치하지 못하는 탓이다.

내가 농민화가로 자처하는 건 그게 사실이기 때문이다. 장차 너도 분명히 알게 되겠지만 나는 그렇게 불리는 게 편하다. 또 내가 광부들, 토탄을 쪼개는 인부, 방직공, 농민들의 집에서 난로 옆에 앉아 생각하며—열심히 작업한 시간을 빼고—수많은 저녁을 보낸 것이 무용한 일은 아니었다. 하루 종일 농민의 생활을 관찰하다 보면 거기에 온 마음을 뺏기는 바람에 다른 것은 거의 생각하지 못한다.

너는 밀레의 작품에 무관심한 일반인의 풍조-너는 전시회에서 그것을 보았다고 했지-가 예술가들도, 그런 그림을 팔아야 하는 사람들도 의기소침하게 만든다고 했다. 전적으로 동감이다. 그러나 밀레 자신도 그것을 느끼고, 알았다. 상시에의 책을 읽다가 밀레가 그림을 그리기 시작하면서 한 말에 감동을 받았다. 글자 그대로 기억하지는 못하고 그 뜻만 생각나는데, "그런 무관심은 내가 비싼 구두나 신사의 생활을 필요로 한다면 나쁘겠지만 나는 나막신을 신고 어떻게든 살아갈 것이다."라는 것이었다. 정말 그렇게 되었지.

따라서 내가 결코 잊어서는 안 된다고 생각하는 것은 "나막신을 신고 어떻게든 살아갈 것"이라는 점이다. 즉 먹는 것, 마시는 것, 입는 것, 잠자는 것을, 농민이 만족하는 정도로 자신도 만족한다는 것이다. 밀레는 그것을 실천했고, 사실 그 밖에는 아무것도 바라지 않았다. 가령 이스라엘스나 모베처럼 꽤나 사치스럽게 살았던 사람들이 보여주지 않은 길을, 밀레가 인간으로서 화가들에게 보여준 것이라고 나는 생각한다. 다시 말하지만 밀레는 아버지 같은 사람이다. 즉 어떤 경우에도 그는 젊은 화가들에게 조언자이고 선도자였다. 내가 아는 사람들 대다수는, 물론 그들에 대해 모든 것을 알지는 못하지만, 이런 나의 생각에 동의하지 않겠지. 그러나 나도 그와 같이 생각하고, 그가 말한 것을 완전히 믿고 있다.

밀레에 대해 이처럼 길게 쓰는 이유는 도시 화가들이 그린 농민상이 아무리 훌륭해도, 역시 파리 근교의 농민을 생각나게 할 뿐이라고 네가 지난번 편지에 썼기 때문이다. 나도 같은 인상을 받았으니까(단 르파주▪의 〈감자 캐는 여자〉는 분명히 다르지). 이는 그 화가들이 인간적으로 농민생활에 깊이 들어가지 못했기 때문이 아닐까? 밀레는 또한 말했다. 예술에 모든 것을 바쳐야 한다고.

역시 밀레와 같은 자질의 사람인 드 그루는 농민을 정확하게 그렸다(그런데 그들, 국가는 그에게 역사화를 주문했다! 그는 그것도 잘 그렸지만, 그는 자신에게 충실할 때 무엇보다 훌륭했다). 드 그루가 당연히 받아야 할 평가를 아직 충분히 받고 있지 못하다는 것은 벨기에 사람들에게는 부끄럽고 불명예스러운 일이다. 드 그루는 밀레만큼이나 거장이다. 대중은 그를 인정하지 않고 있고, 도미에나 타사르처럼 무명으로 남아 있지만 이 시대에도 다시금 그처럼 그리는 사람들이 있다. 가령 멜러리(19세기 후반에서 20세기 초반에 활동한 벨기에의 상징주의 화가) 같은 사람들이지. 최근 나는 화보신문에서 그의 작품을 보았다. 거룻한 뱃사공 가족—남편, 아내, 아이들—이 배의 작은 선실에서 식탁에 앉아 있는 모습

▪ 줄 바스티앵르파주(Jules Bastien-Lepage, 1848~1884)는 프랑스 화가로, 카바넬의 제자다. 쿠르베와 밀레에게서 영향을 받아 자연주의 그림인 〈건초〉, 〈무르익은 보리〉 등을 그렸다. 외광파의 선구자로 불린다.

을 그렸더구나.

　대중의 인기에 관련해서 말하자면, 몇 년 전 르낭의 책에서 읽은 것을 나는 언제나 기억하고 있고 앞으로도 그걸 계속 믿을 것이다. 훌륭하고 유용한 일을 하려는 사람은 대중의 인정이나 이해를 계산하거나 추구해서는 안 된다는 것이다. 반대로 극소수의 따뜻한 마음을 지닌 사람들만이 어쩌면 공감을 하고 자신과 함께한다는 것을 기대해야 한다. - 1885년 4월 13일, 테오에게 쓴 편지

1885년이면 빈센트가 〈감자 먹는 사람들〉을 그린 해이기도 하다. 편지에서 보듯이 빈센트가 상시에의 책에서 읽은 '밀레의 나막신'은 밀레에게 농민의 상징이자 그 삶의 시와 같은 것이었다. 또한 그것은 빈센트에게 농민화가 밀레를 상징하는 것이자 삶의 시였다. 위 편지를 쓰고 나서 며칠 뒤 빈센트는 농민화가로 출발하는 자신의 입장을 다음과 같이 밀레를 들어 정당화했다.

　농민생활을 그리는 일은 참으로 어렵구나. 그러나 예술과 인생을 진지하게 여기는 사람들한테 진지하게 생각하도록 이끄는 그림을 그리려고 애쓰지 않는다면, 나로서는 스스로를 비난할 수밖에 없다.
　밀레, 드 그루를 포함하여 다른 많은 사람들이 "더럽다, 조잡하다, 추악하다, 악취가 난다."와 같은 빈정거림에 귀 기울이지 않는 마음가짐을 몸소 보였는데, 내가 그런 악평에 흔들린다면 치욕스러운 일이지. 아니, 농민을 그리려면 화가 자신이 농부인 것처럼 그들이 느끼고 생각하는 대로 그려야 한다. 당장 현실에 존재하는 인간의 모습은, 그럴 수밖에 없다는 식으로 그려야 한다. 나는 너무나도 자주 농민은 하나의 독립된 세계

라고 생각한다. 그리고 수많은 관점에서 바라볼 때 그 세계는 문명화된 세계보다 더욱 뛰어나다고 본다. 물론 모든 점에서 그렇다는 것은 아니다. 농민들은 예술에 대해, 또한 다른 많은 것에 대해 잘 모르니 말이다. - 1885년 4월 30일, 테오에게 쓴 편지

농민처럼 느끼고 생각하고자 빈센트는 누에넨에서 보낸 2년 동안 형편없는 식사를 하였다. 또한 그의 그림에 자주 등장하듯이 농민의 푸른 작업복을 주로 입었다. 당시 한 의사가 이런 빈센트더러 "당신은 틀림없이 철공 노동자요."라고 아는 체를 하자 빈센트는 속으로 엄청 기뻐했다(1885년 12월 28일 편지). 빈센트는 언제나 이것저것 다 아는 듯이 구는 지적인 사람보다는, 뱃사공이나 철공 노동자처럼 튼튼하고 다부진 사람으로 보이고 싶었기 때문이다. 그 후 1885년 12월, 빈센트는 안트베르펜으로 가서도 '밀레처럼' 극도로 가난하게 살면서 열심히 그림을 그렸고, 그의 이런 생활은 1890년에 숨을 거둘 때까지 줄곧 이어졌다.

여기서 한 가지 짚고 넘어가고 싶은 것은, 빈센트가 밀레를 상당 부분 오해하기도 했다는 점이다. 이는 빈센트의 잘못이 아니라 상시에 같은 밀레의 대변자들의 잘못이라고 생각한다. 가령 밀레는 농촌 마을인 바르비종에 머물면서도 농민이나 이웃을 친구로 두지 않았다. 그의 친구는 대개 세련된 취미를 가진, 자칭 교양 있는 사람들, 예술가들, 학자들이었다. 밀레는 빈센트가 말했듯이, 아니 상시에가 말했듯이, 나막신을 신고 소박한 복장을 즐겨 입기는 했으나 그런 버릇은 당시 시골의 지주계급한테서 흔히 볼 수 있는 것이다. 지금 남아 있는 밀레의 사진에서 나막신을 신고 있는 모습은 단 한 장뿐이다. 나머지 사진은 모

밀레의 〈그레빌 교회〉, 1871~1874년, 파리, 오르세 미술관.

두 밀레가 교양 있는 부자임을 보여준다. 게다가, 적어도 1850년대 후반부터 밀레는 성공한 화가로서 전혀 가난하게 살지 않았는데도 빈센트는 밀레가 평생 가난하게 살았다고 오해했다. 그뿐만이 아니다. 빈센트는 밀레를 일종의 예언자로 보았다. 자연을 종교적으로 해석할 수 있는 선지자로 본 것이다. 이는 상시에가 밀레를 과장해서 설명해놓은 탓이다. 즉 상시에는 '밀레 전기'에서, 성경을 깊이 있게 잘 아는 밀레가 정직한 농민들을 숭고하게 그림으로써 진정한 농촌화가의 길을 열었다고 과장하였다. 이 점에 특히 공감을 한 빈센트는 밀레가 그 농촌 그림에서 신과 영원한 존재를 드러냈으며, 신의 존재를 증명하고자 농촌 풍경을 보다 인간적으로 묘사했다고 보았다(1882년 11월 26~27일 편지). 그런 의미에서 밀레는 하나의 신앙과 복음을 가졌으며(1883년 9

반 고흐의 〈오베르 교회〉, 1890년, 파리, 오르세 미술관.

월 21일경 편지), '신앙인의 전형'으로서(1883년 10월 16일경 편지) 그 작품은 능히 종교성을 품고 있다고 보았다(1883년 9월 22일경 편지). 이는 빈센트가 밀레의 작품들 가운데 어느 작품을 유독 좋아했는지를 살펴보면 잘 알 수 있다. 실제로 빈센트는 밀레의 초기 작품이나 〈돼지 도살〉과 같이 눈에 띄게 비전통적인 작품은 좋아하지 않았고, 대신 감상적인 느낌을 불러일으키는 〈만종〉은 두 번이나 모사할 만큼 좋아했다. 이삭줍는 여성들이 성인같이 그려진 〈이삭줍기〉도 좋아했고, 1875년 파리에서 본 〈그레빌 교회〉를 모델 삼아 〈오베르 교회〉를 그리기도 했다.

다음 편지를 보면 빈센트가 〈만종〉을 얼마나 차원 높은 작품으로 보았는지 알 수 있다.

> 무레(졸라의 소설에 나오는 화가)는 현대의 파리 여성을 숭배한다. 좋다. 그러나 밀레와 브르통(1827~1906, 프랑스 농민화가)은 같은 정열을 농촌 여성한테 바친다. 이 두 가지 정열은 하나다. 졸라가 어슴푸레한 여성들이 있는 방을 묘사한 것을 읽어보렴―여성들은 대부분 이미 서른을 넘어 쉰 살 정도인데, 그렇게 어두운 신비로운 방 한 구석에 모여 있다. 나는 그것이 멋져 보이고 정말 장엄해 보인다. 하지만 나에겐 밀레의 〈만종〉이야말로 장엄하게 느껴진다. ― 1884년 10월 2일, 테오에게 쓴 편지

한데 빈센트가 종교적 분위기를 자아내는 밀레의 그림은 열렬히 좋아한 반면 사회적인 메시지가 분명한 밀레의 또 다른 그림은 싫어했다고 보는 견해*는 다소 억지스럽다. 그렇게 보는 사람들은 빈센트가 밀레의 〈씨 뿌리는 사람〉을 유난히 좋아한 것도 종교적 메시지 때문이라고 주장한다. 설령 빈센트가 밀레의 〈씨 뿌리는 사람〉이 보여주는 사회

밀레의 〈씨 뿌리는 사람〉, 1850년, 보스턴, 시립미술관.

성보다도 종교성에 더 이끌렸다고 해도, 그 그림이 지니고 있는 사회성을 부정할 수는 없다. 그 사회성에 대한 빈센트의 공감 역시 부정되어서는 안 된다.

빈센트는 오래전부터 사회적 시선이 담긴 작품에 관심을 보여왔다. 가령 빈센트가 그림을 본격적으로 그리기 전인 1870년대 초 영국에 있으면서 도레(1832~1883) 등이 그린 판화를 즐겨 보았고, 1890년 생 레미에서는 사회비판적 시선이 녹아든, 도레의 〈뉴게이트 감옥의 운동

▪ 가령 1989년 암스테르담 반 고흐 미술관에서 열린 '반 고흐와 밀레'전 카탈로그와 1998~1999년 파리 오르세 미술관에서 열린 '밀레/반 고흐' 전시회의 해설을 쓴 루이 반 틸보그(Louis van Tilborgh)의 견해가 그렇다.

반 고흐의 〈씨 뿌리는 사람〉, 1889년, 오테를로, 크뢸러 뮐러 미술관.

장〉을 모사했다(프랑스 화가인 도레는 명작의 삽화를 많이 그렸다). 1885년 겨울에는 〈감자 먹는 사람들〉을 그리면서, 테오더르 르누아르(Paul Renouard, 1845~1924)가 그린 리용의 파업 노동자 그림을 보내달라고 한 적도 있다.■ 르누아르는 노동자 화가였다.

어쨌든 빈센트가 밀레를 종교적 예언자로 오해한 것은 사실이다. 그리고 이러한 오해는 빈센트의 성장에 적지 않은 영향을 미치게 된다. 빈센트는 젊은 시절 아버지처럼 목사가 되려고 했으나 목사는 되지 못하고 전도사로 일하면서 자신이 아버지와 다르다는 것을 여실히 느꼈

■ 《내 친구 빈센트》, 116~117쪽.

다. 그 후 아버지에게서 해방되고자 고군분투하다가 '밀레'를 발견하고 자신의 새로운 스승으로 모셨다.

> 아버지 당신만을 보자면, 나는 아무 불만도 없지만 그를 위대한 밀레와 비교하면 불만이 생기게 된다. 밀레의 가르침이 굉장히 위대해서 아버지의 견해를 그것에 견주면 너무도 편협하게 느껴지는 것이다. - 1883년 12월 16일경, 테오에게 쓴 편지

이 편지는 시앵과 헤어져 얼마 동안 기후가 사나운 드렌테를 여행한 뒤 누에넨 집으로 돌아가 가족과 함께 살면서 갈등이 극에 달하던 시기에 쓴 것이다. 인간적인 감정을 무시하고 오로지 관습과 세상의 이목에만 신경을 쓰는 아버지한테서 빈센트는 깊은 절망을 느끼고 있었다. 빈센트는 상시가 묘사한 밀레에게서 힘을 얻어, 아버지를 다소 깎아내리고 밀레를 드높이기도 했다.

> 나는 밀레가 '저 높은 곳에 있는 것'을 확고하게 믿게 되었다고 생각한다. 그가 그것에 대해 말하는 방식은 아버지와 정말 다르다. 밀레는 막연하게 말하는 것으로 끝나지. 그럼에도 아버지의 말보다는 밀레의 막연한 표현에서 나는 더 많은 것을 본다. - 1883년 10월 31일경, 테오에게 쓴 편지

빈센트는 1882년 11~12월, 헤이그에서 그 막연한 종교적 감정을 표현하고자 고통에 떠는 노동자와 성경을 읽는 노동자 그리고 식사를 하기 전 기도를 올리는 노동자를 각각 소묘로 그렸다. 당시 헤이그 미술관에서 밀레의 〈죽음과 나무꾼〉을 보고 난 뒤 그린 것이다. 그 하나

가 1882년에 동판으로 그려진 〈영원의 문 앞에서〉다. 빈센트는 〈영원의 문 앞에서〉를 1890년 죽기 직전에 다시 유화로 그렸다.

> 이 그림에서 내가 표현하려고 시도한 (…) 것은 밀레가 믿은 '저 높은 곳에 있는 것'의 존재, 즉 신과 영원한 존재의 가장 강력한 흔적의 하나라고 생각한 것이었다. 그것은 이러한 노인의, 뭐라고 설명할 수 없이 가슴을 치는 표정 속에 있는 것이다. (…) 이는 신학 따위가 아니다. 단지 밑바닥 생활을 하는 가난한 나무꾼이나 농부나 광부에게는 영원히 살 집에 대해 느끼고, 그것에 가까이 가는 것을 느끼게 하는 정서나 영감을 받는 순간이 부여될 수 있다는 사실을 말하고 있을 뿐이다. - 1882년 11월 26~27일, 테오에게 쓴 편지

시골 마을 드렌테에서 이러한 신의 흔적은 자연의 모든 것으로 확대되었다. 이어 빈센트는 밀레로부터 "우리의 목적은 대도시의 실생활과는 반대로 신과 함께 걷는 것이다."(1883년 10월 31일경 편지)라는 자신의 사상을 이끌어낸다. 한마디로 빈센트가 밀레에게서 배운 신앙은 고대 기독교를 범신론적으로 파악한 것이었다. 신, 즉 "무엇이라고도 이름 지을 수 없는, 무엇인가 높은 곳에 있는 것"은 산업화가 아직 영향을 미치지 않은 시골에서 명백하게 설명할 수 없는 형태로 나타나 있고, 이를 기록하는 것이 예술가의 사명이라고 빈센트는 생각했다. 그래서 그는 기꺼이 시골 생활의 행복을 노래했다.

> 겨울은 눈 속에 깊이 파묻히고, 가을은 낙엽 속에 파묻히고, 여름은 뜨거운 보리 속에 파묻히고, 봄은 풀 속에 파묻히는 것이야말로 '좋은' 것

이다. 여름은 머리 위 하늘과 함께, 겨울은 난로 곁에서, 풀 베는 남자들이나 농가의 처녀들과 함께 있는 것은 정말 '좋은' 것이다. 언제나 그랬고 앞으로도 계속 그러리라고 느끼는 것은 좋은 것이다. - 1885년 6월 22일경, 테오에게 쓴 편지

빈센트는 칼라일의 《영웅숭배론》과 《의상철학》을 이미 1875년에 읽었다. 또한 1883년 3월과 10월에도 그 두 책을 다시 읽었다(1883년 3월 5일경 편지, 1883년 10월 12~13일 편지). 그런 책들과 밀레로부터 받은, 종교적인 영원에 대한 지각은 빈센트의 생애 내내 서로 관련된 여러 주제로 형상화되었다.

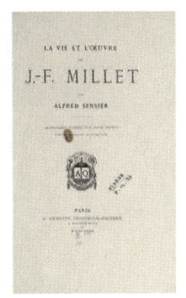

빈센트 반 고흐는 《장 프랑수아 밀레의 삶과 예술》을 읽고 크게 감동하였다. 그는 동생 테오에게 쓴 편지에 이 전기의 일부를 옮겨 적기도 했다. "예술이야말로 투쟁이다. 당신은 전 생애를 예술 안에 던져 넣어야 한다." 빈센트는 이 가르침에 따라, 예술가의 길에 모든 것을 걸었다. - 지은이

장 프랑수아 밀레의 삶과 예술, 상시에 지음, 한국어 번역판 없음

3장

반 고흐가 사랑한 시인

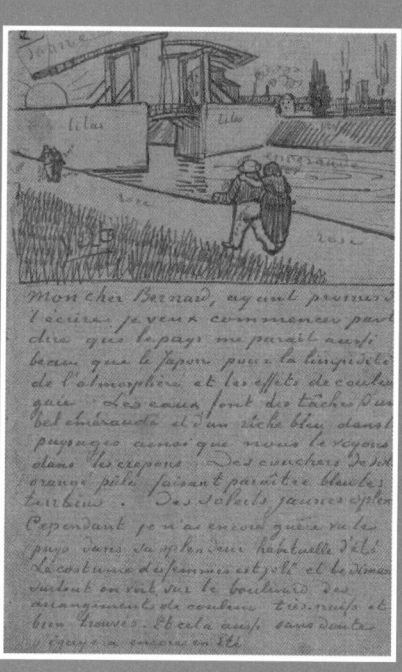

> 휘트먼은 미래에도 현재에도 건강한 세계,
> 참으로 솔직한 사랑과 우정과 노동의 세계를 보는구나.
> 별빛이 비치는 이 거대한 둥근 하늘 아래
> 결국 신이라고 부를 수밖에 없는,
> 이 세상 위에 있는 영원을 본다.

키츠

빈센트 반 고흐가 어릴 때부터 성경을 읽은 것은 분명한데 그 밖에 무슨 책을 읽었는지는 알기 어렵다. 그가 쓴 편지를 보면, 1873년 런던에 도착해 화랑 일을 할 때부터 성경 외의 다른 책들을 읽기 시작했다. 당시 빈센트는 독서삼매경에 빠져 런던이나 파리의 신간 도서들도 열심히 읽었고, 문학동호인의 모임에 열렬히 참석하기도 했다. 책을 읽으면서 외국어 독해 능력이 날로 좋아져 그 뒤 일생 동안 프랑스의 시와 역사물, 영국 소설 등을 자유로이 읽을 수 있게 되었다.

1873년 빈센트는 영국에 도착한 지 얼마 되지 않아, 헤이그에 사는 친구(빌렘과 카롤린)에게 편지를 보내 런던 생활을 말해주기도 했다. "이 런던 지점에서는 상품을 보관하는 일만 하는데 헤이그에서 하던 일과는 완전히 달라. 하지만 익숙해져야겠지. 여섯 시에 일이 끝나면 산책을 하기도 하고 시집을 읽기도 해. 편지도 쓰고 말이야." 그리고 한 달 뒤에 보낸 편지에서 키츠(1795~1821)의 시를 즐겨 읽는다고 말했다.

> 최근 나는 키츠의 시를 읽고 너무 즐거웠어. 그는 네덜란드에는 잘 알려지지 않은 시인인 것 같아. 이곳 화가들 모두가 애독하는 시인이야. 그래서 나도 읽기 시작했어. 여기 그의 시가 있는데, 특히 〈성 아그네스 전야〉가 유명하지. 옮겨 적기엔 조금 길어. - 1873년 8월 7일, 빌렘과 카롤린에게 쓴 편지

빈센트는 〈성 아그네스 전야〉가 장시라 옮겨 적기 어렵다면서 대신 중세 취미가 넘치는 민요풍의 시 〈성 마르코 축제 전야〉와 〈가을에〉를

편지 말미에 옮겨 적었다. 〈성 아그네스 전야〉는 키츠가 스물네 살 때 중세 성녀인 아그네스의 전설에서 영감을 받아 쓴 연애시다.

'순결'이라는 뜻을 지닌 아그네스는 291년에서 304년에 산 인물로, 기독교 박해가 한창이던 시절 독실한 기독교인이라는 이유로 참수형을 당하였다. 훗날 성녀로 추앙받았고, 아그네스를 기리는 축일인 '성 아그네스 전야제'가 생겨났다. 전설 속 아그네스는 몹시 아름다운 소녀여서 청혼자가 줄을 이었다. 하지만 소녀는 이미 그리스도에게 순결을 바치겠다고 서원을 한 터라 청혼자들을 물리칠 수밖에 없었다. 청혼자 중 하나인 집정관의 아들이 이를 괘씸하게 여기고 소녀를 이교도로 고발하였다. 결국 아그네스는 매음굴로 보내진 뒤 참수형에 처해졌다.

성녀 아그네스 전야제는 1월 20일이다. 성인을 기리는 날이니 전설이 없을 수 없다. 이날 여자가 단식을 하고, 누구와도 이야기하지 않고 기도하고 잠들면 꿈에 미래의 남편이 나타난다고 전해진다. 키츠는 이 전설을 끌어와 다음과 같이 노래했다.

키츠(John Keats, 1795~1821) 영국 런던 태생의 낭만주의 시인이다. 일찍 부모를 여의고 학교를 다니면서 도서관 책을 모두 탐독할 만큼 조숙한 아이였다. 졸업 뒤 생계를 위해 남의 집 서생으로 있기도 하고 외과의사의 조수로 있으면서 의학공부를 했으며, 약사 자격증까지 땄다. 그럼에도 시인에 대한 열망을 못 이기고 시 쓰는 일과 독서에 몰두하였다. 스물두 살 때 《시편들》을 냈고, 이듬해 〈엔디미온〉이라는 장시를 발표하였으나 별 주목을 받지는 못하였다. 이후 사랑에 빠지고 이별을 겪으면서 시에 깊이가 더해졌고 〈성 아그네스 전야〉, 〈그리스 항아리에 부치는 노래〉, 〈나이팅게일에게〉 등 역작을 잇달아 발표하였으며, 〈하이리피언의 몰락〉이라는 걸작을 완성하였다. 그러나 폐결핵에 걸려 몇 달간 누워 있다가 병상을 지키고 있던 친구에게 "나는 편안하게 죽을 거야. 하느님, 감사합니다. 이제 드디어 가는가 보다."라고 평온한 어조로 말하며 조용히 눈을 감았다. 서른도 채 못 된 나이였다. 스스로를 '물위에 이름을 새긴 자'로 여겼던 그는 평소 고뇌하는 인간에게 최고의 선은 아름다움이라고 말하였다. 그림은 윌리엄 힐튼이 그린, 〈키츠의 초상〉이다.

메들라인은 기도를 마치고,
머리에 두른 진주를 푼다.
(…)
해초 속의 인어처럼 반쯤 가려진 모습으로,
뜬눈으로 꿈꾸며, 환상으로
보는 듯하다 아름다운 성 아그네스를.

(…)

이런 천국 같은 곳에 숨어들어 정신을 잃고,
포파이로는 그녀의 벗은 옷들을 바라보고,
그녀의 숨소리에 귀를 기울인다,
(…)
아, 보라 그녀는 얼마나 빨리 잠들었는가!

　이 시는 꽤 길어서 빈센트는 옮겨 적을 엄두를 내지 못하고, 대신 〈성 마르코 축제 전야〉를 옮겨 적었다. 성 마르코 축제는 공관복음인 마르코복음(마가복음)의 저자로 알려진 마르코를 기리는 축제이고, 〈성 마르코 축제 전야〉는 말 그대로 축제 전야의 풍경을 그린 시다. 여기서는 빈센트가 편지에 인용한 또 다른 시, 〈가을에 부치는 노래〉를 읊어본다.

안개와 농익는 열매의 계절!
원숙해지는 태양의 절친한 친구.
태양과 공모하여 초가지붕 휘돌아가는 덩굴에

열매로 짐 지우고 축복을 내리며,

이끼 낀 오두막집 나무들을 사과로 휘게 하고,

온갖 과일마다 속속들이 꽉 채워 익게 하며,

조롱박을 부풀리고, 개암은 속살까지 달달하게

살찌우며, 벌들을 위해

때늦은 꽃들을 많이, 점점 더 많이 꽃 피게 한다,

따뜻한 날들이 결코 끝나지 않을 것이라 생각할 때까지,

여름이 끈적거리는 벌집에 넘쳐흘렀으니.

누가 그대의 창고에서 그대를 종종 보지 않았으랴?

가끔 집 밖에서 찾는 이 누구든 볼 수 있으리라,

곳간 바닥에 무심하게 앉아 있는 그대를,

키질하는 바람에 머리카락 부드러이 날리는.

아니면 양귀비 향기에 취해서,

반쯤 추수된 밭고랑에 잠들어 있는 그대를, 낫을

다음 이랑의 곡식이며 얽혀 있는 꽃들 그대로 두고서.

또 어떤 때는 그대 이삭 줍는 사람처럼 머리에 인

짐을 침착하게 잡고서 개울을 건너고,

또는 과즙 압착기 옆에서, 인내의 표정으로,

그대는 몇 시간이나 마지막 스며오는 것까지 지켜본다.

봄의 노래들은 어디에 있는가? 아, 그들은 어디에 있는가?

생각지 마라, 봄노래를, 그대는 또한 그대의 음악을 지녔으니,

막대 구름들이 부드러이 사라지는 낮을 꽃 피우고,

〈낮잠〉, 1889년, 파리, 오르세 미술관. 밀레의 〈낮잠〉을 모사한 작품이기도 하다.

그루터기 밭들을 장밋빛으로 물들일 때
구슬픈 합창으로 조그만 각다귀들이 강가의 버드나무 사이에서
애도한다, 바람 가벼이 일다 질 때마다,
높이 오르거나 처져 내리면서.
그리고 한껏 자란 양떼들이 언덕배기에서 크게 울고,
귀뚜라미 노래한다. 또한 지금은 부드럽고 드높게,
방울새가 텃밭에서 휘파람 불며,
모인 제비들 하늘에서 지지배배 거린다.

마치 한 편의 풍경화를 보는 것 같다. 뒤에 빈센트가 그린 풍경화가

떠오르기도 한다. 특히 노란색 대지 위에 그려진 태양이 머릿속을 채운다. '막대 구름들이 부드러이 사라진다.'는 표현은 빈센트가 즐겨 그린 부드러운 별 모양을 연상시킨다. '반쯤 추수된 밭고랑에 잠들어 있는 그대'는 빈센트가 그린 〈낮잠〉이라는 작품을 떠올리게 한다.

키츠에 대한 언급이 더는 없지만 그렇다고 빈센트가 키츠의 다른 시를 읽지 않았다고 말할 수 있을까? 가령 빈센트는 키츠의 〈그리스 항아리에 부치는 노래〉를 언급하지는 않았으나, 이 시의 마지막 구절인 "'아름다움은 진리이며, 진리는 아름다움', 이것이/그대가 땅 위에서 아는 전부이고, 또한 알아야 할 모든 것이라고."에 단적으로 나타나듯이 키츠가 진선미의 조화, 또는 시인의 사명을 끊임없이 고민하면서 인생의 어두운 면에 괴로워한 휴머니스트였다는 것도 느꼈을 것이다. 그리고 그에 온 마음으로 공감했을 것이다. 왜냐하면 빈센트 역시 한평생 종교와 예술을 하나로 여겼기 때문이다. 게다가 키츠는 죽으면 모든 게 끝이라는 어설픈 허무주의가 아니라 죽음이 다른 무엇으로 이어진다는 영원성(영속성)을 추구하였다. 빈센트 또한 그러하였다. 훌륭한 화가는 죽어 땅에 묻혀서도 그 작품으로 뒤 세대에게 말을 건다고, 빈센트는 언젠가 테오에게 말한 적이 있다(1888년 7월 9일 또는 10일 편지).

빈센트가 런던에 있으면서 키츠가 태어난 집이나 마지막으로 살았던 집을 찾아보았다는 기록은 없다. 그리고 빈센트는 키츠가 급진주의자였고 자유사상가였다는 점도 별로 주목하지 않았다. 그러나 자신의 어린 시절이 불우했듯이 키츠의 불우한 어린 시절에는 빈센트도 공감했으리라고 본다. 어느 작품을 읽어도 반드시 그 작가의 처지와 인간성에 마음을 두는 빈센트였으니.

또한 키츠가 영국 신사들처럼 걷거나 세련되게 이야기하는 투를 익히지 못했듯이 빈센트도 그러했다. 두 사람 모두 단순하고 거칠며 키가 작고 몸도 왜소했다. 키츠가 하층계급인 마부의 아들 출신이어서 소외감을 느끼고 중상류층과 거리를 두고 살았다는 점도 빈센트한테는 남의 일 같지 않게 여겨졌을지 모른다. 빈센트의 아버지는 목사라 결코 하층계급이라고는 할 수 없지만, 지극히 가난한 목사였다.

죽게 마련인 인간의 경지를 넘어/이 사랑의 어투에 달아올라 그는 일어선다./천상의 모습으로, 열에 들떠, 마치/사파이어 하늘 깊은 고요 속에 보이는 반짝이는/별처럼./(…)/ 그 사이 서릿발 바람이, 사랑의 경고인 양/날카로운 진눈깨비를 창문에 흩뿌린다./성 아그네스의 달이 막 지고 있다. -〈성 아그네스 전야〉에서 《빛나는 별》)

성 아그네스 전야, 키츠 지음
허현숙 옮김, 솔

롱펠로

빈센트는 물을 마셔도 갈증을 느끼는 사람처럼 닥치는 대로 수많은 영문학 걸작을 읽었다. 특히 미국 시인 롱펠로가 쓴 시를 탐독하고, 영국의 디킨스와 엘리엇이 쓴 소설들도 열심히 읽었다.

편지에 언급된 횟수로 보면, 빈센트는 키츠보다 롱펠로를 훨씬 좋아해서 롱펠로에 대해 몇 번이고 편지에 썼다. "마침내 너에게 롱펠로의 시집을 보낸다. 나는 그 책이 너의 진정한 친구가 되리라고 확신한다." (1876년 3월 23일, 테오에게 쓴 편지)

약 1년 뒤인 1877년 2월 26일에는 〈별빛〉을 테오에게 쓴 편지 말미에 적어 보내기도 했다.

밤이 다가왔다. 너무 이르지 않게
조용히 아주 조용히
작은 달이 가라앉으며
하늘 뒤로 사라졌다.

땅에도 하늘에도 빛이 없다
차가운 별빛 밖에는.
밤의 첫 파수꾼은
붉은 별 화성의 차지.

그건 부드러운 사랑의 별인가?
사랑과 꿈의 별인가?

아 아니! 저 푸른 천막 위에
번쩍이는 한 영웅의 갑옷이겠지.

저녁 하늘에 매달린
저 붉은 별의 방패를
멀리 바라보고 있노라면
마음속 깊은 생각들이 떠오르나니.

오 힘의 별이여! 그대는 서서
내 아픔을 비웃고 있구나.
그대 갑옷에 덮인 손으로 나를 손짓하면
나는 또 다시 힘을 얻노라.

내 가슴속엔 빛이 없다

롱펠로(Henry Wadsworth Longfellow, 1807~1882) 교훈적이고 이해하기 쉬운 시를 써서 대중의 사랑을 한몸에 받은, 미국 시인이다. 메인 주 포클랜드에서 변호사의 아들로 태어났다. 초등학교 시절부터 라틴어를 능숙하게 구사하였고, 열세 살 때 처음으로 시를 써서 지역신문에 발표하기도 했다. 보든대학교를 졸업한 뒤 언어를 공부하고자 유럽여행을 떠났으며, 귀국하여 모교에서 현대어를 가르쳤다. 스물여덟에 또 다시 언어 공부 차 유럽으로 갔으며 도중에 첫 번째 아내를 잃고, 스위스에서 보스턴 재력가의 딸인 애플턴을 만나 구혼했으나 뜻대로 되지 않자 교수 일까지 그만두고 침잠했다. 애플턴이 결국 청혼을 받아들여, 재혼을 했다. 그 뒤 하버드대학에서 외국어 교수로 재직하면서 문인으로 이름을 날리기 시작했다. 소설책 《히페리온》과 첫 시집 《밤의 목소리》를 출간했고 《발라드와 다른 여러 시들》, 《노예에 관한 시》, 설화를 바탕으로 한 장편시집 《에반젤린》 등을 출간하였다. 창작에 몰두하고자 교수를 그만두고 인디언 영웅을 다룬 시 〈하이와타의 노래〉, 〈마일즈 스탠디시의 구혼〉 등을 발표하였다. 문인의 길에는 행운이 따랐지만 가정사는 불운했다. 54세 때 집에 불이 나 아내가 숨지고 자신도 화상을 입었다. 극도의 슬픔에 단테의 〈신곡〉을 번역하면서 마음을 달랬고, 이 번역 작품에 자신의 소네트 신곡을 덧붙였다. 〈신곡〉 말고도 유럽의 여러 민요를 번역하여 미국 독자에게 소개하는 등 나름의 소임을 다하다가 75세에 눈을 감았다. 사진은 줄리아 마가렛 카메론이 찍었다.

차가운 별빛 밖에는.
밤의 첫 파수꾼은
붉은 별 화성의 차지.

정복되지 않는 의지의 별,
고요하고 결연한
말없고 침착한 그 별이
내 마음속에 떠오른다.

이 짧은 시를 읽는 그대
또한 누구라 해도
그대 희망 하나 하나 사라져갈 때
굳센 의지로 냉정을 찾으라.

이 세상 무엇이든 두려워 말라.
그러면 그대 머지않아 알지니
괴로워하며 굳세어지는 것이
얼마나 숭고한가를.

위 시는 빈센트가 훗날 그리게 되는 〈별이 빛나는 밤〉 등의 밤 그림을 연상시킨다. 그런 야경의 별을 종교적으로 해석하는 사람도 있지만, 적어도 롱펠로의 위 시에서 '별'은 모든 희망이 사라지고 오로지 절망한 상태에서 찾게 되는 굳센 의지의 상징이다.

〈별빛〉 말고도 빈센트는 롱펠로의 〈2월의 오후〉, 롱펠로의 서사시

〈별이 빛나는 밤〉, 1889년, 뉴욕, 현대미술관.

"정복되지 않는 의지의 별,
고요하고 결연한
말없고 침착한 그 별이
내 마음속에 떠오른다."

인 〈에반젤린〉과 〈마일즈 스탠디시의 구혼〉을 좋아하였다. 빈센트는 테오에게 보낸 편지에 이렇게 썼다. "네가 영어를 공부하겠다고 하니 잘됐구나. 너는 그 일을 후회하지 않을 거다. 너에게 롱펠로의 시집과 안데르센의 동화를 보내고 싶다. 내가 그것을 구할 수 있다면 말이지. 특히 네가 〈에반젤린〉과 〈마일즈 스탠디시의 구혼〉을 읽었으면 한다." (1876년 1월 17일, 테오에게 쓴 편지)

롱펠로의 〈에반젤린〉은 1847년에 발표된 작품으로, 아메리카 식민지 전쟁을 배경으로 한 비련의 이야기다. 그리고 〈마일즈 스탠디시의 구혼〉은 영국에서 메이플라워 호를 타고 미국으로 건너던 마일즈 스탠디시라는 육군대위가 부하장교를 시켜 한 여자에게 청혼을 하지만 어찌된 일인지 여자는 부하장교와 결혼을 하게 되고, 세월이 흐른 뒤에야 육군대위가 부하장교와 화해를 한다는 연애 이야기다. 이 시집은 발간 당시 런던에서 엄청난 인기를 얻었다. 빈센트는 이 작품들에 대한 소감을 적지는 않고 그저 읽었다고만 썼다(1873년 10월 16~31일경 편지와 1876년 1월 17일경 편지). 그 밖에도 롱펠로의 〈잃어버린 내 청춘〉의 한 구절(강한 마음을 나약하게 만드는 생각들이 있다네)을 편지에 인용하기도 했으나, 1883년 4월 30일 이후에는 롱펠로를 언급하지 않았다. 아마도 빈센트는 주로 이십대 후반에 롱펠로를 많이 읽었으리라.

한편 빈센트는 뙤약볕 아래서 밀을 베는 사람을 그린 적이 있다. 그는 이 그림을 테오에게 설명해주었다.

> 지금은 발작하기 며칠 전부터 그리기 시작한 〈수확하는 사람〉을 완성하느라 온 힘을 쏟아붓고 있다. 전체적으로 노란색을 띠는 이 그림은 색을 아주 두껍게 칠했는데, 소재는 아름답고 단순하다. 밀을 베느라 뙤약

볕에서 온 힘을 다해 일하고 있는 흐릿한 인물에게서 나는 죽음의 이미지를 본다. 그가 베어 들이는 밀은 바로 인류 자신일지도 모른다는 뜻에서다. (…) 하나 이 죽음 속에는 그 어떤 슬픔도 없다. 태양이 만물을 순수한 황금빛으로 물들이는 환한 대낮에 발생한 죽음이기 때문이다. - 1889년 9월 5~6일, 테오에게 쓴 편지

빈센트가 밀을 베는 사람한테서 죽음을 느낀 것은 롱펠로의 시에서 영향을 받아서가 아닐까? 가령 롱펠로의 시 〈추수하는 이와 꽃〉에는 이런 구절이 나온다. "여기 죽음이라는 이름을 가진/ 한 추수하는 이가 있어/ 예리한 낫으로 단숨에/ 곡식과 그 사이에 핀 꽃들을 베어 냈네." 그리고 시 마지막 구절이 압권이다. "오, 그날 와서 곡식을 거두는 이는/ 결코 잔인한 일도, 성낼 줄도 모르는/ 이 푸른 대지에 찾아와/ 꽃들을 베어간 천사였네." 추수하는 사람을 하느님이 보낸 사자, 즉 천사로 본 것이다. 그러므로 빈센트가 추수하는 사람에게서 슬픔 대신 희망을 본 것도 괜한 낙천주의는 아니다.

키츠와 달리 롱펠로는 빈센트와 동시대 인물이었으나 런던이 아니라 보스턴 옆의 케임브리지에서 살았으니 만날 수는 없었다. (나는 미국의 초대 대통령인 조지 워싱턴이 보스턴 공격 때 사령부로 쓰기도 한 롱펠로의 집이 시인의 집 치고는 너무 거창해 놀란 적이 있다. 하버드대학 교수를 지내 생활이 넉넉했다고 해도 말이다.)

빈센트가 흥미롭게 읽은 〈에반젤린〉은 롱펠로가 하버드대 교수로 있으면서 쓴 시다. 그 배경은 시인 자신이 한 번도 가본 적 없는 '그랑프레'라는 캐나다 마을이다. 〈에반젤린〉은 예부터 전해져 내려오는 이야기를 노래한 시로, 내용은 이렇다. 18세기 후반 그곳에 살던 프랑스

〈숲속에 있는 흰옷 입은 소녀〉, 1882년, 오테를로, 크룔러 뮐러 미술관.

계인 에반젤린이 마을 대장장이의 아들 가브리엘과 결혼을 약속했는데, 영국군이 그곳에 거주하고 있던 프랑스인들을 강제로 이주시켜 연인과 헤어지게 된다. 에반젤린은 숲속을 헤매며 가브리엘을 찾지만 끝내 못 찾고 방황하다가 다 늙어서야 병든 연인과 재회를 한다. 그러나 남자는 곧 죽어버리고 이에 깊이 상심을 한 에반젤린도 눈을 감고 만다. 죽어서 묘지에 묻히고서야 하나가 된 사랑.

두 사람을 갈라놓은 것은 영국과 프랑스의 제국주의다. 이 두 나라의 대립 이전에 그곳은 원주민인 인디언의 땅이었다. 물론 롱펠로의 시에는 원주민이 전혀 등장하지 않는다.

빈센트는 〈에반젤린〉보다 〈마일즈 스탠디시의 구혼〉에 드러나는 청교도 정신을 더 좋아했을지도 모른다. 순결과 근엄함을 중시하는 청교도 정신은 빈센트를 평생 지배했기 때문이다. 그는 다분히 일상적인 생활을 소재로 삼으면서도 깊은 도덕적 교훈을 주는 책을 즐겨 읽었다. 롱펠로와 마찬가지로 디킨스와 엘리엇의 작품도 지금 우리에게는 사회적 감상주의나 전통적인 도덕주의 훈계로 읽히지만 당시로서는 대단히 사회비판적 작품들이었다는 점도 짚고 넘어가야겠다.

에반젤린, 롱펠로 지음
윤삼하 옮김, 범우사

여기는 원시림. 그러나 숲속에서 사냥꾼의 목소리를 들은 노루처럼 뛰는 심장들은 어디 있는가?
아카디아 농부들의 고향인 그 초가지붕 마을은 어디 있는가?
(…) 희망을 가지고 견딜 줄 아는 사랑을 믿는 자여.
(…) 이 숲의 소나무들이 노래 부르는 슬픈 전설에 귀 기울이시라. – 〈에반젤린〉에서(《롱펠로 시선》)

휘트먼

빈센트가 편지에 미국 시인인 휘트먼을 언급한 것은 단 한 번뿐이다. 그러나 한 번밖에 말하지 않았다고 해도 휘트먼에 공감하는 빈센트의 의식을 보여준다는 점에서 매우 귀중한 편지다.

> 휘트먼은 미래에도 현재에도 건강한 세계, 참으로 솔직한 사랑과 우정과 노동의 세계를 보는구나. 별빛이 비치는 이 거대한 둥근 하늘 아래 결국 신이라고 부를 수밖에 없는, 이 세상 위에 있는 영원을 본다. 처음에는 미소를 지을 테지만 그만큼 솔직하고 순수하기 때문이지. 그래서 생각하게 만든다. - 1888년 8월 26일경, 빌에게 쓴 편지

아마도 빈센트는 휘트먼의 시집 《풀잎》을 읽고 느낀 점을 누이동생 빌에게 말한 것으로 보인다. 그는 빌에게 휘트먼은 사랑과 우정 그리고 노동의 세계를 본다고 말했는데, 정말로 《풀잎》에는 온갖 부류의 노동자가 나온다. 휘트먼은 지치지도 않고 이들 노동자를 하나하나 호명하여 수다를 늘어놓는데, 마치 휘트먼 자신이 얼마나 노동자 부류를 사랑하는지를 보여주기라도 하는 것 같다. 오르간에 맞춰 노래 부르는 알토 가수, 널을 대는 목수, 강한 팔뚝을 가진 항해사, 사뿐사뿐 조심스럽게 걷는 오리 사냥꾼, 귀리와 보리를 바라보는 농부, 말라빠진 턱을 가진 인쇄공, 소매를 걷어붙인 수리공, 입에 거품을 문 개혁가, 동전을 딸랑거리며 기차를 통과하는 요금 징수원, 모카신과 구슬가방을 사라고 소리치는 인디언 여자, 심지어 유쾌하게 욕지거리를 해대는 창녀까지. 휘트먼에게 이들은 모두 세상의 주인공이고 신의 아이들이

다. 밑바닥 사람들을 이처럼 생동감 있게 그리는 휘트먼을 빈센트로선 좋아하지 않을 수 없었다.

휘트먼은 인간뿐만 아니라 풀, 나무, 개미, 모래 한 알, 이끼 등 온갖 생명체에서도 신의 숨결을 느낀다. 그는 지상의 모든 것에는 불멸의 혼이 있다고 믿는다. 그리하여 불멸 이외엔 아무것도 없다고 맹세하기까지 한다. 모든 것에는 저마다 존재 이유가 있다고 믿는 것이다. 만물은 평등하며, 저마다 불멸성을 지니고 있다는 것이 휘트먼의 사상인 셈이다. 물론 시집 《풀잎》에도 객쩍은 소리가 아주 없지는 않고, 과대망상 증후군이 살짝 보이기도 한다. 자기를 통해 신의 계시가 밀려온다는 둥 자신의 겨드랑이 냄새가 기도보다 더 향기롭다는 둥 자기애에 빠진 말이 간혹 보인다. 논리 정연한 이론가가 아닌, 직감을 푸는 데 능수능란한 시인이어서 그럴 것이다. 하니 논리와 이성만으로 휘트먼의 시집을 재단해서는 결코 안 되리라.

《풀잎》에서 휘트먼은 자기를 '미국인이자 불량한 자'로 정의하면서도 '하나의 우주'라고 자신 있게 말한다. 또 한참 뒤에 가서는 자신을

휘트먼(Walt Whitman, 1819 ~ 1892) 네루다가 '진정한 미국인의 이름을 갖게 된 첫 번째 시인'이라고 말한 휘트먼은 미국 롱아일랜드 태생으로, 아버지는 목수고 어머니는 네델란드 출신 이민자였다. 가정형편이 어려워 초등학교를 중퇴하고 인쇄소 직공으로 일하면서 홀로 공부하였다. 이후 교사, 신문사 편집자, 일간지 기자 노릇을 하다가 서른 살에 들어서는 저작거리에 나가 합승마차나 나룻배를 타는 등 민중의 삶을 일삼아 주의 깊게 살폈다. 또한 아버지의 목수 일을 거들며 독서와 사색을 하고 내면에 깊이 몰두하였다. 36세에 시집 《풀잎》을 자비로 출판하였으나 전통에서 한참 벗어난 파격적인 형식이라 별 주목을 받지 못했다. 그러나 당대 시인이자 초월주의자인 에머슨이 이 대담한 시집을 호의적으로 평하는 엽서를 보내와, 힘을 얻었다. 1861년에 남북전쟁이 발발하자 노예제 반대를 외치며, 한동안 야전병원에서 부상병들을 간호하였다. 그 뒤 반년 간 내무성 산하 인디언 사무국에서 서기 노릇을 했다. 꾸준히 시를 쓰고, 수정과 증보를 거듭하여 《풀잎》을 다시 찍었으며, 서부를 여행하고, 1882년에 산문집 《자선일기 기타》를 발표하였다. 중풍을 앓다가 폐렴까지 겹쳐 73세에 영면하였다. 자신을 불량자들 중 하나이며, 한 개의 우주로 정의했다. 평론집 《민주주의의 전망》을 남겼다. 사진은 매트 브래디가 찍었다.

'주근깨에 빽빽한 수염'이라고 말하면서 세수와 면도는 바보들이나 하는 짓이라고 선언한다. 빈센트도 꾸미는 것을 극도로 싫어하여 되는대로 옷을 입곤 했다. 그래서 보리나주나 아를에 살 때는 동네 꼬마들의 놀림을 받아야 했다. 빈센트는 언젠가 테오에게 다음과 같이 털어놓은 적이 있다.

> 너도 잘 알다시피 나는 외모에 전혀 신경을 쓰지 않는다. 나도 그걸 알고 있고 내 꼴이 충격적이라는 것도 인정한다. 그러나 생각해보렴. 그것은 내가 외모를 꾸미는 일에 환멸을 느낄뿐더러 그런 데 쓸 돈도 재산도 없기 때문이다. - 1880년 6월 22~24일경, 테오에게 쓴 편지

빈센트가 보기에 사실 휘트먼은 여러 모로 자신과 닮았다. 정규 교육을 제대로 받지 않았고, 어린 나이에 생활전선에 뛰어들었다. 끊임없는 독서로 내면을 살찌웠고, 신 앞에서 겸손하였다. 제도 기독교의 교리보다는 하느님 자체를 사랑하고 그 혼을 온몸으로 느끼길 원했다.

벨기에 교회위원회 위원들이나 고갱 그리고 아를의 주민 등 주변 사람들에게서 유난히 상처를 입었던 빈센트에게 휘트먼의 시들은 위안이 되었을 것이다. 특히 상처 입은 사람들에게, 상처를 입는다는 것은 어떤 느낌이냐고 묻는 대신 스스로 상처받은 사람이 되어야 한다고 휘트먼이 말할 때 빈센트는 크나큰 위로를 받았으리라. 섣불리 타인의 상처를 이해하려 들기보다는 스스로 상처받은 사람이 되는 것, 이것은 참으로 놀라는 공감이므로.

그런데 왜 시집 제목이 '풀잎'일까? 《풀잎》의 한 대목을 읽어보자.

한 아이가 물었다. 풀잎이 뭐예요? 손 안 가득 그것을 가져와 내밀면서. 내가 그 애에게 무어라 답할 수 있을까… 나는 그것이 하느님의 손수건이라고 생각한다. (…) 아니면 나는 풀잎은 아이 그 자체라고… 식물로 만들어진 아이라고 생각한다. 아니면 나는 그것이 불변의 상형문자라고 생각한다.

풀 한 포기로 하느님을, 아이를, 불변의 상형문자를 생각해내는 휘트먼의 감성에 빈센트는 미소를 지을 수밖에 없었다. 그러고는 말했다. 휘트먼은 우리에게 '생각'이라는 것을 하게 만든다고. 이 얼마나 놀라운 찬사인지! 사람을 생각하게 하는 것이야말로 위대한 일이지 않은가.

다시 편지로 돌아가서, 빈센트가 "빛이 비치는 이 거대한 둥근 하늘 아래 결국 신이라고 부를 수밖에 없는, 이 세상 위에 있는 영원"이라고 함은 그의 유명한 그림 〈별이 빛나는 밤〉의 하늘을 말한 것이다. 그러나 그 그림의 하늘만이 '신이라는 영원'으로 볼 필요는 없다. 빈센트가 다른 그림에서 그린 하늘도 똑같이 '신이라는 영원'의 하늘이다. 그러나 이러한 말투는 19세기까지 세상을 지배한 기독교의 영향을 절대적으로 받은 사람의 표현법으로 이해하면 좋을 것 같다. 오늘날 많은 기독교인들이 빈센트를 기독교적으로 해석하려 애쓰지만 빈센트가 일찍부터 제도 종교를 멀리했다는 것을 알아야 한다. 기득권 종교를 멀리하고 아나키 유토피아의 하나로서, 예수의 가르침 내지 원시 기독교를 전제하지 않는 한 빈센트를 기독교인이라고 함부로 말해서는 안 된다.

따라서 위 편지의 핵심은 기독교식의 하늘이 아니다. "참으로 솔직한 사랑과 우정과 노동의 세계"라는 말이 무엇보다도 중요하다. 그것이 바로 빈센트의 유토피아였다. 빈센트는 그런 세계를 꿈꾸며 붓을

놀렸다. 그리고 바로 〈별이 빛나는 밤〉이 유토피아를 형상화한 그림이다. 그것은 밀밭을 평생, 아니 조상 대대로 일궈왔던 사람들의 정직한 노동과 사랑과 우정의 삶이 배어든 그림이다. 그 노동자 농민들의 힘겨운 세상살이가 오롯이 녹아든 작품이다. 빈센트는 고되긴 해도 순수한 땀과 눈물과 혼이 어우러진 현실을 사랑했다. 나아가 그 노동자들에게 자신의 그림이 위안이자 복음이기를 바라고 꿈꾸었다. 빈센트의 그림은 결코 잘난 사람들을 위한 그림이 아니었다. 그 사람들한테는 자신의 그림이 굳이 필요치 않으리라고 빈센트는 생각했다. 그는 못 배우고 못 먹는, 가난한 사람들이 알기 쉽도록 색을 섞지 않은 원색을 아무 기교도 없이 아이처럼 순수하게 칠했다. 빈센트가 바라는 것은 오직 가난한 사람들에게 위안을 주는 그림이었기 때문이다. 그런 유토피아는 빈센트가 죽고 난 뒤에야, 나의 거실과 같이 세상 사람들이 사는 모든 곳에서 실현되었다. 빈센트가 그토록 소망한 대로.

> 농민을 그린 그림이 삽화 잡지나 복제화 형태로 집집마다 걸려 직접 사람들 사이로 들어간다면 더욱 좋은 일이다. - 1885년 6월 15일, 테오에게 쓴 편지

풀잎, 휘트먼 지음
허현숙 옮김, 열린책들

나는 모든 객체들 속에서 하느님을 듣고 본다. (…) 내가 사랑하는 풀에서 자라나기 위해 나는 나 자신을 오물에 맡긴다. 당신이 나를 다시 원한다면 당신의 구두창 밑에서 나를 찾아라. -《풀잎》에서

하이네

이루어질 수 없는 사랑의 운명을 〈로렐라이〉에 담은 이는 하이네다. 그는 사촌누이를 열렬히 사랑했지만 적당히 속물적이고 사회 통념에 충실하던 사촌누이는 가난한 하이네를 받아들이지 않았다. 깊이 절망을 한 하이네는 뱃사공을 내세워, 인정받지 못한 자신의 사랑을 노래했다.

> 까닭을 모르겠네
> 어찌하여 옛 동화 하나가
> 마음을 맴돌며
> 나를 슬프게 하는지를.
> (…)
> 소녀가 황금 빗으로 머리 빗으며
> 나지막이 노래 부르네
> 기이하게 사람을 끄는 매혹적인 선율을
> 조그만 배에 탄 뱃사공은
> 걷잡을 길 없는 비탄에 빠져
> 암초는 보지도 못하고
> 그저 언덕 위만 바라보네.

뜬금없이 하이네라니? 과부인 외사촌 누이를 사랑했지만 철저히 외면을 당한 빈센트가 이 하이네의 시를 읽었기 때문이다. 빈센트는 1875년 4월 6일 테오에게 쓴 편지에서 처음으로 하이네의 〈바다의 고요〉를 언급한다. 〈바다의 고요〉를 읽고 난 인상이나 감상을 적은 것은 아니고 단순히, "테오, 너의 작은 책에서 〈바다의 고요〉를 옮겨 적지 않았느냐?"라고 반문하는 내용이다. 그러니 빈센트가 이 시를 어떻게 읽었는지는 알 수 없다.

하이네의 시 〈바다의 고요〉는 하이네가 서른 살에 출간한 시집 《노래의 책》에 실려 있다. 그것은 잔잔한 바다와 그 위를 건너는 고깃배, 물고기를 낚아 올리는 갈매기를 그린 풍경시다. 전문을 옮겨본다.

바다의 고요함이여! 태양은
물 위로 햇살을 던지고,
물결치는 장신구를 달고서
내 배는 푸른 고랑을 내며 간다.

키 옆에는 갑판장이 벌렁 누워

하이네(Heinrich Heine, 1797~1856) 서정 시인으로 잘 알려져 있으나 민중 해방과 시대적 문제를 주시하여 노동자 시와 날카로운 풍자시를 쓰기도 한, 독일의 국민 시인이다. 그의 많은 시가 곡으로 만들어져 애창되고 있다. 뒤셸도르프의 가난한 유대인 집안에서 태어난 하이네는 부유한 숙부의 도움으로 대학에서 법학을 전공하였다. 그러나 법학보다는 철학과 문학 강의를 더 열심히 들었다. 스물넷에 《시집》을 내서 괴테에게 보냈지만 아무런 답장도 받지 못했다. 스물여덟 살인 1825년 유대인에게는 주어지지 않던 변호사 자격을 얻고자 개신교로 개종했고, 같은 해에 법학 박사 학위를 받았다. 이후 편집 일을 잠시 하다가 교수직을 알아보았지만 얻지 못했다. 서른셋에 폐병에 걸려 섬에서 요양을 하다가 프랑스 7월혁명 소식을 듣고 감화를 받았으며, 독일정부가 자신과 같은 진보적 지식인으로 구성된 '청년독일파'를 거세게 탄압하자 프랑스로 '자의에 의한 망명'을 하였다. 이에 독일정부가 그의 모든 저작을 발행 금지시켰다. 프랑스에 살면서 한동안 통신원으로 일했고 칼 마르크스, 프리드리히 엥겔스와 교류하였으며, 음악가인 로베르트 슈만이나 쇼팽 등과 사귀었다. 로베르트 슈만은 《하이네 가곡집》을 작곡하여 하이네에게 선물하기도 했다. 프랑스의 정치와 문화를 알리는 '프랑스 상황'을 써서 독일의 전제주의를 통렬히 비판하였다. 그 밖에 평론, 서사시 등 다양한 글을 썼으며 쉰 살 갓 넘어서 진단받은 척추결핵이 점점 악화되어 육십을 앞두고 눈을 감았다. 주요 작품집으로 《노래의 책》, 《여행의 책》, 《아타 트롤 서사시》가 있다.

나지막이 코를 골고 있고,
돛대 옆엔 검게 그을린 견습 선원이
쪼그려 앉아 돛을 깁고 있다.

지저분한 그의 뺨 뒤쪽으로 붉은 물보라가 날린다. 커다란 입가엔
애잔한 경련이 일고, 크고 아름다운
그의 두 눈은 고통스러운 빛이다.

선장이 그 앞에 버티고 서서
미쳐 날뛰며 욕하고 야단친다: 이 도둑놈.
이 도둑놈아! 네놈이 내 통에서 청어를 훔쳐갔지!

바다의 고요함이여! 파도를 헤치고
영리한 작은 물고기 한 마리가 올라와서는
조그만 머리를 햇볕에 쐬면서
꼬리지느러미로 즐겁게 찰싹찰싹 소리를 낸다.

그러나 그 물고기를 향해 하늘에서
갈매기가 쏜살같이 내려와서는
날쌘 그 먹이를 부리에 물고서
창공으로 날렵하게 날아오른다.

평화로운 바다 한복판에서 생계를 잇고자 어린 나이에 배를 탄 견습 선원과 창공을 날면서 물고기를 사냥하는 갈매기의 한때가 잘 드

러나 있다. 빈센트는 크고 아름다운 눈을 가진 어린 선원에게 연민을 느꼈던 걸까? 빈센트가 하이네를 다시 언급한 것은 그로부터 몇 달 뒤다. 그러니까 빈센트는 12월 13일 테오에게 쓴 편지에서, 자신과 테오가 하이네와 울란트(Uhland)의 환상적인 시를 좋아하는 것은 위험한 일이라고 말한다. 여기서 말한 하이네의 환상적인 시가 〈슐레지엔 직조공〉 같은 작품은 아니었다고 생각되지만, 정확히 어떤 시인지는 알 수 없다. 그 뒤 빈센트가 하이네에 대해 언급한 것은 1889년 10월 25일경 테오에게 쓴 편지에서다. 빈센트는 여러 말 없이 간결하게 하이네의 《여행의 책》에 나오는 "고통을 느끼고 불안을 아는 사람의 훌륭한 마음씨"라고만 썼다. 그러나 빈센트가 초기에 직조공을 화폭에 담으면서 하이네의 시에 나타난, 다가올 새로운 신으로서의 직조공에 공감했을 가능성은 충분하다. 물론 빈센트가 화폭에 담은 직조공들은 당시 하이네가 쓴, 아래 〈슐레지엔 직조공〉의 분위기와는 다르다.

> 음울한 눈 속엔 눈물도 없이
> 베틀 앞에 앉은 그들은 이를 악물고 있다.
> 독일이여, 우리는 너의 수의를 짜노라.
> 우리는 세 겹의 저주를 짜노라.
> 우리는 짠다, 우리는 짠다!
>
> 한 겹의 저주는 신에게,
> 우리는 혹한과 기근 속에서 그에게 빌었네.
> 우리는 희망을 품고 기대했으나 헛된 일이었다.
> 그는 우리를 속이고 우롱했도다,

우리는 짠다, 우리는 짠다!▪

　이 시는 1844년에 씌어졌다. 왜 1844년일까? 그해 6월 4일, 슐레지엔 지방에서 직조공들의 봉기가 일어났기 때문이다. 열악한 노동 환경에서 자본가의 노동력 착취와 보수 삭감에 시달리던 직조공들은 참다 못해 결국 들불처럼 들고 일어났다. 3천 명 넘게 봉기에 참여한 직조공들은 자본가들의 호화주택을 부수고, 경쟁자로 여겨지던 기계를 훼손했다. 그들이 든 무기라고는 농기구뿐이었다. 이튿날 프로이센 군대가 봉기 가담자들을 무차별로 공격해오자 격분한 직조공들은 군대를 물리치는가 싶더니 3일 째 되던 날 진압되고 말았다. 이 과정에서 여자와 아이를 포함하여 11명이 죽고, 24명이 심하게 다쳤다. 체포된 직조공은 150명이나 되었다. 그 중 87명은 최고 9년의 금고형을 받고 스무 대에서 서른 대 가까이 태형을 당했다.
　'슐레지엔 직조공 봉기'는 독일 프롤레타리아트 노동운동의 시초로 역사에 길이 남았다. 하이네는 슐레지엔의 직조공 봉기를 지지하며, 즉각 〈슐레지엔의 직조공〉이란 시를 썼다. 그리고 이 시는 노동자 시민들에게 널리 보급되었다. 직조공 봉기 재판을 노래한, 작자 불명의 〈베틀가〉도 '피의 재판'이라는 이름으로 널리 퍼져나갔다.

　여기 이곳에서 재판은
　린치보다 더 가혹하네,
　빨리 목숨을 앗아가는

▪ 신상전 외 엮음,《독일의 정치시》, 제3문학사, 1990, 80쪽.

케테 콜비츠의 〈직조공 봉기〉 연작에서 '행진' 편. 1897년 작품. 독일의 민중화가 케테 콜비츠의 손 끝에서 빈곤과 죽음, 회의 끝에 자본의 수탈에 용감히 맞선 직조공들이 되살아났다. 무기라야 기껏 맨몸과 농기구 뿐이었지만 직조공들은 용감하게 저항하였다. 직조공 봉기는 독일 피지배자 계급이 일으킨 최초의 노동운동으로 기록되어 있다.

사형선고는 하지 않는 곳이라네.■

이 시는 독일 극작가 하우프트만(1862~1946)의 희곡 〈직조공〉 2막을 보고 나서 씌어진 것으로 알려져 있다. 민중화가인 케테 콜비츠(1867~1945)도 1893년 2월에 초연된 하우프트만의 〈직조공〉을 보고 강한 사명감을 느꼈다. 그래서 장장 4년에 걸쳐 슐레지엔 직조공들의 봉기를 판화 연작으로 남겼다. 콜비츠의 '빈곤·죽음·회의·행진·폭동·결말' 등 6부작에는 직조공들의 애환과 슬픔, 고통이 절절하게 배

■ 위의 책, 77쪽.

여 있다. 1890년에 죽은 빈센트는 콜비츠의 이 판화 연작을 당연히 보지 못했다. 가난한 사람들을 동정하기보다는, 가난한 사람이야말로 진정 아름답다고 생각했던 콜비츠를 빈센트도 알았더라면 분명히 좋아했으리라. 콜비츠가 그린 직조공은 빈센트가 그린 〈베틀 짜는 노동자〉와 분위기가 사뭇 다르지만 가난한 노동자를 생각하는 마음은 똑같다고 생각한다. 낫질 하는 농부, 석탄 줍는 여인, 삽질하는 사람 등을 빈센트도 즐겨 그렸으니. 비록 빈센트는 콜비츠의 작품을 보지는 못했지만 하이네의 시나 슐레지엔 직조공 봉기에 대해서는 알았을 가능성이 충분히 있다.

위 시 2연에서 보듯이 하이네는 운명을 하늘에서 지상으로 끌어온다. 그리하여 운명은 더 이상 인간의 외부에 있는 것이 아니라 인간의 역사적 투쟁 속에 있게 된다. 물론 빈센트는 그런 역사적 투쟁을 그리지는 않았다.

노래의 책, 하이네 지음
김재혁 옮김, 문학과지성사

나약한 갈대야, 먼지처럼 흩어지는 모래야, 사라지는 파도야, 난 이제 너희를 믿지 않겠다! (…) 나 이제 이 억센 손으로 노르웨이 숲에서 가장 커다란 전나무를 뽑아 에트나 화산의 불타는 분화구에 담갔다가, 불에 적신 그 거대한 펜으로 캄캄한 하늘에다 쓰리라: 아그네스여, 나는 너를 사랑한다!
— 《노래의 책》 수록작 〈고백〉에서

셰익스피어

앞에서도 말했듯이 '셰익스피어'는 1880년에서 1881년 사이 빈센트의 편지에 자주 나오다가 중단된 뒤 1889년 이후에 쓴 편지에 다시금 자주 등장한다. 그 사이 빈센트는 '셰익스피어'를 읽지도 않고 관심도 끊었던 걸까?

그 점을 정확히 알 수는 없지만 적어도 그림을 그리기 시작하던 1880년과 그 이듬해, 그림을 거의 마치게 되는 1889~1890년이라는 두 시기에는 유사점이 있는 것으로 생각된다. 그러나 빈센트가 셰익스피어의 작품을 읽은 시기는 그보다 더 빠른, 어린 시절이었을 것이다. 런던에서 셰익스피어 연극을 보고는 책으로 읽었을 때보다 훨씬 더 감동적이었다고, 누이동생이 편지에 쓴 것처럼(1889년 7월 2일 편지) 빈센트도 영국 화랑에 근무할 때 그 연극을 보았을 수 있다. 빈센트는 어린 시절에 즐겨 읽었던 셰익스피어의 작품을 생레미에서 재독하고 다음과 같이 썼다.

무엇보다도 셰익스피어는 정말 멋지다. 나는 지금까지 한 번도 읽지 않은 장르부터 읽기 시작했다. 사극부터 말이다. 이전에는 다른 것에 흥미를 느끼고 있었던데다 시간도 없어서 읽지 못했지. 나는 벌써 《리처드 2세》, 《헨리 4세》를 읽었고 《헨리 5세》도 절반가량 읽었다. 나는 그 당시 사람들의 관념이 우리와 같은가 다른가, 또는 만일 그들을 공화주의자나 사회주의자의 신념과 대결시킨다면 어떻게 될까? 같은 의문은 제쳐둔 채 읽고 있다. 그런데 나를 감동시키는 것은 현대의 여러 소설가들처럼 셰익스피어를 통해 오래된 과거로부터 우리에게 들려오는 이러한 사람들의 목소리가 뭔지 모르게 친숙하게 느껴진다는 점이다. 그들은 너무나도 발랄하고 생생하여 마치 그 전부터 알고 있었던 사람들 같다.

그리고 화가들 중에도 저 렘브란트만이 가진 것, 〈엠마우스의 순례자들〉이나 〈유대인 신부〉 속에서 우리가 보는 부드러운 눈길─다행히도 네가 보았던 저 그림의 신비로운 천사의 얼굴에서 아주 자연스럽게 드러나는 저 가슴을 울리는 부드러움, 초인간적인 무한한 것에 대한 눈길─을 셰익스피어의 작중인물한테서도 나는 몇 번이고 만나고 있다. 특히 〈식스〉, 〈순례자〉, 〈사스키아〉 같은 엄숙하거나 경쾌한 초상이 셰익스피어에는 가득하다. ─1889년 7월 2일, 테오에게 쓴 편지

셰익스피어를 다시 읽은 빈센트는 이어 다음과 같은 교훈을 이끌어낸다.

인상파나 현대미술의 모든 문제에 대해 생각할 때면 거기서 우리가 얻는 교훈이 얼마나 많은지 모른다. 내가 방금 뭔가를 읽고 떠올린 건데, 인상파가 아무리 옳다고 주장한다고 해도 당연히 그들에게 심판할 권리나 의무가 주어지는 것은 아니라는 점이다. 그리고 그 점을 오랫동안 충분히 반성해야 한다. 만일 인상파 사람들이 스스로를 원시인이라고 부르

셰익스피어(William Shakespeare, 1564~1616) 〈햄릿〉, 〈오셀로〉, 〈맥베스〉, 〈리어왕〉 등 4대비극으로 유명한 영국 태생의 극작가다. 잉글랜드 중부 지방에서 장갑 제조업자의 아들로 태어났다. 열세 살 무렵 가세가 기울어 1580년 후반 학업을 중단하고 집안일을 돕다가 런던으로 가서 극작가 겸 단역배우로 활동하였다. 극단을 공동 소유하기도 했으며, 제국주의 정책을 펼치던 엘리자베스 여왕과 그 다음 왕인 제임스 1세의 후원을 받아 승승장구하였다. 기다란 시를 두 편, 소네트도 154편이나 남겼다. 한편 셰익스피어가 쓴 희곡들에서 순수 창작품은 몇 편 안 된다는 주장도 공공연히 제기되고 있으며, 톨스토이 같은 대문호는 셰익스피어의 작품을 저급하고 부도덕한 것으로 보았다. 주요 작품으로 4대비극 외에 〈로미오와 줄리엣〉, 〈말괄량이 길들이기〉, 〈한여름밤의 꿈〉 등이 있다.

고 싶다면, 분명히 그들은 자신에게 어떤 권리를 부여하는 칭호로써 '원시인'이라는 말을 제시하기 전에 좀 더 '인간'으로서 원시인이 되는 것을 배우는 편이 나을 것이다. 그런데 그 인상파의 불행을 야기한 사람들이 역시 그것을 무시하고 있다면, 사태는 심각한 거지. 게다가 일주일 내내 싸운다면 영속할 리가 없다. – 위와 같은 편지

편지에서 보듯이 빈센트는 인상파가 서로 충돌하는 모습에 비판적이었다. 또한 그들이 예술의 원시성을 말하기에 앞서 인간으로서의 원시성, 즉 단순성을 지녀야 한다고 말했다. 이러한 주문은 빈센트 본인에게도 향하는 것이니만큼 그는 더욱 자기내면을 파고들었다. 내면의 변화와 더불어 아를 시대의 화려한 색채는 이제 강렬한 붓놀림으로 바뀌었다. 즉 과거의 것보다 더욱 풍성하게 쇄도하는 병렬적인 터치의, 흡사 폭발하는 듯한 흐름이 명확하게 정해진 길을 따라 화면 위를 거칠게 휩쓸고 지나갔다. 반면 아를에서처럼 노란 원색을 넓게 칠하거나 밝은 보색을 대비시키는 대신 단일한 색으로 그림을 그렸다. 예컨대 〈별이 빛나는 밤〉의 청색, 〈길 고치는 사람들〉의 오렌지-황색, 〈협곡〉의 우울한 금속색 등을 구사했다. 이렇듯 날로 성숙해가는 작업에 '셰익스피어 독서'가 어느 정도 영향을 미친 것은 분명하지만 빈센트가 평생 셰익스피어에 열중한 것은 아니다.

나는 셰익스피어의 《리어왕》에 나오는 '켄트'가 토마스 드 케이세르(1596~1667)의 인물화에 나오는 사람만큼이나 고귀하고 훌륭하다고 생각한다. 켄트나 리어왕이 훨씬 전에 살았음을 인정한다고 해도 말이다. 이 정도로 하자. 아, 셰익스피어는 얼마나 아름다운가. 그만큼 신비로운 사람이 또

네덜란드의 뛰어난 인물화가인 토마스 드 케이세르의 〈얀 브루인의 초상〉. 빈센트는 셰익스피어의 〈리어왕〉에 나오는 인물 '켄트'가 토마스 드 케이세르의 인물화 주인공만큼이나 귀하고 훌륭하다고 말했다. 켄트는 사려 깊은 백작이자 리어왕의 충직한 신하다.

있을까. 그의 말과 방식은 흥분과 감동에 떠는 붓과 같은 느낌을 준다. 그래도 사람들은 보는 방식이나 사는 방식을 배워야 하듯이 책 읽는 법도 배울 필요가 있다. - 1880년 6월 22~24일경, 테오에게 쓴 편지

빈센트가 흥미롭게 읽은 《리어왕》은 잘 알려져 있듯이 셰익스피어의 4대비극의 하나다. 그런데 빈센트는 왜 리어왕이 아닌 켄트라는 인물

에게서 고귀함을 느꼈을까? 줄거리를 보자.

노쇠한 리어왕이 세 딸에게 땅을 나눠주려고 한다. 인생의 막바지에 이르자 문득 쓸쓸함을 느꼈던 걸까? 그래서 얼토당토않은 놀이를 하고 싶었던 걸까? 리어왕은 다짜고짜 딸 셋에게 자기를 사랑하는 만큼 땅을 주겠다고 선언한다. 첫째와 둘째 딸은 달콤한 말로 아버지를 사랑한다고 거짓 고백을 한다. 반면 막내딸은 그저 자식으로서 아버지에게 효를 다하는 것뿐 그 이상도 이하도 아니라고 답한다. 리어왕은 기다렸다는 듯이 간교한 두 딸에겐 토지를, 정직한 막내딸에겐 추방형을 하사한다. 왕의 어리석은 판결에 켄트 백작이 곧바로 부당함을 직언하지만 늙은 왕은 막내딸과 함께 백작을 궁에서 내쫓아버린다. 아비한테서 재산을 몽땅 물려받은 두 딸은 이제 빈털터리인 아비를 멸시하고 학대한다.

늙은 왕의 수난과 세 딸의 죽음을 그린 작품이자 음모와 술수 그리고 치정과 내통 등 인간 세계의 추한 현실과 거기에 맞서는 정직하고 선량한 인물들을 함께 보여주는 《리어왕》을 빈센트는 몹시 감동적으로 읽었다. 그는 특히 소신 있고 강직하며 사려 깊은 백작 '켄트'에게서 고결한 영혼을 보았다. 켄트 백작은 감언이설에 눈이 먼 리어왕의 어리석음을 올곧게 비판하여 내쫓기고 부랑자 신세가 되지만, 자기를 버린 원수 같은 리어왕을 남몰래 돕는다. 이런 켄트 같은 숭고한 인물을 그려서인지 빈센트는 1880년 9월에 테오에게 쓴 편지에서, 셰익스피어가 렘브란트만큼이나 아름답다고 서슴없이 극찬한다.

이처럼 빈센트는 나락으로 떨어지고 멸시를 받아도 참된 인간성을 잃지 않고 꿋꿋이 나아가는 인물에 특히 끌렸고, 공감했다. 《리어왕》의 코딜리어 공주도 빈센트가 직접 언급하지는 않았지만 좋아했을 인물이다. 멸시를 받음으로써 더 아름다운 공주, 아버지에게서 단 한 평의 땅도 얻지 못하고 쫓겨나는 그 코딜리어 공주에게 프랑스 왕이 말한다. "아름다운 코딜리어 공주! 그대는 가난하지만 더없이 풍부하고, 버림을 받았기 때문에 더없이 훌륭하고, 멸시를 당했기 때문에 더없이 사랑스러운 분이 되셨습니다!"

가진 것 없는 농촌 여자(《감자 먹는 사람들》에 나오는 손 굵은 촌부들), 버림받은 거리의 여자(시엥)에게 남다른 애정과 연민을 느끼곤 했던 빈센트이지 않은가.

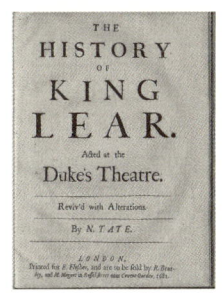
리어왕, 셰익스피어 지음
이종구 옮김, 문예출판사

"에드거: (방백) 아아, 분별과 부조리가 뒤섞여 있다! 광증 속에도 분별이 있구나.
리어왕: 네가 내 불운을 울어준다면 내 눈을 주겠다. 나는 너를 잘 안다. (…) 너도 알다시피, 처음으로 공기를 마셨을 때에는 울음을 터뜨렸지."
-《리어왕》에서

4장

반 고흐가 사랑한 프랑스 문학

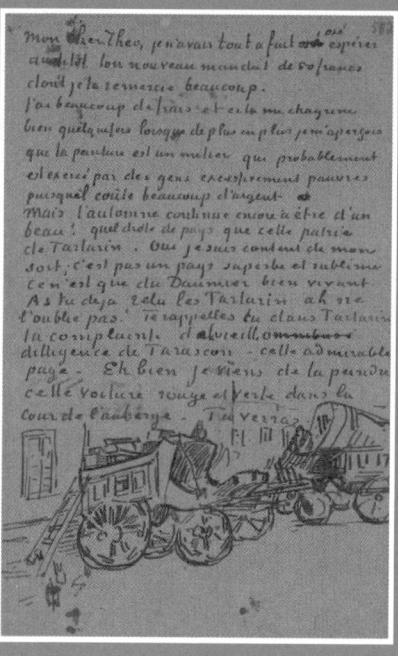

> 우리 문명인을 가장 힘들게 하는 병은
> 무엇보다도 우울증과 비관론이다.
> 나만 해도 그렇다. 웃고 싶다는 생각을 잃은 지 오래다.
> 때문에 나는 무엇보다도 정말 잘 웃을 필요가 있다.
> 그 웃음을 모파상 속에서 발견했다.

미슐레의 여자와 사랑 예찬

1873년 8월경 빈센트 반 고흐는 영국에서 첫사랑*에 빠지게 된다. 외로운 이국의 청년이 사랑에 빠진 것은 너무도 자연스러운 일이었으나 문제는 자기가 열심히 사랑하기만 하면 상대도 자연히 저를 사랑하게 되리라는 비현실적인 착각에 빠진 점이었다. 상대는 이미 다른 남자와 결혼을 약속한 처지였다. 설령 이루어질 수 없는 짝사랑이라고 해도 젊은 시절이면 누구나 경험하는 것이니, 그 사랑이 특별히 빈센트에게 문제가 되었다고 수선을 떨 필요는 없다. 다만 영국 소녀를 짝사랑하고, 그 사랑을 이루지 못한 것이 빈센트의 삶에 어떤 식으로든 영향을 미쳤을 뿐이다. 절대적인 영향은 아니어도 그의 삶에 한 가지 전기가 되었던 것이다. 유독 사랑에 서툴렀던 빈센트는 책에서 사랑에 실패하지 않는 방법을 찾으려 했다. 그것은 지독히 외로운 독서광에게 퍽 잘 어울리는 일이었다.

《사랑》

빈센트는 우선 '사랑'이라는 말이 들어간 에세이를 탐독하였다. 저자는 24권에 이르는 방대한 《프랑스사》를 쓴, 프랑스의 역사가 미슐레였다. 빈센트는 미슐레가 쓴 에세이 《사랑》을 읽고 무척이나 감동하였다. 프랑스 최고 학부인 콜레주드프랑스(College de France)에서 교수를 지낸 대역사가가 사랑에 관한 책을 썼다니 우리로서는 선뜻 이해하

---

* 그 상대 여성에 대해서는 여러 가지 견해가 있다. 종래 '우르술라 로이어'라고 했으나 이는 실제 상대 여성인 외제니 로이어의 어머니였다(박홍규, 《내 친구 빈센트》, 소나무, 1999, 67쪽). 그러나 최근 그녀의 이름은 '카로리나 헤네베크'로 밝혀졌다. Elly Cassee, In love: V. v. Gogh's first true love, in *Van Gogh Museum Journal*, 1996.

기 어려운 일인지도 모르겠다. 그것도 예순한 살의 노교수가 썼고, 출판되자마자 외설의 혐의를 받은 책이니.

그러나 미슐레의 역사서 자체가 문학성을 담보하고 있어, 뒤마(1802~1870) 같은 여러 소설가들에게 다양한 소재를 제공하기도 했다. 그리하여 미슐레는 역사가의 틀을 넘어서는 대작가로, 위고나 발자크에 비견되었다. 그래서 '산문으로 시를 쓰는 사람'으로 불리기도 했다. 이는 미슐레가 소설가다운 사회적 관심과 인물을 파악하는 능력, 시인다운 상상력과 열정을 고루 지니고 있었음을 말해준다.

앞에서도 살폈듯이 빈센트는 자기와 비슷한 처지에서 자라난 사람들을 좋아했다. 미슐레 역시 파리에서 가난한 인쇄업자의 아들로 태어나, 고학으로 성공했다. 쓸쓸하고 가난하며 고된 어린 시절을 지나면서 친구들과 떨어져 외톨이로 자랐고, 혼자 힘으로 세상을 헤쳐 나가야 했다. 열다섯 살이 되도록 차가운 지하실에서 고기나 포도주는 구경조차 못하고 주로 야채 죽과 빵을 먹고 살았다. 허약하고 괴상하며 수줍음이 많아서 학교에만 가면 남자아이들에게 놀림을 당했다.

학자로 성공한 뒤에도 자신처럼 가난한 사람들과 자연에 대한 애정

미슐레(Jules Michelet, 1798~1874) 프랑스의 역사가이자 문필가다. 가난한 인쇄업자의 아들로 태어나, 혁명의 격동기에 가업을 거들며 어렵게 학업을 이어갔다. 21세에 문학박사 학위를 받고, 국립 고문서보존소에서 일하면서 프랑스의 역사를 쓰기 시작했다. 파리대학에서 가르치고 콜레주드프랑스 교수를 역임하였다. 저서로 《프랑스사(중세)》(6권), 《프랑스혁명사》(7권), 《프랑스사(르네상스~프랑스혁명 전)》(11권), 《19세기사》(3권) 등 역사서를 비롯하여 자연을 관찰한 책인 《새》 등이 있다. 서민의 아들인데다 고학을 하면서 민중에 대한 사랑이 깊어졌다. 역사를 민중의 편에서 저술하였으며, 모든 대중에게 잘 읽히게끔 글을 쉽게 쓰려고 노력했다. 어린 시절에 읽은 《그리스도를 본받아》의 영향으로 종교적인 인류애에 관심이 많았다. 1852년 나폴레옹 3세의 쿠데타를 반대하여 파리에서 추방된 뒤로, 공직에 나아가지 않고 역사책 저술에만 힘썼다. 1870년에 파리가 함락되었다는 소식을 듣고 크게 절망하다가 4년 뒤 숨을 거두었다. 프랑스인이 세계에서 제일 우수하다는 민족주의 사관을 지녔으며, 그것은 제국주의 사관으로 이어지기도 했다.

을 잃지 않았다. 장차 미래는 여성과 아동을 포함한 인민이 이끌어갈 것이라 주장하고, 자연을 보호해야 한다고 주장한 점에서 미슐레는 확실히 민주주의와 생태주의의 선구자다. 또한 민간 전승이나 풍습 등을 중시한 점에서 사회사 내지 아날학파의 선구자이기도 하다.

이 미슐레의 책에 대하여 빈센트는 첫사랑에 실패한 뒤인 1873년 10월, 친구들에게 보낸 편지에 처음 언급한다. 여기서 빈센트는 미슐레가 1859년에 쓴 《사랑》의 한 구절을 친구들에게 읊어준다.

"나는 여기서 한 숙녀를 봅니다. 나는 일찍이 꽃다운 맛은 없어진 그녀가 작은 정원에서 생각에 잠겨 거니는 것을 봅니다. (…) 검은 비단(또는 회색일까?)과 단순한 연보랏빛 리본이 그럭저럭 어울리는, 수수하고 점잖은 부인의 지극히 소박한 화장은 예술적 화려함과 대조됩니다. (…) 그녀는 필리프 드 샹파뉴가 그린 부인을 연상시킵니다." - 1873년 10월 16~31일경, 빌렘과 카롤린에게 쓴 편지

미슐레는 자신의 이상적인 여성상을 설명하고자 필리프 드 샹파뉴(1602~1674)가 그린, '검은 옷을 입은 중년 여인'을 언급했다. 〈비탄의 여인〉이란 제목의 그 여인은 상복을 입고 있으며 솔직하고 정직하고 지성적이다. 또한 순수하고 교활하지 않은 여인이자 비탄에 빠진 신비한 여인이다. 그런 여인상에 빈센트는 묘하게 감동을 하였고, 일생 동안 그 여인상을 자주 떠올리곤 했다. 심리학자들은 흔히 '검은 옷을 입은 중년 여인'이 빈센트의 어머니를 상징한다고 말하는데, '검은 옷을 입은 여인'은 당시 이상적으로 간주되는 여성상이라고 보아도 무방할 듯하다.

빈센트는 언제나 작은 하숙방에다 두 여인의 모습을 걸어놓고 바라보곤 했다. 하나는 미슐레의 책에 나오는 필리프 드 샹파뉴의 그림이고, 또 하나는 '브르타뉴의 앤(Anne of Brittany)'이라는 무덤의 초상이다. 후자는 빈센트에게 풍경 속의 바위와 바다 이미지와 더불어 강하고 호전적이며 사랑스러운 여성의 이미지를 심어주었다.

네가 미슐레를 읽고 충분히 이해해서 너무나 기쁘구나. 그런 책은 적어도 사랑에는 보통 사람들이 거기서 추구하는 것보다 더 많은 것이 있음을 가르쳐준다. 그 책은 나에게 하나의 계시이자 복음이다.

'늙은 여자란 없습니다!'(이는 늙은 여자가 정말 없다는 뜻이 아니라 여성은 사랑을 하고 있는 한, 또 사랑을 받고 있는 한, 늙지 않는다는 뜻이다)라는 장과 '가을의 동경' 같은 장은 얼마나 멋지냐. (…) 다시 말해 여자란 남자와 '전혀 다른 존재라는 것', 또 네가 말하듯이 아직 우리로서는 알 수 없는, 기껏 겉으로밖에 알 수 없는 존재라는 것이다. 그래, 나도 분명히 그렇게 생각한다. 그리고 여자와 남자는 하나가 될 수 있다고, 다시 말해 반반씩 둘이 아니라 전체로서 하나가 될 수 있다고 나 또한 생각한다. – 1874년 7월 31일, 테오에게 쓴 편지

계시니 복음이니 해가며 빈센트가 그토록 열광한, 미슐레의 《사랑》은 진실한 사랑만이 정신을 해방시킬 수 있다는 메시지가 담긴 인문교양서다. 미슐레는 젊은이들에게 참다운 사랑의 책을 선물하고 싶어서 이 책을 썼다고 서문에 밝히고 있다. 그러니 스무 살 언저리에 있던 빈센트가 이 책을 유익하게 읽고, 지식과 교양을 얻으려 했음은 분명하다. 이 책은 요즘 우리 한국에서 한창 유행하고 있는 멘토의 책이라

고 할 수 있다. '사랑'이라는 주제로 여자의 정서와 사고방식, 생리현상 그리고 여자의 심리를 이야기해주는 책이니.

확실히 미슐레는 '사랑'이 구원이고, '결혼'이 해방이라고 선언한다. 미슐레가 보기에 여자가 태어난 목적과 사명은 첫째도 사랑이요 둘째도 사랑, 셋째도 사랑이다. 즉 우선 사랑을 하고 그다음엔 단 한 사람을 사랑하고 세 번째는 영원히 사랑하는 것이다. 사랑! 사랑! 사랑이 모든 것을 움직이는 원동력이다. 미슐레에게 그 사랑은 오로지 결혼생활 속에서만 빛을 발한다. 불륜이나 변태적 사랑은 죽어도 아니다.

《사랑》에는 여자의 모든 것이 들어 있다고 해도 과언이 아닌데, 미슐레가 여자를 온전히 성찰했는지는 자신할 수 없지만 그 나름대로 섬세하게 관찰한 것 같기는 하다. 요컨대 '여자는 남자를 사랑한다, 결혼을 하고 아이를 낳는다, 집안의 모든 것을 진두지휘한다, 권태기에 유혹을 느끼기도 하고 어쩌면 우울증을 앓기도 한다, 병을 얻으면 자신감을 잃고, 과부가 되면 겸손과 슬픔으로 기묘한 아름다움을 풍긴다.' 이것이 미슐레가 말하는 여자의 본모습이다. 미슐레 당시 여자는 남자의 부속품, 남자의 보조인으로 취급받았다는 사실을 감안할 때 '여자'를 주제로 끈덕지게 이야기를 끌고 나가는 미슐레는 확실히 독보적인 사람이다. 또한 남자는 지나치게 밤에만 사랑한다거나, 남자는 욕망을 하고 여자는 사랑을 한다는 대목은 남자인 미슐레가 한 말이라 더욱 진솔하게 다가온다. 그러나 19세기 책이니만큼 고리타분한 주장이 더러 보이기도 한다. 가령 여자에게는 오직 사랑과 사람이 전부라는 주장! 사실 여자에게는 일도 있고 예술도 있지 않은가 말이다. 여자는 병적이어서 일을 하기엔(직업을 갖기엔) 부적합하다는 주장도 고개를 갸우뚱하게 만든다. 남자는 돈을 버는 사람이고, 여자는 쓰는 사람이라는 말도 요즘 시대엔 듣기 부담스럽다. 부유한 여자보다는 가난한 여자가 더 선량하다는 식의 주장도 무리지 싶다. 세상에는 부유해도 착하고 순한 여자가 있는가하면, 지지리 가난해도 나쁘고 드센 여자가 있지 않은가. 무엇보다 결혼하여 남편에게 전적으로 의지하고 남편을 보살피며 사는 것만이 여자의 최고 행복은 아닐진대, 미슐레는 그것을 최고의 행복으로 여긴다. 미슐레 시대에는 이런 생각이 전혀 뒤떨어지지 않았을 테지만 지금 시대엔 확실히 고리타분하고 낡은 느낌이다. 여자를 너무 신비롭게 본 나머지, 여자는 남자처럼 많이 먹지 않는다고 억지 주장을 펴기도 한다. 소화 작용이 남자와는 다르기 때문이라는데 이게 과연 과학적으로 맞는 말인지도 의심스럽다.

그럼에도 《사랑》은 여자의 고상한 정신과 영혼을 드높이고, 여자의 모성애를 찬탄하며, 여자의 능수능란한 살림을 예찬한다. 빈센트는 19세기 사람이니 미슐레의 이런 생각이 진보적으로 느껴졌으면 느껴졌지 결코 고리타분하게 느껴지지는 않았을 것이다. 빈센트는 《사랑》을 전적으로 신뢰하였고, 미슐레의 가르침을 아무 이의 없이 받아들였다. 빈센트는 정말이지 미슐레의 착한 학생이었던 것이다.

여자를 구하는 행운! 나약한 본능에 얽매인 신체적 운명을 벗어나게 하고, 불행하게 갇힌 곳에서 장벽을 허물어 끌어내고 들어올려, 그녀를 강하게 만들어 제 것으로 삼는다니! 그녀만 구원받는 것이 아니라 바로 그 구원자가 구원받는 것입니다. (…) 남자가 여자를 위해 일하며, 혼자 짐을 지고, 그녀를 위해 피곤과 인내에도 행복하며, 노동의 고통과 세상의 충돌에서 그녀를 구하는 바로 그것이 결혼이라는 천국입니다.

빈센트는 《사랑》에 나오는 이 대목에 특히 공감한 것으로 보인다. 그래서 과부인 외사촌 케이와 결혼하여 그녀에게 천국을 안겨주고 싶었고, 거리의 여자 시앵과 결혼하여 그녀를 낙원으로 이끌고 싶어했던 것 같다. 비록 편견에 부딪쳐 케이와도 시앵과도 그 꿈을 이루지는 못했지만.

미슐레는 《사랑》에서 여자와 아이는 귀중한 매혹이자 은총이라고 말했는데 빈센트가 케이와 케이의 아들을 사랑하고, 시앵과 시앵의 아이들을 사랑한 것도 미슐레의 가르침에 따른 것으로 보인다. 《사랑》을 읽다 보면 요람에 누워 있는 아기를 사랑스러운 눈길로 바라보는 어머니에 대한 이야기와 만난다. "요람은 집 안의 새 중심지가 되고, 모든 것이 그 무게로 쏠립니다. 젖먹이라는 작은 존재의 지극한 순진함이 온갖 매력을 발산합니다. (…) 아기 엄마는 완전히 요람 속에서 삽니다."

이처럼 미슐레는 아기에 헌신하는 어머니를 예찬한다. 빈센트가 여기에 특히 공감하여, 요람에 누워 있는 아기를 그리고 요람의 끈을 쥐고 있는 룰랭 부인을 그리고 딸을 안고 있는 시앵을 그린 것이리라.

빈센트는 4년 뒤인 1878년 4월 3일 테오에게 쓴 편지에다 미슐레의 책이 감동적으로 다가오는 것은 지은이가 "소박하고 솔직하게 마음을 다해 썼기" 때문이라고 했다. 빈센트에게 미슐레의 《사랑》은 여성의 성격에 관한 철학적인 논문이자 남자가 어떻게 여성에게 접근해야 하는지를 가르치는 연애 안내서였다. 앞에서도 잠깐 말했듯이 1881년 여름, 케이를 짝사랑하게 되었을 때도 빈센트는 미슐레에 매달렸다.

> 세상 그 무엇을 준대도 미슐레의 책이 없으면 못 견딜 것 같구나. 성경이 불멸의 책임은 분명하다. 그러나 미슐레는 이러한 급하고 열광적인 현

⟨요람 앞에 무릎을 꿇고 있는 소녀⟩, 1883년, 암스테르담, 반 고흐 미술관.

대생활을 보내고 있는 너와 내게 너무도 직접적이고 실용적이며 분명한 조언을 주고 있다. –1881년 11월 23일, 테오에게 쓴 편지

케이는 미슐레가 《사랑》에서 말한 이상적인 여인, 즉 남편을 잃은 지 얼마 되지 않은 과부였다. 미슐레는 이 책에서 과부를 꽤나 신비하게 그리고 있는데(심지어 과부한테서는 신성함이 느껴진다고 말한다), 실제로 당시 과부들이 그러했는지는 모르지만 이도 지극히 과부를 신비화하고 타자화한 것이다. 과부를 대상화했다는 말이다. 그러나 어쨌든 빈센트는 미슐레의 이런 주장을 곧이곧대로 받아들였다. 그래서 젊은 나이에 남편을 잃은 케이에게 불같은 사랑을 느꼈다. 정말로 케이에게 과부다운 신성함이 있었을까? 그럴지도 모르지만 다분히 빈센트 혼자만의 환상이었을 가능성이 크다. 빈센트는 케이에게 사랑을 고백하고 결혼하자고 말하지만 케이는 "안 돼요, 절대!"라며 완강히 거부했다. 케이의 부모도 빈센트의 저돌적인 애정 표시에 기겁을 했다. 그것은 쉽게 이루어질 수 없는, 일방적인 사랑이었다.

최근 나는 미슐레의 《사랑, 종교, 사제》*를 읽었다. 이 책은 현실감으로 가득 차 있다. 그러나 현실 그 자체 이상으로 현실적인 게 무엇일까, 또 인생 자체보다 더욱 인생적인 것은 어디에 있을까? 그리고 살기 위해 최선을 다하는 우리가 왜 더욱더 마음껏 살지 못하는 것일까? - 1881년 12월 23일경, 테오에게 쓴 편지

〈요람을 흔드는 여인〉, 1889년, 보스턴, 파인아트 미술관.

그 밖에도 《사랑》에는 스토의 〈톰 아저씨의 오두막〉에 대한 언급이 나온다. 미슐레는 스토의 이 소설이 전 세계 어디에서나 읽히는, 자유의 전도사가 되었다고 말한다. 당연하게도 빈센트는 그 뒤 〈톰 아저씨의 오두막〉을 읽게 된다. 분명히 빈센트는 미슐레가 칭찬을 한 〈톰 아저씨의 오두막〉이 어떤 소설일지 궁금했고, 구해다 읽었을 것이다.

거리의 여자 시앵과 인민

미슐레는 빈센트에게 단순히 사랑의 교사로만 머물지 않았다. 1859

▪ 정확한 이름은 《사제, 여인, 가족에 대하여》(1845)다.

년에 미슐레의 《사랑》이 출판되자 내용이 외설스럽다는 말이 나왔다. 기존의 남성주의적인 시각이 여성을 객체화하고 대상화한 것과는 달리 인간의 자연스러운 본능을 과학적으로 분석하고, 사랑의 회복을 주장했기 때문이다. 미슐레는 여성이 중심인 가정생활이야말로 문명의 핵심이라고 보았다. 미슐레는 《사랑》 서문에서 그 책을 쓴 목적을 "진실한 사랑을 통한 정신의 해방"이라고 밝히며 다음과 같이 말했다.

어마어마하고도 모호한 사랑의 문제가 우리 생활 깊숙이 자리 잡고 있습니다. 이 문제는 우리 삶의 일차적 토대입니다. 가족은 사랑에 기대고, 사회는 가족에 기댑니다. 결국 사랑이 모든 것에 우선합니다. 사람이 모여 사는 곳마다 풍습은 제각각입니다. 자유란 노예 풍습이 유지되는 한, 빈말에 불과합니다. 우리는 이상을 찾습니다. 하지만 오늘날 실현할 수 있는 이상입니다. 언젠가 최상의 사회에서 실현되리라 기대하는 그런 것이 아닙니다. 다른 어떤 것보다 우선, 가족의 사랑이 완전히 새로워져야 합니다.

빤한 사실이 있습니다. 지적·물질적 진보가 넘치는 마당에, 도덕심은 땅에 떨어지고 있습니다. 모든 것이 앞서나가고 발전하는데 정신만은 퇴화합니다.

위에서 미슐레가 정신의 퇴화를 개탄한 것에 빈센트도 충분히 공감했으리라. 그러나 그 책에 나오는 '여성의 타락'에 대해서 빈센트가 더욱 공감하게 된 것은 헤이그에서 창녀 시엥을 만난 뒤다.

미슐레는 여성뿐만 아니라 하층계급 사람들에게도 깊은 애착을 보였다. 그래서 1830년 7월혁명 이후 권력을 잡은 부르주아 계층이 서민에게 등을 돌리는 것을 보고 격분하여, 방대한 《프랑스사》를 쓰기 시작했다. 그 뒤 1848년에 발발한 2월혁명을 지지했지만 별안간 제정帝政이 수립돼, 모든 공직에서 물러나와 은둔했다. 빈센트는 2월혁명을 지지하고 쿠데타에 반대한 미슐레를 지지했으며 오래도록 그를 자신의 스승으로 삼았다.

미슐레나 스토는 (…) 복음이 더는 쓸모없다고 말하는 게 아니라 이 시대에, 우리의 삶에, 너와 나의 삶에 복음을 어떻게 적용할 수 있는지를 보여준다. 무엇보다도 미슐레는 복음서가 낮은 목소리로 그 맹아를 속삭인 것에 불과한 것을 큰 소리로 분명하게 표명하고 있다. - 1881년 11월 23일, 테오에게 쓴 편지

미슐레는 현대사회에서 성性이 지닌 힘을 인식했을 뿐만 아니라 독신 여성 노동자가 공장에서 일하거나 삯일로는 살아갈 수 없게 만드는 도덕적 위험도 함께 지적했다. 그러면서도 희망의 끈을 놓지 않았다. 미슐레는 《여자의 삶》에서 성적인 타락을 개혁할 수 있다고 자신했던 것이다.

우리는 운명을 되돌릴 수 없다고 너무도 쉽게 단정 짓습니다… 그러나 우연히 경박스러운 생활에 빠지게 된 철부지 여자들에게, 최상의 이민은 용감하게 일을 찾고 내적 생활을 되찾는 것입니다. (…) 남자의 영혼보다 더욱 유연하고 동적인 여자의 영혼은 절대로 그토록 깊이 부패하지 않습니다. 여자가 다시금 착해지려고 진지하게 원하고, 노력과 희생과 반성하는 생활을 한다면 그녀는 정말로 갱생할 수 있습니다. (…) 이렇게 여자가

바뀐다면, 마음은 아무것도 아니었던 원치 않는 실수라는 악몽을 잊어버리고, 만약 그녀가 사랑을 하기만 한다면 그 마음을 되찾게 됩니다. 모든 것이 구원받게 되고 이 세상의 정직한 남자라면 그녀한테서 행복을 얻을 수 있고, 또 그녀 덕에 명예롭게 됩니다.

이 여자에게 돌을 던지지 마라

앞에서 잠깐 말했듯이 1882년 초 빈센트가 창녀 시앵과 동거를 한 것도 미슐레의 가르침을 따른 것이다. 그 해 4월 빈센트는 남자한테 버림을 받고 거리에 나앉은 임신부 시앵을 그리고는 〈슬픔〉이라는 제목을 붙였다. 시앵은 그때 임신을 한 지 7~8개월째였다. 당시만 해도 이 그림은 무척 특이한 것이었다. 왜냐하면 임신부를 누드로 그리는 것은 물론 옷을 입은 임신부를 그리는 일도 매우 드물었기 때문이다.

그러나 버려진 여자, 그것도 임신한 채로 버려진 여자에게 빈센트는 깊은 연민을 느꼈다. 그 여자의 임신은 누구한테서도 축복을 받지 못했다. 그것은 자연이 그녀에게 준 형벌이었다. 그녀는 축복 속에서 예수를 잉태한 성모 마리아와 달리 원죄 때문에 어쩔 수 없이 신의 볼모로 잡혀 임신을 한 '이브'와 같았다. 빈센트는 현대의 이브를 그린 것이었다. 그림 아래에 빈센트가 적어 넣은 것은 미슐레의 글이다. '어떻게 여성이 지상에 버려져 홀로 있을 수 있는가?' 특히 미슐레는 《여자의 삶》이라는 책에서 임신에 대해 다음과 같이 말했다.

여자한테 더 고약한 것은 임신입니다! 이렇게 한 해 동안 이중의 고통에 시달리며, 살을 에는 쌀쌀하고 얼음 같은 비바람을 맞고나 있습니다!

〈슬픔〉, 1882년, 영국 월솔, 월솔 미술관.

빈센트는 현대의 이브를 유혹과 욕망이라는 원죄로 태어난 죄인으로 보지 않았다. 빈센트는 그 가련한 이브를 남성 중심의 사회제도가 보살피지 못하고 방치한 '사회적 희생자'로 보았다. 즉 그녀를 비난하는 것이 아니라 사회를 비난했다. 매춘에 대한 이러한 인식은 확실히 남다른 데가 있었다. 당시 화가들 대부분은 여성이 타락을 해서 매춘을 한다는 식으로 생각했다. 순전히 여성 개인의 문제로만 본 것이다. 그러나 이러한 관습적인 인식과 달리 빈센트는 아나키즘적 개혁주의 차원에서 여자 개인의 타락이 아닌 사회의 구조적 타락으로 보았다. 미슐레는 《여자의 삶》에서 성적 타락을 막는 길은 오직 결혼뿐이라고 주장했다. 여자는 가정의 보호를 받지 못하면 죽는다고 말하기도 했다. 그 책 서문에 나오는 첫 글의 제목도 '왜 결혼하지 않습니까?'이다. 이러한 관점은 현대 페미니즘의 입장에서 보면 시대에 뒤떨어진 것으로 느껴질지도 모른다. 그러나 19세기에는 대단히 혁신적인 견해였다고 볼 수 있다.

되풀이 말하건대 빈센트와 시엥의 관계, 특히 결혼까지 꿈꾸게 되는 관계는 이러한 미슐레의 인식에 근거한 것이라고 볼 수 있다. 다른 게 있다면 미슐레는 이론으로만 자기 생각을 펼쳤다는 것이고, 빈센트는 몸소 타락한 창녀와 살면서 그녀를 구제하는 길을 걸어갔다는 것이다. 그러나 끝내 완성하지는 못했다. 그는 시엥의 곁을 떠났고, 그로써 빈센트 자신이 이루고 싶어했던 사랑의 유토피아는 실패로 돌아갔다. 이는 또한 미슐레의 주장이 현실과는 다소 동떨어진 것임을 의미하기도 한다.

역사가 미슐레

한편 빈센트가 이십대에, 미슐레가 1833년부터 1867년에 걸쳐 쓴 24권짜리 《프랑스사》를 읽었다고 볼 만한 증거는 없다. 그러나 그 《프랑스사》에 수록되어 있는 〈프랑스혁명〉은 읽었다. 빈센트는 1880년 7월 테오에게 보낸 편지에 이 사실을 알렸다. 하지만 〈프랑스혁명〉을 읽고 난 느낌이나 생각을 쓰지는 않았다.

여기서 나는 빈센트가 미슐레로부터 역사관을 배웠다고 생각하고 그 점을 간단히 언급하고 싶다. 미슐레는 1827년 이탈리아 역사가인 잠바티스타 비코의 《새로운 과학》을 읽고 감동하여 모국어(프랑스어)로 옮겼다. 그 뒤로 미슐레는 프랑스의 1830년 혁명을 근거 삼아, 역사를 숙명에 대한 인간 자유의 끊임없는 투쟁으로 파악하였다. 그러면서 역사가 이뤄지는 과정에서 인간의 역할이 얼마나 중요한지를 강조하는 비코에 더욱 공감하게 되었다. 이러한 생각은 1830년 7월혁명이 발발한 직후에 쓴《세계사 서론》의 주제로 이어졌고, 미슐레의 모든 저작의 밑바탕이 되었다. 다음은 그 책의 처음이다. "세계가 끝나야만 끝날 전쟁이 세계와 함께 시작되었다. 인간과 자연의 전쟁, 정신과 물질의 전쟁, 자유와 숙명의 전쟁이. 무릇 역사란 이 끝없는 전쟁의 기록에 다름 아니다."■

이어 미슐레는《프랑스사》를 쓰기 시작한다. 중세까지 다룬, 제1부에서 아무래도 우리에게 가장 친숙한 역사 인물은 잔 다르크다. 프랑스와 영국 간에 벌어진 백년전쟁(1337~1453) 때 소녀의 몸으로 참전하여, 영국군에 포위된 오를레앙 성을 되찾은 인물이다. 미슐레가 이 잔 다르크를 널리 알린 것은 분명하지만 그의 펜에서 되살아난 잔 다르크는 기독교식의 신비로운 인물이나 성자가 아닌 인민의 민족의식을 대변하는 애국 소녀다. 한데《프랑스사》에서 잔 다르크의 일화만큼 중요한 사건이 또 하나 있다. 그것은 우리에게 잘 알려져 있지는 않으나 매우 의미 있는 사건임이 분명하다. 바로 14세기 북프랑스에서 일어난 농민항쟁 '자크리의 난'이다. '자크리'는 귀족층이 인민을 경멸조로 부르던 말이다. 자크리들은 프랑스 역사상 최초로 인민이 지배자와 동등한 인간이고, 따라서 지배자 계층이 멋대로 만든 틀에 복종할 이유가 없음을 처음으로 깨달은 사람들이었다. 그 난은 곧바로 진압되고 말았지만 인민의 자유정신은 농민의 딸 잔 다르크를 거쳐 프랑스혁명으로

■ 윌슨,〈핀란드 역으로〉, 위의 책, 52쪽 재인용.

폭발했다.

《프랑스사》의 제1부 6권을 끝낼 무렵 미슐레는 기독교에 등을 돌리고, 민주주의의 진보에 대한 예언자적 믿음을 공개적으로 밝히기 시작했다. 날이 갈수록 교회를 언짢게 생각하던 미슐레는 콜레주드프랑스에서 강의하면서 이러한 감정을 굳이 숨기지 않았다. 그 바람에 결국은 예수회와 갈등을 빚고, 1848년 1월에는 강의까지 저지당했다.

사랑, 미슐레 지음
정진국 옮김, 글항아리

세상에 늙은 여자는 없습니다. 모든 여자, 모든 나이에, 여자가 사랑하고 선량하다면 남자에게 무한한 순간을 줍니다. 여자는 남자에게 생기를 줍니다. 이는 하늘이 준 선물입니다. 한 여자가 남자에게 사랑과 모성애로 생기를 주었습니다.
- 《사랑》에서

《인민》과 협동체 이론

빈센트의 편지만 보면 그가 미슐레의 《인민》을 읽었다는 흔적은 없다. 하지만 읽었을 가능성은 넉넉하다. 왜냐하면 빈센트가 평생 관심을 기울이며 화폭에 담은 대상이 인민이고, 그 인민의 개념을 미슐레에게서 대부분 터득했으리라고 보기 때문이다. 사실 앞서 이야기한 《사랑》은 미슐레가 전작인 《인민》에서 이미 전개한 생각[■]을 확대한 것이다. 그리고 빈센트가 아를에서 도모하게 되는 화가들의 공동체도 미슐레가 《인민》에서 피력한 '협동체 이론'[■■]에 따른 것이었다고 봐도 좋다.

미슐레는 역사를 연구하는 한 친구에게 쓴 서문에서, 인민을 다룬 프랑스 소설이 인민을 잘못 묘사하고 있다고 비판한다. 가령 그 소설에는 시골의 밑바닥 술집이나 도적들로 들끓는 선술집이 자주 나오는데, 어이없게도 그 추잡스런 묘사에 프랑스 대다수 주민의 이름을 써넣고 있다는 식이다.[■■■] 그러면서 미슐레는 인민의 근본적인 특징은 풍부한 감정과 선량한 마음씨라고 주장하였다. 이러한 민중의 본질은, 쓸데없는 무질서와 악덕 속에서 헤매기 일쑤인 부유한 계급에게서는 좀처럼 찾아볼 수 없는 것이라고 단언하기까지 했다.

미슐레는 1부 '노예제와 증오에 대하여'에서 산업사회를 분석한다. 그는 서로 착취하고 착취당하는 각 계급은 강탈자인 동시에 희생자로서 적대적이고, 그렇다고 해서 더 높은 계급으로 상승해 전반적인 하락을 피할 수도 없다고 본다. 이어 그 해결책을 모색하는 2부 '사랑에 의한 해방-자연-'과 3부 '사랑에 의한 해방-조국-'에서 부르주아와 인

[■] 쥘 미슐레, 전기호 옮김, 《민중》, 율성사, 1979, 224쪽 이하. '연애와 결혼에 대하여.'
[■■] 같은 책, 231쪽 이하. '협동체에 대하여.' 이는 미슐레가 말하듯이 푸리에의 협동체와 유사한 것이었다.
[■■■] 같은 책, 10쪽.

민이 서로 존중하고 사랑해야 하고, 함께 조국을 믿어야 한다고 주장한다.

미슐레가 보기에 인간의 참모습은 바로 인민의 무구한 혼과 풍부하고도 충실한 생명력에 있다. 그러한 자질을 완벽하게 구비한 이가 바로 천재다. 천재는 어린이나 동물 같은 작은 존재들도 이해할 수 있고, 크고 작은 모든 것을 받아들이는 도시를 이룩하는 데 가장 크게 기여할 수 있는 존재다. 이러한 도시 지향의 운동이 바로 프랑스혁명이므로, 계속 그렇게 나아가자고 미슐레는 간곡히 호소한다.

여기서 특히 눈에 띄는 것은 미슐레가 사회주의를 배격했다는 점이다. 그는 프랑스의 경우 소유가 너무 나눠져 있고, 프랑스인의 소유의식이 너무 강하다 보니 사회주의를 배격할 수밖에 없다고 말한다. 심지어 미슐레는 국가 자원을 공무원이 관리하는 사태를 끔찍한 악몽으로 생각한다.

이러한 미슐레의 주장을 어리석다고 말할 수 있을까? 그렇지 않다고 생각한다. 푸리에(1772~1837)와 미슐레가 말한 협동조합은 새로운 사회의 필수적인 기둥으로 부각되는 상황이고, 그들이 비판해마지 않았던 공산주의 내지 사회주의는 이미 끝났다고 보기 때문이다.

미슐레가 1846년에 쓴 《인민》에서 예고한 대로 1848년 혁명이 터지자 그의 꿈이 실현되는 것처럼 보였다. 그러나 꿈은 곧 깨어지고, 미슐레는 1852년 제2제정에 충성을 거부했다는 이유로 교수직을 잃었다. 그리고는 1847년 《프랑스사》의 집필 순서에 개의치 않고 제3부인 〈프랑스혁명〉을 쓰기 시작했다. 그는 프랑스대혁명을 정의의 완전한 승리로, 즉 기독교 교리와 군주의 독단적인 권력을 뜻하는 '은혜'에 맞서 '정의'가 완벽하게 승리하는 것으로 묘사했다.

이어 미슐레는 르네상스부터 대혁명 직전까지 다룬《프랑스사》2부를 써서 24권까지 전부 완성했다. 그리고《새》,《바다》와 같은 자연에 관한 책 몇 권과 교훈적인 연애책인《사랑》이나 마녀 재판을 다룬《마녀》를 쓰기도 했다.

미슐레의 문제점

미슐레도 어느 덧 만년에 이르렀다. 그런데 일흔두 살이던 1870년에 일어난 보불전쟁(프로이센·프랑스 전쟁)은 미슐레가 독일에 가지고 있던 이상주의와 환상을 깨뜨려버렸다. 선전 포고 이전에 미슐레는 마르크스·엥겔스 등과 함께 국제평화선언문에 서명하고,〈프랑스는 유럽에 고한다〉라는 소책자에서 "한 명의 노동자로서 만국의 노동자들에게… 무장 평화동맹"을 창설하자고 호소했다. 그러나 파리 코뮌(Paris commune, 1871년 3월 18일부터 5월 28일까지 72일간 파리에서 민중 및 노동자들의 봉기로 세워진 혁명적 노동자 정권)이 터지자 미슐레는 불편한 심기를 느끼고는 발작을 일으켰다.

그렇다면 파리 코뮌을 빈센트는 어떻게 생각했을까? 확실히 알 수는 없지만 그가 오래도록 존경해온 밀레나 도미에가 파리 코뮌에 관련되었고, 빈센트 자신도 노동자들이나 사회주의에 줄곧 관심을 가져왔기 때문에 미슐레가 경기를 일으키며 부정한 것과는 다른 태도를 보였을 것이다. 따라서 미슐레가《인민》등에서 피력한 '사회주의 비판'에 빈센트가 동조했으리라고 보기는 어렵다. 도리어 미슐레의 과도한 프랑스 민족주의와 제국주의에 비판적이었으리라 생각한다.

프랑스는 이미 1830년부터 알제리 땅을 침략했다. 이를 두고 미슐레는《인민》에서 다음과 같이 말했다.

당신들은 아프리카의 전쟁에서 강철과 같은 사람들을 만들었다. 이 전쟁은 인간에게 끊임없이 자기만을 믿도록 강요하는, 개인적인 색채가 강한 전쟁이었다. 유럽에서 틀림없이 우리를 기다릴 위기를 앞두고 그들을 이런 것으로 만들고자 하고 또 그대로 만들었다는 것은 옳은 일임에 틀림없다.

설령 위 발언이 식민지 침략을 노골적으로 옹호하는 것은 아니더라도 프랑스인의 우수성을 강조하는 것임은 자명하다. 《인민》에는 프랑스인의 우수성을 끝없이 강조하는 대목이 반복되어 나온다. 앞에서도 말했듯이 그 책은 프랑스인의 문제점을 묘사한 소설 등에 반발심을 느끼고부터 미슐레가 작심을 한 듯이 프랑스인의 우수성을 강조해서 쓴 책이기도 하다. 미슐레의 민족주의적 발언을 몇 가지만 더 들어보자.

누가 하나의 문학을 갖고 누가 유럽의 사상을 지금 지배하고 있는 것일까. 약해지긴 했지만 우리 프랑스인인 것이다. 누가 국군이라는 것을 가지고 있을까. 프랑스만이다. 영국과 러시아라는, 약한 주제에 부풀어 오른 두 거인은 유럽을 속이고 있다. 위대한 제국과 약한 민중! 만일 프랑스가 하나로 뭉쳐진다면 세계와 같은 강국이 될 것이다.

이 국민은 어떤 다른 국민에게서도 찾아볼 수 없을 정도로 강력한 두 가지의 것을 가지고 있다. 즉 원칙과 전설을 동시에 가지고 있는 것이다. 보다 넓고 인간적인 관념과 동시에 보다 일관된 전통을 가지고 있는 것이다.■

■ 같은 책, 259쪽.

미슐레의 민족주의는 프랑스혁명을 긍정적으로 성찰하는 데 나름 역할을 하기는 했다. 그러나 그 민족주의는 열등한 타민족을 우수한 민족이 식민지로 만드는 것은 당연하다는 식의 합리화를 낳기도 했다. 유감스럽게도 그의 민족주의는 제국주의로 이어졌던 것이다.

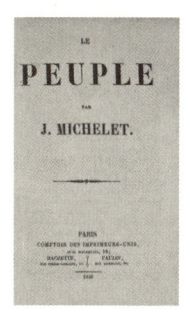

벗이여, 감히 말하려 한다면 이 책은 곧 나이고 당신이다. 당신이 정확히 인정해주었듯이 둘의 사상은 서로 전해진 것이거나 전해진 것이 아니거나, 언제나 일치하고 있다. 둘은 같은 마음으로 살고 있다. 의외라고도 할 수 있는 아름다운 조화.
 - 《인민》에서

인민(민중), 미슐레 지음
전기호 옮김, 율성사

볼테르의 《캉디드》

빈센트 반 고흐는 진지하면서 슬프고 기품 있는 이야기를 좋아하기도 했지만 풍자와 위트가 있는 작품도 좋아했다. 그래서 볼테르의 《캉디드》를 읽고 무척이나 감동하였다. 빈센트는 1887년부터 약 2년간 기회가 있을 때마다 편지에 《캉디드》를 언급하곤 했다.

1888년 7월에 테오에게 쓴 편지에서는 서슴없이 《캉디드》가 걸작으로써 위대함을 갖추고 있다고 썼다. 같은 해 누이동생 빌에게 쓴 편지에서도 우울증과 비관론을 극복하려면 웃음을 주는 소설을 읽어야 한다고 조언하며 《캉디드》를 추천했다. 아마도 이 시기에 빌이 우울증을 앓고 있었던 모양이다.

> 우리 문명인을 가장 힘들게 하는 병은 무엇보다도 우울증과 비관론이다. 나만 해도 그렇다. 웃고 싶다는 생각을 잃은 지 오래다(그게 내 잘못인지 아닌지는 덮어두고). 때문에 나는 무엇보다도 정말 잘 웃을 필요가 있다. 그 웃음을 모파상 속에서 발견했다. 그 밖에도 옛날 작가 중에서는 라블레, 현대 작가 중에서는 앙리 로쉬포르 속에서 찾았다. 볼테르의 《캉디드》도 마찬가지다. - 1887년 여름 또는 가을, 빌에게 쓴 편지

특히나 빈센트는 《캉디드》에 나오는 판글로스라는 인물에 완전히 공감하였다. 그는 몇 차례나 동생 테오에게 판글로스를 격찬했다.

> 모든 나라와 시대를 통틀어 판글로스만큼 그 조국과 시대에 빛났던 철학자는 없다. 만일 그가 여기에 있다면 반드시 나에게 충고를 해주고

영혼을 위로해줄 것이다. - 1888년 7월 9일 또는 10일, 테오에게 쓴 편지

화가가 성공한 경우, 그것도 보잘것없는 성공인데도, 그 자신보다 나쁘게 실패한 화가들 반 다스를 골탕 먹인다고 생각하면 슬퍼지는구나. 그래도 판글로스를 생각하면, 부바르와 페퀴세를 생각하면 기분이 좋다. 나는 안다. 설령 사태가 분명해져도 그 사람들은 필경 판글로스를 모르고, 아니면 현실의 절망과 엄청난 고뇌로 치명적인 상처를 받아 아는 것조차 잊어버리고 말 것이다. - 1889년 4월 30일, 테오에게 쓴 편지

건강이 너무 좋아 놀랄 지경이구나. 그렇다고 정신이 멀쩡한 것은 아니다. (…) 자연스럽게 다시 욕정을 갖게 되면 나에게는 늙은 판글로스가 필요하게 될 거다. 결국 술과 담배는 좋은 면도 있지만 나쁜 면도 있다. 꽤 상대적이지. 그것은 성욕을 억제한다고 할 수 있다. 언제나 그런 건 아니지만 그림 그리는 일을 하자면 무시할 수만은 없는 문제다. - 1889년 5월 3일, 테오에게 쓴 편지

볼테르(Voltaire, 1694~1778) 프랑스 계몽기에 활동한 문인이자 철학자다. 본명은 프랑수아 마리 아리에. 프랑스 파리에서 평민의 아들로 태어났다. 예수회 소속 학교에서 공부를 하다가 문학에 뜻을 두고 여러 자유주의 사상가들과 교류하였다. 스물한 살 무렵, 루이 14세 사후 섭정을 하던 오를레앙 공을 풍자하는 시를 썼다는 이유로 감옥 신세를 졌다. 수감 중에 쓴 희곡 〈오이디푸스〉를 출감 뒤 발표하여 인지도를 얻었다. '볼테르'라는 필명은 이때부터 썼다. 그러다 한 귀족과 싸웠는데, 평민인 볼테르만 처벌을 받아 감옥에 갇혔다가 영국으로 망명한다는 조건으로 풀려났다. 영국에 머물면서 《걸리버》를 쓴 조너선 프루이스트 등과 사귀었다. 다시 프랑스로 돌아와 구체제를 강력히 비판하는 철학서간을 발표하였고, 프랑스 정부에 체포될 위기에 처하자 연인의 시골 별장으로 도피하였다. 《캉디드》 같은 반체제, 반봉건, 반교회 사상이 녹아든 작품을 발표하여 프랑스 정부의 미움을 받기도 하고, 루이 15세 때는 아카데미 프랑세즈 회원이 되기도 하는 등 역동적인 삶을 살았다. 《캉디드》에 나오듯이 여러 나라를 전전하다가 1778년 프랑스 파리로 돌아와 생을 마감했다.

빈센트가 자신 있게 걸작이라고 말한 《캉디드》는 볼테르가 사람들에게 진실을 보게끔 계몽하려고 쓴 풍자콩트이자 철학콩트다. 남작의 외동딸을 사랑한다는 이유만으로 성城에서 쫓겨난 캉디드(서생 캉디드에게도 귀족의 피가 흐르나 정통성은 없다고 볼테르는 은근히 말한다)가 유럽에서 남미까지 곳곳으로 흘러들어가면서 겪게 되는 모진 풍상과 거기서 얻은 깨달음을 다룬 여행기다. 캉디드는 심지어 이상향으로 그려지는 엘도라도까지 간다.

볼테르는 '프랑수아 마리 아리에'라는 사람의 필명으로, 65세에 《캉디드》를 발표하였다. 풍자미가 대단한 《캉디드》는 반反권력, 반귀족, 반종교, 반전쟁 등 볼테르의 가치관을 온전히 담고 있다. 지진을 예방한답시고 무고한 사람들을 잡아다가 화형식을 거행하는 국가권력의 마녀사냥을 두고 '멋진 화형식'이라고 하는가하면, '수도원은 질투와 불화와 광기의 서식처'라고 신랄하게 비판하기도 한다. 캉디드가 모험 중에 식인종한테 먹힐 뻔했다가 예수교도가 아니라는 이유 하나만으로 극적으로 풀려나는 장면 등에서는 굉장히 반기독교적 정서가 묻어난다. 《캉디드》《캉디드 혹은 낙천주의자》)는 아무래도 세르반테스의 《돈키호테》에서 영향을 받은 것으로 보인다. 주인공 돈키호테가 공주를 신주단지처럼 모시듯이 캉디드도 한 여자만 지고지순하게 동경하고 열망하기 때문이다('캉디드' 뜻이 백색을 지닌 사람, 순진무구하여 의심할 줄 모르는 사람이라는 말이다). 그리고 돈키호테가 산초와 세상 곳곳을 싸돌아다니면서 온갖 기행과 영웅 짓을 일삼는 것처럼 캉디드와 그 시종들도 유럽에서 남미 등지를 모험하면서 전쟁, 학살, 지진해일, 종교재판, 살인 등 갖가지 일을 겪으니 말이다. 겁탈 당한 자, 아내에게 버림을 받고 아들에게 구타당하여 노숙자가 된 자, 강제로 할례를 당한 자, 교수형에 처해졌다가 겨우 살아난 자 등 비운의 인간들이 총 망라된 것 같은, 그리하여 '불행한 인간 목록' 같은 이 풍자콩트로(빈센트는 저 불행한 사람들도 죽지 않고 살아가는데 나라고 못 살겠어? 하는 생각을 했을지도 모른다) 볼테르는 낙천주의가 뭔지, 형이상학이 뭔지를 은연중 알려주며, 어쩔 때는 비꼬고 어쩔 때는 치켜세운다. 마치 "세상은 이렇게 부조리로 가득 차 있는데, 캉디드의 스승 판글로스여! 그래도 당신은 이 세상의 모든 것이 최선의 상태에 있다고 말할 수 있습니까? 이것이 낙천주의입니까?"라고 묻는 듯하다.

정말로 볼테르가 판글로스의 입을 빌려 말하는 낙천주의는 원인이 있으면 결과가 있는 것이며, 지금 이 순간이 가장 최선의 상태이고, 아무리 부정·비리·음모·처형이 난무하는 상황이라 할지라도 그것이 바로 최선의 상태라는 것인데, 이는 분명 낙천주의를 풍자하는 것이다. 하지만 달리 생각하면 아무리 비극적인 상황이라고 해도 꿋꿋하게 참고 견디어낸다면 신의 경지에 이를 수 있다는, 아주 혁명적인 메시지로 보이기도 한다. 지은이 볼테르는 낙관주의자 선생인 판글로스를 현실을 똑바로 보지 못하는 궤변론자이자 나중에 가서는 자기 철학(낙관주의)을 뒤집는 사기꾼 철학자임을 폭로하지만, 독자 빈센트는 확실히 판글로스를 부조리한 세상에서도 희망을 잃지 않는 불굴의 인간으로 받아들인다. 책으로 나온 이상 모든 글은 독자의 판단에 맡겨진다는 말이 있듯이, 볼테르가 때론 우스꽝스럽게 때론 진지하게 그린 판글로스는 빈센트에게 소중한 가르침을 주는 스승으로 다가왔던 것이다.

왜 빈센트는 캉디드보다 판글로스에게 더 끌렸던 걸까? 빈센트는 자기 인생에 낙천적이고 유쾌한 스승이 없다는 것이 못내 아쉬웠을까? 자신한테도 가르침을 주는 밝은 선생이 있었으면 좋겠다고 생각했을까? 그럴지도 모르겠다. 어쨌든《캉디드》는 해피엔딩이다. 도무지 포기할 줄 모르고 남을 미워할 줄도 모르는 순정한 캉디드와 주변 인물들이 화목하게 작은 땅을 일구며 사는 것으로 마무리되기 때문이다.

그런데《캉디드》에 반유대주의가 어렴풋이 아른거리는 것은 못내 아쉬운 부분이다. 볼테르가 묘사한 궁정의 은행가 '이사카르'는 유대인으로, 탐욕의 대명사다. 캉디드는 하도 여러 유대인들에게 사기를 당하는 바람에 남은 것이라고는 소작지뿐이다. 도대체 반유대주의가 서양에서 언제부터 태동했는지는 모르지만 볼테르가 살았던 시대에도 유대인을 경멸하는 정서가 있었던 것만은 분명하다.

빈센트는《캉디드》를 읽으면서 많이 웃고, 깊이 공감했다. 구체적으로 어느 대목에서 특히 공감의 미소를 지었을지 상상해보는 것도 즐거울 듯하다. 가령 여행을 해야만 무언가를 제대로 알 수 있다는 캉디드의 말에 빈센트는 고개를 끄덕였을 것이다. 또한 볼테르의 펜끝에서 묘사되는 프랑스 파리에도 공감했을 것이다. 캉디드와 캉디드의 시종 자격으로 함께 길을 떠나는 마르땡이 나누는 대화를 조금 옮겨본다.

"하지만 마르땡 씨, 파리도 구경하셨습니까?"

"예, 파리도 구경하였습니다. 그 도시는 앞에 말씀드린 온갖 종류들을 다 물려받아 가지고 있습니다. 한마디로 일종의 대혼돈, 하나의 거대한 붐빔인데 그 속에서 모두들 쾌락을 찾고 있으나 제가 보기에는 거의 아무도 그것을 발견하지 못하는 것 같습니다. (…) 그곳에 도착한 직후 생-제르맹 시장에서 가지고 있는 모든 것을 야바위꾼들에게 털렸습니다. 그런데 오히려 절도범으로 몰려 여드레 동안이나 감옥에 갇히기도 했습니다. (…) 저는 여비를 버느라고 출판사에서 교정 작업을 하였습니다. 저는 글 쓰는 천민들과 음모를 일삼는 천민들과 경련을 일으키도록 열광적인 천민 신도들도 보았습니다. 그 도시에 매우 예의 바른 사람들도 있다고 하는데 저는 그 말을 믿고 싶습니다."

빈센트도 화가의 꿈을 안고 파리에 갓 입성했을 때는 설렘과 기대감으로 부풀었다. 그러나 2년 남짓 파리생활을 하고 나자 환멸감을 느끼고 아를로 도망치듯 떠나버렸다! 볼테르가 예수회를 풍자하고 조롱하는 것에도 빈센트는 어느 정도 공감했을 것이다. 빈센트는 1880년 6월 중순 테오에게 쓴 편지에 혐오스런 전도사에 대해 피력한 적이 있으니.

너는 전도사도 예술가의 경우와 마찬가지라는 점을 반드시 알아야 한다. 전통을 맹종하는 낡은 무리가 있다. 그들은 실로 혐오스럽고 전제적이며 '황폐하게 만드는 혐오스러운 자'다. 요컨대 편견과 관습의 갑옷, 그것도 강철로 된 갑옷을 입은 무리다. 그런 자들이 권력을 잡으면 사람들의 일자리를 제멋대로 주무르고, 관료적 형식주의로 자기네 패거리를 위한 일자리를 유지하며 솔직한 인간을 배제하려 든다. – 1880년 6월 22~24일경, 테오에게 쓴 편지

알다시피 이 편지를 쓰기 딱 1년 전, 빈센트는 보리나주 탄광지대에서 임시로 전도사 일을 하다가 교회위원회로부터 파면을 당한 바 있다. 설교를 잘 하지 못하고 옷을 추하게 입으며 광부들의 삶에 광적으로 몰입한다는 이유로.

《캉디드》의 마지막 장면 역시 빈센트에게 커다란 울림을 주었을 법하다. 사실 캉디드 일행이 수중에 있는 돈을 다 잃어버리고 겨우 하나

남은 소작지로 돌아가서 나누는 대화는 빈센트뿐만 아니라 우리에게도 많은 것을 생각하게 한다.

"나도 아오. 우리의 밭을 가꾸어야 한다는 것을." 캉디드가 말했다. "옳은 말씀이오. 인간이 에덴동산에 놓여졌을 때 그것은 우트 오페라레 투르 에움(라틴어 구절), 즉 일을 하기 위해서였소. 인간이 휴식을 위해 태어나지 않았다는 증거입니다." 판글로스가 말했다. "아무 생각 하지 말고 일합시다. 그것이 삶을 견딜 만한 것으로 만드는 유일한 수단이오." 마르땡이 말하였다.

농부가 밭을 갈듯이 자신은 캔버스를 일구고 있다고 빈센트는 테오에게 보낸 편지에 쓴 적이 있다(1889년 10월 하순께 편지).

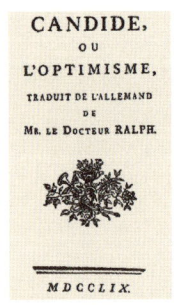

캉디드, 볼테르 지음
이형식 옮김, 펭귄클래식

"아니! 가르치고, 입씨름하고, 다스리고, 편당을 짓고, 자기들 견해에 동의하지 않는 이들을 불에 태워 죽이는 그러한 수도사들이 없다는 말씀입니까?" "그러려면 저희들이 미쳐야겠지요. (…) 공들께서 말씀하시는, 공들의 나라 수도사들이라는 것이 무엇인지 저희는 전혀 모릅니다." - 《캉디드》에서

발자크의 《시골 의사》

　빈센트 반 고흐가 발자크를 처음 언급한 것은 1881년 1월 브뤼셀에 머물 때 테오에게 쓴 편지에서다. 그때 빈센트는 자신이 그린, 의자에 앉은 노인 그림을 발자크의 소설집 《13인의 이야기》 속 인물인 페라규스(Ferragus)와 같다고 했다(1881년 1월 편지). 그로부터 몇 달 뒤 빈센트는 테오에게 발자크를 '불치병의 수의사'라고 칭하면서 그의 작품을 읽어보기를 바란다고 말했다. 또한 덧붙이기를, 어떤 작가보다도 발자크가 좋아질 것이라고 했다(1881년 8월 5일 편지).

　빈센트는 졸라를 '제2의 발자크'라고 했다. 그러면서 발자크는 1815년부터 1848년의 시대를 다루었고, 졸라는 그 뒤부터 1880년까지를 다루었다고 비교했다(1882년 7월 23일 편지). 빈센트는 졸라의 작품을 가장 좋아했지만 발자크의 작품도 지속적으로 즐겨 읽었다.

　1880년대 초반에 빈센트가 졸라와 발자크를 읽었다는 것은, 두 작가가 인민을 다루었고, 빈센트 자신 또한 그러한 인민을 표현하고자 했음을 뜻한다. 이는 빈센트의 초기작인 어두운 농촌과 농민의 그림들을 보면 알 수 있다.

　빈센트는 친구 베르나르에게 쓴 편지에 발자크를 졸라와 함께 민주적이고 공화적인 인민을 그린 '전 계층과 환경의 화가' 들라크루아, 도미에, 밀레에 견주었다. "졸라와 발자크는 그들이 묘사한 시대 전체를 끌어안기 때문에 그들을 사랑하는 사람들 가운데 어떤 사회, 자연에 속한 화가의 자질을 통해 진귀한 예술적 감흥을 불러일으키네."(1888년 7월 30일 편지) 또한 발자크는 빈센트에게 예술가 생활의 모범이기도 했음을 우리는 다음 편지에서 느낄 수 있다.

〈토탄을 줍는 농촌 여인 둘〉, 1883년, 암스테르담, 반 고흐 미술관.

오, 발자크. 그 위대하고 정력적인 예술가는 현대 예술가에게 성행위의 절제와 창작 사이에 관련이 있다고 제대로 지적했네. 네덜란드 사람들은 결혼을 하고 아이를 낳으며 매우 훌륭한 직업을 택하여 자연에 뿌리박은 생활을 해왔지. (…) 만일 우리가 작품에 정말로 정력을 쏟아붓고자 한다면 우리는 알아서 잦은 성행위를 포기해야 하고, 나머지는 성직자나 군인처럼 우리 체질의 요구에 따라야 하네. 다시 말하지만 네덜란드 사람들은 조용하고 절제된 평온한 습관을 가지고 생활을 해왔다네. - 1888년 8월 5일경, 베르나르에게 쓴 편지

이어 1888년 10월, 빈센트는 베르나르에게 미래의 그림은 '초상화'라고 말하면서 그것을 연구할 것을 적극 권유하기도 했다. 빈센트는

파리의 현대인들에게 그들과는 전적으로 다른, 아를의 농민을 그려 보임으로써 새로운 유토피아적 인간상을 보여주고 싶었던 것이다.

1889년 빈센트는 발자크의 《시골 의사》를 읽었다. 당시 빈센트는 자진해서 생레미 부근의 정신병원에 입원해 있었다. 그는 매일같이 만나는 의사들이 발자크의 소설 속 의사처럼 인간적이고 지성적이기를 바랐을 것이다. 그러나 무엇보다도 빈센트는 그 소설에 나오는 몽상적인 처녀에게 깊이 매료당했다.

> 나는 지금 발자크의 《시골 의사》를 읽고 있다. 아주 훌륭하구나. 등장인물로 한 여성이 나오는데, 미치지는 않았지만 너무도 다정다감하고 매력적이다. – 1889년 5월 3일, 테오에게 쓴 편지

빈센트의 마음을 산, 다정다감하고 매력적인 여성은 바로 '포쇠즈'다. 날품팔이의 딸로 태어나 일찍 고아가 되고 구걸을 하면서 사는 소녀. 그 뒤 부르주아의 몸종으로 일하다가 다시 버림을 받고 죽음을 생

발자크(Honoré de Balzac, 1799~1850) 프랑스 사실주의 문학의 선구자로 통하는 발자크는 농민 출신의 아버지와 상인 집안 출신의 어머니 사이에서 났다. 프랑스혁명기라는 혼란기에 아버지가 관리로 출세하면서 귀족 칭호인 '드(de)'를 쓰기 시작했다. 법대에 들어갔으나 졸업을 앞두고 중퇴하였다. 애초 아버지의 강권에 못 이겨 공증인 사무실에 얼마간 다니기도 했으나 흥미를 못 느끼고 뛰쳐나와, 문인이 되고자 바스티유 광장 근처 다락방으로 들어가 글쓰기 작업에 몰두하였다. 희곡 〈크롬웰〉을 발표하였지만 별 호응을 얻지 못하고 소설을 쓰기 시작하였다. 와중에 스무 살 연상의 애인 베르니 부인의 도움으로 인쇄업, 출판업에도 손을 댔으나 크게 실패했다. 베르니 부인은 지치지 않고 발자크를 독려했고, 발자크는 소설작업에 열을 올렸다. 《올빼미 당원》, 《외제니 그랑데》, 《고리오 영감》, 《골짜기의 백합》등 사실주의 문학작품을 발표하였다. 이러한 작품들에 '인간 희극'이라는 종합적인 제목을 붙였다. 발자크는 이 '인간 희극'을 통해 19세기 프랑스 부르주아 사회의 정밀하고 내밀한 모습을 보여주고자 했다. 헌신적이던 베르니 부인이 죽은 뒤 우크라이나의 대지주이자 과부인 한스카 부인의 도움을 받았고, 죽기 전 한스카 부인과 결혼했다. 사진은 로댕이 빚은 발자크 조각상.

각하던 차에 시골 의사 '브나시'를 만나 점차 안정을 되찾아가는 여자애. 언제나 그렇듯이 빈센트는 버려지고 상처받은 이에게 끌렸다. 포쇠즈에 대해서는 뒤에서 다시 말하기로 하자.

발자크가 서른세 살경에 쓴 《시골 의사》는 가난한 시골 마을에서 무료로 환자들을 치료하며 주민들을 개화해 마을을 발전시켜나가는 헌신적인 의사 '브나시' 이야기다. 거기에 나폴레옹을 열렬히 찬미하는 소령 '즈네스타'의 이야기가 곁들어진다.(즈네스타가 얼마나 나폴레옹을 숭배하는지는 다음 대목에서 알 수 있다. "원정 때 나폴레옹 황제가 작전을 수행하는 것을 선생님이 보셨다면 아마 그를 신이라고 생각했을 겁니다. 그리고 말인데요, 워털루 전투에서 패배한 것은 그가 인간 이상의 존재였기 때문입니다.")

세련미 넘치던 '도시인' 브나시는 어찌하여 문명과 동떨어진 시골 마을로 흘러들어 왔을까? 놀랍게도 브나시는 파리의 탕자였다. 그는 의대를 다니다가 가난한 여자를 사랑하여 결혼에 이르지만 뜻밖에도 막대한 재산을 상속받자 아내를 버리고 사교계에 드나들며 온갖 방탕한 짓을 일삼는다. 버림받은 아내는 홀로 브나시의 아이를 키우다가 병에 걸려 죽어버리고, 브나시는 사죄하는 마음으로 다시 아이를 데려다 키운다. 상처에 새 살이 돋자 브나시는 독실하고 정숙한, 얀선주의자(얀선주의를 신봉하는 사람. 얀선주의는 네덜란드 신학자인 얀선이 주창한 교의로, 인간의 자유의지보다는 하느님의 은총을 절대시하였다)에게 마음을 빼앗겨 재혼을 눈앞에 두지만 어찌된 영문인지 파혼을 당하고 설상가상으로 아이마저 잃고 만다. 방탕한 삶을 깊이 후회하고 반성을 한 브나시는 시골로 내려가 의술을 펼치게 된다. 빈센트가 이 시골 의사에게 유독 공감을 했던 것은, 빈센트 자신도 파리에서 몸이 상할 정도로 방탕하게 보내다가 지친 심신을 이끌고 아를이라는 남프랑스로 갔기 때문일 것이다. 게다가 빈센트는 오래전에 보리나주에서 시골 의사와 비슷한 삶을 살기도 했다.

여하튼 어느 곳에서나 자연은 스스로 아름다웠으나 주민들은 진창에 빠져 버둥거리듯이 비참하게 살고 있었다. 소설에 나오는 어느 노인의 모습을 보자.

> 즈네스타는 그때 허름한 나막신을 신고 힘들게 걷고 있는 노파와 함께 걸어가고 있는 가련한 노인 한 사람을 보았다. 그는 신경통으로 고통을 겪고 있는 것 같았다. 어깨에는 배낭 하나를 메고 있었는데, 그 안에서는 오랜 사용과 땀으로 인해 더럽혀진 손잡이들이 마주치며 가볍게 소리를 내고 있는 농기구 몇 개가 이리저리 흔들리고 있었다. (…) 그는 일종의 인간 폐허였는데, 거기에는 폐허를 그토록 애처롭게 보이게 하는 특징들 중 어느 것 하나 빠진 것이 없었다. (…) 그들은 쉴 틈 없이 일했으며, 앓은 질병은 많았지만 함께 나눌 기쁨은 별로 갖지 못하고 힘겹게 산 것 같았다. 그들은 마치 죄수가 감옥에 익숙해지는 것처럼 그들의 불행에 익숙해진 것 같았다. 그들은 모든 면에서 순박했다. 얼굴에는 밝은 모습의 정직성이 없진 않았다.

여기서 즈네스타는 자신의 병든 아이를 부탁하려고 브나시를 찾아온 소령이다. 극빈층이라고 할 수 있는 늙은 농민들과는 반대로, 아주 잘사는 사람이다. 발자크의 표현을 빌리면 '아무것도 생산하지 않고 소비만 하는 것은 사회적으로 도둑질이라고까지 말할 수 있'는 부르주아다. 그런 부르주아의 일원인 즈네스타가 정의에 대해 말하자 그와 함께 나폴레옹 전쟁에 참전했던 농민 출신의 병사가 이렇게 반박한다.

그것은 우리 같은 사람들을 위해 있는 것이 아닐 겁니다! 우리에겐 우리가 당연히 받아야 할 것을 요구해줄 집달리가 없습니다. (…) 우리에겐 기다릴 여유가 없습니다. 따뜻한 사무실에서 노닥거리는 공무원들의 말은 고관들의 말이 가지는 그런 힘이 없었기에 나는 공동 기금에서 급여를 좀 받기 위해 돌아왔습니다.

빈센트가 매력을 느낀 몽상적인 소녀 '포쇠즈'도 비참하기는 마찬가지다. 부모를 잃은 뒤 한곳에 오래 정착하지 못하고 이리저리 휩쓸려야 했던 가련한 아이.

포쇠즈는 타향에서 살고 있는 한 '식물'입니다. 서로에 의해 증가하는 슬프고도 심각한 생각들로 끊임없이 큰 괴로움을 당하는 인간 식물인 것입니다. 그 불쌍한 소녀는 항상 고통을 느끼며 살고 있습니다. (…) 그래서 저 불쌍한 소녀는 몸종으로 일하던 그 기간에 부유한 사람들의 온갖 변덕의 희생자가 되었던 것입니다. 부유한 사람들은 대부분 그들의 관대함에 지속성도 일관성도 갖고 있지 않습니다. 충동적이거나 변덕스럽게 친절하며, 어떤 때 보호자이다가 어떤 때는 친구이며 또 어떤 때는 주인인 그들은 자기들에게 흥밋거리인 그 불행한 아이들의 이미 불행해진 처지를 더욱 불행하게 만들어버립니다.

그럼에도 포쇠즈는 강인한 풀처럼 다시금 몸을 일으켜 꿋꿋이 살아간다. 브나시는 이런 포쇠즈를 연민과 애정의 눈길로 바라본다. 포쇠즈야말로 세상에 존재할 수 있는 가장 참된 본성과 가장 양심적인 심성을 지녔기 때문이다. 브나시에게 포쇠즈는 누이이고 딸 같은 존재다.

이처럼 발자크의 《시골 의사》는 빈센트에게 여러 모로 끌리는 작품이었는데, 주인공인 시골 의사와 들풀 같은 포쇠즈는 말할 것도 없고 우편집배원으로 나오는 이야기꾼 고글라, 산골 마을의 초가집들, 가난하긴 해도 거지 근성에는 전혀 물들지 않은 순박한 주민들이 그렇다. 발자크의 묘사력은 《시골 의사》에서도 어김없이 빛을 발한다. 풍경이나 인물 묘사가 손에 잡힐 듯 구체적이고 세세하여, 빈센트를 특별히 즐겁게 했던 것 같다. 아름다운 것과 정직한 것에 목말라 하며 그 동안의 잘못을 뉘우치는 영혼을 나 몰라라 하는 것은 무신론자가 아니라 도리어 하느님을 믿는 사람들이었다는, 시골 의사의 진심어린 고백 앞에선 빈센트도 고개를 끄덕였을 것이다. 빈센트가 탄광촌인 보리나주에서 그토록 헌신적으로 광부들을 보살폈는데도 빈센트를 경멸하고 쫓아낸 것은 소위 교회위원들, 즉 목사들이었기 때문이다.

그러나 《시골 의사》에서 발자크가 노골적으로 드러내는 '나폴레옹 찬양'이나 '직접민주주의 비판'까지 빈센트가 긍정적으로 받아들였을지는 의문이다. 발자크는 시골 의사 브나시를 통해 보통선거의 민주주의를 노골적으로 거부하며, 새로운 사회는 나폴레옹과 같은 강력한 지도자에게 권력이 집중되어야 한다고 주장하기까지 한다. 브나시가 너무도 단호하게 그런 주장을 펼치다 보니 배움의 기회를 갖지 못한 하녀마저도 정색을 하며 브나시에게 따지고 든다. "주인어른, 도대체 무슨 그런 말씀을 하세요? 민중을 짓밟으라고 권하고 계시는 거로군요!"

정말이지 빈센트가 이런 발자크의 정치관에 동의했을까? 그럴 리는 없으리라. 확실한 것은 빈센트가 시골 의사의 헌신적인 삶이나 시골 처녀의 삶에 무척이나 공감했다는 것이다. 또한 부르주아 자유경제의 폐해에 대한 비판에도 공감했을 것이다. 종래 《시골 의사》에서 발자크가 그리고 있는 이상적인 공동체를 두고, 마르크스나 루카치 같은 사회주의자들은 유토피아에 불과하다고 비판했으나 지금 우리가 그러한 평에 반드시 동의할 필요는 없으리라.

발자크와 빈센트

한편 빈센트가 불쌍한 시골 노인이나 헌신적인 시골 의사처럼 인자하고 부드러운 사람으로 착각했을지도 모르는 발자크는 실제의 발자크와 여러 모로 달랐다. 도리어 로댕이 조각한 발자크가 실제에 가까운 발자크였다. 나폴레옹을 좋아했던 발자크는 그 자신부터가 나폴레옹과 같은 사람이기도 했다. 따라서 빈센트와는 전혀 다른 부류의 인간이었다. 그런데도 빈센트가 발자크를 좋아했다는 것이 조금은 어리둥절하게 느껴질 수도 있다. 《시골 의사》 말고는 발자크의 작품이나 사상에 대하여 구체적으로 말하지 않은 것을 보면 빈센트가 다른 작가들에 비해 발자크에게는 덜 공감하지 않았을까 생각한다.

특히 발자크가 작가로서는 처음으로 아름다운 계곡 한가운데 세워진 공장을 '유쾌한 공장(délicieuses fabriques)'이라고 하면서 기술문명을 예찬하고 자본주의의 발전을 긍정한 점은 빈센트로선 받아들이기 어려웠을 것이다. 발자크는 시골 마을의 소박한 목가적 생활이라고 하는 것을 진정 믿지 않았고, 또한 거기로 되돌아갈 수 없다는 것도 알고 있었다. 그에게 자연은 무지와 병과 가난 외에는 아무것도 아니었다. 게다가 발자크는 농부가 도덕적으로 순수한 부류라고 생각하지도 않았다.

그럼에도 발자크는 당대의 반항아와 허무주의자들에게 공감을 한,

아나키스트였다. 그런 점에서 빈센트와 상관이 있다. 하여, 위고가 다음과 같이 발자크를 평한 말에 빈센트도 공감했을 것이다. "발자크는 혁명적이고, 순수한 민주주의자의 마음을 표현했다!"

다만 분명히 짚고 넘어가고 싶은 것은 발자크부터 로티까지 프랑스 소설을 관통하는 주제의 하나가 '알제리 착취'였고 추문이었다는 사실이다. 다시 말해 프랑스의 대다수 사람들은 알제리를, 불법으로 이득을 얻고 보물을 착취해도 되는 땅으로 여겼다는 점이다. 발자크의 또 다른 소설인 〈사촌 베트〉에서 그려지는 것처럼 버림받은 어린 자식들은 식민지로 쫓겨나고, 늙고 초라해진 친척은 잃어버린 재산을 회복하고자 식민지로 간다. 진취적인 젊은 여행자들은 여자와 놀아나거나 이국의 미술품을 불법으로 수집하고자 식민지 땅으로 가는 것이다.

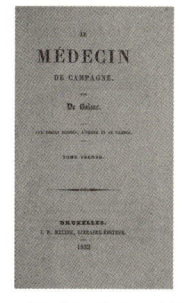

시골 의사, 발자크 지음
최병곤·김중현 옮김, 새미

"끊임없이 희망하는 사람과 더 이상 희망하지 않는 사람 중, 어느 쪽이 더 비겁한지 난 모르겠습니다. (…) 어쨌든 너무도 많은 사람들이 내가 이곳에서 행하고 있는, 별것 아닌 선행에 대해 감사해하고 있는 것을 생각하면 섬뜩해집니다. 그 선행이 나의 뉘우침의 소산인데도 말입니다." – 《시골 의사》에서

위고의 번뇌하는 숭고의 사람들

미슐레만큼이나 위고를 빈센트는 한평생 좋아했다. 위고는 빈센트가 스토 그리고 디킨스와 함께 가장 존경한 작가이기도 하다. 언제부터 빈센트는 위고를 찬양하기 시작했을까? 이십대 초반인 1875년 파리에 머물던 때다(1875년 4월 6일 편지). 특히 1878년 11월 보리나주로 가, 낮은 자리에서의 삶을 치열하게 경험한 뒤 이듬해 가을, 그곳을 떠나기 직전 데생에 열중하면서 빈센트는 많은 책을 읽었다.

그 당시 읽은 위고의 《레미제라블》과 《사형수 최후의 날》은 빈센트에게 환희를 안겨주었다(1880년 9월 24일 편지). 빈센트가 그 두 권, 특히 《사형수 최후의 날》에 감동한 것은 주목할 필요가 있다. 왜냐하면 《레미제라블》에 비해 《사형수 최후의 날》은 그다지 중시되지 않았기 때문이다. 한국에서도 《사형수 최후의 날》은 위고의 다른 책에 비해 뒤늦게 번역되었고, 지금까지도 심도 있게 조명받지 못하고 있다(참으로 이상하게도 우리 한국에는 위고에 대한 개설서가 거의 없다. 유일한 책이 이규식이 지은 150쪽짜리 책인데 여기에는 《사형수 최후의 날》이 소개되어 있지 않다).

《사형수 최후의 날》

어찌 그럴까? 한국에는 아직도 사형제도가 남아 있고, 사형을 언도할 만한 범죄가 다른 어떤 나라보다도 많이 발생해서일까? 그리고 사형제를 존치해야 한다는 여론이 폐지해야 한다는 쪽보다 훨씬 높기 때문일까? 아니면 법이나 형벌을 다룬 문학작품이 그다지 가치 있는 것으로 받아들여지지 않는 지적 분위기 탓일까? 나는 한국의 불문학자들이 위고에게서 배워, 사형을 비롯한 형벌제도 개선에 앞장섰다는 이야기를 들어본 적이 없다. 아무래도 우리 불문학자들은 그런 구체적인 사회문제보다는 실존이니 구조니 해체니 하는 철학적인 소리를 더 좋아하는 것 같다. 그러니 사형제를 비롯한 형벌제도나 각종 사회악은 좀처럼 그들에게 관심사항이 못 되는 것 같다. 만약 21세기에 자크 데리다(1930~2004, 프랑스 철학자. 소크라테스부터 하이데거까지 모든 철학적 전통을 형이상학으로 규정하고 새로운 해석을 위해 해체작업이 필요하다고 역설함)가 하는 소리를 반복하는 대신 19세기에 위고가 한 말을 반복이라도 한다면 이 나라의 사회악이 조금이나마 줄어들지 않을까?

위고가 살았던 당시 프랑스도 그런 분위기였던 듯하다. 그래서 위고가 1829년《사형수 최후의 날》을 냈을 때 사람들은 이 책을 영국인이나 미국인이 쓴 책이라고 떠들어댔다. 이에 위고는 혀를 찼다. "무슨 원

위고(Victor-Marie Hugo, 1802~1885) 프랑스 브장송 태생의 소설가이자 극작가, 시인이다. 나폴레옹 휘하의 군인인 아버지의 뜻에 따라 법대에 들어갔으나 법 공부에 흥미를 느끼지 못하고 시 짓는 일에 몰두하였다. 대학 입학 전에도 문학 관련 콩쿠르에 나가서 여러 번 상을 받았다. 스무 살에 결혼하였고, 같은 해 서정시집인《오드 기타》를 발표했다. 이 시기 위고는 다분히 왕당파였고, 가톨릭에 마음을 기울었다. 이어 희곡집《크롬웰》, 시집인《동방시집》, 소설《사형수 최후의 날》등을 연달아 발표하면서 문인으로 확고하게 자리를 잡아갔다. 특히《크롬웰》은 고전주의의 원칙인 '삼일치'(행위, 시간, 장소를 통일함) 법칙을 깬 작품인 만큼 위고는 낭만주의 운동의 지도자로 떠올랐다. 당대는 고전주의가 주된 흐름이었다. 1830년 7월혁명이 일어날 무렵부터는 휴머니즘과 자유주의에 기울었다. 민중작가로의 지위를 안겨준《파리의 노트르담》도 이와 같은 산물이다. 그러나 딸아이가 신혼여행을 갔다가 익사를 하자 비탄에 빠진 뒤로 약 십년 간 절필을 했고, 대신 정치에 눈을 돌렸다. 1848년 2월혁명 때는 공화주의에 기울었으며 루이 나폴레옹(나폴레옹 3세)이 쿠데타를 일으켜 제정을 수립하는 것을 보고 맹렬히 비판했다. 그로 인해 국외 추방 명령을 받고 벨기에로 피신하였다. 그러나 망명지에서도 프랑스 정부를 비판하는 글을 지속적으로 발표함으로써 벨기에에서도 내쳐져, 영국령인 건지 섬으로 들어가 19년을 은거했다. 그 동안에 나폴레옹 3세를 비판하는《징벌시집》을 비롯하여《정관시집》,《바다의 노동자》,《웃는 남자》같은 주옥같은 작품을 발표하였다. 필생의 역작인《레미제라블》도 이 시기에 쓰여졌다. 1870년 보불전쟁으로 루이 나폴레옹의 제정 정부가 몰락하자, 파리 시민의 열렬한 환대를 받으며 프랑스로 돌아왔다. 1876년에 국회의원에 당선되었으나 이듬해 건강이 악화되어 정치 일선에서 물러났다. 그 뒤 비교적 평온한 만년을 보내면서《무서운 해》,《93년》등을 발표하였다. 83살에 폐렴으로 영원히 눈을 감았으며 장례식은 국장으로 치러졌다.

천이던지 수천 킬로미터 떨어진 곳에서나 찾고, 자기 앞 길가에 흐르는 개울의 원천을 나일 강의 수원지에서나 찾으려는 괴상한 버릇이라니!"

그러나 사형제 폐지론은 영국과 미국이 먼저 주장한 것은 아니다. 그 책이 나오기 65년 전에, 이탈리아 계몽사상가인 베카리아(1738~1794)가 범죄와 처벌을 다룬 책에서 이미 논의한 적이 있다.

위고는 《사형수 최후의 날》 제5판에 기다란 서문을 달아 사형제 폐지론을 공고히 한다. 서문에서 그는 수다스러운 문학자가 아닌 형법학자들에게 사형이 끔찍하지 않느냐고 물으면서 이렇게 말한다.

> 사형을 사랑하는 사람들은 (…) 사회 공동체로부터 이미 해악을 끼쳤고, 또 다시 해악을 끼칠 수 있는 구성원을 떼어내는 것이 중요하다고 말한다. 한데 그런 정도의 이유라면 종신형으로 족하지 않은가. 사회는 '복수하기 위해 벌해'서는 안 된다. 사회는 '개선시키기 위해 교정해야' 한다. (…) 그것은 인민을 교화시키기는커녕 인민의 도덕을 타락시키고 감수성을 말살함으로써 모든 미덕을 말살시킨다.

《사형수 최후의 날》은 위고가 분명히 밝혔듯이 사형제 폐지를 위한 직간접적 탄원서다. 소설의 형식을 빌렸지만 제 철학을 뚜렷이 드러낸 사상서라고 할 수 있다. 사실 위고는 《레미제라블》 등 모든 문학작품에서 사형제 같은 형벌제도를 줄기차게 비판해왔고 개선해왔다. 그것이 그의 문학의 일관된 주제였다. 그러나 프랑스에서도 사형은 1977년에 마지막으로 집행된 뒤 1981년에 와서야 사형제가 폐지되었다. 1789년 프랑스대혁명에서 논의되기 시작해 1791년 사형 범죄가 32개로 축소된 뒤 거의 2세기가 지나서였다.

애초에 《사형수 최후의 날》은 1829년 익명으로 발표되었다. 이 책을 쓴 빅토르 위고는 초판에 자기 이름을 밝히지 않았다가 3판에서야 자기가 지은이라고 밝혔다. 아마도 사형제 폐지를 주장하는 것이 당대 사람들에게 과격하게 받아들여질지도 모른다고 우려했기 때문이리라.

"사형수! 벌써 5주째 그 생각에 사로잡혀 있다. 홀로 그 생각과 끊임없이 마주하고 불현듯 놀라 소스라치며 점점 그 생각의 무게에 짓눌린다."로 시작되는 이 경장편소설은 사형수의 처절한 내적 고백을 통해 사형제의 비인간성과 야만성, 그리고 법률의 허구성을 고발한다. 사형수는 마흔 살밖에 안 된 젊은 남자다. 그는 홀어머니와 아내와 세 살배기 딸을 둔 가장이기도 하다. 이 남자는 왜 한창 나이에 사형수가 되었을까? 위고는 굳이 그것을 밝히지 않는다. 대신 타의로 죽음을 앞둔 사형수의 내면을 집요하게 좇는다. 사형수가 어디론가 이송되어가자 진실로 안타까워하는 이는 여자들이다. 그러나 사형제도로 먹고사는 고용인 신부, 간수 같은 관리들은 사형수에게 일말의 감정도 느끼지 않는다. 그들은 그저 자기에게 주어진 일을 기계적으로 할 뿐이다. 온화한 얼굴에 다정한 말투를 가진 간수는 사형수가 보기에, 인간으로 된 비세트르 감옥(사형수 자신이 갇혀 있는 곳) 자체다. 품위 있는 사제복을 걸친 신부는 라틴어로 된 성경 구절을 인용하고, 성 아우구스티누스니 성 그레고우스니 떠들어대지만 그 영혼 없는 신학적 제스처에 사형수는 쓸쓸함만 느낄 뿐이다. 사형수는 불안한 매순간들을 견뎌내고자 스스로를 위로한다. 풋풋한 사랑을 느꼈던 어린 시절을 추억함으로써. 그러나 비가 추적추적 내리던 날 사형수를 기다리는 것은 기요틴, 즉 단두대다.

소설에는 사회제도로부터 아무런 보호를 받지 못하는 최하층 인물

'프리오슈'가 어떻게 이런저런 잡범을 저지르다 끝내는 최고형인 사형을 언도받게 되었는지도 나와 있다. 사실 짧지만 강렬한 이 일화야말로 빅토르 위고가 진실로 하고픈 말이었는지 모른다.(사회가 법이라는 이름으로 내친 프리오슈는 후에 《레미제라블》에서 장발장으로 구체화된다.) 사회가 범죄를 저지르게 하고, 끝내는 사형시켜버리는 현실! 인간의 이성은 고작 그 정도인가?

자신이 사랑하던 소녀를 죽인 죄로 사형에 처해진 남자를 보고 영감을 얻어 사형수의 최후를 추적한 위고는 이 어두운 소설에서 사냥감(죄수), 바구니 놀이(머리를 자르는 것), 통나무(얼굴), 갈퀴(도둑), 초록모자(종신형을 받은 죄수), 끄나풀 장수들(경찰), 풀 베는 사람(사형 집행인), 멧돼지(신부) 같은 은어를 현장감 있게 살려낸다. 풀 베는 사람이란 여느 노동자를 지칭하는 게 아니라 사형 집행인인 것이다. 위고는 얼마나 현장의 말을 중시하는지!

위고가 1840년에 발표한 시집 《빛과 그림자》에는 '시인의 사명'이라는 제목의 시가 첫 번째로 실려 있다. 위고가 어찌하여 《사형수 최후의 날》이나 《레미제라블》 같은 묵직한 소설을 쓰게 되었는지를 어렴풋이 짐작케 하는 시가 아닐까 하여 옮겨본다.

> 시인은 신성 모독의 나날에
> 보다 좋은 날들을 준비하러 온다.
> 그는 유토피아의 사람.
> 발은 이 세계에 두고 눈은 피안을 바라보며
> 모든 사람의 머리 위에,
> 어떤 순간에도 예언자처럼,

모든 것을 떠받칠 수 있는 그 손으로,
멸시당하건 칭송을 받건
휘두르는 횃불처럼,
미래를 세차게 타오르게 해야 한다!

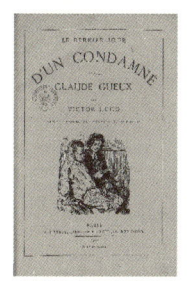
사형수 최후의 날, 위고 지음
한택수 옮김, 궁리출판사

사형수! 그래, 아닐 것도 없지? 인간은, 좋은 말은 이것뿐인 어느 책에서 읽은 기억이 난다. 그러니까 인간은 모두 집행이 연기된 사형수일 뿐이다! (…) 모두 나를 동정하며 그리고 모두 나를 구할 수 있는데도 그들은 네 아빠를 가지고 그렇게 할 것이다. 마리, 넌 이것을 이해하겠니? - 《사형수 최후의 날》에서

《레미제라블》

나이 스물일곱에《사형수 최후의 날》을 써서 형법과 사형제 등의 사회적 부조리를 비판한 위고는 예순 살에 완성한《레미제라블》에서도 그 비판정신을 그대로 유지했다. '가련한 사람들'이라는 뜻의《레미제라블》은 누이의 굶주린 자식들에게 먹이려고 빵 한 덩어리를 훔친 죄로 19년이나 감옥살이를 하다 나와서는 다시금 쫓기는 신세가 된 '장발장'의 이야기다. 그리고 이 장발장을 끊임없이 쫓는, 냉혹한 형사 자베르의 이야기다. 즉 무한의 속성인 사랑의 현신(장발장)과 법의 본성인 증오의 현신(자베르)이 맞서 싸우는 이야기다. 사랑의 인격체가 장발장이고 법의 인격체가 자베르인 셈이다. 두 사람은 어떻게 만났을까? 왜 그리도 오랫동안 쫓고 쫓기는 관계가 되었을까?

그것은 평범한 목수이던 장발장이 단순 절도범에서 괴물로 취급되던 도형수가 되었기 때문이다. 20년 가까운 세월을 차가운 감옥에서 보낸 도형수! 대형 사기를 친 것도 아니고 심지어 사람을 죽인 것도 아닌데 장발장은 19년을 감옥에서 썩어야 했다. 그 빵 한 덩이가 알고 보니 금덩어리라도 되었던 걸까? 아니다. 장발장은 누이의 자식들이 굶어죽게 생기자 요기라도 해줄 양으로 빵을 훔쳤는데, 동정을 받기보다는 가혹하게 감옥 신세를 지게 되었다. 너무 억울하기도 하고, 나가서 굶주림에 허덕이는 조카 일곱을 먹여 살려야 하기도 해서 장발장은 탈옥을 감행한다. 그러나 네 번의 탈옥은 번번이 실패로 돌아가고, 결국 형이 가중되어 20년 가까이 살게 된 것이다. 도형수는 나락의 끝이라고 할 수 있는 신분이다! 장발장은 형을 마치고 석방되어 나오지만 19년 동안의 강제 노역과 갖은 고문은 그의 맘속에 사회에 대한 증오심, 무자비한 법제도에 대한 환멸감을 가득 심어 넣었다. 게다가 장발장은 자유의 몸이 됐는데도 통행증엔 버젓이 '도형수'라는 낙인이 찍혀 있어, 변변한 일자리 하나 구하지 못하고 심지어 여관에서도 내쫓긴다. 누구든 그의 통행증을 본 사람은 그를 일언지하에 거절하고 사정없이 내치기만 한다. 깊은 절망감에—차라리 얼어 죽고 싶었을까—차가운 바깥 의자에서 한뎃잠을 자던 그가 우연히 미리엘 주교의 집에 발을 딛게 되고, 주교의 은수저를 훔쳐 달아난다. 그러나 얼마 못 가서 경찰에 붙잡힌 장발장은 주교가 준 선물이라고 거짓말을 하고, 경찰들은 그 말이 사실인지 확인하러 주교의 집에 들이닥친다. 주교는 장발장의 말이 사실이라면서, "내가 은촛대도 주었는데 이건 왜 가져가지 않았소?"라고 인자하게 다그친다. 모두가 거부하고 경멸하고 멸시하는데 저 주교만은 거지나 다름없는 장발장, 도형수였던 장발장을 사랑으로 감싸는 것이다. 장발장은 주교의 사랑에 감동하여 다른 사람이 되겠다고 다짐하지만 얼마 못 가, 부랑자 아이의 돈을 훔침으로써 또 다시 도망자가 되고 만다. 드디어 모습을 드러내는 자베르. 장발장을 끈질기게 추격하는 불굴의 독사!

자베르로 말할 것 같으면 장발장과 평행선을 달리는 인물이다. 그는 장발장이 주교의 자비 덕에 새 사람으로 거듭나서 사랑과 헌신의 삶을 살아가는데도 한번 죄를 지은 자는 반드시 법의 심판을 받아야 한다고 믿는 지독한 '법 수호자'다. 두 사람의 숙명적인 대결은 소설이 끝날 때까지 이어진다. 《레미제라블》은 장발장과 자베르의 이 숨 막히는 추격전을 바탕으로, 귀족 청년의 사랑 놀음에 이용당하여 애를 낳고 가난하게 살다가 점차 몰락의 길을 걷는 팡띤느, 지극히 속물적이고 야비하지만 어쩐지 미워할 수만은 없는 떼나르디에, 들꽃 같은 고아 소녀 꼬제트, 공화주의자인 대학생 마리우스 등 여러 인물이 얽히고설키는 가운데 19세기 파리상을 보여준다.

빅토르 위고는 이 장편 대서사시로 무엇을 말하고 싶었을까? 악을 이기는 것은 오직 사랑이며, 이 사랑을 가능케 하는 것은 무한(신)의 섭리임을 말하고 싶었던 건 아닐까? 법의 아들인 자베르는 혁명세력에 붙잡혀 처형당할 위기에 놓였을 때 장발장의 용서로 목숨을 구하고 난 뒤에야 어렴풋이 느낀다. 사랑은 법보다 우위에 있다는 것을. 그런데도 그 사랑의 밝음을 감당하지 못하고 끝내는 강물에 뛰어들어 자살하고 만다. 이는 역으로 자베르가 사랑의 힘을 인정했다는 뜻이다. 무슨 근거로 이런 주장을 펴느냐면 자베르가 부조리한 감옥 시스템을 개선해 줄 것을 요청하는 메모-이것이 유서가 아니고 무엇이란 말인가!-를 남기고 죽기 때문이다. 고로 자베르는 법의 순교자가 아니라 사랑의 빛을 온몸으로 느꼈으나 그 빛을 감당하지 못하고 죽은 나약한 영혼이다. 빛을 부정한 것이 아니라 빛을 감당하지 못했다는 것이 진실이다.

《레미제라블》은 1815년부터 1832년의 프랑스를 다루는 만큼 거대한 장광설이기도 하지만 주제만큼은 아주 간단명료하다. 사랑만이 인류를 구원한다는 것이다. 언젠가 빅토르 위고는 《레미제라블》을 평생의 역작이라고 자부한 적이 있다. 그는 이 소설이 밤에서 낮으로 가는, 허무에서 신에게로 가는 행군이라고 말하기도 했다. 과연 허언은 아니다. 위고는 《레미제라블》이라는 소설을 썼지만 이는 단순히 소설이 아니라 논평과 사상과 이야기가 절묘하게 결합된, 웅장한 시편이기 때문이다. 그러니 위고가 《레미제라블》에 한껏 자부심을 느낀 것도 이해가 간다.

위고는 《레미제라블》에서 사회의 모순과 그것을 뛰어넘는 방법을 제시하는 데 성공했다. 한 노동자가 굶어죽을 판에 빵 한 조각 훔쳤기로

서니 평생 사회로부터 격리를 시키는 가혹한 형법, 반인간적이고 잔혹한 사형제도, 부당한 과세제도, 전과자에 대한 사회적 편견, 노동자의 착취와 빈민 자녀의 학대 등을 위고는 대단히 현실적으로 그려냈고 그러한 사회적 모순을 깨기 위해서는 인민의 정당한 혁명적 저항이 필요하다는 것을 보여주었다. 나아가 인간에 대한 연민과 사랑만이 모든 것을 화해케 한다는 것도. 요컨대 장발장이 자베르를 용서한 것, 그것은 가히 사랑의 절정이다. 믿음, 소망, 사랑, 그 중의 제일은 사랑이라고 가르친 예수의 말씀을 위고는 장발장의 삶으로 증명한 셈이다.

한편 위고는 《레미제라블》의 서문에서 이렇게 말한다.

> 법률과 관습의 작희로 인하여, 문명세계 한가운데서 인위적으로 지옥을 만들며, 인간적 불행으로 신성한 생애를 불가해한 것으로 변질시키는 사회적 저주가 존재하는 한, 빈곤으로 말미암은 인간 존엄성의 훼손과 기아로 인한 여인의 추락과 무지로 인한 아이의 지적 발육 부진 등 금세기의 이 세 가지 문제가 해결되지 않는 한, 몇몇 지역에서 사회적 질식 상태가 발생할 수 있는 한, 그리고 더 넓은 관점에서 말하거니와 이 지상에 무지와 가난이 존재하는 한, 이 책과 같은 성격의 책들이 무용지물일 수는 없을 것이다.

기실 위고는 《레미제라블》에서 프랑스 인민들의 비참한 삶을 보여주고, 그 삶을 나아지게 하려면 혁명의식이 필요함을 역설했다. '앙졸라'와 '마리우스'로 대변되는 젊은 층의 혁명의식이 그것이다. 위고는 인민 중심의 혁명이 사회를 한발 더 나아가게 만든다고 믿었다. "그들(인민들)은 압제와 폭정과 검의 종말을, 인간을 위한 노동, 아이들의 교육, 여인에 대한 사회적 온정, 자유, 평등, 박애, 모든 이들에게 돌아가는 빵, 모든 사람들을 위한 이념, 신천지, 진보를 원하였다. (…) 그들은 맹렬한 기세로 권리를 선포하였다. 그들은 두려워 벌벌 떨면서도 인류가 낙원으로 들어가도록 (…) 그들의 모습이 미개인들 같았으되 실은 구원자들이었다." 그러나 혁명은 사회의 모순을 깨는 외형적 방법일 뿐이며, 언제나 성공하는 것은 아니다. 위고는 혁명을 긍정하면서도 보다 근본적인 방법을 제시한다. 다시 말해 위고는 인간에 대한 진심 어린 사랑과 헌신만이 사회의 모순을 깨는 진정한 길임을 장발장의 삶으로 뚜렷이 보여준다.

《레미제라블》을 처음으로 한국에 소개한 이는 홍명희(1888~1968)다. 벽초 홍명희는 1914년 문학잡지 〈청춘〉에 이 소설을 번역하여 실었다. 홍명희가 우리말로 옮긴 제목은 '너 참 불쌍타'다. '가련한 사람들'이라는 원 뜻을 조금 직설적으로 풀어썼다. 그로부터 14년 뒤 홍명희는 백정 출신 도적의 의로운 삶과 민중의 생활상을 장대하게 펼친, 대역사소설《임꺽정》을 쓰게 되는데 아마도《레미제라블》의 영향을 받은 듯하다.

《레미제라블》을 두 번째로 소개한 이는 민태원(1894~1935)이다. 언론인이자 소설가인 민태원은 1918~1919년 매일신보에 '애사哀史'란 제목으로《레미제라블》을 번안하여 연재하였다. 장발장보다는 그를 잡으려고 혈안이 된 형사 자베르가 상징하는 법을 강조하여 번안함으로써 원작을 왜곡한 면이 없지 않다.

앞에서도 말했듯이 위고의 대표작인《레미제라블》의 집필 배경에는 작가의 평생이 놓여 있다고 해도 과언이 아니다. 낭만주의 시인으로 출발한 위고는 1848년 2월혁명을 계기로 공화주의에 공감하게 되었고, 1851년 쿠데타로 황제가 된 나폴레옹 3세에 단호히 반대했다. 그는 2월혁명 이전인 1845년부터 쓰기 시작한 《레미제라블》을 예순 살인 1862년에야 완성했다. 당시 그는 나라 밖에서 망명생활을 하고 있었다. 1851년부터 1870년까지 장장 20년에 걸친 망명이었다. 후반 14년을 살았던, '건지' 섬은 영불해협에 있는 영국령 섬이지만 프랑스와 가까이 있었다. 그러니 망명지라고 해서 조선 시대 선비들이 귀양을 간 남해의 고도 같은 곳은 아니다. 또한 그가 살았던 집도 초가삼간보다는 몇백 배나 더 큰 호화저택이었다. 방방마다 '희망은 나의 힘', '인생은 망명'이라고 새긴 좌우명이 망명객의 심정을 전해주지만 생활은 꽤 풍족했던 것 같다.

어쨌든 빈센트가 위고를 그토록 찬양한 것은 인류와 하층민과 빈민을 위고가 사랑했기 때문이다. 특히 소설 속 인물이긴 하나 현실에서도 얼마든지 볼 수 있는 장발장은 빈센트에게 삶의 본보기로 다가왔다. 탈옥을 밥 먹듯이 하던 죄수가 잘못을 뉘우치고 인간애에 눈뜨면서 고아를 제 자식처럼 기르고, 자선사업에 헌신하는 장발장의 삶이야말로 빈센트에게는 감동 그 자체였다. 하여 빈센트는 1882년부터 죽기 1년 전인 1889년까지 줄기차게 《레미제라블》을 입에 올렸다. 테오뿐만 아니라 헤이그에서 사귄 벗 라파르트한테도 빈센트는 《레미제라블》에 대해서 말하곤 했다. "자네가 《레미제라블》을 읽기를 바라네. 그러면 우리가 서로 말이 더 잘 통할걸세."(1883년 5월 25일경 편지)

물론 고갱에게도 말했다. 한번은 부모에게 《레미제라블》(혹은 《사형수 최후의 날》)을 보내주기도 했다. 그의 어머니는 이 책을 받고 기분이 언짢았다고 테오에게 쓴 편지에 토로하기도 했다. "네 형이 책을 읽으면서 뭘 얻을지 걱정이구나. 네 형은 빅토르 위고가 쓴 책 한 권을 우리한테 보냈단다. 그런데 그 저자는 범죄자를 옹호하는가하면 나쁜 것을 나쁘다고 말하지도 않더구나. 악한 행동을 두고 선하다고 하면 세상에 어쩌자는 것이니? 아무리 좋은 의도가 있었다고 해도 그걸 인정할 수는 없구나."

확실히 《레미제라블》에는 빈센트가 좋아할 수밖에 없는 인물과 상황, 아포리즘이 넘쳐난다. 억울하게 감옥살이를 하고 나와 증오심에 들끓던 장발장을 뉘우치게 하는 인물이 미리엘 주교인데, 그는 너그럽고 온화하다. 딱딱한 설교 대신 오순도순 이야기하는 것을 즐기는 순박한 노인이다. 빈센트는 이 미리엘 주교를 진심으로 존경하여, 테오에게 보낸 편지에 다음과 같이 썼다.

> 나는 빅토르 위고의 《레미제라블》을 읽고 있다. 내게는 오랜 추억으로 남아 있는 책이지만 동시에 다시금 읽고픈 책이다. 정말로 아름다운 책이다. 그리고 나는 미리엘 주교한테서 기품과 숭고함을 느낀다. – 1883년 3월 29일경 또는 4월 1일, 테오에게 쓴 편지

미리엘 주교는 옷도 낡은 것만 입으며 가진 것을 전부 가난한 이에게 나누어주는 사람이다. 위고가 묘사한 이 늙은 사제를 보자.

> 그 착하고 희귀한 사제에게는, 존재하는 모든 것이, 위로해주려고 노력해야 할 언제나 슬픈 대상이었다. (…) 그는 연민 캐내는 일에 종사하고 있었다. 온 세상의 비참함이 그의 광산이었다. (…) "서로 사랑하시오." 그는 완전한 형태로 그 말을 외쳤다.

게다가 사제의 다음과 같은 말은 빈센트에게 크나큰 위안이 되었을 것이다. "우리 모두 도둑들이나 살인자들을 두려워하는 일이 결코 없도록 합시다. 그것은 모두 외부의 위험, 즉 작은 위험들이오. (…) 각종 선입견들, 그것이 도둑이오. 각종 못된 버릇, 그것이 살인자요." 그야말로 '찬탄할 만한 위안자'다. 빈센트 자신이 그 동안 만나고 겪어온, 교조적인 목사나 교회위원들과는 얼마나 천양지차인가!

미리엘 다음으로는 장발장이다. 장발장은 석방된 그날, 먼 길을 걸어 어느 소도시로 들어가지만 한때 도형수였다는 이유만으로 선술집에서도 여인숙에서도 쫓겨난다. 지친 몸을 이끌고 도시 외곽으로 간 장발장은 농가의 문을 두드리며 제발 물 한 모금만 달라고 간청하지만 농사꾼은 총 한 방 먹여준다면서 사납게 문을 닫아버린다. 심지어 개집에서조차 쫓겨난다. "그 초라한 개집의 지푸라기 침상으로부터도 쫓겨난 그는 잘 곳도 지붕도 피난처도 없는 외톨이였다. 그는 어느 돌덩이 위에 무너지듯 털썩 주저앉았다. 어느 행인의 귀에 그의 탄식 소리가 들어왔다. '나는 개만도 못하다!'"

이 개만도 못하다는 말에 빈센트는 어떤 느낌을 받았을까? 빈센트는 이미 몇 년 전에 자신을 개라고 하면서 비하하지 않았던가? 빈센트는 이토록 지독하게 버림받은 떠돌이 장발장과 자신을 은연중 동일시하지 않았을까? 떠돌이 나그네를 주교가 아무 거리낌 없이 받아주자 나그네는 몹시 의아해하며 이실직고한다. "저는 도형수입니다. 강제 노동을 한 죄수입니다. 이것이 저의 통행증입니다. (…) 보세요, 통행증에 이렇게 씌어 있습니다. -장발장, 석방된 강제 노역수- (…) 아니 저를 받아주시겠습니까? 저를 내쫓지 않으십니까? 도형수인데! (…) 꺼져, 개야! 항상 저에게 그렇게들 말하였습니다.'"

〈죄수들의 원형보행〉, 1890년, 모스크바, 푸슈킨 미술관.

"저는 도형수입니다. 강제 노동을 한 죄수입니다.
이것이 저의 통행증입니다.
저를 내쫓지 않으십니까? 도형수인데! 꺼져,
개야! 항상 저에게 그렇게들 말하였습니다."

이런 장발장에게 사제는 다정하게 말한다. "당신의 이름은 저의 형제이고 저의 벗입니다." 밑바닥 개가 고귀한 사제의 형제가 되고 벗이 되었다. 무슨 말이 더 필요할까? 도형수라는 장발장의 처지와 자신의 처지를 동일하게 여겨서인지 빈센트는 훗날 〈죄수들의 원형보행〉이라는 그림을 그리기도 했다. 도레의 판화를 모사한 것으로 알려진 이 그림은 볼수록 그 안에 빈센트가 있을 것만 같다.

장발장은 청년 마리우스 앞에서 자신의 과거를 다 털어놓으며 고백한다. "내 비록 촌사람이나 조금이나마 생각을 하였고, 조금이나마 책을 읽은지라 사리는 어느 정도 분별하오. (…) 나는 홀로 배웠소." 빈센트 역시 홀로 배웠다.

그 밖에 순박하고 착한 여직공 팡띤느가 있다. 위고는 팡띤느가 부르조아 청년에게서 버림을 받은 뒤 걷게 되는 가련한 삶을 이렇게 요약한다. "팡띤느의 그 이야기는 무엇인가? 사회가 여자 노예 하나를 매입하는 이야기이다. 누구로부터? 비참함으로부터." 이 대목만 보아도 《레미제라블》은 단순히 소설문학이 아니라 사회고발문임을 알 수 있다. 이러한 문제의식은 《레미제라블》 도처에 있다. 일일이 다 열거할 수 없지만.

그리고 꼬제트가 나온다. 학대를 받으며 온종일 일하는 가여운 소녀. 주인집 여자한테 '거지 년'이라 불리는 여덟 살 난 아이. 주인집 딸들은 귀여운 구두를 신는데 이 아이는 거친 나막신을 신는다.

> 나그네(장발장)가 다시 상체를 일으켜 그곳을 떠나려는데, 안쪽 아궁이의 가장 컴컴한 구석에 물건 하나가 보였다. 그가 자세히 들여다보니 나막신 한 짝이었다. 거칠게 깎았을 뿐만 아니라 이미 반쯤은 쪼개졌고,

흙과 재를 뒤집어쓴 끔찍한 나막신이었다. 꼬제뜨의 나막신이었다. 꼬제뜨 또한 항상 실망하되 결코 낙담하지 않는 아이들의 그 감동적인 믿음을 가지고 자기의 나막신을 벽난로 속에 놓아두었던 것이다. 오직 절망만을 겪은 아이 속에 살아 있는 희망, 그것이야말로 숭고하고 감동적인 그 무엇이다.

이 슬프도록 숭고한 장면이 빈센트에게 감동과 영감을 주지 않았을까? 빈센트는 신발 그림을 몇 점 남겼는데 그 하나가 〈가죽 나막신〉이다. 물론 그는 제 마음속 스승인 밀레가 나막신을 신겠다고 한 말에 깊이 감동하여 나막신을 화폭에 담았을 것이다. 그러나 학대받으며 비참하게 사는 어린 꼬제트가 신던 신발, 그 슬픈 나막신 역시 빈센트에게 깊은 잔상을 남겼을 것이다. 크리스마스 저녁에 벽난로 안쪽에 신발을 넣어두면 산타 할아버지가 선물을 넣어두고 간다는 풍습대로 주인집 딸은 구두를, 꼬제트는 나막신을 한 짝씩 넣어두었는데 주인집 딸 구두에는 동전 한 닢이 들어 있고 나막신에는 아무것도 없어서, 장발장이 몰래 금화 한 닢을 넣어준다. 얼마나 가슴 쓰리게 아름다운 장면인지!

마뵈프라는 인물도 빈센트에겐 퍽이나 공감가는 인물이었을 듯하다. 늙은 하녀와 같이 사는 가난한 늙은이 마뵈프는 책을 무척 좋아한다. 위고의 말을 빌리면, 마뵈프는 왕정주의자도 보나파르트(나폴레옹)주의자도 무정부주의자도 아니다. 그렇다면 마뵈프는 열렬한 책주의자가 아닐까? 없는 살림에 식물 책을 출판하기도 하는 지독한 외골수 마뵈프는 욕심 부리지 않고 평생 가난하게 살다가 1832년 시가전에서 자기 목숨을 희생하고 죽은 사람이다. 고결하다. 책에 미친 마뵈프를 빈센트는 무척 좋아했으리라. 빈센트 역시 자기는 밥을 먹듯이 책을 읽

〈가죽 나막신〉, 1889년, 암스테르담, 반 고흐 미술관.

고 싶다고 언젠가 테오에게 쓴 편지에 털어놓은 적이 있으니.

　마지막으로 소년 가브로쉬는 어떤가? 부모가 있긴 하지만 거리의 아이로 살아가는 가브로쉬는 말하는 투가 거칠고 영악하긴 해도 속은 우물같이 깊다. 가브로쉬는 어린아이 둘에게 먹을 것을 챙겨주는 것도 모자라 생활비가 다 떨어진 마뵈프 영감에게, 소매치기한 돈 주머니를 몰래 던져주고 간다. 그리고 시가전에서는 정부군의 탄약을 훔쳐 혁명군에게 가져다주다가 끝내 목숨을 잃는다. 온갖 너저분한 은어를 구사하는 이 '거지 녀석'이 혁명군 사이에서 이런저런 힘(혁명군의 동태를 살피려고 위장 잠입한 자베르를 알아본 것도 가브로쉬다)을 보태는 모습을 위고는 다음과 같이 그린다.

4장　반 고흐가 사랑한 프랑스 문학　　225

가브로쉬는 모든 사람들을 격려하기 위하여 그곳에 와 있는 것 같았다. 그에게 어떤 자극제라도 있었던 것일까? 물론이다. 그의 가난이었다. 그에게 날개가 있었던 것일까? 물론이다. 그의 기쁨이었다. 가브로쉬는 하나의 소용돌이였다.

특히 제4부 6편에 그려진 '소년 가브로쉬'는 독립된, 한 편의 동화라 해도 좋을 만큼 아름답다. 하나의 소용돌이 가브로쉬, 스스로 버려진 아이 가브로쉬에게서 빈센트는 틀림없이 용감함을 보았을 것이다.

이제는 《레미제라블》에서 빅토르 위고가 마음을 다해 고백하는 아포리즘을 보자. 위고는 신을 인정한다. 그는 신을 무한이라고 하고 섭리라고도 한다. 결코 상대적이지 않은 절대, 그것이 신이고 무한이고 섭리다. "그 낯선 사람, 꼬제뜨를 방문하라고 섭리가 보낸 듯한 그 미지의 남자(장발장)." "아래에 있는 자아, 그것이 영혼이고, 위에 있는 자아, 그것이 신이다." "이 책은 한 편의 드라마이며, 그 주역은 무한이다. 인간은 조연이다."

사랑과는 거리가 먼 교회를 두고 위고는 어떻게 말하는가? "교회가 간계로 가득할 때 우리는 교회를 나무라고, 세속에 악착스럽게 집착하는 구도자를 멸시한다. (…) 우리는 무릎 꿇는 사람에게 경의를 표한다." 앞서 말했듯이 빈센트는 교회의 위선을 온몸으로 겪은 사람이다. 그가 외사촌 케이를 사랑하게 되자 케이의 부모는 물론 빈센트의 부모조차 그 사랑을 반대하고 훼방을 놓았다. 이런 케이의 아버지(목사)를 보고 빈센트는 "유식한 척하는 스트리커 숙부는 누군가 자기 딸을 사랑하기 전과는 아주 다른 사람이 되었다. 그는 꽤나 권력을 행사하려 든다."라고 테오에게 말할 정도였다(1881년 11월 10일경 편지). 또한 다시 말하지만 빈센트가 보리나주 탄광촌에서 헌신할 때 그의 인류애를 짓밟은 것은 교회위원들이었다. 빈센트가 자신을 극도로 희생하면서 헌신적인 삶을 살자 이 위원들은 빈센트를 위험한 사람으로 간주했던 것이다. 《레미제라블》에서 미리엘 주교가 그러했다. "지나친 자기희생 속에서 살아가는 성자는 위험한 이웃이다. (…) 그리하여 모두들 그 옴 같은 미덕을 멀리한다. 주교의 고립은 그것에서 비롯되었다." 빈센트는 사제 미리엘의 고립에 깊이 공감했을 것이다.

"명상하는 것, 그것은 밭갈이 하는 것이다. 생각하는 것, 그것은 행동하는 것이다." 이 말에도 빈센트는 전적으로 공감했다. 그는 끊임없이 생각했고 그 생각을 행동으로 옮기려 애썼다. 주저없이 보리나주로 가고, 시생을 거둔 것도 빈센트 나름의 밭갈이였다고 나는 생각한다.

"남자가 겪는 궁핍만을 본 이는 아무것도 보지 못한 것이다. 여인이 겪는 궁핍을 보아야 한다. 여인이 겪는 궁핍만을 본 이는 아무것도 보지 못한 것이다. 어린아이의 궁핍을 보아야 한다." 위고는 가장 약한 이의 궁핍을 봐야 모든 것을 본 것이라고 믿었다.

빈센트는 《레미제라블》에서 위고가 '하느님은 불가사의한 등대'라고 표현한 것이 두고두고 기억에 남았던지 테오에게 그 말을 인용하기도 했다.

> 빅토르 위고는 '신은 불가사의한 등대'라고 했다. 프랑스인들은 '어두워지는 등대'라고 표현하지. 그게 사실이라면 지금 우리는 어둠의 시기를 경험하고 있는 것이다. - 1888년 9월 29일경, 테오에게 쓴 편지

장발장이 도둑질로 생을 탕진하는 열아홉 살 청년에게 진심으로 해

주는 말도 빈센트를 가슴 벅차게 해주었을 것이다.

> 밭갈이 하는 사람, 수확하는 사람, 대장장이 등이 낙원에 들어가 지극한 복을 누리고 있는 사람들처럼 찬연한 빛으로 감싸인 듯 보일걸세. 대장간의 모루에서 작열하는 빛이 얼마나 찬연한가! 쟁기로 밭을 갈고, 곡식의 이삭을 다발로 묶는 일이 곧 기쁨이라네. (…) 아! 아무 일도 하지 않는 것이 자네의 목표라니! 그러면 단 한 주간도 단 하루도 단 한 시간도 절망의 구렁텅이에서 헤어나지 못할걸세.

장발장의 애정 어린 충고에 젊은 도둑은 "멍청한 늙은이"라고 중얼거릴 뿐이다.

일일이 다 열거할 수 없어서 아쉽다. 물론 《레미제라블》에도 유감스러운 부분이 아주 없지는 않다. 앞에서도 말했듯이 위고는 친親나폴레옹이다. 그는 자신의 또 다른 분신이라고 할 수 있는 '마리우스'의 입을 통해 나폴레옹이 태어난 코르시카 섬을 찬양한다. 이 작은 섬이 위대한 프랑스를 만들었다고 단언하기도 하고, 보나파르트(나폴레옹)는 진실을 방어한 사람이라고 말하기도 한다. 아무래도 마리우스의 아버지가 나폴레옹 휘하에서 군인생활을 했기 때문인 듯하다. 실제로 위고의 아버지 역시 나폴레옹 군대에서 전쟁을 치렀다. 위고의 아버지도 평범한 소시민이었고 공화주의자였다. 왕당파는 결코 아니었다.

또한 위고는 모국인 프랑스에 굉장한 자부심을 느끼고 있음을 굳이 감추지 않는다. "부를 창출하는 방법과 그것을 분배하는 방법을 찾으라. 그러면 물질적 위대함과 윤리적 위대함을 모두 얻게 될 것이다. 또한 그대가 자신을 프랑스라고 부를 자격을 갖추게 될 것이다." "프랑스대혁명은 신의 무용담이다." 누구든 모국을 사랑하는 것은 자연스러운 일이니 그리 큰 흠은 아니겠지만 자국 중심주의 사관은 아쉽다. 위고의 이런 국수주의적인 면모를 비판한 이가 엥겔스다. 1870년 엥겔스는 다음과 같이 썼다.

> 우리는 파리를 신성한 도시-그것도 매우 신성한!-라 여기고, 파리를 공격하는 어떤 기도도 신성 모독이라 생각하는 빅토르 위고의 '광신적 국수주의'에 조소를 금치 못한다. - 《마르크스·엥겔스의 문학예술론》(마르크스·엥겔스 지음, 김영기 옮김, 논장, 1989, 325쪽)

게다가 위고는 제국주의적인 면을 드러내기도 했다. 가령 다음과 같은 대목은 생각해볼 여지가 있다. "로마가 스키피오를 박대하는 것은 폭동이되, 파리가 바스티유에 맞서는 것은 반란이다. 병사들이 알렉산더에 맞서거나 선원들이 크리스토퍼 콜럼버스에 맞서는 행위 또한 폭동과 다름없는 반항이다. 매우 불경스러운 반항이다. 왜 그런가? 아시아를 상대로 알렉산더가 검을 가지고 한 일은, 아메리카를 상대로 크리스토퍼 콜럼버스가 나침반을 가지고 한 일과 같다. 알렉산더 역시 콜럼버스처럼 세계 하나를 발견하였다. 문명에 세계 하나를 선사하는 것은 곧 새로운 빛의 엄청난 증대이므로, 그것에 반대하는 어떠한 저항도 모두 단죄되어야 마땅하다."

위고는 반란과 폭동을 구별하면서, 반란은 옳은 분노이지만 폭동은 그른 분노라고 말하기도 했다. 위고가 반란과 폭동을 구별하여 정의한 것은 타당해 보이지만 아시아를 정복한 알렉산더의 소행을 옳은 분노, 즉 반란으로 보고, 콜럼버스가 아메리카를 침략한 행위를 두고 역시 옳은 분노라고 하는 것은 매우 유감스럽다. 이것은 제국주의를 어느 정도 내포하는 발언이기 때문이다.

실제로 위고는 1841년 잔혹한 알제리 정복 전쟁(1830~1847)의 중심인물이자 알제리 총독인 뷔조 장군에게 편지를 보내 "이 땅을 새로이 정복한 것은 기쁘고 위대한 일이다. 그야말로 문명이 야만에 대항해 나아간 것이다. 몽매한 사람들에게 개명적인 국민이 손을 뻗친 것이다. 우리의 사명은 달성되었다. 나는 승리의 노래를 부른다."라고 썼다. 그리고 6년 뒤에는 "아프리카는 야만 상태에 있다. 나는 그것을 알고 있다. 그러나 정치책임자가 잊지 않기를 바라는 것은 아프리카에 가는 이유가 야만에 젖기 위해서가 아니라 그것을 해체하기 위해서다."라고 쓴 적이 있다. 위고를 무조건 찬양할 수만은 없는 이유다. 그럼에도 위고는 인류에게 불멸의 향기가 될 아름다운 소설 《레미제라블》을 썼고, 그 점을 결코 무시해서는 안 된다.

15세기를 다룬 위고의 《파리의 노트르담》도 당시의 빈센트에게는 감동적이었다. 무엇보다 왕권과 교권에 대항하는 인민 꼽추 카지모도가 집시 소녀 에스메랄다를 지고지순하게 사랑하는 숭고한 정신은 빈센트의 마음을 움직이고도 남았다.

위고는 《레미제라블》에서는 사회를, 《파리의 노트르담》에서는 종교를 그리고 《바다의 노동자》에서는 자연을 그렸다고 했는데, 이 셋을 3대소설이라고 한다.

> 종교, 사회, 자연, 이 세 가지는 인간의 투쟁이며 동시에 세 가지 필수 조건이다. 믿어야 하기에 사원이 있고, 창조해야 하기에 도시가 있으며, 살아야 하기에 쟁기와 배가 있다. 그러나 언뜻 해결책으로 생각되는 이

세 가지는 다시 전쟁을 야기한다. 이들로부터 미지의 어려움이 탄생한다. 인간은 미신과 편견과 자연력의 형태로 나타나는 갖가지 난관에 부딪치는 것이다. –《바다의 노동자》(윤혜신 옮김, 다리미디어, 2005, 9쪽)

2012년 말 대통령 선거 무렵에 뮤지컬영화 〈레미제라블〉이 개봉되자 수많은 사람들이 극장을 다녀갔다. 거의 붐이 일 정도였다. 혹자는 '레미제라블 열풍'을 두고, 선거 결과에 실망한 사람들이 영화의 한 장면을 보고 위안을 받았다고 분석했다. 즉 1830년 혁명에 패배한 사람들이 〈인민의 노래를 듣느냐〉라는 노래를 부르는 장면에서 관객들이 위로를 받았다는 것이다. 과연 그럴까? 중요한 것은 《레미제라블》의 주인공은 혁명가가 아니라 노동자 장발장이라는 사실이다. 그는 빵 한 덩어리를 훔쳤다는 이유로 평생 사회로부터 소외된 삶을 살았다. 그런 사람들은 장발장 이전에도 많았고, 이후에도 넘쳐나고 있다. 프랑스에도 한국에도 많았고, 지금도 많다.

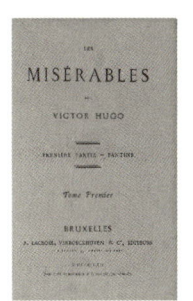

레미제라블, 위고 지음
이형식 옮김, 펭귄클래식코리아

하지만 어떤 목표인가? 자신의 이름을 감추는 것? 경찰을 속이는 것? 그토록 하찮은 것을 위하여 그 모든 일을 하였단 말인가? 장발장 자신에게는 더 크고 더 진실한 목표가 있지 않았던가? 그것은 자기의 몸뚱이가 아니라 영혼을 구출하는 것이었다. 다시 정직해지고 선량해지는 것이었다. 의로워지는 것이었다! –《레미제라블》에서

《범죄의 역사》

1881년 여름, 빈센트는 에텐의 부모 집에 머물면서 친척 과부인 케이 보스를 사랑하게 되었다. 그런데 부모가 펄쩍 뛰며 반대하고 훼방을 놓아 빈센트는 깊은 절망에 빠졌다. 그가 보기에 어른들은, 자신이 케이 보스를 사랑하는 것을 '추문'으로 여겼다. 1년에 천 길더도 못 버는 가난뱅이한테 딸을 주기는 싫을 거라고 생각하기도 했다(1881년 9월 3일 편지). 그럴수록 빈센트는 미슐레와 위고의 책을 읽으며 부모의 편견에 맞섰다.

> 아버지와 어머니는 점점 나이가 들어가시고 너나 내가 동의할 수 없는 편견과 고루한 생각에 사로잡혀 있다. 내가 미슐레나 위고가 쓴 책을 읽는 모습을 보시면 아버지는 도둑질이나 살인 또는 '부도덕'을 연상하시지. 터무니없는 일이지 않느냐? 물론 나는 그런 의견에 구애받지 않는다. "그렇다면 읽어보세요. 몇 장만이라도 읽어보시면 아버지 마음에 드실 겁니다."라고 몇 번이나 말씀 드렸지만 아버지는 완고하게 거절하시더구나.
> – 1881년 11월 18일, 테오에게 쓴 편지

이듬해 빈센트는 "위고의 《범죄의 역사》를 읽고 그에 대해 알게 되었다. 정말 고상한 인물이다."라고 썼다(1882년 12월 10일 편지). 《범죄의 역사》는 위고가 한때 자신의 동료였다가 등을 돌리게 된 나폴레옹 3세를 비판한 책이다. 나폴레옹의 조카로, 1850년부터 2년간 제2공화국의 대통령이었던 루이 나폴레옹은 1851년 말 쿠데타를 일으켜 이듬해부터 20년간 제2제정을 다스렸다. 위고는 쿠데타에 반대하며 루이 나폴레옹을 강하게 비판하였고, 그 바람에 20년 동안 망명생활을 했다는 것은 앞에서도 말했다.

그리고 빈센트는 1882년 12월 13~18일 테오에게 쓴 편지에 빅토르 위고가 한 말, 즉 "모든 종교는 사라지지만 신은 영원하다."라는 말을 인용하면서 참으로 훌륭한 명언이라고 감탄했다. 1883년 봄에 그는 10년 전에 읽었던 위고의 《레미제라블》을 다시 읽기도 했다.

여러 가지 감정의 생생함을 잃지 않으려면 이런 책들을 다시 읽는 게 좋다고 생각한다. 특히 휴머니티에 대한 사랑이랄까, 그리고 보다 높은 곳에 있는 무엇이랄까, 요컨대 저 높은 곳에 있는 것에 대한 성실함과 그것에 대한 의식과 같은 감정이다. - 1883년 3월 29일경 또는 4월1일, 테오에게 쓴 편지

빈센트는 인민을 사랑해야 공화정도 사랑할 수 있다고 본다. 나아가 보편적인 형제애에 도달할 수 있다고 생각한다. 인민을 사랑하지 않고는 감히 저 높은 곳을 사랑한다고 말할 수 없다는 것이다(1883년 4월 2일경 편지).

《93년》

시간이 갈수록 빈센트와 아버지 사이는 점점 더 나빠졌다. 그리하여 빈센트는 아버지의 모든 것에 반항을 하게 되었고, 교회와 교인들을 위선자라고 비난했다. 심지어 제법 괜찮게 들리는 설교조차도 밀레의 그림에 비하면 검게 느껴진다고 말하기도 했다.

"검은 빛도 있고 하얀 빛도 있다."는 위고의 말은 진실인 듯하다. 내가

보기에 아버지에게는 검은 빛이 더 많고 코로에게는 하얀 빛이 더 많지만, 둘 다 '천상의 빛'을 가지고 있다. (…) 밀레는 하얀 빛을 가진 사람이고 어느 누구보다 훌륭하다. 밀레에게는 복음이 있으니 말이다. 밀레가 그린 그림이 훌륭한 설교와 무엇이 다르냐? 제법 괜찮다는 설교도 밀레의 그림에 비하면 검게 보이는구나. - 1883년 9월 21일경, 테오에게 쓴 편지

위 편지에서 빈센트가 인용한, "검은 빛도 있고 하얀 빛도 있다."는 말은 위고의 장편소설 《93년》에 나온다. 다음 편지를 보면 빈센트에게 '검은 빛'은 다름 아닌 '거짓 종교'를, 하얀 빛은 '참된 종교'를 뜻한다는 것을 알 수 있다.

나는 형언할 수 없는 감정을 느끼며 하느님을 바라본다. 하느님은 하얀 빛이시고, 마지막 결정권을 쥐고 계신다. - 1883년 10월 31일경, 테오에게 쓴 편지

"이런저런 종교는 사라지지만 신은 남는다."라고 빅토르 위고는 말했지만 그 역시 최근에 죽었다. - 1885년 6월 9일경, 테오에게 쓴 편지

《93년》의 표제이기도 한 '93년'은 1793년을 말한다. 이 1793년은 1789년 프랑스혁명이 일어난 뒤 우여곡절 끝에 루이 16세가 기요틴으로 참수 당하는 사건(1월)으로 시작된 해다. 위고가 보기에 1793년은 "강렬한 해다. 한껏 노하여 팽창한 뇌우가 그 속에 있다." 로베스피에르(1758~1794), 마라(1743~1793), 당통(1759~1794) 같은 혁명세력들이 화려하게 나타나 마음껏 날갯짓하다가 스러지기도 한 해.

다비드, 〈마라의 죽음〉, 1973년작품. 1793년에 수립된 혁명정부는 애초에 지롱드파, 자코뱅파 등 여러 분파로 이루어져 있었다. 그러다가 급진파인 자코뱅파가 온건파인 지롱드파를 척결한 뒤 공포 정치를 폈다. 지롱드파를 열렬히 지지하던 샤를로트라는 여성은 자코뱅파가 지롱드파를 핍박한다고 여겨, 자코뱅파의 핵심 인물인 마라를 죽음으로 몰아넣었다.

그해 7월, 혁명정부에 의한 공포 정치가 본격화되자 브르타뉴의 방데에서 반反공화파 사제들과 왕당파 귀족들이 농민들을 선동하여 반란을 일으켰다. '방데 반란'이 그것인데, 《93년》은 이 반란군의 우두머리인 '랑뜨낙 후작'이 혁명정부군(공화파)과 싸우다가 혁명정부군의 손아귀에 붙잡히게 되고, 요행히 탈출에 성공하지만 위기에 처한 어린이들을 구하러 다시 혁명정부군 한가운데로 들어와 아이들을 구한 즉시 혁명정부군의 유능한 젊은 사령관 '고뱅'에게 생포된다는 이야기다.

운명의 장난일까? 랑뜨락과 고뱅은 조부와 손자 사이다. 혁명정부가 파견한 민간 감독관 씨무르댕은 제 발로 걸어 들어온 '역적' 랑뜨낙을 일체의 망설임도 없이 혁명 의회의 법에 따라 단죄하려 든다. 그러나 증조부 랑뜨낙의 고결한 희생정신에 깊이 감격한 고뱅은 랑뜨락을 탈출시키는 데 성공하고, 자신이 몸소 단두대 아래에 선다. 씨무르댕은 제 정신적 아들이자 유일한 애제자인 고뱅을 냉정하게 법대로 처단한다. 한때 사제였던, 그리고 아무 옷이나 걸쳐 입던, 가난하고 고지식한 씨무르댕은 단두대의 차가운 칼날이 고뱅을 내리치는 순간 권총으로 자신을 쏜다. 이념은 결코 사랑을 뛰어넘지 못한다는 만고의 진리에 순순히 굴복한다는 듯이.

위고가 마지막으로 쓴 이 장편소설은 《레미제라블》의 구조와 여러모로 유사하다. 즉 둘 다 광신적으로 법을 관철하려는 태도와 법을 초월한 자비 사이의 갈등을 다루고 있는데, 장발장을 놓아주고 자살을 하는 자베르와 고뱅을 처형하고 자살하는 씨무르댕은 결국 한 쌍둥이다. 다만 자베르 경감은 애초에 신을 몰랐던 사람인 데 반해 씨무르댕을 신을 파고들었지만 학문(논리라고 해도 좋다)에 기울어 제 신앙을 버렸고, 결국 신의 뜻을 아는 데 실패한 사람이라는 점이 다를 뿐이다(아니 정신적 아들이자 애제자인 고뱅과 함께 죽기로 결심한 순간부터 이미 그는 신의 뜻을 알게 되었으리라). 또한 지독한 왕당파 '랑뜨낙' 후작은 《레미제라블》의 '질노르망' 후작을 훨씬 입체적으로 공들여 그린 것이고, 너그러운 혁명파 '고뱅'은 '마리우스'의 업그레이드 버전이다.

왜 랑뜨낙 후작은 탈출을 포기하고 어린이 셋을 구하려고 되돌아왔을까? 애초에 어린이들을 위험에 빠뜨린 이가 랑뜨락 자신이지 않은가? 늙은 후작은 왕당파가 뭐고 공화파가 뭔지도 모르는 촌 여인의 아이들을 인질로 끌고 가서 자신의 성인 라 뚜르그 성에 가두지 않았던가? 한데 뜻밖에도 그 냉혈한 노인이 아이들을 구하려고 불길 속으로 뛰어들었다. 피도 눈물도 없고, 극악무도하다고 할 수밖에 없는 그 후작 나리가 죽음을 무릅쓰고 아이들을 구하다니! 고뱅은 그 모습에서 불현듯 신비와 숭고를 느꼈다. 인간이지만 인간 너머의 신비가 거기 있었던 것이다. 고뱅은 결국 랑뜨낙을 살려주고 대신 자신의 목숨을 내놓는다. 그럼으로써 '공포의 공화국' 대신 '관용의 공화국'을 실현한다.

이처럼 《93년》 역시 《레미제라블》만큼이나 빈센트가 수긍하고 감동했을 만한 대목이 많다. 왕당파도 공화파도 지켜주지 못한 촌 여인을, 총살당한 시신 무더기에서 구한 사람이 다름 아닌 지극히 가난한 늙은 거지 '뗄마르'라는 사실은 우리에게 많은 것을 생각하게 한다. 또한 뗄마르의 정성 어린 간호로 원기를 회복한 이 모성 깊은 여인이 어린아이 셋을 찾으려고 날마다 맨발로 거친 숲길을 헤매는 장면은 동물적이면서도 인간적이다. 위고는 이 여인을, 더 이상 여인이 아닌 '암컷'으로 규정하였다. 자기 목숨을 부지하는 것도 어려운 상황에서 오로지 어미 된 자의 본능으로 애들을 찾아나서기 때문이다. 동물적인 모성에 깊이 동화되었던 빈센트는 수시로 아기를 안고 있는 시앵이나 룰랭의 부인을 화폭에 담곤 했다.

완고하고 보수적인 친親영국파, 즉 '편견과 굴종의 시대를 대표'함과 동시에 숭고한 자비의 모습을 보여준 할아버지 대신 스스로 단두대 아래 서게 된 고뱅이 처형 전날 밤, 자기를 찾아온 씨무르댕 앞에서 고해성사를 하듯이 제 신념을 열에 들떠 토해내는 것을 보고 빈센트는 어떤 생각을 했을까? 어릴 적 가정교사로 자신을 가르쳤던 씨무르댕, 지금은 혁명정부의 민간 감독관으로 자신의 생사권을 쥐고 있는 씨무르댕에게 고뱅이 말한다.

"섭리가 사부님을 저의 요람 곁으로 인도하지 않았다면 제가 오늘 어디에 있겠습니까? (…) 저는 하나의 시민에 불과했는데 사부님께서 저를 하나의 영혼으로 만드셨습니다. 그리하여, 인간으로서 이 지상의 삶에 적합하게 해주셨고, 영혼으로서 천상의 삶에 적합하게 해주셨습니다. 또한 제가 인간의 현실 속으로 들어갈 수 있도록 진실의 열쇠를 주셨고, 이 세상 저 너머로 갈 수 있도록 빛의 열쇠를 주셨습니다."

여기서 위고는 신을 '섭리'로 표현한다. 《레미제라블》에서처럼 덜 직접적으로. 위고는 또한 신을 '참견하지 말아야 할 존재', '신비한 미지의 존재'로 표현하기도 한다.

유언이랄까, 고해성사랄까. 고뱅이 마음속 말을 털어놓은 뒤 두 사람은 마지막으로 저녁식사를 한다. 고뱅과 씨무르댕의 최후의 만찬이다. (이 장면뿐만 아니라 《93년》에는 성경 내용을 떠오르게 하는 장면이 꽤 많다. 가령 위고는 왕당파와 공화파를 가리켜 두 지파라고 한다. 이는 구약성경에 나오는 12지파를 연상시킨다.) 공포의 검은 빵을 나눠 먹으며 깊이 있는 대화를 나누는 두 사람. 고뱅은 만인이 평등한 사회, 즉 노예도 도형수도 저주받은 사람도 없는 사회를 만들어야 한다고 힘주어 말하고, 씨무르댕은 그 꿈은 그저 몽상에 지나지 않는다고 말한다. 여느 날처럼 해는 점점 떠오르고 있는데….

고뱅은 기요틴 아래서, 씨무르댕은 라 뚜르그 성(고뱅 가문의 성) 위에서 장렬히 숨을 거둔다. 그렇게 영혼의 한 짝은 한날한시에 세상 저편으로 넘어간다. 위고에게 기요틴은 혁명 그 자체이고 라 뚜르그는 군주제 자체인데, 혁명정부의 영웅 고뱅이 기요틴 아래 죽는다는 것이 퍽 역설적이다. 결국 위고는 혁명이 백성의 의지의 산물임을 인정하면서도 동시에 숙명적으로 불완전성을 품고 있음을 말하고 있는 것이다. 나아가 혁명보다 더 우위에 있는 것은 신의 속성인 사랑과 자비라고 말하는 것이다.

빈센트는 빅토르 위고의 다른 책인 《무서운 해》도 읽었다. 그러고는 다음과 같이 썼다.

> 당연하다면 당연한 일이지만 파리에서는 창작을 하기가 어렵다. (…) 파리는 묘한 도시지. 파리에서 사람들은 곤죽이 되도록 일하면서 살아야 하고 반죽음 상태가 아닌 한 그 무엇도 할 수 없고 충분하지도 않다. 나는 최근 빅토르 위고의 《무서운 해》를 읽었다. 희망이 있으나… 그 희망은 별 속에 있다고 하는구나. 정말 그 말은 사실이다. 나도 진심으로 그렇게 생각한다. 그러나 지구도 하나의 행성이고, 따라서 하나의 별이고, 천체라는 걸 잊어서는 안 된다. 만일 모든 별이 똑같다면! 그건 너무나 재미없는 것이어서 다시 시작할 수밖에. 그러나 시간이 필요한 예술의 경우 한 번 이상의 삶을 산다고 해도 나쁘진 않겠지. 그리스 예술가들, 네덜란드의 옛 거장들, 일본인들이 다른 천체에서 일해 그 빛나는 유파를 계속 창조한다고 생각하면 참으로 대단한 일이 아니냐. - 1888년 7월 15일, 테오에게 쓴 편지

위고가 만년에 쓴 《무서운 해》는 파리가 포위를 당한 1870년 8월부터 1871년 7월까지 고통의 한 해를 다룬 시집으로, 1872년에 출간되

었다. 위고를 국민적인 영웅으로 만든 작품이기도 하다. 책이 나올 무렵에 덧붙인 서시는 그 시집의 성격을 요약하고도 남는다.

> 나는 그 무서운 해에 대하여 이야기하려 한다.
> 그리고 책상에 팔꿈치 괴고서 이렇게 망설인다.
> 더 나가야 할까? 계속해야만 하는 걸까?
> 프랑스여, 오, 슬픔이여! 하늘에서 작아지는 별을 보라!
> 나는 부끄러움에 비통해하는 상승을 느낀다!
> 침울한 고뇌여! 재앙이 내려온다, 다른 재앙이 올라간다.
> 무슨 상관이랴! 계속하자. 역사는 그것을 필요로 한다.
> 이 세기는 법정에 서 있고 나는 그 증인인 것을.

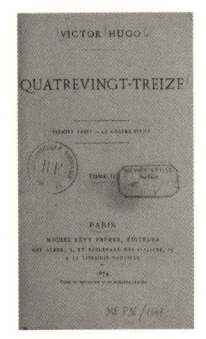

93년, 위고 지음
이형식 옮김, 열린책들

조금 전 고뱅은 눈부심으로 인한 현기증을 느꼈다. 사회적 전쟁이 한창일 때, 온갖 적의와 복수가 한창 소란을 피울 때, 소동이 가장 어둡고 광기를 띠는 순간에, (…) 별안간, 영혼들에게 경고를 보내는 그 신비한 미지의 존재가, 인간적 빛과 어둠 위로, 영속적인 섬광이 반짝이게 한 것이다. - 《93년》에서

졸라의 격정과 불굴의 사람들

1882년 7월 6일 빈센트 반 고흐는 테오에게 보낸 편지에 '시앵'을 소개하면서, 처음으로 졸라를 언급한다.

입원 중에 읽은 졸라의 소설책《사랑의 한 페이지》가 '회색투성이 파리'를 너무나도 훌륭하게 묘사하고 있어 앞으로는 그의 작품이라면 무조건 읽겠고, 그의 소설에 자신이 삽화를 그리면 좋겠다는 내용이었다.

《사랑의 한 페이지》

빈센트를 단번에 사로잡은 소설《사랑의 한 페이지》는 정숙한 미망인과 지적이고 매력적인 유부남 의사가 서로 한눈에 반해 불같은 사랑에 빠진다는 이야기다. 또한 두 사람의 사랑을 질투하는 미망인의 딸 잔느의 심리가 탁월하게 그려진 작품이기도 하다. 고상한 미망인은 어떻게든 이성으로 욕망을 잠재우려 애쓰지만 결국 굴복하고 남자에게 몸을 맡긴다. 안 그래도 허약한 딸은 질투심에 눈이 멀어 점점 앓다가 죽고 만다.

《사랑의 한 페이지》가 특별히 흥미로운 것은 주인공 남녀의 사랑과 달리 하층민의 사랑은 너무도 유쾌하고 발랄하게 그려지고 있다는 점이다. 하녀 로잘리와 풋내기 군인 제피랭이 보여주는 솔직하고 꾸밈없는 연애 모습은, 교양 있는 미망인과 능력 있는 의사라는 부르주아 남녀의 은밀하고 어두운 사랑과는 달리 밝고 명랑하기만 하다. 빈센트가 어느 쪽 사랑에 더 공감을 했는지는 모르지만 음식솜씨 좋은 하녀와 순박한 군인의 사랑행각에 남몰래 미소를 짓지 않았을까?

무엇보다 빈센트는 졸라의 펜 끝에서 살아난 파리의 풍경에 감동하였다. 등장인물의 심리에 따라 파리는 때로 어린아이의 머리칼처럼 따스한 금빛에 둘러싸인 도시로, 때로는 장밋빛과 푸른빛이 지평선을 달구는 불타는 도시로 그려졌다. 그러나 빈센트가 특히 감동을 한 대목은 창백하고 우중충한 파리, 잿빛투성이 파리였다.

거대한 파리는 희미하고 창백한 구름 속에 가라앉았다. 트로까데로 언덕 기슭에 보이는 납빛 도시는 느릿느릿 떨어지고 있는 그쳐가는 눈발 아래 죽은 것 같았다. 바람은 점점 자고, 도시는 감지할 수 없게 계속 명멸하는, 어두운 바탕의 창백한 점으로 보였다. (…) 공중에서 마술에 걸려 잠든 채 흔들흔들 떨어지는 꿈의 빗속에서 숨 쉬는 것이라곤 하나도 없었다.

빈센트는 《사랑의 한 페이지》를 읽은 뒤 졸라의 자본주의 비판 소

졸라(Emile Zola, 1840~1902) 프랑스 파리 태생의 자연주의 문학의 거장이다. 아버지는 토목기사였고 어머니는 가난한 직공의 딸이었다. 일찍 아버지를 여의어 가정형편이 어려웠다. 1858년 파리로 가서 중고등학교를 마쳤다. 대학 입학시험에 두 번이나 떨어진 것이 운명이었는지 문학에 뜻을 두고, 위고에 심취하여 장편서사시를 썼으나 별 반응을 얻지 못했다. 한동안 서점에서 일을 보며 미술비평문을 틈틈이 썼다. 서점을 그만둘 때는 어엿한 미술평론가가 되어 있었고, 마네·모네·세잔 등 신진 작가들을 지지하였다. 공쿠르 형제의 작품에서 영향을 받아 쓴 《테레즈 라캥》을 발표하면서 본격적으로 문인의 길로 들어섰으며, 1886년경 발자크가 세기 전반의 사회를 '인간 희극' 시리즈에 담은 것에서 영감을 받아 '루공마카르 총서'(제2제정 시대에 사는 한 가족의 자연적·사회적 역사)를 구상, 20년에 걸쳐 완성하였다. 《나나》, 《목로주점》, 《제르미날》 같은 작품이 모두 루공마카르 총서에 들어 있다. 가난한 집안 출신이었던 만큼 하층민중의 삶을 가감 없이 그렸고, 그들을 주인공으로 내세웠다. 1898년, 유대인이라는 이유로 '독일 간첩'으로 몰린 드레퓌스를 위하여 "대통령 각하, 저는 진실을 말하겠습니다."로 잘 알려진 〈나는 고발한다〉를 써서 드레퓌스의 무죄를 입증하고, 광기에 젖은 애국주의자들과 군부의 야만성을 비판하였다. 그로써 반유대주의가 팽배한 프랑스 사회에서 엄청난 곤욕을 치러야 했고 유죄 선고를 받아 영국으로 망명했다. 드레퓌스 재판 때문에 다시 프랑스로 돌아왔으나 3년 만에 세상을 떠났다. 집에 난로를 피우고 잤는데 굴뚝이 막혀 가스가 찼기 때문이다. 요주의 인물로 찍혀 있던 터라 암살되었을 가능성이 있다. 《실험소설론》, 《4복음서》(미완) 등을 남겼다.

설인 《파리의 중심》, 창녀의 삶을 다룬 《나나》, 《향연》, 노동자의 삶을 다룬 《목로주점》, 자본주의의 명암을 그린 《여인들의 행복 백화점》, 한 예술가의 초상을 그린 《작품》, 노동자 파업을 다룬 《제르미날》 등을 구해 읽었고, 여러 편지에 그러한 사실을 언급하였다. 아마도 빈센트가 읽은 소설가 중에서 평생 지속적으로 읽은 사람은 졸라가 유일할 것이다.

빈센트가 읽은 졸라의 소설은 대부분 1871년부터 1893년까지 20권으로 출간된 '루공 마카르 총서'에 속한다. 루공

〈숄을 두른 소녀〉, 1882~1883년, 암스테르담, 반 고흐 미술관. 소녀는 《사랑의 한 페이지》에서 과부 엄마의 연애를 질투하는 딸 '잔느'를 떠올리게 한다. 이 여자아이는 시앵의 딸이다.

마카르 총서란, 발자크가 '인간 희극'이라는 시리즈로 루이 필립 시대(1830~1848)를 약 아흔 권에 나눠서 그린 것을 본떠, 졸라가 제2제정 시대(1852~1870)의 사회상을 스무 권의 책에 나눠 담은 것이다. 빈센트는 발자크나 졸라 같은 소설가들과 영국의 삽화가들이 창조해내는 인물에 매혹되었다. "월요일 아침과 같은 진지한 열의, 신중한 절제, 산문과 분석은 매우 견실하고 본질적인 것으로, 나약해질 때마다 의존할 수 있지. 프랑스 작가라면 발자크나 졸라가 그런 사람들이다."(1882년 10월 22일 편지)

흥미로운 것은 빈센트가 졸라의 소설을 읽으면서 자신의 삶과 결부시켰다는 점이다. 가령 빈센트는 《파리의 중심》에 나오는 여주인공 프랑소와가 정치적 망명가인 플로랑을 사랑하는 것을 두고, "그 휴머니티는 생명의 소금이다. 그것 없이는 살고 싶지도 않다. 문제는 그것뿐이다."라면서 자신이 거리의 여자 '시앵'을 사랑하는 것과 연관시켰다.

나의 경우 누군가 동류를 사랑할 필요를 언제나 느껴왔고, 앞으로도 느끼리라고 생각한다. 그게 나쁘지는 않지. 동류라고 했으나 이유야 어떻든 불행한, 버려진, 혹은 고독한 사람인 것이다. - 1882년 7월 23일, 테오에게 쓴 편지

이어 빈센트는 시앵을 보살피는 것은 보리나주에서 불쌍한 광부를 보살핀 것과 같다고 했다. 그러면서 "너 자신처럼 너의 이웃을 사랑하라."에 따른 것이라고 썼다. 빈센트는 평생 졸라의 소설을 사랑했다. 하지만 빈센트가 졸라의 생각에 전적으로 동의한 것은 아니었다.

예술에 관한 현대개념에 있어서 새로운 미래를 연 사람은 마네라는 졸라의 결론에 나는 동의할 수 없다. 많은 사람들에게 새로운 지평을 열어준, 본질적으로 현대적인 화가는 마네가 아니라 밀레라고 나는 생각한다. - 1884년 2월 3일경, 테오에게 쓴 편지

그림을 평할 때 엄청난 실수를 저질렀던 졸라가 《증오》에서는 예술 일반에 대해 몹시 아름다운 말을 했더구나. "그림(예술작품) 속에서, '인간-예술가'를 찾고, 사랑한다." 어떻게 생각하느냐? 나는 그 말이 정말 진실

이라고 믿는다. -1885년 7월 14일경, 테오에게 쓴 편지

졸라와 발자크는 자신이 묘사한 시대 전체를 끌어안기 때문에, 그들을 사랑하는 사람들 가운데 어떤 사회, 대자연에 속한 화가의 자질을 통해 진귀한 예술적 감흥을 불러일으키네. (…) 공화국 전체의 화가라기보다 초상이라는 단순한 방법으로 인간성을 드러낸 화가라는 점에서 말일세. 그것이 최우선이고 가장 중요하네. - 1888년 7월 30일, 베르나르에게 쓴 편지

편지에 나와 있듯이 졸라는 마네가 현대미술의 새로운 미래를 열었다고 평했지만(졸라는 마네의 〈풀밭 위의 점심식사〉를 좋아하여 제 장편소설인 《작품》에 이 그림을 '시대를 앞서간 그림'으로 소개할 정도였다), 빈센트는 이에 동의하지 않았다. 빈센트는 졸라의 소설은 좋아하면서도 미술에 대한 졸라의 평에는 선뜻 동의하지 않았으며, 마네보다 더 좋은 화가는 밀레라고 서슴없이 말했다.

엘렌느는 마지막으로 냉정한 도시를 감싸듯 응시하였다. 이 도시 역시 그녀에게는 미지의 것으로 남아 있었다. 파리는 그녀의 과거로 가득 찬 곳이었다. 파리와 함께 그녀는 사랑하였고, 파리와 함께 잔느는 죽었다. (…) 오늘, 그녀는 너르고 무심한 이 도시가 여전히 알 수 없는 것임을 느꼈다. 그것은 그냥 펼쳐져 있었다. 그것이 인생이었다. -《사랑의 한 페이지》에서

사랑의 한 페이지, 졸라 지음
이미혜 옮김, 장원

《제르미날》

빈센트는 여러 작가의 수많은 책을 읽었으나 구체적으로 소감을 밝히는 일이 많지는 않다. 졸라의《제르미날》을 읽고도 별 소감을 밝히지 않았다. 다만 자신의 그림을 설명하면서《제르미날》을 언급하였을 뿐이다.

농부를 그릴 때는 파란색의 무한한 하늘에 창백한 별 하나가 신비롭게 반짝이는 것으로 표현하지 않았다. 대신 내가 그리려는 훌륭한 농부가 한낮의 불볕더위 속에서 곡식을 거둬들이고 있다고 상상하며 벌겋게 달궈진 다리미처럼 빛나는 오렌지색과 황금색의 반짝이는 톤을 화폭에 담았다. 사랑하는 동생아, 높은 양반들은 이런 과장을 봐도 단지 서투르게 모방을 했기 때문이라고 생각하겠지. 그러나 그게 우리와 무슨 상관이냐? 우리는《대지》와《제르미날》을 읽은 사람이다. 농부를 그린다면 우리가 읽은 작품이 우리의 일부가 되었다는 것을 보여주고 싶구나. - 1888년 8월 18일, 테오에게 쓴 편지

소감을 따로 밝히지는 않았어도 빈센트는 광부들의 파업을 다룬《제르미날》을 읽고 공감했다. 졸라는 광산에 가서 실상을 몸소 겪은 뒤 이 장엄한 소설을 썼다. '제르미날(Germinal)'이란 프랑스대혁명 당시에 쓰던 공화력에서 3월 21일부터 4월 19일까지의 '싹 나는 달'이다. 그것은 노동자들이 비록 파업에 실패했지만 그 싹은 다시 돋아난다는 뜻을 담고 있다. 이 같은 메시지는 소설의 마지막 구절로 갈무리된다.

사람들이 싹트고 있었다. 서서히 밭고랑을 가르고 있는 복수의 검은

> 군대는 다가올 세기의 추수를 위해 자라나고 있었다. 돋아나는 이 사람들의 싹은 머지않아 대지를 터뜨릴 것이었다.

그리고 이는 소설의 첫 구절, 즉 주인공 에티엔이 철로 작업장에서 상관의 뺨을 쳐 해고된 뒤 곳곳을 전전하다가 광산촌까지 흘러들어가게 된 장면과 극적으로 대비된다.

> 별도 없는, 짙은 잉크 빛 어둠이 깔린 밤이었다. 훤히 트인 들판의 사탕무밭을 가로질러 뚫린, 마르시엔에서 몽수에 이르는 십 킬로미터의 포장도로를 한 사내가 혼자 터덜거리며 가고 있었다. 하도 어두워 사내는 눈앞에 펼쳐져 있을 벌판의 흙조차 가늠하기 힘들었다. 다만 불어오는 3월의 바람을 통해 거대한 평원의 지평선을 느낄 뿐이었다.

기계공 '에티엔'이 등장하는 1부부터 이 소설은 총 7부로 구성되어 있다. 2부는 노사 갈등, 3부는 노동자의 의식화, 4~5부는 파업, 6부는 군대의 파업 진압, 7부는 패배를 주제로 한다. 《제르미날》은 벨기에 보리나주와 가까운 프랑스 북부 지역 탄광에서 1884년에 터진, 56일간의 파업을 다룬 소설이다. 이 파업에는 무려 1만2천 명에 달하는 노동자가 참가했다. 프랑스를 비롯한 유럽 전역에서 노사관계는 1860년대에 극심한 갈등을 빚었고, 1864년에 결성된 제1인터내셔널로 국제화되었다.

루공마카르 총서의 열세 번째 작품인 《제르미날》은 졸라의 작품들 중 가장 유명하고 논란이 끊이지 않는 작품이다. 그러나 우리말 번역은 1989년에 와서야 처음 이루어졌다. 그만큼 한국에 소개되는 프랑스 문학이라는 것이, 그리고 한국의 현실이라는 것이 노동이나 혁명과는

영화 〈제르미날〉 포스터. 장장 170분에 달하는 대작이다. 졸라의 동명 작품을 스크린으로 옮겼다. 감독은 〈마농의 샘〉을 연출한 클로드 베리. 자신의 아버지가 직공이어서 감독은 평소 노동자에 깊은 관심을 가졌고, 원작을 훼손하기는커녕 더 훌륭하게 옮기는 데 성공한다. 자본의 횡포에 맞서 노동자가 어떻게 권리와 인간성을 획득해가는지를 리얼하게 그렸다. 실제 광부 가족이 출연하기도 했다.

무관한 전통 속에 있다. 졸라의 이 소설이 나오기 전에 프랑스도 마찬가지였다. 당시 '노동자'는 불량한 일꾼이 고귀한 성품을 지닌 이의 모범적인 행동을 보고 감동하여 급속히 교화되고, 신속하게 훌륭한 시민으로 바뀌는 존재로 그려졌다. 또한 본능적인 마초에 노골적인 성교를 즐기는 존재로 부각되기도 했다. 반면 졸라는 이 소설에서 노동자들의 우정과 연대, 사랑과 가족애 등을 있는 그대로 묘사함으로써 노동자를 성적인 구경거리 혹은 훈육을 받아 교화되는 자로 그리는 대신, 지배계급을 향해 도발적인 질문을 던지는 존재로 그렸다.

《제르미날》은 여러 차례 영화로 만들어지기도 했는데, 특히 1993년에 클로드 베리가 연출한 〈제르미날〉은 원작을 훌륭하게 재현한 것으로 평가받는다. 더구나 졸라가 다소 수동적으로 묘사한 여성들을 능동적으로 그렸다는 점에서 보다 현실에 맞아떨어진다는 평을 받았다. 그런데 빈센트도 2천 피트나 내려가야 하는 탄갱과 그곳 사람들을 묘사한 적이 있다. 그것은 졸라가 묘사한 것과 유사하여, 마치 한 사람이 쓴 것처럼 보일 정도다. 먼저 빈센트의 묘사를 보자.

> 너무도 비좁은데다가 천장의 낮은 통로를 거친 들보로 나눈 작은 방들이 줄지어 있는 모습을 상상해보렴. 구멍마다 조잡한 아마포 옷을 입

고, 연통 청소부같이 더럽고 시커먼 노동자가 한 사람씩 들어가 있다. 그들은 작은 램프가 내는 흐릿한 불빛에 의지하여 석탄을 캐느라 몹시 바쁘게 움직이지. 똑바로 설 수 있는 곳이 있긴 해도 갱부들 대부분은 바닥에 누워 석탄을 캔다. 그들은 마치 벌꿀 통처럼 배치되어 있다. 지하 감옥의 희미한 통로나 작은 직기가 늘어서 있는 것처럼 보이기도 한다. 농가에서 사용되는 요리용 오븐이나 납골당의 격벽처럼 보이기도 하고. 갱도 그 자체는 브라반트 농가의 거대한 연통과 같다. 어떤 곳은 물이 새기도 하고, 갱부의 램프 불빛이 종유동 속에서 반사하고 있는 것처럼 기묘한 효과를 만들어내기도 한다.

망트나주에서 일하는 노동자도 있고, 철도처럼 레일 위를 운행하는 작은 화차에 채굴한 석탄을 쌓는 사람도 보인다. 그런 일은 주로 아이들이 하는데, 소년만이 아니라 소녀들도 한다. 그곳 지하 700미터에는 마구간이 있고, 늙은 말 일곱 마리 정도가 엄청난 수의 탄차를 아크로샤지(accrochage)라고 하는 곳까지 끌어올리고 있다. 탄차는 위쪽으로 끌어 올려지게 되어 있으니까. 다른 노동자들은 낡아빠진 갱도를 수리하여 붕괴를 막거나 광맥에 새로운 갱도를 내고 있다. 아무리 위험하고 험난해도 육지의 항해사가 바다를 그리워하듯이, 갱부들도 지상보다는 지하를 좋아한다. 이 마을은 무언가 황량하고 죽은 듯하며 버려진 느낌이 든다. (…)

이곳 사람들은 완전히 무학이고 대부분 글을 읽지 못하지만 자신들의 힘겨운 일에 대해서는 제대로 알고 있고, 민첩하고 용감하며 솔직하다. 체격은 작아도 다부진 어깨를 가지고 있고, 눈은 깊은 우수에 잠겨 있다. 그들은 많은 일에 뛰어나고 정말 엄청나게 열심히 일한다. 기질은 상당히 신경질적이지만, 이는 유약하다는 게 아니라 민감하다는 말이다. 그들은 자신을 지배하는 인간들에게 뿌리 깊은 증오와 불신을 품고 있다. 갱부들과 사귀려면 그들의 심정을 이해하고, 그들의 기분을 느끼지 않으면 안 된다. 요컨대 교만하거나 고압적인 태도는 금물이다. 그렇지 않으면 그들과 친해질 수도, 그들의 신뢰를 얻을 수도 없다.

이전에 너에게 가스 폭발로 끔찍한 화상을 입은 갱부에 대해 말한 적이 있지? 다행히도 그는 지금 회복되어 밖으로 나가 꽤 먼 거리까지 걷기 시작했다. 재활을 위해서지. 양손은 아직 힘이 없고 그 손으로 일을 하기에는 좀 더 시간이 걸릴 테지만 위기는 넘긴 셈이다. 한데 그 후 티푸스나 악성 질병, 특히 대부분이 '바보병'이라고 부르는 질병에 걸리면 악몽 같은 기분 나쁜 꿈을 꾸게 되고, 광란 상태에 빠져들고 만다. 그래서 아직도 병자가 많이 있고, 침대에서 야위어가는 비참한 사람도 부지기수다.

어떤 집에서는 가족 전부가 열병에 걸리는 바람에 그들을 보살피는 사람이 거의 없어서 환자끼리 서로를 돌보아야 할 형편이다. 그래서 한 부인은 이렇게 말했지. "가난한 사람이 가난한 사람의 친구라고 하듯이 병자가 병자를 돌보는군요." - 1879년 4월 1~16일, 테오에게 쓴 편지

이제는 졸라가 그린 갱도의 풍경을 보자. 빈센트의 간단한 편지글과 달리 번역본으로 600쪽이 넘는 방대한 졸라의 소설에는 어두컴컴한 막장을 묘사한 곳이 많다. 그러나 여기서는 몇 구절만 읽어보기로 한다. 먼저 1부에 묘사된 막장의 모습이다.

네 명의 채탄부는 오르막 경사인 채굴면 위에서 다른 사람들보다 높게 서로 몸을 뻗었다. (…) 제일 위쪽의 기온은 삼십 오도까지 올라갔고, 공기가 잘 통하지 않아서, 나중에는 숨이 막혀 죽을 지경이 되었다. 그는

보다 더 환하게 보기 위해 그의 머리 근처의 벽에 못을 박아 램프를 고정시켜야 했다. 그런데 이 램프 때문에 머리가 뜨거워졌고, 나중에는 피가 불타는 것 같았다. 그러나 그의 고통을 가중시키는 것은 무엇보다도 습기였다. (…)

어둠은 날리는 석탄가루로 더욱 두터워지고, 눈을 짓누르는 가스는 둔중해진 미지의 어둠으로부터 스며나오는 것처럼 느껴졌다. (…) 유령 같은 형상들이 그곳을 휘젓고 다녔고, 길을 잃은 불빛은 둥근 엉덩이와 마디진 팔, 범죄를 저지를 듯한 추하고 난폭한 얼굴들을 힐끗힐끗 비추었다. (…) 무거운 공기와 지하수의 빗물 속에는 헐떡거리는 숨소리, 답답함과 피곤에 지친 투덜거림 외에 아무것도 없었다.

다음은 5부 처음에 나오는 막장의 모습과 7부에 나오는 사고현장의 모습이다.

이 외떨어진 갱도는 환기가 제대로 되지 않았다. 거기에서는 종종 램프를 켤 수 없을 정도로 많은 양의 수증기가 수원의 부글거리는 작은 소리와 함께 석탄으로부터 뿜어나오고 있었다. 이제는 더 이상 신경도 쓰지 않는 갱내 가스는 말할 것도 없고, 갱도의 한쪽 끝에서 다른 쪽 끝까지 가득 들어차 있는 나쁜 공기가 광부들의 콧속을 메우고 있었다. 그녀는 광부들이 죽음의 공기라고 부르는 이 나쁜 공기를 잘 알고 있었다. 갱도 밑에는 질식할 것만 같은 무거운 가스가 가득 차 있었다.

비참하게 버려진 광부들은 채탄공 아래에서 공포로 울부짖었다. 이제 물은 배 위에까지 차오르고 있었다. 쏟아지는 거센 물소리가 그들의 귀를 먹먹하게 하는 한편, 방수벽이 무너지는 소리가 마치 이 세상의 종말을 고하는 것처럼 들려왔다.

그러나 빈센트의 편지에는 없고, 졸라의 소설에만 있으며 그 소설의 백미는 4~5부의 파업 장면이다.

> 그들은 빽빽한 밀집 대형을 이루면서 혼잡하고도 거대한 덩어리로 흘러가고 있어서 그들의 빛바랜 바지도, 넝마가 다 된 윗도리도 전혀 구분할 수 없이 광포한 단조로움 속으로 지워지고 있었다. 그들의 눈은 불타고 있었으며 보이는 것이라고는 딱딱한 대지 위에 부딪치는 나막신 소리와, 노도하는 혼잡한 음향 속으로 사라지는 마르세이예즈를 부르는 검은 입들뿐이었다. 수많은 머리 위로 쇠몽둥이들이 비죽비죽 솟아 있었고, 하늘을 향해 우뚝 솟은 도끼 한 자루가 그 한가운데를 가르고 있었다. 마치 폭도들의 깃발처럼 보이는 이 한 자루의 도끼는 단두대의 날카로운 칼날과도 같은 모습을 맑은 하늘 위로 던지고 있었다. (…) 핏빛이 감도는 세기말의 저녁, 군중들 전체를 숙명으로 이끌어가고 있던 것은 바로 혁명이라는 붉은색 전망이었다.

1886년에만 광부 120명이 지하 갱도에서 목숨을 잃었다고 보도되었으나 빈센트는 그것이 빙산의 일각임을 알고 있었다. 그는 다시 광산에 가서 몸바쳐 봉사해야 한다고도 생각했다. 그렇다고 성직자가 되겠다는 것은 아니었다. 그는 성직자의 길 대신 화가의 길을 걷고자 했는데, 그 심각한 사태는 그림을 그리는 일조차 회의하게 만들었다. 빈센트는 1886년 2월 14일 테오에게 다음과 같이 썼다.

나는 최근 여러 곳에서 터진 쟁의 행위 때문에 염세에 빠져 있다고 해도 과언이 아니다.

다가올 세대에게 쟁의 행위는 무익한 것이 아니라 도리어 하나의 승리라는 점이 분명코 밝혀질 것이다. 그러나 지금은 모든 사람이 일을 해서 빵을 얻어야 하는 고달픈 시절이다. 사태는 해마다 더욱 나빠질 것이고, 부르주아에 대한 노동자들의 저항은 200년 전 제3계급이 다른 두 계급에 저항했던 것과 똑같이 정당하다. 그런데 당장 최선의 길은 침묵을 지키는 것이다. 왜냐하면 운명은 부르주아 편에 있는 것이 아니고, 우리는 곧 그 사실을 볼 수 있을 테니 말이다. 우리는 아직도 그 목표에서 멀리 비켜나 있다. 그러므로 봄이라고는 하지만 얼마나 많은 사람들이 슬프게 방황하고 있는지!

최고의 낙천주의자 못지않게 나는 봄의 대기 속에서 종달새가 높이 나는 것을 보고 있다. 그러나 동시에 과거에는 건강했던 스무 살가량의 젊은 여인이 결핵에 희생되어, 아마도 병으로 죽기 전에 스스로 물속에 빠져 죽을지도 모르겠다는 생각이 드는구나.

언제나 부유한 부르주아 사회에서 존중받으며 사는 사람이라면 그 심각성을 못 느낄 테지만, 나처럼 오랫동안 가난하게 식사를 하고 있는 사람이라면 빈곤이야말로 참으로 중요한 요인임을 부정할 수 없다.

누구도 치료를 하거나 구제할 수는 없어도, 그들에게 공감을 하거나 동정할 수는 있다.

그 누구보다도 평온했던 코로는 봄을 아주 깊이 느꼈고, 평생을 노동자처럼 검소하게 생활한 사람이 아니었던가? 그리고 타인의 불행에 늘 민감한 사람이 아니었던가? 1870년부터 1871년, 이미 늙을 대로 늙은 그는 분명히 맑은 하늘을 바라보았지만, 동시에 부상을 입고 죽어가는 부상병을 위로하기 위해 야전병원을 방문했다. 나는 감동하고 말았지.

　환상은 사라질지도 모른다. 그러나 숭고한 것은 남기 마련이다. 우리가 모든 걸 의심한다고 해도 우리는 코로, 밀레, 들라크루아 같은 사람들을 의심할 수는 없다. 그리고 자연에 더는 흥미를 느끼지 않는 시기가 온다고 해도 인간성에 대해서는 여전히 관심을 보이게 된다고 나는 생각한다. - 1886년 2월 14일, 테오에게 쓴 편지

위 편지는 빈센트가 노동자계급 운동에 연대감을 느꼈다는 것을 보여준다. 동시에 부르주아에 대한 공포와 죄의식도 엿볼 수 있다. 요컨대 빈센트는 정치적으로는 진보를 지향하면서도 가부장적인 보수주의를 함께 지니고 있었던 것이다. 이러한 계급 갈등의 딜레마를 빈센트는 자기 나름대로 풀기는 했다. 당시 생시몽이 《새로운 기독교주의》에서 보여준 유토피아와 비슷한 이상을 추구함으로써. 생시몽은 《새로운 기독교주의》라는 책에서 '모든 사람은 다른 사람을 형제로 대해야 한다'고 주장하였다. 그러면서 새로운 종교는 '가장 어려운 처지에 있는 계급에 정신적·물질적 복지를 꾀하여 전 사회의 모든 계급에게 되도록 빨리 번영을 가져다주는 것'이어야 한다고 역설했다. 빈센트도 같은 무렵인 1886년 2월 중순경 테오에게 다음과 같이 썼다.

　우리는 곧 거대한 혁명 속에서 다시 막을 내릴 세기의 마지막 4분의 1을 살고 있다. 그러나 우리가 생애 끝자락에 이 혁명의 시작을 본다고 가정해보자. 우리는 분명히 이러한 거대한 태풍 뒤 사회 전체가 순수한 공기로 씻기어 부활하는 것을 볼 때까지 살지는 못할 것이다.

　그러나 이미 우리 시대의 허위에 속지 않고 그 태풍에 앞선 시대의 건

전치 못한 폐쇄나 중압을 느끼지 않게 하는 무언가가 있는 것만은 사실이다. 그러니 아직은 우리가 폐쇄된 채 갇혀 살고 있지만 다음 세대는 더욱 자유롭게 숨을 쉬며 살아갈 수 있을 것이다.

졸라나 공쿠르 같은 사람들은 다 자란 어른이지만 아이의 단순함으로 이를 믿고 있다. 그들은 지극히 냉정하고 정확한 진단을 내리는, 매우 엄격한 분석가들이지.

네가 거론한 투르게네프나 도데 역시 마찬가지로 목표도 비전도 없이 작업을 하는 게 아니다. 그러나 대부분이 유토피아를 회피하려고 들지. 그들은 페시미스트다. 즉 따져보면, 혁명의 시작이 아무리 숭고하다고 해도 그것이 조만간 유산되리라는 걸 이 시대가 무서울 정도로 분명히 보여주기 때문이다.

알다시피 인간을 지원하는 것은 누구나 다른 사람과 함께 일하고 생각하는 한, 자신의 감정과 사상을 포함해 언제나 자신을 고립시키지 않게 하는 것이다. 그럴수록 인간은 더욱 많은 것을 할 수 있게 되고, 무한한 행복을 누릴 수 있게 된다. – 1886년 2월 9일경, 테오에게 쓴 편지

그러므로 앞서 말한 대로 빈센트가 품은 사회사상은 19세기의 수많은 예술가·저술가·철학자들이 공유한, 낭만적인 반자본주의로 이해되어야 한다. 빈센트는 특히나 자신이 애독한 낭만주의 저술가인 칼라일, 디킨스, 미슐레가 자본주의 이전의 문화적 가치라고 하는 관점에서 19세기 정치, 경제 및 사회 질서를 비판한 것을 체화하였다. 그리고 자신의 사회사상을 만들어갔다.

끝으로 《제르미날》에 대해서 한 가지 더 말하고 싶다. 《제르미날》이 노동 쟁의를 다룬 묵직한 소설이기는 하나, 그 안에 멜로도 있다는 점

이다. 에티엔과 카트린, 샤빌의 묘한 삼각관계는 졸라의 펜 끝에서 긴장감 있게 그려진다. 카트린은 가냘픈 팔에 창백한 안색을 가진 소녀이며, 열다섯 살부터 탄광에 내려가 일을 하는 빈민이다. 말하자면 그녀는 또다른 '포쇠즈'다. 카트린을 두고 번민하는 에티엔과 그 여자를 제멋대로 쥐고 흔드는 샤빌 중 빈센트는 누구에게 더 마음이 갔을까? 아마도 에티엔이 아닐까? 에티엔은 여러 모로 빈센트 자신과 닮아 보이니 말이다. 에티엔은 노동자의 처절한 현실을 몸소 겪으면서 스스로 협동조합 관련 책을 구해다 읽고, 제네바에서 발행되는 무정부주의 신문인 〈르 콩바〉를 읽어가면서 노동문제를 공부하기도 한다. 빈센트 자신이 열의를 다해 수많은 책을 구해 읽고, 신문 잡지를 보면서 공부를 했듯이.

제르미날, 졸라 지음
최봉림 옮김, 친구

"동지 여러분! 우리가 마치 강도나 되는 것처럼 집회를 금지하고, 헌병들을 보내기 때문에 부득이 이곳에서 회합을 갖게 되었습니다. 그러나 이곳에서 우리는 자유롭습니다." (…) 이제 광부들은 무식하지 않으며 막장에서 깔려죽는 짐승이 아니다. 군대는 그들을 수갱 깊숙이 몰아넣지만 어느 햇빛 찬란한 날에 뿌려진 그 씨앗은 발아하여 대지를 뚫고 나와 열매를 맺을 것이다.
- 《제르미날》에서

《작품》

 1886년 1월, 안트베르펜에 머물고 있던 빈센트는 미술아카데미에 입학하면 그림 실력이 좀 더 나아지리라 생각하고 에콜 드 보자르에 등록한다. 그리고 그 무렵에 졸라가 연재 중이던 〈작품〉의 첫 부분을 잡지에서 읽는다(1886년 1월 12~16일 편지). 그가 파리에 도착한 1886년 3월, 그 소설이 완성되어 출간되었을 때 빈센트도 읽었을 것이다. 그때 막 빈센트는 인상주의 그림을 그리기 시작했지만, 졸라의 신작소설 《작품》은 인상파의 종언을 알린 것이었다. 그 소설은 연재 전부터 표절 시비가 있었다. 공쿠르 형제는 《작품》이 자신들의 《마넷 살로몽》을 표절한 것이라고 주장했다. 게다가 발자크의 《알려지지 않은 걸작》을 표절했다는 주장도 나왔다.
 진위야 어떻든 《작품》은 졸라가 기획하고 자기가 쓴, 루공마카르 총서의 열네 번째 소설이다. '클로드 랑티에'라는 화가가 불멸의 예술작품을 남기려고 기를 쓰며 분투하다가 뜻한 바를 이루지 못하자 끝내 스스로 목숨을 끊고 만다는 이야기다. 《작품》에는 클로드를 비롯하여 소위 예술을 한다는 사람들이 나오는데, 화가·소설가·조각가 등 부류도 다양하다. 이 사람들은 서로 친구이며 저마다 대가가 되려는 욕망에 불타올라 카페에 앉아 예술론을 펼치기도 한다.
 그러나 세월이 흘러 누구는 잘 되고 누구는 조롱의 대상이 되면서 처음부터 그리 깊지 않던 우정에 금이 가게 되고, 한 사람이라도 자리를 비우면 기다렸다는 듯이 험담하기 일쑤다. 특히 풀밭 한가운데에 나체로 여자가 누워 있고 벨벳 저고리를 입은 신사가 앉아 있는, 가히 혁명적인 작품이랄 수 있는 〈야외〉(마네의 〈풀밭 위의 점심식사〉를 연상시키는 그림)를 발표하여 모임에서 신뢰와 기대감을 한몸에 받고 있던 클로드가 날이 갈수록 이렇다 할 작품 하나 내놓지 못하고 점차 광기에 사로잡히자 친구들은 그를 우습게 알고 조롱한다. 오직 에밀 졸라의 분신으로 보이는 '피에르 상도즈'만이 클로드를 위로할 뿐이다. 동료들의 수군거림에도 아랑곳 않고 클로드는 절대예술을 남기고픈 열망에 사로잡혀 작업에 더욱 매진하지만 그림은 점점 과장되고 엉망이 되어간다. 분한 마음에 클로드는 그림을 찢어버리거나 불태워버린다. 생계는 점점 어려워지는데 상업적인 그림을 그리느니 차라리 굶어죽는 게 낫다고 생각하는 클로드. 그는 살롱에 작품을 출품하지만 원체 보는 눈이 없는 심사위원들과 가짜에 열광하는 대중에 환멸감만 느낄 뿐이다. 급기야 예술을 한답시고 방치하다시피 한 어린 아들이 죽어버리자, 그날 밤 죄책감에 아들의 죽음을 슬퍼하다가 문득 광기에 사로잡혀 죽은 아들을 재빨리 그려내는 장면은 이 소설의 압권이라 할 만하다.

클로드는 시신이 된 아들을 한순간에 완성한 그림이 걸작이라 믿고 입상을 자신하지만, 심사위원들의 촌극에 가까운 심사 끝에 겨우 입상을 했다는 사실을 알고 비참한 심경에 빠져든다. 그런 남편을 묵묵히 지켜봐야 하는 아내 크리스틴 역시 점차 생기를 잃어가기는 마찬가지다. 예술 따위가 남편을 자기한테서 빼앗아갔다고 여긴 크리스틴은 작심을 한 듯 온 힘을 다해 남편을 유혹하고 설득하는 데 성공한다. 그러나 다음 날 그녀는 목매달아 죽어서 싸늘하게 변한 남편의 시신을 목도한다. 클로드는 자신의 미완성 그림 앞에 사다리를 놓고 거기에 목을 달아 죽었다. 끔찍하고도 참혹한 최후였다.

불멸의 예술작품을 남기려고 사투하다가 아내를 외면하고 아들까지 죽음에 이르게 하더니 결국은 자기 자신마저 살인하고 마는 클로드! 그의 모델은 화가 세잔으로 알려져 있다. (물론 세잔은 자살을 하지도 않았고, 무엇보다도 실패한 예술가가 아니라 현대미술의 아버지라 불릴 만큼 거장이 되어 있다.) 이 소설이 발표되고 나서 세잔은 졸라와의 친구 관계를 끊었다고 전해진다. 실제로 세잔은 1886년 4월 4일에 졸라가 보내준 《작품》을 받고 극히 짧은 편지를 보냈다.

"방금 막 자네가 보낸 《작품》을 받아보았네. 루공마카르 총서의 저자가 해준 증언에 감사를 드리네. (…) 이 모든 것이 지나간 세월의 충동에 사로잡힌 자네의 것일세. 폴 세잔."

세잔은 1904년 자신을 찾아온 베르나르가 졸라에 대해 묻자 이렇게 대꾸하기도 했다. 마침 그때는 졸라가 드레퓌스 사건으로 한창 세간에 오르내리고 있었다. 세잔이 말했다. "그(졸라)의 지식이란 보잘것없고 친구로서도 형편없지요. 한마디로 자기밖에 모릅니다. 나를 묘사한답시고 《작품》이란 소설을 썼지만 말짱 거짓말들이오. 자기에게 영광을 돌리려고 거짓을 꾸며낸 겁니다. (…) 그는 나와 중학교 동창이었고 함께 아르크 강가에 자주 놀러 다니곤 했지요. 그는 시를 곧잘 지었는데, 나도 프랑스어와 라틴어로 시를 짓곤 했어요. 라틴어는 내가 그보다 잘했지. 라틴어를 가지고 완벽한 시를 지어낼 수 있을 정도였으니까. (…) 어느 날 그가 보낸 《작품》을 받아보았지요. 정말 충격적이었습니다. 그가 친구들을 어떻게 생각하고 있었는지 알 수 있었어요. 결정적으로 그것은 거짓말로 가득 찬 형편없는 소설이었소."

세잔의 말이 사실이든 아니든 세잔이 졸라의 《작품》을 못마땅하게 여겼음은 분명하다. 세잔이 클로드의 어떤 면을 싫어했는지는 모르겠지만 확실히 졸라의 손끝에서 빚어진 '화가 클로드'는 지독하게 이기적이고 신경질적인 인물이다. 그림이 자기 뜻대로 그려지지 않으면 욕을 퍼붓기 일쑤고, 몇 시간 동안이나 꼼짝 않고 모델을 서준 아내 크리스틴에게 고마워하기는커녕 미안해하지도 않는다. 심지어 어린 아들이 그림작업에 방해가 된다고 구석에 가둬놓기까지 할 만큼 자기중심적이다. 그에게는 오직 걸작을 세상에 내놓아야 한다는 욕심밖에 없다. 걸작에 대한 욕망은 세잔도 못지않게 품고 있었던 것으로 알지만.

그런데 왜 하필 클로드의 모델은 세잔이었을까? 세잔과 졸라는 어려서부터 친구여서 서로를 잘 알고 있었기 때문이다. 졸라는 《작품》을 구상하면서 이렇게 적었다. "극적으로 각색한 마네나 세잔, 굳이 말하면 세잔에 가까운 인물." 그러고는 클로드 랑티에를 다음과 같이 묘사하였다.

> 그는 무능력하지는 않지만, 과도한 야심을 가져서 자연을 한 장의 그림 위에 완전히 옮겨놓으려고 하였다. 그 때문에 이 창작자는 죽는 것이다. 그는 뛰어나기는 하지만 역시 불완전한, 그리고 사람들이 알아주지 않는 작품을 낳고, 아마도 사람들로부터 비웃음을 살 것이다. 또 나는 그로 하여금 거창한 현대적 벽화의 꿈을, 이 시대를 완전하게 요약하는 벽화의 꿈을 꾸게 하고, 그리고 그를 파멸시킬 것이다.

클로드 랑티에가 세잔을 모델로 했다는 것은 당시 미술계에 있던 사람이면 누구나 짐작할 수 있었다. 빈센트는 졸라를 좋아했으나, 졸라의 친구인 세잔은 좋아하지 않았다. 빈센트는 세잔을 파리 시절에 잠깐 만난 뒤 전혀 만나지 않았다. 빈센트의 그림과 세잔의 그림 사이에는 어떤 공통점도 없었다.* 빈센트가 걸작이라고 자부한 〈감자 먹는 사람들〉을 본 세잔은 정신이 이상한 사람이 그린 그림이라고 비웃은 적도 있다. 그런 세잔을 빈센트가 좋아했을 것 같지는 않다. 빈센트는 그의 방대한 편지에서 세잔의 이름을 몇 번 언급하기는 했어도 세잔의 그림을 호의적으로 평하지는 않았다.■■

고갱에 의하면 빈센트는 세잔을 협잡꾼으로 보았다. 세잔은 빈센트뿐만 아니라 고갱도 냉담하게 여겨, 자신의 보잘것없는 감각을 고갱이 가로챘다고 비난했다. 반면 고갱은 세잔의 독창성을 인정하고 그로부터 영향을 받았으며 세잔의 그림을 손수 사기도 했다.■■■

온갖 부류의 예술가가 나오는 《작품》에서 빈센트가 유독 감동을 한 작중인물은 클로드가 아니라 봉그랑 윤트다. 봉그랑은 노화가로, 대가의 반열에 올라 있으면서도 권위 따위는 일체 부리지 않고 후배 화가들을 독려하고 아끼는 인물이다. 그러니 모든 후배 화가들이 봉그랑을 따를 수밖에. 클로드도 마찬가지다. 봉그랑은 마치 당시 화가들 사이에서 깊은 존경을 받았던 피사로(1830~1903)를 연상시킨다. 세잔은 실제로 인상파 화가들의 대부격인 피사로를 존경했고, 피사로에 대해서만큼은 언제나 좋은 말만 했다. 가령 세잔은 자신을 만나러 온 젊은

■ 두 사람의 삶에도 공통점은 없었다. 세잔의 아버지는 모자 사업으로 큰돈을 벌어 엑스프로방스에 유일한 은행을 설립한 부유한 은행가로, 세잔에게 엄청난 유산을 남겼다. 세잔은 훌륭한 인문주의 교육을 받았고 우수한 성적을 거두었으며 법과대학에 등록했다. 라틴어와 프랑스어로 시와 희곡을 쓰기도 하고, 음악에도 조예가 깊었다. 세잔은 당시 별 인기를 얻지 못한 바그너를 유난히 숭배했다. 인상파 화가들, 특히 마네나 르누아르, 고갱은 음악에 심취했다. 반면 빈센트는 가난한 목사의 아들로 태어나 제도 교육을 거의 받지 못했으며, 음악에 조예가 없었다. 다만 고향과 자연을 사랑한 점에서는 세잔과 빈센트가 서로 유사했다. 이는 도시를 지향한 다른 인상파 화가들과는 다른 점이다. 미셸 오, 이종인 옮김, 《세잔》, 시공사, 1996; 실비아 보르게시, 김희진 옮김, 《폴 세잔》, 마로니에북스, 2008 참조.
■■ 세잔도 소년 시절부터 문학에 도취되어 그리스·로마 고전과 단테 그리고 낭만주의를 좋아했다. 그러나 독서 취향은 빈센트와 달랐다. 세잔은 빈센트가 썩 좋아하지 않은 뮈세나 보들레르 같은 시인들을 좋아했다. 소설가로는 특히 플로베르를 좋아하여 〈성 앙투안의 유혹〉을 몇 점이나 그렸다. 스테판 멜시오르 뒤랑 외, 염명순 옮김, 《세잔》, 창해, 2000, 54쪽.
■■■ 폴 세잔 외, 조정훈 옮김, 《세잔과의 대화》, 다빈치, 2002, 29쪽.

화가 모리스 드니에게, 피사로는 매사에 분명하고 정직한 사람이라고 말한 적이 있다. 빈센트와도 우정을 나누었던 에밀 베르나르가 세잔을 찾아갔을 때도 세잔은 다음과 같이 말했다. "지칠 줄 모르고 작업하는 피사로를 만난 뒤에야 일하는 기쁨을 알게 되었소." 이렇듯 《작품》 속 인자하고 따뜻한 성품을 지닌 봉그랑을 빈센트는 몹시도 좋아하여, 테오한테 소개할 정도였다.

졸라의 《작품》에서 가장 감동적인 것은 봉그랑 윤트지. 그가 말한 것은 진실이다. "불행한 사람들이여, 당신은 예술가가 그 재능과 명성을 갖는다면 그것으로 안전하다고 생각하는가? 전혀 그렇지 않다. 그렇게 되면 먼저 불완전한 작품을 낳는 것을 허용할 수 없게 된다. 그의 명성은 그의 작품에 대한 고통을 더욱 가중시키고, 작품을 팔 기회는 적어지며, 작업에 전념하지 않으면 안 되게 된다. 조금이라도 약점을 보이면 질투심 많은 무리가 습격하여 명성과 신용을 파괴한다. 그 명성과 신용도 변하기 쉬운 부실한 대중의 일시적인 관심에 불과하다." - 1888년 8월 13일경, 테오에게 쓴 편지

위 편지를 쓸 무렵 빈센트는 그야말로 무명 중의 무명이었다. 그러니 봉그랑의 말은 그에게 위안이 되고도 남았을 것이다. 피사로를 연상시키는 봉그랑을 졸라는 마네나 플로베르 같은 인물이라고 비망록에 적어두었다. 앞에서도 보았듯이 졸라는 마네를 높이 평가하고 아카데미즘을 비판했다. 예술은 굳어진 세상과 싸우고, 살아 있는 현실에서 솟아나며, 무엇보다도 새로움과 다양함을 반영해야 한다고 졸라는 주장하였고, 그런 그에게 마네는 가장 위대한 화가였다. (1863년부터 졸

라는 인상파 화가 등 여러 화가들과 친하게 지냈으며 미술에 대한 글을 썼다. 특히 마네를 옹호하고 지지하는 글을 많이 썼다. 마네는 그 답례로 1868년 〈에밀 졸라의 초상〉을 그리기도 했다.) 그러나 1863년 마네의 〈풀밭 위의 점심식사〉는 살롱에서 낙선하고 물의를 일으켰다. 1883년 마네가 죽자 졸라는 인상파 화가들과도 멀어졌다. 졸라가 보기에 인상파 화가들은 색을 과장하고, 자연 속의 색채를 사용하지 않았던 것이다.

마네가 그린 〈에밀 졸라의 초상〉. 1868년 살롱에 출품된 작품이다. 마네는 졸라가 자신을 좋게 평가해주고 지지해주자 답례로 이 그림을 그렸다. 훗날 졸라는 '나의 살롱'이라는 글에서 다음과 같이 회상했다. "가끔씩 나는 반쯤 잠긴 눈을 들어 그림 앞에 서 있는 화가를 보았다. 긴장된 표정과 날카로운 눈빛을 작품에 쏟아붓던 그는 나를 의식하지 못하는 것 같았다. 그는 내가 있다는 사실을 망각한 채 바보 같은 한 인간을 주의 깊게 바라보면서 내가 한 번도 본 적 없는 예술혼으로 나를 복사해내고 있었다."

《작품》에도 빈센트가 공감했을 대목이 꽤 나온다. "홍당무 한 단, 그래 홍당무 한 단이면 어떤가! 직접 관찰하고, 자기 눈에 보이는 대로 개인적인 필치로 단순하게 그린 홍당무 한 단이 항상 일정한 틀에 맞추어 제작되는 잎담배 색깔을 한 파리 미술학교의 그림 따위보다는 낫지 않은가? 독창적으로 그려진 한낱 홍당무가 혁명을 잉태할 수도 있다."

빈센트의 예술관과 어느 정도 통하는 말이다. 빈센트는 아카데미식 이론에 싫증을 내고, 파리 시절 코르몽의 화실에 두어 달 다니다가 기질에 맞지 않아 그만두기도 했다. 클로드가 들라크루아와 쿠르베 외에는 모두 사기꾼이라고 말하는 대목에서는 빈센트가 손뼉을 쳤을지도 모르겠다. 잘 알다시피 빈센트는 죽을 때까지 들라크루아를 밀레만큼이나 좋아했다. 클로드가 들라크루아에 대해서 말하는 것을 보자. "노장의 낭만주의의 거장 들라크루아, 그의 거동이 얼마나 자신만만해! 그는 그야말로 색채를 불타오르게 만든 장식의 대가였어. 거기에 흐르는 힘은 또 어떻고!" 빈센트는 들라크루아의 보색 색채이론을 수시로 공부하였고 들라크루아만큼 색을 잘 다루고 싶어했다. 그리하여 파리에 있을 때는 수많은 정물화를 그리면서 피나는 색채연습을 했다. 정신적으로 힘겨운 시기이던 1889년에서 1890년에는 〈피에타〉, 〈선한 사마리아인〉 같은 들라크루아의 그림을 여러 번 모사했다. 모두 잘 알려진 사실이다.

《작품》 속 클로드는 또한 한껏 들떠서 말한다.

> 거리에서 볼 수 있는 그대로의 삶, 가난한 자와 부자의 삶, 또 시장, 경마장, 대로변, 서민들이 사는 좁은 골목에서의 삶의 모습도 그려보는 거야. 또 현재 사람들이 한창 일하고 있는 작업현장 등 밝은 태양 아래 불타오르는 이 모든 정열을 그리고 싶어. 그 외에도 더 있어. 농부, 가축들, 들판… 두고 봐, 두고 보라고. 나는 바보가 아니야! 나는 손이 근질거려. 그래!

상도즈의 집에서 정기적으로 모임을 갖는 것을 보고도 빈센트는 많이 부러워했을 것이다. 상도즈의 집에 모인 친구들은 예술을 논하고, 매너리즘에 빠진 기득권 심사위원들을 조롱하고 토론하면서 희망적인 앞날을 기대한다. 이런 모습을 보면서 빈센트는 예술가 공동체를 더욱

〈그림 그리러 가는 화가〉, 1887년, 카이저, 프리드리히 미술관. 밀짚모자를 눌러쓰고 밖으로 그림 그리러 가는 빈센트 반 고흐.

꾸리고 싶었을 것이다.

"그는 직접 자연을 보고 그림을 그려야 한다는 소신을 굽히지 않아 작업이 말도 못하게 어려워졌고, 어찌해볼 수 없는 곤경에 처하기도 했다. 그럼에도 그는 이 그림(《야외》)을 바깥에서 완성하였고, 아틀리에 안에서는 손질만 하였다."

어쩐지 이 대목은 빈센트가 바깥으로 나가 그림을 그린 것을 연상시킨다. 빈센트는 아침에 일어나면 캔버스와 이젤을 옆구리에 끼고 밀짚 모자를 쓰고 사생하러 나갔다. 그 모습을 그림으로 남기기도 했다. 빈센트는 무슨 그림을 그리건 간에 눈으로 관찰하여 그리기를 좋아했다. 그것은 아를에서 고갱과 공동체 생활을 하면서 다툼의 빌미가 되었다. 무슨 말이냐면, 고갱은 상상으로 그림을 그려야 한다고 주장했고 빈센트는 눈으로 직접 보고 그려야 한다고 주장했다. 두 사람은 의견을 좁히지 못하고 심하게 다투었다.

그 밖에도 《작품》에는 살롱전을 관람하는 사교계 부인들의 창부 같은 옷차림, 진짜를 몰라보고 가짜에 열광하는 무지한 대중들, 온갖 협잡과 꼼수로 미술품을 사들이고 투기에 열을 올리는 비열한 화상 등 예술계의 파렴치한 면면이 등장한다. 이 점에도 빈센트는 퍽 공감했으리라.

> 의욕과 힘만 있으면 언젠가 싹이 나오는 것 아니겠는가? 아! 그래, 시골에 살면서 걸작을 아주 많이 만들고 언젠가는 그 짐 보따리를 풀면서 파리를 때려눕히는 것, 그것이야말로 꿈이었다.

클로드가 사랑하는 크리스틴을 데리고 무작정 벤느쿠르라는 시골 마을로 내려가 살면서 걸작을 그리겠다고 생각하는 장면이다. 시골로 가서 오로지 그림만 그리겠다고 작심하는 클로드에게 빈센트가 "나도 동감이야!"라며 무릎을 치지 않았을까? 정말로 빈센트는 신물 나는 파

- 같은 책, 205~206쪽.
- 세잔 외, 《세잔과의 대화》, 위의 책, 130쪽.
- 같은 책, 132쪽.
- 베르나르, 《세잔느의 회상》, 열화당, 1995. 이 소설은 피카소와 마티스도 애독했다.

리를 떠나 남쪽 아를로 가기 때문이다. 그러나 클로드는 시골에서 걸작을 그리지 못했고, 파리로 돌아와서도 끝내 그리지 못했다. 반면 빈센트는 시골 아를로 내려가 자기만의 작품세계를 열었고 〈붉은 포도밭〉 등 걸작을 잇따라 그렸다. 빈센트는 아를에서 고독하게 그림을 그리면서 저 클로드의 실패를 은연중 생각했을까? 그래서 자기는 결코 클로드처럼 되지는 않겠노라 다짐을 했던 것일까?

앞에서도 말했듯이 《작품》이 출판되자 세잔은 "거짓말로 가득 찬 형편없는 소설"이라고 비난했다.* 졸라 자신도 친구인 화상 앙브루아즈 볼라르한테 세잔이 그 소설을 냉담하게 평했다고 밝혔다.** 르누아르나 모네 등도 화를 냈다.

세잔은 플로베르의 소설 《살람보》에 나오는, 고대 카르타고 식민지의 용병 반역자인 마토 같은 인물처럼 화가에게 가장 필요한 것은 '자부심'이라고 했다. 그러면서 고갱은 자부심이 너무 지나쳤다고 비난했다.*** 그는 자신을 발자크의 소설 《알려지지 않은 걸작》의 주인공 화가 프렌호퍼와 같은 운명이라고 생각했다.**** 1600년대 프랑스에서 가장 유명한 화가 프렌호퍼는 모든 예술의 최고 목표, 즉 피그말리온의 비밀을 성취하기 위해 십여 년 동안 한 작품에, 한 여자의 그림에 극단적으로 몰두하지만 결국은 좌절감을 못 이기고 자살했다. 그야말로 진실을 찾고자 기를 쓰고 노력하다가 어둡고 불투명한 곳에 떨어지고 마는 인물이다.

나폴레옹을 가장 좋아했던 세잔은 독실한 가톨릭 신자이자 보수주의자였다. 그는 반反드레퓌스파에 가담하여 졸라와 등을 지기도 했는데, 이는 세잔 자신의 정치적인 성향 때문이지 졸라와의 틀어진 관계 탓은 아닐 것이다. 드레퓌스 사건은 빈센트가 죽고 4년 뒤인 1894년에 유대인 출신 프랑스군 대위 드레퓌스가 독일을 위해 간첩 활동을 했다는 이유로 구속된 사건이다. 그로부터 4년 뒤 졸라가 〈나는 고발한다〉*는 글을 써서 재심을 촉구하였고, 마침내 드레퓌스는 사면을 받았다. 빈센트가 그때 살아 있었더라면 어느 편에 섰을까? 반드레퓌스를 외친 세잔 편이었을까, 드레퓌스의 무고함을 세상에 알린 졸라 편이었을까? 당연히 졸라 편이었으리라.

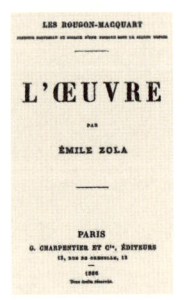

작품, 졸라 지음
권유현 옮김, 일빛

"난 다시 시작할 거야." 클로드는 거듭 말하였다. "저게 나를 죽일 테지. 그리고 내 처를 죽일 테고. 내 아이도 죽이고, 이 집 전체를 죽이겠지. 하지만 저건 걸작이 될 거야, 맹세코!"
-《작품》에서

졸라와 빈센트

빈센트는 특히 자기와 비슷한 처지에 있는 사람을 좋아했다. 그래서 졸라에게 저절로 끌렸다. 졸라는 어려서부터 아버지 없이 자랐고 몹시 가난했다. 병약하고 지독한 근시라 동급생들에게 따돌림을 받기도 했다. 졸라는 가정형편이 어려워 고향을 떠나 파리로 갔으나 학업에 의욕을 잃고 대학 입학시험에 두 번이나 떨어졌다. 차라리 잘된 일이었는지도 모른다. 문학에 뜻을 두고 작가의 길로 들어섰으니. 처음에는 위고를 동경하여 장편서사시를 썼으나 그리 신통치 않았다. 스물두 살에 서점에 취직해서는 일하는 와중에 틈틈이 당시 유행하던 실증주의와 결부된 사실주의 문학에 매료되어 콩트와 평론을 쓰기 시작했다. 빈센트 역시 스물네 살에 서점에 들어가 책을 팔았으며 신학대학 입시에 실패했다. 그 점이 빈센트에게는 유독 와 닿았을 것이다.

풍채도 보잘것없고 개인적인 매력이나 유머도 없으며, 심지어 어떤 정취조차 없다는 점도 두 사람은 비슷했다. 졸라와 빈센트 모두 사회적으로는 비참했지만 현실에 무릎 꿇지는 않았다. 둘은 제 나름껏 사람들을 보다 나은 세상으로 이끌어가기를 원했다. 졸라와 빈센트는 자기 자신과 싸우면서 고통을 받았고 낮은 자리에서 삶을 이어가곤 했다. 그들 스스로 엘리트에서 최하층의 신분으로 떨어진 것이다. 그럼으로써 졸라는 《제르미날》 같은 광산촌 소설을 쓸 수 있었고, 빈센트는 보리나주의 성자가 될 수 있었다. 그들은 광산촌의 죽음의 갱도에서 진짜 광부처럼 일하며 굶주리기도 했다. 그때 교회는 아무것도 한

▪ 졸라, 유기환 옮김, 《나는 고발한다》, 책세상, 2005. ; 니콜라스 할라즈, 황의방 옮김, 《나는 고발한다: 드레퓌스 사건과 에밀 졸라》, 한길사, 1998. ; 아르망 이스라엘, 이은진 옮김, 《다시 읽는 드레퓌스 사건》, 자인, 2002.

게 없었다. 졸라와 빈센트에게 교회는 세습의 특권을 수호하고자 날뛰는 위선의 앞잡이였고, 군대는 군주주의와 교권주의의 앞잡이였다.

졸라가 오랫동안 무명이었던 점도 평생 무명이던 빈센트에게는 위로가 되었으리라. 졸라가 어느 정도 명성을 얻은 것은 《목로주점》을 발표한 1877년 이후였으니. 빈센트의 편지에 졸라가 등장한 것은 그로부터 5년 뒤다. 아마도 빈센트는 졸라가 《목로주점》을 다음과 같이 규정한 것에 공감하지 않았을까?

《목로주점》은 행동에 있어서는 도덕적이며… 인민에 대한 최초의 이야기이자 참된 인민의 냄새를 품고 있는 작품이다.

물론 그 전까지 평론가들은 졸라의 책은 거들떠보지도 않았다. 따라서 빈센트가 졸라를 좋아한 것은 당시 주된 흐름이 아니었다. 그리고 앞서 말했듯이 빈센트의 아버지는 졸라를 싫어했다. 그의 아버지가 단순히 고지식한 성직자라서 졸라의 소설을 싫어한 것은 아니다. 20세기 초엽까지 그런 경향은 유럽만이 아니라 미국에서도 일반적이었다. 그래서 싱클레어라는 미국 평론가는 《힘의 예술》에 다음과 같이 썼다. "내가 어렸을 때에 이 프랑스 사람의 이름(에밀 졸라)은 모든 혐오해야 할 것들과 같은 뜻으로 쓰였다. (…) 평론가들은 다만 한 가지 설명만을 발견할 수 있었는데, 곧 그는 비열한 근성을 가진 녀석이라는 것이다."

빈센트가 졸라를 몹시 좋아한 것은 사실이지만 나는 빈센트가 완벽하게 졸라를 따른 것은 아니었다고 본다. 다음에 인용한 편지를 보면, 확실히 만년의 빈센트는 졸라에서 르낭으로 돌아갔다.

졸라를 읽고 있어도 가령 르낭의 순수한 프랑스의 울림에 마음을 빼앗기고 만다. - 1889년 6월 18일경, 테오에게 쓴 편지

이는 빈센트가 위고와 디킨스, 미슐레와 칼라일, 그리고 무엇보다도 톨스토이로 돌아갔음을 뜻한다. 위 편지에서 빈센트는 졸라와 르낭을 대비한다. 그것은 자연주의(자연)와 초자연주의(신앙), 도시와 전원의 대비라고 해도 무방하다. 물론 여기서 말하는 르낭의 초자연주의(신앙)는 전통적인 기독교 신앙이 아니라, 관습적이지도 제도적이지도 않으며 교의에 치중하지 않는 기독교(원시 기독교) 신앙을 말한다. 게다가 빈센트는 자신이 졸라의 자연주의에 온전히 동의하는 것은 아니라고 말하기도 했다.

흔히 평론가들은 빈센트가 성경과 졸라의 소설책을 함께 그린 그림을 두고, 종교와 과학 간의 대립으로 설명한다. 그러나 이러한 견해는 적합하지 않다. 졸라는 19세기에 등장한 노동자계급을, 산업사회 속에서 인간의 존엄성을 잃고 비참하게 타락해가는 '문명의 희생자'로 그렸다. 바로 이 점에 빈센트는 공감했다.

물론 졸라의 《실험소설론》을 빈센트가 몰랐을 리 없다. 《실험소설론》은 졸라가 제 자연주의 소설관을 역설한 일종의 논문이다. 졸라는 여기서 자신의 시대는 과학의 시대인 만큼, 무릇 소설가는 인간을 탐구하고 관찰하여 객관적으로 표현해야 한다고 주장했다. 그러니까 한 개인이 어떤 환경에 처할 때 보이는 행동이나 생각들을 실험보고서처럼 객관적으로 써야 한다는 것이다. 졸라는 인간의 유전적인 허약함을 교육과 과학의 힘으로 근절할 수 있고, 인간의 본성을 완전하게 할 수 있다고 굳게 믿었다. 이런 생각에 빈센트가 동의했는지는 분명치 않다.

그러나 졸라는 궁극적으로 사회주의자였다. 빈센트는 무엇보다 그 점에 깊이 공감했을 것이다.

한편 1883년 5월 21일경 테오에게 쓴 편지에서 빈센트는 '파라두(Paradou)'에 대해 언급한다.

> '파라두'는 확실히 멋지다. 그래, 나는 그런 것을 한번 그려보는 데 이의를 제기할 생각은 없고 너희 둘은 멋진 모델이 될 것이다. 그러나 솔직히 나는 땅 파는 사람들을 보고 파라다이스 밖에서 영광을 찾는 게 더 좋구나. 그곳에 있으면 보다 엄숙한 것을 생각하게 된다. "땀에 젖은 얼굴로 빵을 먹으라." - 1883년 5월 21일경, 테오에게 쓴 편지

파라두란 파라다이스, 즉 낙원을 말하는데 졸라의 소설 《무레 신부의 죄》의 배경이 되는 아름다운 남프랑스 마을 이름이기도 하다. 그곳으로 부임을 한 무레 신부가 젊은 여인과 사랑에 빠져 죄를 짓는다는 것이 소설의 줄거리다. 위 편지에서 '너희 둘'이란 테오와 그의 연인이자 장차 아내가 될 요안나 봉허르다. 빈센트는 이 둘의 사랑을 '파라두' 내지 '파라다이스'라고 한 것이다. 따라서 《무레 신부의 죄》와는 무관한, 지극히 사적인 말이다. 그 뒤의 편지에서도 빈센트는 파라두를 아름다운 지역을 일컫는 말로 자주 쓸 뿐, 소설의 내용과 결부시켜 말하지는 않는다. 그러니 이 소설의 내용을 빈센트의 그림과 연관 짓는 코데라의 주장[■]은 근거가 없다고 봐야 한다.

[■] Tsukasa Ködera, "Christianity versus nature: A study of van Gogh's thematics", Joseph D. Mascheck, ed., *Van Gogh 100*, Greenwood Press, 1996, 234쪽.

로티의 《국화 부인》

빈센트 반 고흐는 1888년 7월 29일에 쓴 편지에 로티의 《국화 부인》을 읽고 '무스메'를 그렸다고 썼다. '무스메'는 젊은 미혼 여성을 뜻하는 일본말이다. 그리고 로티의 《국화 부인》은 푸치니의 오페라 〈나비 부인〉의 원작으로 더 유명하다.

프랑스 해군장교와 일본 게이샤 간의 사랑을 그린 그 소설이나 오페라와 달리, 빈센트가 그린 '무스메'는 게이샤의 이국적이고 야릇한 성적 이미지가 전혀 없다. 빈센트는 이 무스메 그림을 꼬박 일주일이나 걸려서 그렸다.

> 너는 '무스메'가 무슨 말인지 아느냐? (로티의 《국화 부인》을 읽어보면 알겠지만), 나는 그것을 한 점 그렸다. 꼬박 일주일이 걸리더구나. 아직도 몸 상태가 좋지 않아서 다른 일은 전혀 엄두가 나지 않는다. 여전히 괴롭군. 몸 상태가 좋아지면 그사이 풍경화를 몇 점 그렸을 텐데. 그러나 〈무스메〉를 잘 그리려고 정신을 집중해야 했다. '무스메'는 열두 살에서 열네 살 사이의 일본 소녀를 말한다. 여기서는 프로방스지만. – 1888년 7월 29일, 테오에게 쓴 편지

실제로 빈센트가 그린 무스메는 로티의 소설에 나오는 어린 게이샤의 모습이 전혀 아니다. 물론 그녀가 들고 있는 협죽도夾竹桃, 즉 사시사철 푸른 떨기나무에 대해 빈센트는 1889년 4월 28일 테오에게 쓴 편지에 '사랑의 속삭임'을 상징한다고 썼다. 그러나 거기엔 무스메의 바탕에 흐르는 에로틱한 분위기가 전혀 없다. 빈센트가 그린 무스메

는 오히려 공식적인 초상화처럼 무척이나 단정하고 예의 바른 누이의 모습이다. 이 그림을 보고 웬디 베케트 수녀는 '우울한 그림'이라고 했다. "소녀의 표정이 너무나 쓸쓸해서 바라보는 것조차 불편한 느낌이다. 그녀의 갈색 눈은 마치 앞으로 닥쳐올 고통스러운 인생을 미리 보는 듯 상처받은 느낌을 준다. (…) 아름답다거나 우아하다는 표현은 이 그림에 어울리지 않는다."《명화 이야기》) 그러나 나는 그런 느낌을 받지 않았고, 빈센트 자신도 그런 뜻으로 그리지는 않았다. 《명화 이야기》에서 웬디 베케트는 자연의 풍광이 담긴 빈센트의 농촌 그림에 대해서도 '자연은 위협적'이라고 한다. 그리고 "빈센트는 아를을 화가의 중심지로 만들겠다는 꿈을 가졌지만 고갱이 그곳을 방문하기를 꺼렸기 때문에 결과는 파멸로 끝났다."고 했으나 이는 사실과 다르다. 웬디 베케트는 또 다른 책인《웬디 수녀의 유럽 미술산책》에서 빈센트의 〈아를의 침실〉을 두고도 "갇혀 있는 듯한 공포를 느끼게 한다."고 썼다. 그러나 나는 이에 동의하지 않는다.)

빈센트는 1888년 9월 21일에 쓴 편지에서 '노란 집' 입구 양측에 두 그루의 협죽도를 심었다고 썼다. 이는 짐작컨대 '노란 집'이라는 이상적 공동체가 사랑과 우정에 근거한 것임을 상징한다. 그러니 여기에 그려진 협죽도는 로티의 소설에 나오는 게이샤의 성적인 이미지보다는 빈센트가 추구한 이상적인 여성의 이미지로 보는 게 좋다. 빈센트는 또한 아를에서 1888년 〈협죽도와 책이 있는 정물〉을 그리기도 했

로티(Pierre Loti, 1850~1923) 프랑스 해군장교이자 소설가다. 본명은 줄리앙 비오(Louis-Marie Julien Viaud). 어려서부터 선원이 되어 벵골만에서 배를 타고 싶어했던 몽상가였다. 그래서 해군이 되어 폴리네시아, 이스탄불, 중국, 일본, 팔레스타인 등을 두루 유랑했다. 여러 나라에서 받은 인상을 글로 써서 발표하였다. 주요 작품으로 아랍 여인과의 사랑을 그린《아지야데》를 비롯하여《로티의 결혼》,《한 아프리카 기병의 이야기》,《아이슬란드의 어부》,《동방의 환영》,《국화 부인》등이 있다. 작품 밑바닥에는 비관주의가 깔려 있지만 독실한 기독교인이라 종교적 신앙심은 잃지 않아, 인도나 성지를 즐겨 순례하였다.

다. 협죽도와 나란히 있는 책은 졸라의 《삶의 기쁨》이다. 이 책은 앞에서 본 〈펼쳐진 성경이 있는 정물〉에서 성경과 함께 그려진 것이기도 하다. 《삶의 기쁨》은 성경 정물화에서는 성경과의 조화를 상징하는 현대의 책으로 그려졌고, 이 그림에서는 이상적 공동체를 상징하는 협죽도와 조화를 이루는 책으로 그려졌다.

이처럼 빈센트가 여자 초상화에서 성적性的 이미지를 제거한 것은 '룰랭 부인'을 그린 8점의 초상화에서도 마찬가지다. 우체국 직원 룰랭이 공화주의적 가부장의 전형으로 그려졌듯이 룰랭 부인은 다산과 모성의 전형으로 그려졌다. 가령 그녀가 아기를 안고 있는 모습은 중세의 전형적인 성모상과 같다. 특히나 1888년 12월, 귀를 자른 사건 이후 빈센트가 화폭에 담은 룰랭 부인은 지극히 자애로운 어머니의 모습이다. 1889년 가을에 테오에게 쓴 편지를 보면 빈센트가 요람을 흔드는 여인을 어떻게 생각하고 있는지를 알 수 있다.

> 나는 너에게 반드시 말해두겠다. 그리고 너는 〈요람을 흔드는 여인〉에서 보게 될 거다. (…) 만일 내게 계속할 힘이 있다면 나는 살아 있는 모델로부터 다른 세기의 성자와 성녀를 그려야 한다. 지금 그런 사람들은 중산층에 속하지만, 그래도 먼 초기 기독교와 어떤 관계를 가지고 있다.
> – 1889년 9월 10일, 테오에게 쓴 편지

〈요람을 흔드는 여인〉(룰랭 부인의 초상)을 그리기 전 빈센트는 테오에게 그 그림에 대해 로티의 소설 《아이슬란드의 어부》와 관련하여 다음과 같이 썼다.

〈요람을 흔드는 여인〉, 1889년, 보스턴, 파인아트 미술관.

〈무스메〉, 1888년, 워싱턴, 국립회화관.

나는 이 그림에 대해 고갱에게, 그와 내가 《아이슬란드의 어부》에 대해, 또 여러 가지 위험에 부딪혀 황량한 바다에 혼자 남겨진 그들의 침울한 고독에 대해 사이좋게 말한 뒤, 한때 아이이기도 하고 순교자이기도 한 그 선원들이 그 그림을 아이슬란드 고기잡이배 선실에서 본다면, 자신의 자장가를 생각나게 하는 저 요람에 흔들리는 듯이 느끼고, 그런 느낌을 갖게끔 하는 그림을 그리고 싶다는 기분이 든 거다. - 1889년 1월 28일, 테오에게 쓴 편지

로티의 소설에 나오는 배에는 선원들의 수호성인인 마리아가 소박하게 조각되어 있는 상이 있다. 즉 빈센트는 그 그림을 마리아상으로 그린 것이다. 〈무스메〉나 〈룰랭 부인의 초상〉(요람을 흔드는 여인)이 바로 마리아를 제 주변 인물로 형상화한 것이라 볼 수 있다.

〈아를의 여인〉과 〈무스메〉

한편 빈센트는 〈아를의 여인〉을 두 점이나 그렸다. 앞의 것은 1888년 11월 초에 그렸고 뒤의 것은 같은 해 11월 또는 1889년 11월에 그린 것으로 짐작된다. 이 두 그림을 비교하면 중년 여인이 똑같이 팔로 머리를 받치고 있지만 앞의 그림은 전체적으로 어두운 분위기다. 그리고 장갑과 우산을 탁자 위에 그린 반면 뒤의 그림은 밝은 분위기에 책들을 탁자 위에 그렸다. 빈센트의 그림에서 책은 현대성을 상징하므로, 앞의 그림은 위에서 본 〈무스메〉나 〈요람을 흔드는 여인〉처럼 전통적이지만 뒤의 그림은 현대적인 그림이다. 그러나 앞의 그림도 장갑과 우산을 든 여인이라는 점에서 꽃을 든 〈무스메〉나 요람의 끈을 쥔 〈요람을 흔드는 여인〉에 비해서는 훨씬 현대적이다.

그런데 19세기만 해도 책은 여성에게 위험한 것이었다. 가령 플로베르의 《마담 보바리》에서 보바리 부인은 책에 빠져 결국 성적으로 타락하는 것으로 나온다. 그래서 여성에게 독서는 반드시 권장할 만한 것이 못 되었다. 이는 빈센트가 유일하게 편지를 주고받은, 누이동생 빌에게 빈센트가 말한 것만 봐도 어느 정도 알 수 있다.

특히 네가 글을 쓰기 위해 공부를 해야 한다고 생각하다니 놀랍구나. 아니다, 사랑하는 어린 누이야, 차라리 춤을 배우고, 공무원이든 장교든 간에 누군가와 사랑에 빠지렴. 요컨대 네덜란드에서 공부하기보다는 차라리 더 많은 바보짓을 하렴. 공부란 사람을 둔하게 만드는 것 외에 어떤 목적에도 도움이 되지 않는다. 따라서 너의 그런 말은 듣고 싶지 않다.

나는 아직도 말도 안 되는, 정말 온당치 못한 연애사건을 일으키곤 한다. 대부분 상처를 입고 수치심으로 끝나지만 말이다. 그러나 나로서는 그렇게 한 것이 절대적으로 옳았다고 생각한다. 왜냐하면 과거 사랑을 했어야 할 시기에 종교문제나 사회주의 문제 그리고 예술에 몰두하고, 지금보다도 더 예술을 신성한 것으로 여겼기 때문이다.

왜 종교, 정의, 예술이란 게 신성하단 말이냐? 사랑 외에는 아무것도 하지 않는 사람이, 필경 자신의 사랑이나 마음을 어떤 관념을 위해 희생하는 사람들보다 더욱 진지하고 신성할지 모른다. 여하튼, 책을 쓰고 싶다면 행동을 하렴. 그림을 그리렴. 그것이 생명력 있는 것이 되기 위해서는 스스로 생생한 인간이 되어야 한다. 따라서 무엇인가 전진을 희망하는 한, 공부란 너에게 전혀 중요한 게 아니다. 가능한 한 많이 즐기고, 되도록 많은 재미를 느끼렴. 이 시대 사람들이 예술에 대해 바라는 것은, 강렬한 색채와 강력한 힘을 가진 매우 생생한 것임을 명심하고. 너 자신이 보

〈아를의 여인〉, 1888년, 파리, 오르세 미술관.

〈아를의 여인〉, 1889년, 뉴욕, 메트로폴리탄 미술관.

〈독서하는 여인〉, 1888년, 개인 소장.

다 건강해지고 활력 넘치며 생기 있게 하는 것이 최고의 공부다. - 1887년 10월 후반, 빌에게 쓴 편지

물론 이 편지의 앞부분에서 빈센트는 성경만 읽는 것으로는 불충분하다며, 누이동생에게 모파상의 《벨아미》 같은 현대소설을 읽어보라고 권한다. 그러나 단순히 글을 쓰기 위해서 이론적인 공부를 하는 것에는 반대했다. 작가가 되고 싶어하던 빌이 오빠의 이 같은 충고를 어떻게 받아들였는지는 알 수 없지만 목사의 딸로서 그런 충고를 듣고, 매번 사랑 때문에 크나큰 고통을 겪는 오빠처럼 사랑에 빠지기는 어려웠을 것이다. 여하튼 빈센트는 그녀를 염두에 두고 〈독서하는 여인〉을 그렸다. 그림 속 여인은 책을 펴놓고 몽상에 잠긴 〈아를의 여인〉과 달리

〈에텐 정원의 추억〉, 1888년, 상트페테르부르크, 에르미타주 미술관.

독서삼매경에 빠져 있다. 이 그림은 빈센트가 자신의 침실에 걸려고 그린 〈에텐 정원의 추억〉 직후에 그린 그림으로, "디킨스의 소설에 나오는 인물처럼" 누이동생에 대한 인상을 그린 것이다(1888년 11월 12일경 편지) 이는 빈센트가 독서하는 현대여성과 전통적인 정원의 여인을 그림 속에서 조화롭게 표현했음을 보여준다.

빈센트는 생레미에서 다시금 〈아를의 여인〉을 4점 더 그렸다. 이번에는 고갱이 아를에 남겨두고 간 '지누 부인의 그림'을 보고 그린 것이었다. 이 여인의 앞에는 디킨스의 《크리스마스 캐럴》과 스토의 《톰 아저씨의 오두막》이 놓여 있다. 여인의 포즈는 앞서 그린 〈아를의 여인〉과 크게 다르지 않으나 표정만은 훨씬 자애롭다.

빈센트는 이 그림을 1890년 6월 5일 빌에게 쓴 편지에서 〈의사 가셰의 초상〉과 함께 샤반의 〈예술과 자연 사이〉를 곁들어 설명했는데, 그 편지의 문맥상 서로 연관시켰는지는 분명치 않으나 전혀 무관하다고는 볼 수 없다. 다시 말해 이 〈아를의 여인〉은 〈의사 가셰의 초상〉과는 분명히 한 쌍을 이루는 포즈이고, 샤반의 그림과는 형상 면에서 다르긴 하나 이념적으로는 통하기 때문이다. 즉 빈센트는 이상적인 초상화를 그리고 싶어했고 이 점을 편지에 분명히 밝혔다.

"나는 1세기 뒤 사람들이 계시의 출현이라고 생각할 만한 초상을 그리고 싶다. 달리 말하면 나는 지금, 사람들을 사진처럼 너무 똑같이 그리지 않고, 도리어 감정이 드러나게 그리고, 성격을 도드라지게 표현하는 수단으로써, 또한 그 효과를 높이는 수단으로써, 색채에 대한 우리의 현대적 지식과 감각을 이용하여 초상을 그리려 애쓰고 있다." 또한 빈센트는 샤반의 〈예술과 자연 사이〉를 보고, "사람이 믿고 바라온 모든 것의 필연적이고 호의적인 재생, 즉 머나먼 고대와 생생한 현대와의 기묘한 행운의 만남을 보는 듯한 느낌"을 받았다면서 그와 같은 느낌을 자신도 그림으로 재현하기를 바랐다.

빈센트는 고갱한테서 받은 자화상과 맞바꾸기 위해 자신을 일본의 승려처럼 그리기도 했는데, 이 두 그림을 두고 그는 1888년 10월 4~5일 테오에게 다음과 같이 설명했다.

> 편지에서 고갱도 썼듯이 그의 그림은 무엇보다도 죄수를 그렸다는 인상을 주더구나. 즐거움은 그림자조차 없지. 그건 살아 있는 몸이 아니라 음울한 것을 그리려고 의도하고 계획한 것이다. (…)
> 고갱한테 보낸 답장에 나는 이렇게 썼다. 초상화 속에서 자신의 개성을 강조하는 것이 허용된다면 나는 자신의 초상 속에 자신만이 아니라

인상주의자 일반도 나타내려 애썼고, 따라서 나는 이 초상을 영원한 부처의 순수한 숭배자인 어느 승려의 상으로 여기고 있다고 말이다.

고갱의 구상과 나의 구상을 비교하면 내 그림 역시 고통스럽긴 해도 고갱의 그림만큼 절망적이지는 않다. - 1888년 10월 4일 또는 5일, 테오에게 쓴 편지

위 편지에서 '인상주의자 일반'이라고 한 것은 고갱과 베르나르 그리고 자신을 포함한 새로운 인상주의자, 특히 빈센트가 꿈꾸던 공동체의 화가들을 말하는 것으로 보아야 할 것이다. 빈센트는 1888년 10월 3일 고갱에게 쓴 편지에서 다음과 같이 말했다.

나는 전체가 회백색인 자화상을 그렸소. 이 창백한 회색은 베로네제 그린에 오렌지색을 혼합한 결과요—연한 베로네제 그린의 배경 위에, 이 모든 것이 적갈색의 옷과 조화를 이루고 있소. 그러나 나는 개성을 과장하기 위해, 무엇보다 먼저 영원한 부처를 숭배하는 순수한 승려의 고결한 품성을 목표로 삼았소. 그리기가 꽤나 힘들었지만, 그런 생각을 적절하게 표현하고자 한다면 그것을 다시 그릴 필요가 있을 거요. 더 좋은 그림을 그리기 위해서, 더 좋은 모델을 구하기 위해서, 우리는 소위 문명상태라고 하는 무의미함에서 더더욱 벗어나야 할 거요. - 1888년 10월 3일, 고갱에게 쓴 편지

그리고 같은 해 10월 4일 테오에게 쓴 편지에는 "그 눈을 일본인처럼 치켜 올려" 그렸다고 썼다. 당시 빈센트가 눈이 치켜 올라간 일본 사람을 보았을 가능성은 거의 없다. 아마도 당시 자기가 읽은 로티의

〈아를의 여인〉, 1890년, 상파울로, 현대미술관.

"나는 1세기 뒤 사람들이 계시의 출현이라고
생각할 만한 초상을 그리고 싶다."

《국화 부인》에 나오는 일본 승려 삽화를 보고 그렸을 것이다. 그러나 빈센트가 같은 해 9월 24일 테오에게 쓴 편지에 다음과 같이 한 말은 《국화 부인》에서는 볼 수 없는 것이다.

일본미술을 연구하면, 너무나도 현명하고 철학적이며 지적인 사람을 만나게 된다. 그는 무엇을 하면서 사는가? 지구와 달 사이의 거리를 연구하는가? 아니다. 비스마르크의 정책을 연구하는가? 아니지. 그가 연구하는 것은 (…) 풀 한 포기다. 그러나 이 한 포기 풀이 모든 식물을 그리게 만든다. 이어 사계절을, 풍경의 거대한 경관을, 마지막으로 동물을, 그리고 인간을 소묘하게 만들지. 그는 그렇게 인생을 보내는데, 모든 것을 그리기에는 인생이 너무 짧다.

그래, 이것이야말로 그렇게 단순하고, 마치 자신이 꽃인 양 자연 속에 사는 그런 일본인이 우리에게 가르쳐주는 것이야말로 이미 거의 새로운 종교가 아닐까?

더욱더 즐거워지고, 더욱 행복해지며, 인습의 세계에서 이루어지는 우리의 교육이나 노동과는 반대로 자연으로 돌아가지 않고서는, 일본미술을 연구할 수 없다고 생각한다. (…) 나는 일본인이 그들의 작업에서 모든 것을 극단적으로 분명하게 하는 태도가 부럽더구나. 그것은 결코 우둔한 것이 아니고, 너무나 급히 서두른 것처럼 보이지도 않지. 그들의 일은 호흡처럼 단순하다. 그리고 마치 조끼의 단추라도 꿰듯이 간단하게 정확한 몇 줄의 선으로 인물을 그린다.

아아, 나도 선 몇 줄로 인물을 그릴 수 있도록 해야 한다. 그 일로 겨울 내내 바쁘게 지낼 것이다. 그렇게 할 수 있게 되면, 거리를 산책하는 사람들과 같은 새로운 소재를 많이 그릴 수 있을 테지. 이 편지를 쓰고 있는 동안에도 그런 소묘를 한 다스나 그렸다. 나는 그 단서를 잡고 있지만 매우 복잡하다. 내가 추구하는 것은 남자, 여자, 아이, 말, 개의 모습을 선 몇 줄로 그려서 머리, 몸통, 다리, 팔이 균형을 갖추도록 하는 것이니 말이다. - 1888년 9월 24일, 테오에게 쓴 편지

위 편지에서 드러나는 빈센트의 '일본관'은 당시 그가 읽은 빙(Siegfried Bing)의 《예술의 일본》을 읽고 그 나름대로 형성한 것이다. 파리의 미술품 중개인이던 지크프리트 빙은 1888년에 《예술의 일본》을 출간했는데, 이 책에 나오는 '한 포기 풀'이나 '풍경의 거대한 경관'과 같은 말을 빈센트는 좋아하였다. 그러나 이 책을 읽고 난 뒤에는 조금 갈증을 느꼈던 듯싶다.

일본에 대해 빙이 쓴 책은 무미건조하고, 뭔가 부족하다는 느낌이 든다. 그는 일본에 위대한 예술이 있다는 것을 간단하게 언급할 뿐 그 예술의 특징을 느끼게끔 해주지는 않는구나. - 1888년 9월 21일경, 테오에게 쓴 편지

빙의 책과 빈센트의 글이 특별히 다른 점은 빈센트가 '자연 속에 사는 일본인'의 가르침을 새로운 종교로 여겼다는 점이다. 흥미롭게도 그러한 새로운 종교에 대한 생각은 당시 빈센트가 읽은 톨스토이에 대한 논문의 내용과 거의 일치한다.

그러나 승려 모습의 자화상에 대해서는 빈센트의 말을 좀 더 들어볼 필요가 있다. 빈센트는 이 그림을 그리기 두 달 전 테오에게 다음과 같이 썼다.

〈자화상〉, 1888년, 케임브리지, 포그아트 미술관.

내 그림만 초췌한 것이 아니다. 최근에 나 자신도 거의 에밀 보우테르스(Emile Wauters) 그림 속의 위고 반 데르 후스(Hugo van der Goes)처럼 초췌해졌다. 단 턱수염을 모두 말끔히 면도한다면 나도 정말 멋지게 표현된 광인 화가뿐만 아니라, 같은 그림에 있는, 정말 조용한 대수도원장과도 비슷하리라고 생각한다. 그리고 두 사람 사이에 자리하는 것도 나쁘지는 않을 테고. 왜냐하면 어떻게든 살아가지 않으면 안 되고, 특히 부소 상점에서 너의 지위가 변하기라도 하면 언젠가는 위기가 닥칠지도 모르니 헤매고 있어서는 안 된다. 그런 만큼 더더욱 나도, 너도, 미술가들과의 관계를 유지할 필요가 있다. 나아가 나는 다음 진실, 즉 내가 소비한 너의 돈을 그만한 가치로 돌려줄 수 있다고 해도, 그것은 단지 나의 의무를 다한 것에 불과하다고 말하고 싶구나. 요컨대 그것은 초상화를 그린다는 뜻이다. - 1888년 7월 29일, 테오에게 쓴 편지

위 편지에서 빈센트는 자신을 광인 화가와 대수도원장 사이에 놓고 있다. 이 그림을 그릴 때 빈센트의 광기는 아직 겉으로 드러나지 않았는데도 그는 자신을 광기와 종교인이라는 이중의 이미지와 연관시킨 것이다. 그러나 여기서 말한 광기는, 빈센트 개인의 광기가 아니라 화가의 사회적 처지를 말한 것임을 우리는 빈센트의 다음 말에서 뚜렷히 알 수 있다.

새로운 화가들은 고립되어 있고, 가난하며, 미치광이 취급을 받고 있다. 그런 취급을 받다 보니 적어도 사회생활에서는 실제로 미쳐가고 있다. 따라서 네가 하는 일은 이 소박한 화가들이 하는 일과 똑같다는 것을 기억하렴. 왜냐하면 너는 그들에게 돈을 주고, 그들의 그림을 사주어서, 그들이 다시금 새로운 그림을 그리도록 만들기 때문이다. 만일 어느 화가가 그림에 너무 몰두한 나머지 성격 파탄에 이르고, 가정생활 등을 제대로 해내지 못하게 되면, 또 그 결과 오직 물감으로만 그림을 그리는 것이 아니라 자기희생과 자기부정과 상처받은 마음으로 그림을 그린다고 하면, 너의 일은 보답을 받지 못할 뿐만 아니라 그 화가의 경우와 똑같이 자의반

타의반으로 개성의 말살이라는 불운을 강요받게 되는 것이다 - 위와 같
은 편지

빈센트의 '승려 예술가'라는 이미지는 예수를 예술가로 보는 것과도 연관된다. 6월 26일 빈센트는 베르나르에게 다음과 같이 쓴다. 앞에서 인용하였으나 다시 한 번 옮겨본다.

> 오직 예수(그리스도)만이 영원한 삶을, 무한한 시간을, 죽음의 부정을, 마음의 평안과 헌신의 필요와 존재 이유를 근본적으로 확실한 것이라고 단언했다네. 모든 철학자와 마법사 가운데서 말이네. 예수는 모든 예술가보다 더욱 위대한 예술가로서, 대리석과 점토와 그림을 무시하고 살아 있는 육체로 일하며 평온하게 살았지. 달리 말하면 이 전대미문의 예술가, 우리 현대인의 신경질적이고 둔하고 어리석은 머리로는 거의 상상조차 할 수 없는 이 예술가는 조각도 그림도 책도 만들지 않았네. 그는 소리 높여 단언했네. 자신은 살아 있는 인간, 불멸의 인간을 만들었다고. - 1888년 6월 26일, 베르나르에게 쓴 편지

우리는 흔히 빈센트를 '원색의 화가'라고 말한다. 그러나 빈센트는 어느 그림에서도 원색을 그대로 쓰지 않았다. 도리어 그가 쓴 색은 언제나 우아하고 매혹적이었다. 또한 사람들은 너나없이 그의 그림을 정열적이라고 말하는데 정말 그럴까? 아니라고 생각한다. 사실 그의 색채는 언제나 차가웠고, 그 위에 따뜻한 색조를 배치하는 식이었다. 빈센트의 그림은 세잔처럼 화면을 논리적으로 구축한 것이 아니라, 리드미컬한 붓놀림으로 동적인 구도를 형성했기에 관람자에게 보다 정서적

으로, 또는 내면적으로 다가갈 수 있는 것이다.

    퓌비(퓌비 드 샤반)는 그 점을 잘 알고 있었네. 그는 너무도 공정하고 현명했기 때문에 샹젤리제 관점을 떠나 현대의 본질을 추구하였고, 거기에 서서히 접근해갔네. 그 결과 정말 훌륭한 초상화를 남겼지. 온화한 노인이 아주 밝은, 제 푸른 방에서 노란색 표지의 소설을 읽고 있는 그림일세. 노인 옆에는 수채화 붓과 장미가 꽂혀 있는 잔이 놓여 있네. 그리고 공쿠르 형제가 묘사한 것과 같은 사교계 부인의 초상도 그렸지. - 1888년 8월 5일경, 베르나르에게 쓴 편지

국화 부인, 로티 지음
한국어 번역판 없음

일본의 국제 항구도시인 나가사키를 배경으로 프랑스 해군 장교와 현지 게이샤 간의 사랑을 그린 《국화 부인》은, 로티가 1885년(메이지 18년)에 일본을 방문하고 나서 쓴 것이다. 빈센트 반 고흐는 일본 게이샤를 떠올리며 〈무스메〉를 그렸다. 하지만 로티의 게이샤에게서 배어 나오는 성적 분위기가 〈무스메〉엔 없다. 빈센트의 무스메는 우리 주변에서 흔히 볼 수 있는 누이 같다. -지은이

모파상의 추락하는 상처받은 사람들

우리에게 모파상은 《여자의 일생》(정확하게는 《어느 인생》이다)과 《목걸이》 같은 소설작품으로 잘 알려져 있다. 그런데 죽기 전 4년 정도 모파상을 열광적으로 좋아한 빈센트 반 고흐가 그 책을 읽었다는 흔적은 없다. 단편소설에 뛰어난 재능을 발휘한 모파상이 처음 쓴 장편소설 《여자의 일생》은 다소 엉성하다는 평을 들었으나, 빈센트가 그런 이유를 댄 것도 아니다. 여하튼 빈센트가 《여자의 일생》을 읽었는지 아닌지는 알 수 없다.

《벨아미》

빈센트가 모파상을 최초로 언급한 것은 1886년 8월 16일경에 쓴 편지에서다. 그 전 해에 출간된 《벨아미》를 읽었다는 말만 할 뿐 소감을 특별히 언급하지는 않는다. 하지만 뒤에 가서는 그 소설이 모파상의 걸작이라고 했다. 빈센트는 또한 아를로 떠난 지 서너 달 뒤, 테오에게 보낸 편지에 다음과 같이 썼다.

가능하다면 모든 견지에서 여자들과 아이들의 초상을 그리는 게 최고일 테지. 그러나 그건 내가 할 일은 아닌 것 같구나. 내가 벨아미 같은 신사라고는 생각지 않으니까. 하지만 만일 이러한 남프랑스의 벨아미─나는 자신이 그런 역할을 할 사람이 아니라고 느끼며, 몽티셀리의 경우는 그렇지는 않았지만 그렇게 노력한 사람이라고 느끼고 있지─가 등장하여 그림의 모파상 같은 남자가 이곳의 아름다운 사람들이나 사물을 유쾌하게 그려낸다면 정말 기쁠 것이다. 나도 일을 계속하겠고 내 일에도 이것저것

남는 것이 있겠지. - 1888년 5월 4일, 테오에게 쓴 편지

《벨아미》가 얼마나 강한 인상을 주었기에 빈센트는 주인공 남자 '벨아미'를 여러 번 입에 올렸을까? 그가 누이동생 빌에게 서슴없이 걸작이라고 말한, 모파상의 《벨아미》는 가난한 농부의 아들 '조르주 뒤루아'가 매력적인 용모와 인간관계를 이용하여 승승장구한다는 이야기다. '벨아미'는 아름다운 남자라는 뜻으로, 주인공 조르주 뒤루아의 별명이다. 또한 모파상이 즐겨 타던 요트 이름이기도 하다.

조르주 뒤루아는 식민지 알제리에서 군인으로 복무하다가 제대 뒤, 출세의 꿈을 안고 파리로 가지만 돈벌이가 거의 안 되는 직장에 다녀 늘 쪼들린다. 그러다가 신문사 간부인 옛 전우의 도움을 받아 신문사에 들어가게 되고, 자신의 뛰어난 용모를 이용하여 상류층 여자들을 홀린다. 점차 사회적 지위와 부를 얻어가는 뒤루아. 뼛속까지 출세욕에 물든 그는 저열한 욕망을 채우는 데 아무 거리낌이 없다. 그래서 자신만큼이나 탐욕적인 신문사 사장을 비롯하여 국회의원, 바람난 귀부인들에게 아첨하거나 추문을 폭로하는 방식으로 신분 상승에 성공하고 권력을 등에 업는다.

모파상(Guy de Maupassant, 1850~1893) 프랑스 노르망디 태생으로, 예술적 기질이 다분한 어머니의 영향을 받았다. 열세 살에 신학교에 들어갔으나 적성에 맞지 않아 퇴학을 당했고, 그 뒤 법대에 들어가지만 1870년에 보불전쟁이 발발하여 학업을 그만두고 참전하였다. 제대 뒤 해군성, 문부성 등지에서 일하면서 어머니의 친구의 친구인 플로베르에게서 문학수업을 받았고, 플로베르를 깊이 존경하였다. 신문사에 입사하여 생계를 꾸려가며 본격적으로 문인활동을 하였다. 〈비곗덩어리〉가 문단의 호평을 받으면서 작가로 승승장구하였다. 졸라, 공쿠르, 도데 등 당대 문인들과 교류하였다. 그러나 허무주의적인 성정 탓에 문란한 생활을 일삼다가 매독에 걸렸고, 환영에 시달리다가 정신병원에서 생을 마쳤다. 한국에서는 《여자의 일생》으로 잘 알려진 《어느 인생》,《목걸이》,《벨아미》 등 많은 작품을 남겼다.

속되게 말하면 《벨아미》는 한국에서도 크게 유행했던 〈사랑과 야망〉 같은 대중물이다. 그러니까 '부자 되세요'의 원전이라고 할 수 있다. 그러나 《벨아미》는 단순히 말초적인 대중물이 아니라 19세기 파리를 사실적으로 그렸다는 점에서 엄연히 시대물이고 역사물이다. 모파상이 《벨아미》에서 그려내는 프랑스 정치계와 상류사회 그리고 언론계는 구토가 나올 만큼 추악하다. 반反정부 기사를 실어 눈엣가시인 총리를 끌어내리거나 여론 조작으로 식민지인 모로코 땅에 투기하여 수천 배 돈을 벌어들이는 정치인과 언론사 사장은 말할 것도 없고, 젊고 아름다운 남자만 보면 벌써 바람날 준비가 되어 있는 귀부인들 역시 안쓰럽기는 마찬가지다. 그러니 권력과 부, 명예를 얻고자 귀부인을 여러 명 갈아치우고 국회의원의 하수인 노릇을 하는 등 온갖 속된 짓을 다하는 벨아미가 유별나게 타락해 보이지는 않는다. 오히려 벨아미는 몸을 팔아 출세를 한 금발머리 창부와 자신을 동일시한다는 점에서 솔직한 구석이 있다. 상류층이든 하류층이든 인간은 누구나 탐욕을 품고 있다는 진실, 인간은 어쩔 수 없이 동물적인 본능을 지니고 있다는 그 진실을 모파상은 냉정하리만치 사실적으로 보여주기 때문이다.

그러나 《벨아미》에는 반유대주의(삼류에 가까운 이류 언론지 사장인 왈테로는 유대인이다. 또한 율법보다 돈을 숭배하는 국회의원이자 은행가이며 금융가다. 한마디로 역겨운 부자, 부도덕한 투기꾼의 전형이다)가 은근히 배어 있으며, 아프리카 땅을 점령하여 프랑스를 강국으로 만들어야 한다는 제국주의가 은연중 드러난다. 실제로 모파상은 프랑스 식민지인 알제리에서 군인으로 복무한 적이 있으며, 《벨아미》에서도 병사로서 아라비아 사람을 총으로 쏘아 죽이는 것을, 사냥터에서 산돼지를 사냥하는 것과 같다고 천연덕스럽게 말하고 있다.

빈센트가 《벨아미》를 읽은 시점은 파리에 도착한 직후다. 주로 책을 읽음으로써 세상을 이해하는 빈센트가 당시 화제가 된 소설을 놓칠 리 없다. 프랑스 상류층의 추악한 모습과, 투기와 권력 남용이 난무하는 사회상을 리얼하게 묘사한 《벨아미》를 두고 여러 비판의 목소리가 나오자 모파상은 "파리에서 매일 볼 수 있는 사람들과 비슷한 모험가의 삶을 이야기하고 싶었을 뿐"이라고 답한다. 빈센트는 소설의 주인공과 같은, 저돌적인 모험가는 아니었지만 파리에 오면서 나름 위대한 화가가 되어보겠다는 꿈에 젖어 있었다. 따라서 그 소설에 충분히 공감했을 것이다. 그러나 아름다운 남자, 조르주 뒤루아와 달리 빈센트는 그렇게 뛰어난 미남도 호감형도 아니었다. 그래서 여인들은커녕 동성인 남자들의 관심도 별로 얻지 못했다.

> 나는 아직도 말도 안 되는 연애사건을 일으키곤 한다. 대개는 그런 사건으로 창피와 망신만 당할 뿐이지만, 그래도 그렇게 한 것이 전적으로 옳았다고 생각한다. - 1887년 10월 후반, 빌에게 쓴 편지

빈센트는 조르주 뒤루아가 막 숨을 거두는 동료와 그 곁의 부인을 유심히 쳐다보면서, 연애만이 인생의 즐거움이며 사랑하는 여자를 품에 안는 것이 최고의 행복이라고 속으로 생각하는 모습에 일정 부분 동의했으리라 본다. 빈센트도 연애, 사랑의 감정을 생의 활력으로 여겼기 때문이다. 설령 창피와 망신만 당하는 그런 연애일지라도 말이다. 무엇보다 그가 《벨아미》에 공감을 한 것은, 자신과는 딴판인 매혹적인 사람을 본능적으로 동경하는 심리 때문이었을지 모른다.

《벨아미》에는 빈센트가 주의 깊게 읽었을 대목도 꽤 보인다. 배금주

의자인 왈테르가 투기 목적으로 그림을 사들여 거실에 전시해놓고 사람들을 초대하여 감상하는 장면을 보자.

벽 한복판에는 기메의 커다란 그림이 걸려 있었다. 폭풍이 휘몰아치는 하늘 아래의 노르망디 해변이었다. (…) 왈테르 씨가 계속해서 말했다. "저 앞방에도 아직 많이 있지만 그다지 이름나지 않은 풋내기들의 그림들뿐일세. 여기가 가장 오붓한 전시실인 셈일세. 나는 지금 아주 젊은 친구들의 그림을 사서 별실에 걸어놓았네. 머지않아 유명해질 테니까." 그러고 나서 목소리를 낮추어 말했다. "그리고 지금이 그림을 살 시기일세. 그림쟁이들은 모두 배를 곯고 있으니까. 그들은 한 푼도 없거든. 단 한 푼도…"

과연 빈센트는 이 미술작품 투기꾼과 부르주아 구경꾼들을 보고 무슨 생각을 했을까? 경멸감을 느꼈을까? 그보다는 뭔지 모를 서글픔을 느끼지 않았을까? 언제나 빈센트는 부자들의 사치스런 취향에 부응하는 그림이 아니라 평범한 사람들에게 말을 건네는 소박한 그림을 그리길 원했으니.

거창한 전시회보다는 소박한 사람들에게 말을 거는 그림을 그리는 게 더 낫지 싶다. 밀레의 작품처럼 사람들에게 뭔가 가르침을 주는 그림이나 복제 그림을 자기 집에 걸어둘 수 있도록 말이다. - 1889년 11월 26일, 테오에게 쓴 편지

게다가 빈센트는 파리에 머무르던 1887년 젊은 화가들과 의기투합

하여 프티 불바르의 화가들, 즉 '작은 거리의 화가들'이라는 전시회를 연 적이 있다. 빈센트의 뜻이 강하게 반영된 이 전시회는 서민용 식당에서 열렸다. 부르주아가 아니라 일반 서민들에게 예술이 무엇인지를 알려주고 싶었던 것이다. 전시회는 흥행하지 못했지만 쇠라, 피사로 같은 그랑 불바르 화가들(큰 거리의 화가들, 즉 이름 있는 기성 화가들)이 다녀갈 정도로 관심을 받았다.

《벨아미》를 쓴 모파상은 빈센트와 같은 점도, 다른 점도 많다. 빈센트는 모파상을 알 무렵 모파상이 신경병으로 입원 치료를 받았다는 점에 연민을 느꼈을지도 모른다. 어려서부터 자유롭고 방랑적인 생활을 보내고, 기숙학교에 입학했지만 환멸을 느껴 퇴학한 점도 두 사람이 비슷하다. 그러나 모파상이 귀족 출신으로 파리 법과대학에 입학하고 보불전쟁에 유격대로 참전한, 애국심 충만한 군인이었다는 점은 빈센트와 다르다.

《벨아미》에도 은연중 드러나듯이 모파상은 애국주의자이자 제국주의자로 평생을 살았다. 그렇다고 모파상의 그러한 정치적 성향이 빈센트에게 특별히 의식된 것 같지는 않다. 하나 지금 이 시대를 살아가는 나에게는 그 점이 의식되지 않을 수 없다.

모파상은 프랑스의 식민지 팽창 정책 위에서 '벨아미'의 삶을 조명했다. 《벨아미》는 모파상의 경험이 어느 정도 녹아 있는 작품이다. 실제로 모파상은 1881년 여름 〈골루아〉 신문의 특파원 자격으로 북아프리카에 두 달 간 머무르기도 했다. 뒤루아가 식민지에 파견된 군인 출신으로, 성공과 출세를 위해 신문사를 이용하는 것도 어느 정도는 모파상의 경험에서 나온 것이다. 《벨아미》는 초입부터 뒤루아의 식민지 경험을 묘사한다.

그는 아프리카에서 보낸 이 년 동안 남부 작은 초소에서 아랍인을 약탈하곤 했던 수법을 떠올렸다. 그가 동료들과 함께 울레드알란 족 남자들을 세 명이나 죽이고 암탉 스무 마리와 양 두 마리, 그리고 금을 빼앗았던 기억을 떠올리자 잔인하고 즐거운 미소가 그의 입술에 번졌다. 그들은 그 일을 두고 여섯 달 동안 웃곤 했다.

범인은 끝내 밝혀지지 않았다. 게다가 거의 잡으려고 하지도 않았다. 아랍인은 군인들의 당연한 먹이처럼 여겨졌기 때문이었다.

파리에서는 사정이 달랐다. 옆구리에 칼을 차고 손에는 권총을 쥐고 무법자처럼 자유롭게 도둑질할 수가 없었다. 그는 정복한 나라에 파견된 하사관의 모든 본능을 마음속에 느꼈다. 물론 사막에서의 이 년을 아쉬워하기도 했다. 그곳에 남지 않은 것이 얼마나 애석한 일인지! 하지만 어쩌랴! 그는 귀국하면서 더 나은 삶을 기대했더랬다. 그런데 지금은… 아, 그렇다, 지금은 정말이지 너무하다!

1885년 《벨아미》가 나오고 반세기가 지난 뒤인 1942년 카뮈의 《이방인》이 나왔다. 전자에서는 추억으로 다루어지는 알제리에서의 살인사건이 후자에서는 현실로 다루어지지만, 그 어느 쪽도 식민지에 대한 침략 행위를 반성하지 않는다는 점에서는 동일하다. 위와 같은 문장을 쓴 모파상도 식민지 땅에서 저지른 만행을 조금도 후회하지 않는다.

도리어 식민지화를 당연하게 생각한다는 것을 다음 편지에서 볼 수 있다. 즉 아프리카인들이 가는 밭은 "유럽인 농민이 가는 것처럼 깊고 바르지 않고, 지그재그 무늬가 땅위에 멋대로 그려진 꼴입니다. 이 무관심한 농부는 멈춰 서서 눈앞에 살아 있는 잡초를 뽑는 것은 아예 생각하지도 않습니다. (…) 따라서 대지를 정복하여 그 저주받은 대지에 조금이라도 좋은 것을 베풀 필요가 있습니다."■ 그러나 속셈은 알제리 땅에 가서 제대로 한탕을 하는 것이었다. 《벨아미》에서도 왈테르, 국회의원 같은 정보 권력자와 그 권력자의 하수인인 조르주 뒤루아가 모로코 점령으로 떼돈을 벌지 않는가.

벨아미, 모파상 지음
송덕호 옮김, 민음사

"그럴지도 모르지요. 장님 세상에선 애꾸눈이 왕일 테니까요. 그러나 그 사람들은 모두 멍청이들이라오. 어쨌든 마음이 벽 두 개 사이에, 즉 돈과 정략 사이에 갇혔으니까요. 그 사람들은 출세하는 학문을 방편으로 삼는 패들이어서 우리가 좋아하는 일에 대해서는 무엇 하나 이야기할 수가 없어요."
- 《벨아미》에서

《피에르와 장》

빈센트는 《벨아미》를 읽고 난 지 2년 뒤 《피에르와 장》을 읽었다.

지금 모파상의 《피에르와 장》을 읽고 있다. 정말 좋구나. 그 서문을 읽어보았니? 거기서 모파상은 예술가가 소설 속에서 자연을 더욱 아름답게, 더욱 단순하게, 더욱 큰 위안을 주기 위해 과장하여 쓸 권리가 있다고 말하고 있다. 곧이어 플로베르가 "재능은 오랜 인내의 산물이고, 독창성은 강한 의지와 예리한 관찰로 얻어진다."고 한 말을 부연하고 있지. - 1888년 3월 21일 또는 22일, 테오에게 쓴 편지

빈센트가 서문이라고 한 것은 〈소설〉이라는 제목이 달린 별도의 글이지만, 《피에르와 장》 앞에 놓여 있으니 서문이라고 오해할 수도 있다. 그러나 두 글의 관계는 서문과 본론의 관계가 아니다. 〈소설〉은 말 그대로 소설에 관한 작가의 지론을 담은 글이다. 모파상이 자신의 소설관을 압축해놓은 글이라고 보면 된다. 여하튼 빈센트가 요약한 위의 내용에는 문제가 있다. 그는 모파상이 "더욱 큰 위안을 주기 위해 과장하여 쓸 권리가 있다고 말하고 있다."고 썼지만,** 이는 사실이 아니다. 모파상은 독자 대다수가 그렇게 요구를 한다 해도 거기에 말려들지 않고 오히려 양식 있는 일부 독자의 부탁을 들어야 한다고 말했다. 〈소설〉에서 모파상이 한 말을 직접 옮겨본다. "결국 대중은 수많은 그

* Guy de Maupassant, Lettre d'Afrique, Le Gaulois, 3 décembre 1888, in *Choses et autres*, Paris, Le Livre de Poche, 1993.
** 빈센트가 "(모파상의) 소설 결말이 행복하지는 않지만 여하튼 사람은 자신의 운명을 감수하고 살아간다"는 것이 "마음에 위로를 주기에 좋아한다"고 한 것도 같은 내용이다(1888년 10월 17일 편지).

롭으로 구성되어 있으며, 우리에게 다음과 같이 외친다. '내게 위안을 주시오. 내게 즐거움을 주시오. 내게 울적함을 주시오. (…) 내가 웃게 해주시오. 내가 울게 해주시오. 내가 생각하게 해주시오.' 오직 뛰어난 정신의 소유자 몇 사람만이 예술가(소설가)에게 부탁한다. '당신에게 가장 적합한 형식을 빌리고 당신의 기질을 살려서, 내게 뭔가 아름다운 것을 만들어주시오.' 예술가는 그러한 시도를 감행하여 성공하거나 실패한다."

즉 모파상이 보기에 소설가가 소설을 쓰는 목적은 단순히 독자에게 감동을 주는 것에 있지 않고, 독자로 하여금 사건들의 심오한 숨은 뜻을 생각하고 이해하게 만드는 데 있다.

《피에르와 장》은 일종의 심리소설이다. 소설 제목만 보고는 무슨 내용일지 감이 잘 안 온다. 그런데 '안개 낀 모정'이나 '어머니의 비밀' 또는 '어머니의 연인' 같은 종래의 번역 제목을 보면 얼추 짐작이 된다. 사실 뜻하지 않은 유산 상속, 어머니의 불륜, 출생의 비밀 등만 놓고 보면 우리네 막장 드라마가 연상되지만, 아주 리얼하게 심리를 파고드는 만큼 통속적인 막장 드라마는 결코 아니다. 소설 제목은 '피에르와 장'인데 그냥 '피에르'라고 해도 좋지 싶다. 피에르의 심리를 주로 좇기 때문이다. 피에르는 동생 장이 뜻밖에 부모의 친구로부터 막대한 재산을 상속받자 질투심과 시기심에 고통스러워 하다가 어느 순간, 그토록 사랑하고 존경하는 어머니가 외간 남자와 부정을 저질렀을지도 모른다는 생각에 이르게 되고, 온갖 망상에 빠져들며 불행한 나날을 보내는 인물이다.

'내가 미쳤구나.' 그는 생각했다. '어머니를 의심하다니.' 애정과 연민,

뉘우침, 기도, 비탄이 흘러넘쳐 그의 마음이 잠겨들었다. 어머니를! 그렇게나 어머니를 속속들이 알고 있으면서 어떻게 그가 어머니를 의심할 수 있었는가? 단순하고 정숙하며 충실한 그 여인의 영혼은, 삶은, 물보다도 더 맑지 않았는가? (…) 어머니는 자신을 내줬을까? 물론 그랬을 것이다. 그 남자에게 다른 여인이 없었던 걸 보면.

질투심과 증오심에 극도로 정신이 피폐해진 피에르가 결국 모든 것을 받아들이고 자의반 타의반, 가족을 떠나 원양 여객선의 상주 의사가 되는 것으로 이야기는 마무리된다. 빈센트는 '피에르와 장' 형제를 보면서 어쩔 수 없이 자신과 테오를 떠올렸을까?

막말로 빈센트 자신은 형이지만 경제력이 없는 무능한 사람이고, 동생 테오는 경제력이 있다. 가족 모두가 신뢰하는 사람은 장남인 빈센트 자신이 아니라 차남인 동생 테오다. 피에르도 경제력이 아직은 없고, 오히려 동생 장은 상속을 받아 경제력이 있다. 빈센트는 이런 부분에서 묘한 감정에 빠지지 않았을까? 그리고 빈센트는 온화하고 다정다감한 '장'보다는 집념이 강하고 신경질적이고 예민한 피에르에게서 동질감을 느끼지 않았을까? 특히 피에르가 가족을 떠날 것을 결심하는 장면을 보면, 빈센트가 가족들과 잘 섞이지 못하는 자신을 두고 한없이 비하하던 일이 생각난다.

이제 그는 달아나고 싶다는 욕구, 더 이상 자기 집이 아닌 그 집과, 이제는 미미한 연줄로만 자신과 묶여 있는 그 사람들을 떠나고 싶다는 참을 수 없는 욕구에 휩쓸렸다. 다 끝났고, 그들 곁에 더는 머무를 수 없고, 본의 아니게 자신의 존재 자체만으로도 항상 그들을 괴롭히게 될 거고,

자신은 그들 때문에 끊임없이 견디기 힘든 형벌로 고통받으리라고 느끼자, 어디로든지 당장 떠나고 싶었다. -《피에르와 장》

내가 정말로 너나 식구들에게 폐만 끼치고 부담이 된다면, 그래서 내가 나 자신을 침입자나 불필요한 존재로 여겨야 한다면, 차라리 나는 이 지상에서 사라지는 게 더 나을 것이다. 다른 사람들의 길을 방해하지 않도록 물러서는 편이 나을 것도 같고. 정말이지 그렇게 생각한다면, 나는 슬픔에 잠겨 절망과 싸워야 할 것이다. - 1879년 8월 11~14일경, 테오에게 쓴 편지

한편《피에르와 장》에도 젊은 과부가 나온다. 게다가 그녀는 지적이지는 않지만 어느 정도 속물적이며 밝고 명랑하다. 이 여인을 사이에 두고 초반에 피에르와 장은 신경전을 벌이는데, 이 여인이 빈센트에게 강한 인상을 주었을 것이다. 빈센트는 언젠가 한 편지에서, 지금같이 어려운 상황을 타개하려면 돈 많은 과부와 결혼을 하든지 그림을 많이 팔아야 한다고 꽤나 자조적으로 말한 적이 있다.
어찌되었든 빈센트는《피에르와 장》을 읽은 뒤에도 모파상의 소설을 즐겨 읽었다. 그는 1881년에 나온《메종 텔리에》(1888년 4월 11일경 편지)와 1880년 작품《시편》을 읽었다(1888년 8월 15일 편지). 또한 빈센트가 살았던 남프랑스 바다의 기행문인《물결 위에서》와 늙은 화가의 불가사의한 사랑을 그린《죽음보다 강한 사랑》*,《오리올 산》등을 읽고도 감동했다(1887년 10월 후반 편지).

▪ 모파상, 김진욱 옮김,《죽음보다 강한 사랑》, 백성, 1997.
▪▪ 모파상, 김승 옮김,《물길 따라 모파상을 따라》, 동화문화사, 1992, 118쪽.

모파상 역시 졸라나 공쿠르 형제와 같이 자연주의자였지만, 졸라의 자연주의가 사회적 전망과 혁명적 희망을 말한 것이라면 모파상의 자연주의는 현실을 있는 그대로 묘사한, 순수한 자연주의였다. 모파상은 예술을 위한 예술을 주장하였던 것이다. 그에게는 예술에 도덕을 요구하는 것은 한마디로 모독이었다. 또한 그에게 인생은 속임수이고 덫이며, 인간은 아름다운 옷과 겉치레로 꾸민 동물에 불과했다. 《물결 위에서》에서 그가 한 말을 들어보자.

> 그런데 정말이지 인간들이란 얼마나 지저분한지! 나는 모든 동물들 가운데에서도 인간 종족이 가장 지저분하다는 것을 이 잔치가 한창 진행되는 중에 적어도 백 번은 알아차렸던 것이다.■■

이런 말에 빈센트가 동의를 했을까?

피에르와 장, 모파상 지음
정혜용 옮김, 창비

그것은 더 이상 정신적으로 괴롭히는 고통이 아니라 머물 곳 없는 짐승의 불안, 더 이상 머리에 일 지붕도 없고, 비, 바람, 뇌우 등 세상의 모든 거친 힘이 언제 덮쳐올지 모르는 방랑하는 존재의 물리적 고뇌였다. - 《피에르와 장》에서

플로베르의 《부바르와 페퀴셰》

빈센트가 플로베르를 맨 처음 언급한 것은 죽기 2년 전인 1888년, 다음 편지에서였으니 앞에서 살펴본 미슐레나 위고, 졸라나 발자크보다는 상당히 늦은 편이다. 그것도 모파상이 쓴 글의 재인용이었다. 앞에 옮겼어도 다시 인용해본다.

지금 모파상의《피에르와 장》을 읽고 있다. 정말 좋구나. 그 서문을 읽어보았니? 거기서 모파상은 예술가가 소설 속에서 자연을 더욱 아름답게, 더욱 단순하게, 더욱 큰 위안을 주기 위해 과장하여 쓸 권리가 있다고 말하고 있다. 곧이어 플로베르가 "재능은 오랜 인내의 선물이고, 독창성은 강한 의지와 예리한 관찰로 얻어진다."고 한 말을 부연하고 있지. - 1888년 3월 21일 또는 22일, 테오에게 쓴 편지

이어 〈론 강의 달밤〉과 〈노란 집〉을 설명하는 편지에서 빈센트는 다음과 같이 말했다.

밀리에는 이 그림(〈노란 집〉)을 끔찍하다고 여기지. 그런데 굳이 너에게 말할 필요는 없지만 그가 왜 그런 지겨운 식료품점, 어떤 매력도 없이 튼튼하게 일렬로 세워진 집들을 그리려 하는지 알 수 없다고 말할 때 나는 졸라가《목로주점》도입부에서 묘사한 어떤 거리, 플로베르가《부바르와 페퀴셰》의 서두에서 묘사한 뜨거운 여름 라 빌레트 강가의 한 구석이 너무도 훌륭했다는 것을 떠올렸다. - 1888년 9월 29일경, 테오에게 쓴 편지

남들은 쉽게 지나치는 거리와 상점들을 빈센트는 〈노란 집〉이라는 그림에 담았다. 빈센트는 이 그림을 그리면서 졸라가 《목로주점》에서 묘사한 거리를, 플로베르가 《부바르와 페퀴셰》에서 묘사한 강가를 떠올렸다. 매일같이 보는 익숙한 풍경에서도 어떤 정감을 이끌어내고야 마는 예술가의 감수성, 빈센트는 그것을 표현하고자 했다.

그렇다면 플로베르가 《부바르와 페퀴셰》 서두에 묘사한, 라 빌레트 강가는 어떨까? "조금 아래쪽에 생 마르탱 운하가 두 개의 수문을 단 은 채 잉크 빛 푸른 물을 드러내며 똑바로 뻗어 있었다. 운하 한가운데는 나무를 가득 실은 배 한 척이 떠 있고, 제방 위에는 큰 통들이 두 줄로 늘어서 있었다. 운하 건너편에는 작업장의 경계를 이루고 있는 집들 사이로 군청색의 맑은 하늘이 보이고, 건물의 흰 외관과 석반석 지붕과 화강암 둑이 햇빛에 반사되어 빛나고 있었다. 멀리서 웅성거리는 소리가 훈훈한 대기 속으로 올라왔다. 일요일의 한가로움과 여름날의 우울함으로 모든 것이 마비된 듯했다."

라 빌레트 강가라는 말이 직접 언급되지는 않지만 생 마르탱 운하가 센 강에서 빌레트 구역으로 이어져 있음을 상기할 때, 빈센트가 염두에 둔 부분은 필경 저 부분이다. 《부바르와 페퀴셰》의 서두뿐만 아니라 2장

플로베르(Gustave Flaubert, 1821~1880) 프랑스 루앙 태생의 소설가다. 개인의 감정이나 주관을 뛰어넘는 객관적 서술 방식을 지향, 자연주의 문학의 기반을 다졌다. 중학생 때부터 습작을 시작하였고 아버지의 뜻에 따라 파리대학에 들어가 법을 공부하였으나 신경증에 걸려 도중에 그만두고 문학에 전념하였다. 평생 결혼하지 않고 루앙 근교의 크루아세 저택에서 어머니, 늙은 하녀와 살았으며 《감정교육》, 《보바리 부인》, 《살람보》 등을 썼다. 아주 짧은 문장을 쓸 때조차도 알맞은 단어를 고르고자 심혈을 기울일 만큼 완벽주의적인 성향을 지녔다. 가끔 파리로 나가면 도데나 졸라 같은 여러 문인과 교류하였다. 삼십 년 아래인 모파상에게 가르침을 주고 그를 아꼈다. 인간의 어리석음에 대한 백과사전인 《부바르와 페퀴셰》를 완성하지 못하고 급작스럽게 세상을 떠났다. 그림은 외젠 지로가 그린 플로베르의 초상이다.

〈노란 집〉, 1888년, 암스테르담, 반 고흐 미술관.

에도 빈센트가 깊이 감동한 대목이 나온다. 조금 길지만 여기 옮겨본다.

    관리인은 두 사람을 다른 밭으로 데리고 갔다. 거기서는 윗도리를 벗은 열네 명의 일꾼이 다리를 벌리고 낫으로 호밀을 베고 있었다. 오른쪽으로 쓰러져 나가는 볏짚 속에서 낫의 쇠붙이가 씨익씨익 소리를 내고 있었다. 일꾼들은 모두 일직선으로 서서 일제히 커다란 반원을 그리며 동시에 앞으로 나아갔다. 두 파리 토박이는 그들의 팔을 보고 감탄하며 수확이 풍성한 토지에 대하여 거의 종교적인 숭배감을 느끼고 있었다. 그들은 경작 중인 몇 군데의 밭을 따라서 걸었다. 어둠이 내리기 시작하자 까마귀들이 밭고랑 사이로 내려앉았다.

빈센트는 곡식이 나는 땅을 진심으로 존경하였고, 몸소 땀 흘려 먹을 것을 얻는 농부들을 사랑하였다. 농부를 얼마나 종교적으로 숭배했던지 농부가 밭을 갈듯이 자기는 캔버스를 일구고 싶다고 할 정도였다. 그리고 지금은 비록 더디더라도 마치 농부가 작물을 수확하듯이 언젠가는 아주 자연스럽게 많은 작품을 얻게 될 것이라고 말하기도 했다. 〈감자 먹는 사람들〉을 그린 뒤 테오에게 이것은 진정한 농촌 그림이 될 것이라고 장담하기도 했다. 빈센트에게 농부는 손으로 땅을 파고 그 손으로 정직하게 열매를 얻는 진정한 일꾼이다. 그러니 농부의 경작지를 보고 숭배에 가까운 감정을 느끼는 것도 이상하지 않다. 빈센트가 그린 〈까마귀가 나는 밀밭〉은 플로베르가 묘사한 밭고랑에 내려앉은 까마귀를 떠올리게 한다. 다만 플로베르의 호밀밭에선 기대감과 환희가, 빈센트의 밀밭에서는 절대적인 쓸쓸함이 느껴질 뿐.

한편 빈센트 반 고흐는 1889년 3월 29일자 편지에서 어떤 묘비명

〈까마귀가 나는 밀밭〉, 1890년, 암스테르담, 반 고흐 미술관. 세 개의 밭고랑이 보이고 그 위로 까마귀가 난다. 플로베르가 장편소설 《부바르와 페퀴셰》에서 묘사한 밭을 연상시킨다. 그러나 플로베르의 밭에서는 기대감과 환희가, 반 고흐의 밭에서는 절대적인 쓸쓸함이 느껴진다.

을 가리켜 그것이 《살람보》 시대의 것이라 했고, 《부바르와 페퀴셰》에 대해서도 몇 번 더 언급했으나 그 내용에 대해 말한 적은 없다. 그러니 빈센트가 그 소설들을 어떻게 읽었는지는 알 수 없다. 그러나 빈센트가 읽은 플로베르의 작품에서 《부바르와 페퀴셰》만 놓고 보면, 빈센트가 좋아하고 공감했을 만한 대목이 적잖이 나온다는 것을 알 수 있다.

《부바르와 페퀴셰》는 플로베르가 유작으로 남기고 간 작품으로, 죽은 지 1년 뒤인 1881년에 출간되었다. 빈센트가 언제 그 작품을 읽었는지는 알 수 없지만 그리 빨랐을 것 같지는 않다. 사실 이 작품은 플로베르의 작품 중에서 그리 알려져 있지 않다. 우리나라에서도 1995년에 와서야 처음으로 번역되었다. 그러나 유명하지는 않아도 《부바르와 페퀴셰》야말로 플로베르의 세계관을 가장 잘 보여주는 작품임에 틀림

없다. 귀족이건 평민이건 간에 자기이익 앞에서는 죄다 어리석음과 이기심을 드러낸다는 극도의 허무주의, 정교한 이론과 그럴듯한 학설도 따지고 보면 모순투성이라는 것, 그럼에도 바보스러울만치 진지하고 순수한 개인들(부바르와 페퀴셰)은 어디에고 존재한다는 일말의 희망 같은 것을 보여주는 작품이 바로 《부바르와 페퀴셰》다. 물론 잘못하다간 이 개인이 소영웅주의에 빠질 수도 있다는 함정이 도사리기는 하지만.

《부바르와 페퀴셰》는 부바르라는 인물과 페퀴셰라는 인물이 등장하는 소설로, 제목만으로는 그 내용을 알기 어렵다. 부제인 '인간의 어리석음에 대한 백과사전'을 보면 그나마 무슨 내용일지 짐작이 간다. 즉 인간의 지성이란 헛된 것이고, 인간의 본질 앞에서 학문은 근본적으로 무능하다는 것을 폭로한 책이다.

마흔일곱 먹은 부바르와 페퀴셰가 길에서 우연히 만나 시답잖은 대화를 나누면서 소설은 시작된다. 키가 크고 살집 좋은 부바르가 호감형이라면, 키가 작고 비쩍 마른 페퀴셰는 진지한 학자형이다. 첫 만남에서 두 사람은 나이도 같고 직업도 같아서 극도로 가까워진다. 그러다 부바르가 막대한 재산을 상속받게 되어 둘은 시골로 떠난다. 평소 두 사람은 도시 생활에 지칠 대로 지쳐 있어 시골로 가서 사는 것을 꿈꾸어왔기 때문이다. 파리 토박이인 그들은 한 시골 마을에 눌러앉더니 기다렸다는 듯이 온갖 일을 다 벌인다. 양배추 농사, 원예 농업을 시작으로 통조림 제조, 가축 사육, 화학 실험, 고고학 연구, 돌팔이 의사 노릇, 지질학 연구, 골상학, 문학, 철학, 심지어는 종교에까지 손을 댄다. 그러고는 끝내 허무함을 느끼고 본업인 필경사로 돌아간다.

플로베르가 이 소설로 말하고 싶었던 것은 무엇일까? 학문과 이론, 나아가 철학과 종교의 부질없음일까? 그렇다면 빈센트는 이러한 주제의식에 동의했을까? 어느 정도는 그랬을 것이다. 빈센트도 지나친 이론 중심의 학문, 교조적인 학문에는 고개를 흔들었으니. 확실히 그는 교리 중심, 이론 중심보다는 직접 부딪쳐서 얻은 지식과 깨달음을 중요하게 여기는 편이었다. 앞서 밝혔듯이 빈센트는 아카데미에 들어갔다가 이론 중심의 교육에 치를 떨고 뛰쳐나온 적이 있고, 코르몽의 화실에서 배우다가 코르몽식 수업에 진저리를 치고 한두 달 만에 그만두기도 했다.

여하튼 《부바르와 페퀴세》에는 빈센트가 반할 만큼 흥미로운 대목이 많은 게 사실이다. 파리 생활에 지친 인간이 등장한다는 점도 그렇고 순진하고 어리석은, 어쩌면 사랑스러운 두 바보가 시골 농장에서 벌이는 온갖 소동을 보는 것도 즐거웠을 것이다. 저마다 색채가 뚜렷한 마을 사람들, 가령 권위주의적인 백작, 교조주의적인 신부님, 부동산 좋아하는 과부, 묘한 젊은 하녀 등은 인간 자체에 깊은 관심을 지니고 있던 빈센트에게 크나큰 즐거움을 주었을 것이다. 문학작품은 가장 신성한 체계인 가정이나 소유재산이나 결혼을 우롱하는 것이라고 쏘아붙이는 작중인물 '파베르주 백작'을 보면서는 모든 문학작품은 쓰레기라고 말한 아버지가 절로 떠올랐을 것이다. 관심 분야가 생기면 닥치는 대로 책을 읽으며 토론하고 즉시 행동에 옮기는 일을 반복하는 부바르와 페퀴세는 물론 말할 것도 없다. 특히 페퀴세는 여러 모로 빈센트 자신과 비슷한 구석이 있어 보이지 않았을까?

> 페퀴세는 (…) 15살에 기숙사에서 나와 한 집달리의 집으로 들어가게 되었다. (…) 페퀴세는 제대로 교육을 받지 못했다는 생각과 그러한 생각 때문에 지식에 대한 욕구로 인하여 그의 기분은 편하지만은 않았다. 그리하여 그는 부모도 애인도 없이 완전한 고독 속에서 살고 있었다.

페퀴세 말고도 고르귀라는 인물이 빈센트를 매혹시켰을 것 같다. 고르귀는 목수였다가 참전 군인이었다가 부랑자였다가 도굴꾼이었다가 혁명 당원이었다가 독실한 기독교인으로 변신하는, 대단히 다채로운 인물이기 때문이다. 우선 고르귀의 등장을 보자.

그는 쉰 목소리로 말했다. "포도주 한 잔만 주세요!" 면장과 죄프루아 신부는 곧 그를 알아보았다. 그는 샤비뇰의 옛 목수였다. "자, 고르귀! 저리 가. 구걸하러 다니지 말고." 푸로가 말했다. "내가? 구걸을요! 나는 아프리카에서 7년 동안 참전했어요! 그리고 병원에서 나왔는데 일자리가 없다구요! 강도짓이라도 해야 한단 말입니까? 빌어먹을!" 고르귀가 흥분하여 소리쳤다. 그의 노여움은 저절로 가라앉았다. 그는 두 주먹을 허리에 대고, 침울하고 비웃는 태도로 부르주아들을 바라보고 있었다. 야숙에서 오는 피곤함과 고통, 열병, 비참함과 방탕자의 모든 것이 그의 흐릿한 눈에 서려 있었다.

빈센트가 고르귀라는 인물에게서 동질감을 느꼈다고 짐작하는 게 부당할까? 아니라고 본다. 빈센트는 주민들의 신고로 아를 시립병원에 반강제로 입원했다가 나온 뒤, 그러니까 생레미 근처의 정신병원에 자진해서 입원하기 얼마 전 극도의 절망감을 드러내며 아프리카로 떠나고 싶다고 말한 적이 있다. 아프리카 군대에 입대하겠다고 말이다.

북아프리카에 있는 외인부대에 한 5년 들어가서 이 곤경을 벗어날 수만 있다면, 차라리 그쪽이 더 낫지 싶다. 그림도 그리지 못하고 갇혀 있으면 내 상태가 나아지기는 어려울 것 같고, 병원에서는 광인이 머무는 동안 한

달에 100프랑씩 꼬박꼬박 받아낼 게 분명하니 말이다. 실로 불리한 거래가 아니냐? 어떻게 해야 좋을까? 군대에서 나를 받아주거나 할까? – 1889년 4월 30일, 테오에게 쓴 편지

너무도 절망스러운 나머지 외인부대 이야기까지 내뱉고 만 것이다. 정말로 외인부대에 들어갈 생각이었는지 아니면 홧김에 한 소리였는지는 모르지만 그만큼 빈센트는 자신이 완전히 밑바닥으로 추락했다고 느꼈다. 그러니 고르귀가 빈센트에게 강렬한 인상을 남겼다고 보는 것도 억지는 아니리라. 고르귀는 산전수전 다 겪고 독실한 기독교인이 된다.

빈센트는 플로베르의 대표작인 《보바리 부인》이나 《감정 교육》 등을 편지에 언급하지는 않았으나 그렇다고 그 책을 비롯한 플로베르의 여러 작품을 읽지 않았다고 할 수는 없다. 《보바리 부인》은 여러 차례 영화로 만들어졌는데 한국에 시판되고 있는, 1949년 빈센트 미넬리(Vincente Minnelli)가 연출한 작품은 원작과 달리 제임스 메이슨이라는 사람이 '플로베르'로 나와, 그 소설로 재판을 받으면서 시작하여 작품 전체를 설명하는 독특한 구조다.

재판에서 면소 판결을 받아냈지만 오랫동안 부도덕하다는 비난을 들어야 했던 《보바리 부인》은 너무도 잘 알려져 있는 작품이고, 빈센트가 직접 언급하지 않았으니 여기선 짧게 언급한다. 《보바리 부인》은 보바리라는 한 여인이 남들과 다른 삶을 꿈꾸다가 파멸하는 이야기, 꿈과 현실의 이율 배반에 관한 이야기다. 인간이면 누구나 그런 경험을

▪ 이러한 비판의 대표는 장 폴 사르트르다. 사르트르의 플로베르론인 《집안의 천치》는 한국어로 아직 번역되어 있지 않으나 연구서는 있다. 지영래, 《집안의 천치》, 고려대학교출판부, 2009.
▪▪ 에드워드 사이드, 박홍규 옮김, 《오리엔탈리즘》, 교보문고.

하게 마련이니 당연히 공감을 줄 수 있다. 빈센트가 그런 이야기에 유독 공감을 했는지는 정확하게 알 수 없지만 적어도 당시 사람들, 특히 가난한 사람들이 어렵게 살아가면서도 그와 같이 이루지 못할 꿈을 꾸었다는 사실에는 공감했을 것이다.

그러나 다른 작가들과 비교했을 때, 빈센트가 플로베르라는 작가 개인에게서는 그다지 동질감을 느끼지 못했던 것 같다. 이는 플로베르가 당시로서는 상류 부르주아에 속한 의사 집안에서 태어나 일류 교육을 받고 죽을 때까지 부르주아로 살았다는 점(물론 플로베르 자신은 부르주아라는 사실을 평소 끔찍하게 여기고 부르주아들의 속물성에 치를 떨었다), 그래서 철저히 보수적인 정치관을 지니고, 노동자 등 인민계층의 사회적 투쟁에 대해서는 무관심했다는 점, 또 역사와 사회에 무심하여 언제나 외진 곳으로 숨어들었던 점과도 관련되었다고 볼 수 있다.* 따라서 당시 프랑스의 식민지 침략과 같은 제국주의 정책에도 플로베르는 당연히 동의했다.** 이러한 문제점을 빈센트가 의식했는지는 정확히 알 수 없다. 하지만 그가 플로베르를 졸라만큼 좋아하지 않은 것은 분명하다.

부바르와 페퀴셰, 플로베르 지음
진인혜 옮김, 책세상

그날 저녁, 마음이 가라앉자 부바르와 페퀴셰는 여러 사건들을 되새겨보았다. 누가 칼바도스를 마셨을까, 어째서 궤짝이 부서졌을까, 뭘 하려고 카스티용 부인이 고르귀를 불렀을까, 그리고 고르귀가 멜리를 범했을까? (…)
"우리 집안에서 일어나는 일도 모르면서, 앙굴렘 공작의 머리카락과 사랑이 어떤 것이었는지 알아내려고 하다니!" 부바르가 말했다. -《부바르와 페퀴셰》에서

공쿠르 형제의 질곡의 사람들

빈센트 반 고흐가 한평생 가장 즐겨 읽은 소설의 저자는 졸라다. 또한 그는 졸라의 스승인 공쿠르 형제의 소설도 제법 즐겨 읽었다. 빈센트가 일본과 일본 판화에 관심을 갖게 된 것도 그것을 적극적으로 소개한 공쿠르 형제 때문이다.

형인 에드몽 드 공쿠르는 《셰리》 머리말에서 동생 쥘과의 긴밀한 협동에 대해 썼다. 즉 에드몽은 자신과 동생을 '문학의 진정성을 좇는' 선구자인 동시에 '자포니즘(Japonism)의 승리'를 알리는 수장이라고 했다. 그것을 읽고 빈센트는 내심 부러웠던지 동생 테오더러 우리도 지금보다 더 마음을 합치자고 말했다.

> 공쿠르의 책을 한 번 더 읽었다. 정말 좋은 책이다. 《셰리》는 너도 읽어야 한다. 이 소설 머리말에는 공쿠르 형제가 경험한 것들, 그들이 얼마나 만년에 허무했는지에 대한 이야기가 나와 있다. 허무하면서도 그들은 자신감을 가졌고 자신들이 무언가를 해냈으며 자신들의 작품이 영원하리라는 것도 알았다. 그들은 얼마나 멋진 사람들이냐! 우리가 지금보다 더 마음을 합쳐 온전히 하나가 될 수 있다면 우리도 그들과 같아질 수 있다. 그렇지 않겠느냐? - 1885년 12월 28일, 테오에게 쓴 편지

동생 쥘이 죽고 난 뒤 에드몽 혼자서 쓴 《셰리》는 19세기 프랑스 제2제정 시대(1852~1870)에서 성장하고 최후를 맞는, 젊은 여성 '셰리'의 일대기를 다룬 작품이다. 1884년에 발표된 이 소설은 에드몽의 마지막 작품이기도 하다. '셰리'는 '사랑하는 당신, 또는 사랑하는 아가'란 뜻

이며 주인공 여자가 부모로부터 받은 애칭이다.

《제르미니 라세르퇴》와 《마넷 살로몽》

또한 빈센트는 공쿠르 형제의 《제르미니 라세르퇴》를 흥미롭게 읽었다. 이 소설로 공쿠르 형제는 가난한 사람들을 깊이 연민하여 다루면서도 미학적 기준과 예술적 가치를 만족시킬 수 있음을 증명했다.

공쿠르 형제는 빈센트가 다소 거리감을 느끼는 귀족 출신으로, 상당한 재산을 물려받았으면서도 독신이자 병자로 금욕적으로 살면서 예술에 헌신했기 때문에 빈센트가 그 형제들의 소설을 좋아했다. 특히 박복한 가정부의 일생을 그린 《제르미니 라세르퇴》를 읽고 깊이 감동했다. 그 소설의 취지가 머리말에 나온다.

보통 선거의 시대, 민주주의와 자유주의의 시대인 19세기에 살면서 우리는 스스로에게 이른바 '하층계급'이 소설에서 소개될 권리가 있는지를

공쿠르 형제 '공쿠르 상'으로 잘 알려진, 19세기 프랑스의 형제 작가다. 형은 에드몽(Edmond-Louis-Antoine Huot de Goncourt, 1822~1896), 동생은 쥘(Jules-Alfred Huot de Goncourt, 1830~1870)이다. 동생이 죽을 때까지 두 형제가 협력하여 공동으로 작품을 쓰고 발표하였다. 내성적이고 사색적인 형은 주로 구상을, 활동적인 문장가 동생은 주로 문체를 담당했다. 저명한 현대 역사가가 되고 싶었던 형제는 처음에 〈혁명기 프랑스 사회사〉, 〈18세기의 여성〉 등을 썼다. 그러다가 소설로 옮겨 왕성한 창작력을 발휘하였다. 형제는 "역사가는 과거를 이야기하고, 소설가는 현재를 이야기한다."라고 주장하면서, 정밀한 관찰을 기반으로 한 작품을 잇달아 발표하였다. 상류사회의 위선을 탁월하게 묘사한 것으로 평가받는 〈르네 모르랭〉, 냉혹한 사회로 인해 점차 타락해가는 하녀의 삶을 그린 〈제르미니 라세르퇴〉는 특히 프랑스 자연주의 문학의 걸작으로 꼽힌다. 형제가 1851년부터 함께 쓴 《공쿠르의 일기》는 일기문학의 정수를 보여준다. 동생 쥘이 마흔 살에 먼저 죽고 형 에드몽이 일흔 넘어서 죽은 다음, 에드몽의 유언에 따라 형제의 유산을 기금으로 '아카데미 공쿠르'가 설립되었다. 회원은 졸라, 도데 등 10명으로 이루어졌으며, 1903년부터 매년 12월 첫째 주에 '공쿠르 문학상'이 수여되고 있다. 사진에서 왼쪽이 형 에드몽이고 오른쪽이 동생 쥘이다.

묻게 된다. 또는-이 세상 밑에 있는 또 다른 세상의-대중이 문학적인 압박 밑에 머물거나, 이 대중이 가지고 있을 영혼이나 감정에 대해서는 침묵을 지키는 저자들이 경멸을 받아야 하는지도 묻게 된다. 우리는 자문하지 않을 수 없다. 이 평등 시대에 저자나 독자라는 사람들에게 지나치게 저급하다는 불행과 지나치게 더럽게 표현되는 연극들, 지나치게 그들의 공포에 근거한 결말들로 나타나는 무가치한 계층이 아직도 존재하는가? 잊어버린 문학과 사라져버린 사회에 대한 관습적인 형태인 비극이 마침내 죽었는가를 알려고 하게 되었으며, 세습계급과 정규의 귀족사회 따위가 사라졌을 나라에서 낮고 가난한 참사 등을 말하여 흥미롭게 하고 감동시키며 동정심을 품게 하려고 이를 저 위대하고도 돈 많은 사람들의 참사와 같이 소리 높이 말하여도 좋은지를 알려고 한다. 또 한마디로 아랫사람들을 울린 눈물과 같이 사람들을 울릴 것이냐에 대해서도 알려고 한다.■

온 힘을 다해 독신 여성을 도우며 살면서도 성적 욕망을 이기지 못하던, 소설의 여주인공 제르미니는 바람둥이를 맹목적으로 사랑한다. 그 남자의 환심을 사기 위해 도둑질까지 서슴지 않지만 상대는 냉담하기만 하다. 힘겨워 차츰 술에 의지하던 그녀는 결국 광증에 빠져, 관계하고 있던 딴 남자한테서도 버림을 받는다. 비빌 언덕이라곤 전혀 없는 한 가련한 여자가 밑바닥 삶을 전전하면서 이리 치이고 저리 치이다가 여러 병에 걸려, 끝내는 무료진료소에서 죽고 만다는 이 작품은 당대에 큰 충격을 안겨주었다.

■ 싱클레어, 《힘의 예술》, 위의 책, 312~313쪽 재인용.

물론 카페 종업원으로 있다가 남의 허드렛일을 하던 가정부를 주인공으로 삼은 작품이 그 전에 아예 없었던 것은 아니다. 하지만 당시에는 영국의 18세기 소설가 리처드슨의 《파멜라》처럼 불우하지만 아름답고 천진난만한 어린 하녀를 내세워, 독실한 기독교인인 그녀가 귀부인으로 신분 상승을 하는 멜로드라마가 대부분이었다. 이런 멜로가 21세기 대한민국의 TV나 영화에서도 제법 다뤄지고 있는 것을 보면, 참으로 '보편적'인 것이 무엇인지를 생각하게 된다. 의아스러운 것은 어찌하여 멜로를 자주 그린 공쿠르 형제의 작품이 한국에는 여태 소개되지 않은가 하는 점이다. 공쿠르 형제가 그린 멜로는 달달한 사랑, 남녀 간의 연애를 아름답게 포장하는 것이 아니라 인간의 위선과 치부를 폭로해서가 아닐까?

공쿠르 형제가 살았던 19세기에도 하층민의 생활을 다룬 작가는 많았다. 앞에서 본 디킨스도 그 대표적인 사람이다. 그러나 디킨스는 어디까지나 영국 빅토리아 왕조를 대표하는 신사 작가로서, 젊은 여성이 읽을 만한 소설이 무엇인지를 잘 알았다. 반면 프랑스 작가들은 여성의 감정과 성性을 '임상의학'과 같은 차원에서 다루었다. 실제 인물을 보고 작품화한 《제르미니 라세르퇴》는 '진실의 소설', '애욕의 임상강의'라 불렸으며, 상류층뿐만 아니라 하층민의 사회도 리얼하게 그려야 한다고 주장한 서문은 명실상부 자연주의를 선언하는 것이었다. 자연주의 이론가인 졸라는 특히 공쿠르의 《제르미니 라세르퇴》에 감명받아, 이 작품을 두고 '불결한 문학'이니 해가며 비난을 일삼던 쪽에 강력히 항의하고 변호하였다.

한편 1890년 5월 20일 또는 21일, 빈센트는 오베르로 가서 곧바로 의사 가셰를 만났다. 두 사람은 공통점이 많아 처음부터 죽이 잘 맞을 것 같았다. 가셰는 보리나주 부근에서 태어나 어린 시절을 벨기에에서 보냈고, 단순히 미술 수집가가 아니라 자신도 그림을 그려 전시회에 출품한 적이 있는 재주꾼이었다. 가셰는 어려서부터 화가를 꿈꾸었으나 의학에도 흥미를 느껴 의대를 다니면서 정신의학을 공부하였고, 미술학교에도 다녔다. 또한 우울증에 빠져 발작을 일으키기도 했다. 의사로서 가셰는 남다른 구석이 있었다. 학생 시절에는 인체 해부를 혐오하여 파이프 담배를 피우기 시작했다. 1871년의 파리 코뮌 이듬해 파리에서 오베르로 이사했는데, 은퇴를 하여 거처를 옮긴 것이 아니라 생활을 더욱 다채롭게 하고픈 생각에서였다. 가셰는 파리 시내에 있던 병원을 그대로 유지하면서 시내 살롱에서는 전시회를 열었다. 반면 오베르의 거대한 저택에는 현대미술 작품으로 가득 채웠다. 그는 가난한 농부들을 무료로 진료했으므로 오베르에서 존경을 받고 있었다. 가셰는 또한 공화주의자이자 진화론자였고 사회주의자였다. 그런 가셰의 모습은 빈센트가 꿈꾸던 이상적인 현대인, 즉 도시와 시골에 번갈아 살면서 일을 하고 과학과 예술도 함께 추구하는 이상적 인간상이었다.

나는 여행도 그렇고 모든 일이 순조롭다. 무엇보다 북쪽으로 돌아와서 대단히 행복하구나. 게다가 의사 가셰한테서 형제와도 같은 완벽한 우정을 발견했다. 그 정도로 우리는 신체적으로도, 정신적으로도 비슷하다. 그는 매우 신경질적이고, 대단히 기묘한 사람이다. 그는 새로운 유파의 예술가들에게, 가능한 한 도움을 주면서 우정을 쌓고 있지. 나는 벌써 그의 초상을 그렸다. 열아홉 살인 그의 딸 초상도 그릴 예정이고.

그는 몇 년 전에 상처를 해서 몹시 낙담해 있더구나. 우리는 말하자면 즉각 친구가 되었지. 나는 일주일에 하루이틀은 그의 집에 머물며 정원에서 그림을 그리게 되어 있다. 벌써 습작을 두 점이나 그렸다. 하나는 알로에, 사이프러스, 금잔화 같은 남쪽 식물을 그린 것이고, 또 하나는 백장미, 포도, 인물, 미나리아재비 꽃들을 그린 것이지. - 1890년 6월 5일, 빌에게 쓴 편지

빈센트를 만났을 때 가셰는 예순한 살이었다. 과거에 그곳을 방문한 세잔을 환영했듯이 이 노老 의사는 빈센트도 크게 환영했다. 그는 처음부터 빈센트의 병세가 그리 깊지 않다고 보았다. 빈센트가 충분히 휴양을 하고 말벗만 있으면 금방 치유되리라고 믿었다.

사실 빈센트와 가셰의 관계는 하나의 전설처럼 미화되어 있다. 빈센트는 두 달 정도 그곳에 머물렀고, 이따금 가셰를 방문했으나 애초부터 가셰가 자신에게 도움이 되리라 기대하지는 않았다. 빈센트의 눈에는 가셰 역시 정신병자로 보였기 때문이다. 그래서 세잔 등이 가셰를 호의적으로 보는 것과는 달리 빈센트는 가셰를 별로 좋아하지 않게 되었다.

빈센트는 가셰를 썩 좋아하지 않으면서도 그 의사의 권유를 받아들여 그의 초상을 동판화로 제작했다. 빈센트는 동판의 매력에 끌렸으나 작품은 그것이 유일하다. 가셰는 빈센트에게 의사보다는 모델로 공헌했다고 보는 게 맞다. 가셰를 그린 초상화 두 점은 빈센트의 초상화 작품에서도 특히 걸작이기 때문이다. 슬픔에 잠겨 있는 듯한 그는 모델로서 아주 매력적이었다. 빈센트는 고갱에게 쓴 미완성 편지에 그 얼굴을 '우리 시대 슬픔의 표정'이라고 했다(1890년 6월 17일 편지).

〈의사 가셰의 초상〉은 앞에 소개한 〈아를의 여인〉과 동일한 구도를 보여준다. 그리고 품고 있는 뜻도 거의 같다. 두 초상화 모두 '우리 시

〈의사 가셰의 초상〉, 1890년, 개인 소장.

"슬프지만 우아하고,
밝고도 지적인 초상을 많이 그려야 한다.
역시 그런 그림이 사람들에게 감동을 안겨줄 테니."

대 슬픔의 표정'이라고 할 수 있다. 다만 고뇌하는 남성에 비해 여성은 자애롭게 그려졌다.

1890년 6월 초에 빈센트는 가셰를 그리면서 그것이 오베르로 오기 직전에 그린 자화상과 같은 느낌이고, 가셰는 자기 초상을 보더니 빈센트가 오베르에서 그린 〈아를의 여인〉을 좋아하게 됐다고 썼다(1890년 6월 3일 편지). 그 아를의 여인이란 지누 부인이고, 빈센트는 지누 부인의 초상을 몇 번 더 그렸다. 또한 누이동생 빌에게 다음과 같이 썼다.

> 나는 우울한 얼굴을 한 가셰 씨를 그렸다. 그 우울한 낯빛은 그를 바라보는 사람들을 종종 찌푸리게 할지도 모른다. 그래도 과거의 밋밋한 초상에 비해 지금 우리의 얼굴에는 얼마나 표정과 정염이 풍부한지, 또 얼마나 기대하고 절규하고 있는지를 보여주려고 그렇게 그린 것이다.
> 슬프지만 우아하고, 밝고도 지적인 초상을 많이 그려야 한다. 역시 그런 그림이 사람들에게 감동을 안겨줄 테니.
> 현대 인물상 중에, 앞으로 오랫동안 바라볼지 모르는, 또 100년 뒤에 그리워하며 되돌아볼지 모르는 것이 있다. 만일 내가 지금과 같은 지식을 갖추고 10년만 젊었더라면, 얼마나 큰 야심에 불타면서 이런 그림을 그렸을까! 함께 하고픈 사람들과 교제하지 못하고, 어떻게 교제해야 하는지도 잘 모르는 상황에서는 많은 일을 할 수가 없구나. 언젠가는 너의 초상을 꼭 그리고 싶다. - 1890년 6월 13일, 빌에게 쓴 편지

의사 가셰의 초상화와 아를 여인의 초상화에는 빈센트가 좋아한 공쿠르 형제의 《제르미니 라세르퇴》와 《마넷 살로몽》이 함께 그려져 있다. 앞에서 보았듯이 《제르미니 라세르퇴》는 한 노동자 여성이 알코올

중독, 정신질환, 결핵을 앓다가 결국 죽음을 맞는 일생을 그린 작품이고 《마넷 살로몽》은 파리 예술가의 투쟁 어린 삶을 그린 책이다. 빈센트는 가셰의 초상화에 당시 신경병 치료에 사용되던 디기탈리스 꽃도 함께 그려넣었다(후대 사람들은 그 꽃의 독성과 그 꽃으로 만든 압생트를 과음하여 빈센트가 발작을 일으키고 자살했다고 분석하기도 한다).

그러나 빈센트가 과연 공쿠르의 소설들을 아주 많이 좋아했을지는 의문이다. 왜냐하면 공쿠르 형제의 소설들은 개종이나 참회와 같은 개인적인 구원이나 도덕적인 변화, 또는 정치적이고 경제적인 체제 변화에 따른 구제 등은 전혀 다루고 있지 않기 때문이다. 그래서인지 공쿠르 형제가 독자에게 제공한 것은 '그들 자신의 두통과 소화불량이라는 부산물'이라고 비판하는 목소리가 나오기도 한다. 똑같이 자연주의 문학을 한 졸라가 적어도 제 소설들로 도덕적인 입장을 분명히 보여준 것과는 달랐다.

마넷 살로몽, 공쿠르 형제 지음
한국어 번역판 아직 없음

빈센트 반 고흐가 〈의사 가셰의 초상〉에 그려넣은 책 중 하나가 《마넷 살로몽》이다. 빈센트는 이 책을 흥미롭게 읽었다. 공쿠르 형제는 예술가의 투쟁적인 삶을 그린 이 소설에서 일본미술의 하나인 우키요에를 프랑스 사상 처음으로 소개했다. 빈센트는 이 책에서 우키요에를 접한 뒤, 우키요에에 매료되었다. 그래서 탕기 영감 초상화에 우키요에를 그리는 등 우키요에를 자기 식대로 소화하여 그림에 썼다. – 지은이

도데의 《타라스콩의 타르타랭》

도데는 그의 단편소설 〈마지막 수업〉이 한국의 국어 교과서에 실려 있어 우리에게 꽤 친숙한 작가지만 공쿠르 형제나 모파상과 같은 수준의 작가는 아니었다.

〈마지막 수업〉은 프랑스와 독일 간의 전쟁을 배경으로 한 소설로, 독일에 패한 프랑스가 알자스-로렌 지방을 빼앗기게 되고, 독일령이 된 알자스-로렌 지방 학교 교실에서는 더 이상 프랑스어를 쓸 수 없게 된 상황을 그린 작품이다. 〈마지막 수업〉이 일제강점기부터 널리 읽히게 된 것은 도데가 일찍부터 일본에 소개되고 있었기 때문이다. 일본은 1945년 8월 태평양전쟁에 패하여 자기 나라로 돌아갔는데, 아마도 이와 비슷한 상황이 〈마지막 수업〉에도 묘사되어 있어 일본이 좋아했던 것으로 보인다. 그 수업이 행해진 19세기 말의 알자스-로렌 지방은 한일 관계보다는 복잡했지만 기본적으로는 같았다.

졸라가 '드레퓌스 사건'에서 국가에 도전한 좌파인 반면 도데는 우파였다. 흔히 프랑스 작가는 모두 좌파로 생각하는데 잘못된 생각이다. 도데를 비롯하여 바레스(Barrès), 모라스(Maurras), 뱅빌(Bainville), 드리외(Drieu), 브라지야크(Brasillach), 그리고 카미유 클로델의 동생인 가톨릭 작가 폴 클로델(Paul Claudel) 등 우리에게는 생소하지만 프랑스 내에서는 유명한 작가가 모두 우파였다. 그러니 우리 한국의 소설가들이나 시인들 중에 우파가 많다고 해서 크게 불쾌할 일은 아닐지 모른다.

빈센트 반 고흐는 파리 시절에 도데의 《방앗간 소식》도 읽었을 것이다. 아를 부근의 버려진 방앗간을 무대로 한 그 단편집을 읽고 빈센트는 아를의 인물과 풍경을 접하였으리라. 빈센트는 아를에 도착한 직후에도 눈이 내려 쌓인 아를을 바라보며 하숙집에서 도데의 소설 《알프스의 타르타랭》을 읽었다. 이 소설은 《타라스콩의 타르타랭》이 성공한 뒤 몇 년 지나서 다시금 같은 남자 주인공을 내세운 모험담이다. '타라스콩'은 도데의 소설 《타라스콩의 타르타랭》의 배경이 되는 지역으로, 아를은 이 타라스콩과 가까운 곳에 있었다. 빈센트는 일찍이 프로방스 태생인 도데의 소설을 즐겨 읽으면서 그가 묘사한 남프랑스의 태양과 풍경에 매료되었다.

《알프스의 타르타랭》과 《타라스콩의 타르타랭》 중 뒤에 작품을 한번 보자. 이 소설은 '타르타랭'이라는 체격 좋고 몸집 큰 남자가 솜씨 좋은 사냥기술을 써먹고자 아프리카로 가서 겪는 좌충우돌 여행기다. 사실 타르타랭은 말로만 아프리카, 그것도 알제리로 가서 동물의 왕인 사자를 잡아오겠다고 설쳐대다가 주민들의 강권에 못 이겨 진짜로 아프리카 여행에 나서게 되고, 알제리에서 온갖 해프닝을 겪다가 결국은 사자 대신 낙타와 함께 타라스콩으로 돌아오는 다소 우스꽝스러운 인물이다. 하긴 타르타랭의 뜻이 '허풍선이'다.

도데는 세르반테스의 《돈키호테》에서 영감을 얻어 '타르타랭 시리즈'를 썼다. 《타라스콩의 타르타랭》에서 타르타랭은 두 가지 인격을 지니

도데(Alphonse Daudet, 1840~1897) 남프랑스 님 태생의 소설가. 고등중학교에 다니다가 가정형편이 어려워져 그만두고, 알레스에 있는 중학교에서 사원으로 일했다. 1857년 형이 있는 파리로 가서 문인의 길을 모색하였다. 이듬해 시집 《연인들》을 발표하여 한 공작의 주목을 받고 그의 비서가 됨과 동시에 문학에 더욱 매진하였다. 그 뒤 시인 미스트라르를 비롯하여 플로베르, 졸라, 공쿠르, 투르게네프 등과 교류하였다. 자연주의 일파에 속하는 그는 서정적이고 잔잔한 묘사가 인상적인 단편소설 〈별〉과 이 소설이 실린 단편집 《방앗간 소식》을 발표하여 널리 이름을 알렸다. 주요 작품으로 소설 《타라스콩의 타르타랭》, 《월요이야기》, 《나바브》, 《알프스의 타르타랭》, 《불후(不朽)의 사람》, 《타라스콩 항구》 등이 있고, 수상집 《파리의 30년》, 《한 문학인의 추억》 등이 있다. 희곡 〈아를의 여인〉을 쓰기도 했는데, 비제가 곡을 붙임으로써 더욱 유명해졌다.

고 있는데, 하나는 타르타랭 키호테, 또 하나는 타르타랭 산초다. 타르타랭 키호테는 당연히 돈키호테처럼 영웅심과 기사도에 도취되어 당장이라도 세계를 누비고 싶어 안달하는 타르타랭이고, 타르타랭 산초는 그저 맛있는 것이나 먹고 편히 생활하기를 바라는 평범한 소시민 타르타랭이다. 가령 이런 식이다.

두 타르타랭 사이의 대화—타르타랭 키호테 아주 흥분하여: 승리로 너를 장식하라, 타르타랭! 타르타랭 산초 매우 조용히: 담요나 덮고 있어, 타르타랭. 타르타랭 키호테 점점 더 열광하며: 오, 두 발의 총알로 충분한 멋진 총이여! 오, 단검들아, 올가미들아, 가죽신들아! 타르타랭 산초 점점 더 조용히: 오, 잘 짜여진 조끼여! 따뜻하게 데워진 무릎싸개여! 오, 귀를 덮는 용감한 모자들이여! 타르타랭 키호테 주위를 돌며: 도끼! 누가 도끼를 다오! 타르타랭 산초 하녀를 부르며: 자네뜨, 내게 뜨거운 초콜릿을 갖다줘!

처음엔 타르타랭 산초의 인격이 더 드세어, 아프리카로 떠나기를 망설이는데 하도 주민들이 타르타랭에게 행동으로 보여줄 것을 요구하자 마지못해 타르타랭은 알제리로 떠난다. 마흔다섯 살이 되도록 마을 밖에서는 한 번도 자본 적 없는 그 타르타랭께서 말이다. 이 우스꽝스러운 사냥꾼이 알제리에 가서 겪는 갖가지 소동, 즉 채소밭을 사하라 사막으로 여기고 납작 엎드려 사냥감을 기다리는 일이나 무어 여인에게 한눈을 팔아 몇 달간 한량처럼 세월아 네월아 하는 일 등 다소

■ 도데는 《타라스콩 항구》를 1890년에 썼으나 빈센트는 그 해에 죽어 이 소설을 읽지 못했다.

4장 반 고흐가 사랑한 프랑스 문학   325

덜 떨어진 행동들은 빈센트에게 크나큰 즐거움을 준 것 같다. 빈센트는 테오에게 쓴 편지에서 몇 번이나 타르타랭을 언급하기 때문이다. 빈센트는 '타르타랭 시리즈'를 다채로운 작품이라고 말하는가하면 볼테르의 《캉디드》만큼 뛰어난 걸작이라고 단언한다. 또한 도데가 《타라스콩의 타르타랭》에서 보여준 남프랑스 묘사에 깊이 공감하기도 한다.

> 도데가 《타르타랭》에서 묘사한 남쪽에 대한 진심 어린 경도와 여기서 내가 발견한 친구나 사랑스러운 경치를 더한다면 이 가공할 만한 병을 앓으면서도 내가 여전히 강렬한 대지와 떨어지기 어려울 정도로 연결되어 있음을 너도 이해할 수 있을 것이다. – 1889년 9월 10일, 테오에게 쓴 편지

확실히 도데는《타라스콩의 타르타랭》에서 애정이 듬뿍 담긴 시선으로 남프랑스를 묘사한다. "신기루! 이 말을 더 잘 이해하고 싶다면 남프랑스에 와보라. 그러면 알게 될 것이다. 여러분들은 태양이 모든 것을 더 아름답게 만들고 원래의 모습보다 더 위대해 보이게 하는 신비한 지방을 보게 될 것이다."

빈센트는 주아브 병사를 그린 적이 있는데 아마도《타라스콩의 타르타랭》을 읽고 어느 정도 영향을 받은 게 아닐까 생각된다. 이 소설에서 두 번째 이야기의 한 토막을 보자.

> 친애하는 독자 여러분, 나는 화가였으면 좋겠다. 두 번째 이야기에 들어가기에 앞서 프랑스와 알제리 사이를 건너는 사흘 동안 주아브 호 뱃전에서 타르타랭의 머리 위에 얹혀진 붉은 세샤 모자가 얼마나 다양한 모습을 보여줬는지, 정확하고 명료하게 여러분들의 눈앞에 펼쳐 보일 수

있는 그런 재능 있는 화가였으면 좋겠다. (…) 영웅의 두개골 위에서 두려워 솟아오른 세샤 모자, 광풍과 바다의 짙은 안개 속에서 곤두선 푸른 모직의 술이 달린 그 세샤 모자…

실제로 빈센트는 주아브 병사를 그렸고, 주아브 병사의 두개골 위에 붉은 세샤 모자를 씌웠던 것이다. 이 주아브 병사는 당시 휴가를 맞아 아프리카에서 아를에 와 있었고, 빈센트의 부탁을 받아 포즈를 취해주었다.

그러나 《타라스콩의 타르타랭》이 빈센트가 열렬히 칭찬할 만큼 걸작인지는 의문이다. 이 모험담에서 도데는 은연중 반反인디언 정서를 드러내며, '곱슬곱슬한 짧은 머리를 가진 검둥이'와 아랍인, 이슬람교, 무신론자들에 대해 공공연히 배타심을 드러내기도 하고(도데는 이들을 미개인이라고 부른다!) 아프리카를 정복해야 하는 곳으로 여기는 등 제국주의적 관점을 드러내기 때문이다. 가령 이슬람교를 노골적으로 비난하는 대목은 이렇다. 아니 차라리 조롱일지도 모른다.

라 알라 일 알라… 마호메트는 늙은 익살꾼입니다. 동양, 코란, 지휘관들, 사자들, 무어인들 이런 모든 것은 바보만도 못해요! (…) 사나운 터키족도 이젠 없어요. 사기꾼들만이 있을 뿐입니다. 타라스콩 만세!

우리는 이 대목에서 다음과 같은 것을 눈치 챌 수 있다. 도데가 내세운 '타르타랭'이라는 인물은 프랑스의 기독교적 영웅이고, 이 영웅이 이슬람교의 수호동물인 사자를 포획함으로써 이슬람교를 패배시켰음을 상징적으로 표현한 것이라는 사실을. 지나친 해석일까? 무엇보다 궁금

〈주아브 병사〉, 1888년, 개인 소장. 도데의 모험소설 《타라스콩의 타르타랭》을 읽고 이 그림을 그렸을 것으로 보인다. 주아브 병사가 쓰고 있는 모자를 타르타랭도 머리에 뒤집어쓰고 알제리로 사자 잡으러 갔다.

한 것은 빈센트가 도데의 이런 국수주의나 반아랍 정서에 공감했을지다. 아무래도 그러지는 않았을 것이다. 빈센트는 베르나르에게 보낸 한 편지에서 잔인한 백인을 혹독하게 비판함과 동시에 원주민을 높여 말하기 때문이다. "술병과 돈과 매독을 가진 무자비한 백인, 우리는 언제 그 끝을 볼 것인가? 위선, 탐욕, 불모의 그 무자비한 백인. 반면 원주민은 얼마나 부드럽고 사랑스러운가!" 빈센트는 네덜란드 태생이지만 십 대 후반에 고향을 떠나온 뒤 평생 이 나라 저 나라를 전전했고, 무엇보다 주아브 병사를 그려 인종차별 의식이 없음을 보여주었기 때문이다.

어쨌든 《타라스콩의 타르타랭》은 빈센트에게 꽤나 흥미로운 소설이었다. 빈센트가 그림으로 남긴 〈타라스콩의 합승마차〉도 《타라스콩의 타르타랭》에 나오는 그 합승마차다. 소설에서 '타라스콩의 합승마차'는 프랑스에 막 생기기 시작한 기차로 인해 퇴물로 취급받아 프랑스 식민지인 알제리로 팔려간다. 거기서 '합승마차'는 타르타랭을 만나 하소연을 한다. 이 더러운 알제리에서 자신을 구해달라고!

빈센트는 타라스콩에 환상을 갖고 있어서 타라스콩을 자주 입에 올리곤 했다. 심지어 그는 죽음을 이야기할 때조차 타라스콩에 대해 말했다.

> 지도에서 도시나 마을을 가리키는 검은 점을 보면 꿈을 꾸게 되는 것처럼 별이 반짝이는 밤하늘은 언제나 나를 꿈꾸게 한다. 그럴 때 묻곤 하지. 왜 프랑스 지도 위에 표시된 검은 점에게 가듯 창공에서 반짝이는 저 별에겐 갈 수 없는 걸까. 타라스콩이나 루앙에 가려면 기차를 타야 하는 것처럼 별까지 가기 위해서는 죽음을 맞아야 한다. 죽으면 기차를 탈 수 없듯이 살아서는 별에 갈 수 없다. (…) 늙어서 평화롭게 죽는다는 것은 별까지

〈타라스콩의 합승마차〉, 1888년, 개인 소장. 빈센트 반 고흐는 도데의 《타라스콩의 타르타랭》을 읽고 이 그림을 그렸다. 도데의 소설에 등장하는 '합승마차'는 막 생기기 시작한 기차 때문에 퇴물로 취급받아 프랑스 식민지인 알제리로 팔려간다. 빈센트는 버림받은 합승마차에 연민을 느꼈을 것이다.

걸어간다는 것이지. - 1888년 7월 9일 또는 10일, 테오에게 쓴 편지

한편 우리에게는 《월요 이야기》로 유명한 도데의 희곡 〈아를의 여인〉을 빈센트도 읽었으리라(이 소설은 '비제의 오페라'로 더욱 유명해졌으나 빈센트가 그 오페라를 본 것 같지는 않다). 그러나 아를의 여인은 극중에 전혀 등장하지 않는다. 그리고 빈센트는 일본을 알기 전에 타라스콩을 알았다.

그 밖에 빈센트는 도데의 다른 작품인 《나바브》도 읽었다고 테오에게 쓴 편지(1882년 11월 5일 편지)에 밝힌 적이 있다. "며칠간 도데의 《나

바브》를 읽었다. 걸작이라고 생각한다. 가령 나바브와 은행가 에네랑 그가 새벽에 페르 라세즈를 산보했을 때 발자크의 흉상이 하늘을 향해 검은 실루엣을 만들며 두 사람을 아이러니컬하게 바라보았을 때와 같은 장면이다."

《나바브》는 한 공작의 사생활을 그린 대중 취향의 소설이다.

타라스콩의 타르타랭, 도데 지음
세계명작선 편집위원실, 웅진출판

친애하는 독자 여러분, 나는 화가였으면 좋겠다. (…) 프랑스와 알제리 사이를 건너는 사흘 동안 주아브 호 뱃전에서 타르타랭의 머리 위에 얹혀진 붉은 세샤 모자가 얼마나 다양한 모습을 보여줬는지, 정확하고 명료하게 여러분들의 눈앞에 펼쳐 보일 수 있는 그런 재능 있는 화가였으면 좋겠다.
- 《타라스콩의 타르타랭》에서(한국어판 제목은 《따르따랭의 대모험》)

5장

반 고흐가 사랑한 영문학

> 세상에는 아직도 많은 노예제가 남아 있다.
> 참으로 아름다운 《톰 아저씨의 오두막》에서 (…)
> 작가는 사물에 새로운 빛을 비추고 있더구나.

스토의 《톰 아저씨의 오두막》

빈센트 반 고흐의 짧은 생애에서 가장 결정적인 시기는 화상, 보조 교사, 책방 점원 등 여러 직업을 전전하다가 1878년 말부터 벨기에 보리나주 광산촌에 들어가 임시 전도사로 일할 때다. 그곳의 노동 환경은 최악이어서 노동자들의 저항이 끊이지 않고 이어졌다. 그것은 1880년대에 정점에 달해 폭력 사태를 동반한 파업이 되풀이되곤 했다. 1879년 6월 테오에게 쓴 편지에서 빈센트는 그 파업의 주동자와 알게 되어, 그들에 더욱 공감하게 되었다고 말했다. 그러면서 스토의《톰 아저씨의 오두막》을 읽은 소감을 다음과 같이 남겼다.

세상에는 아직도 많은 노예제가 남아 있다. 참으로 아름다운 이 책에는 이러한 중요한 문제가 매우 큰 지혜와 사랑 그리고 압제에 고통받는 가난한 사람들의 진실한 행복을 생각하는, 한없는 열의와 흥미로 얘기되고 있다. 그런 만큼 사람들은 이 책을 몇 번이고 다시 읽을 때마다 새로운 것을 발견하게 된다.
'예술은 자연에 부가된 인간이다.' 나는 이보다 더 좋은, 예술에 관한 정의는 알지 못한다. 자연, 실재, 진리, 그러나 그로부터 예술가가 이끌어내는 의미와 견해와 특성이 가해지는 것이다. 예술가는 그것들에 인상을 부여하고 그것들을 '해방시키며' 풀어내고 자유롭게 하며 해명하는 것이지. (…) 특히《톰 아저씨의 오두막》에서 작가는 사물에 새로운 빛을 비추고 있더구나. - 1879년 6월 19일경, 테오에게 쓴 편지

빈센트가 스토의《톰 아저씨의 오두막》을 읽고 평소 애독하던 다른

소설에서와 마찬가지로 위안을 얻으려 했다고 보는 견해*가 있다.

그러나 단순히 감정적인 위로만을 받으려고 했을까? 빈센트는 압제자의 손아귀에서 목숨을 건 탈출을 감행하여 마침내 억압의 사슬을 끊은 한 인간의 여정을 담은 그 소설이 본질적으로는 자유에 관한 이야기임을 매우 냉철하게 이해했다.** 현대 평론가들은 빈센트가 읽은 19세기 소설들이나 그림들을 그 시대 맥락으로 이해하려 들지 않고, 20세기 시각에서 단순히 윤리적 기준으로만 읽으려 하는데, 이는 썩 바람직하지 않은 태도라고 본다.

《톰 아저씨의 오두막》은 빈센트가 그토록 살고 싶어했던 희생의 삶, 헌신의 삶, 종국에는 자유의 삶-예수가 말한 자유의 삶에 가까운 삶, 즉 몸은 농장주에게 묶여 있으나 정신은 원없이 자유로운 상태-을 살다가 순교자로 생을 마친, 흑인 노예 '톰 캐빈'의 일대기를 다루고 있다. 살갖 검은 아프리카 사람을 노예로 사고파는 야만의 나라 미국에서 17세기부터 20세기까지 온갖 파렴치한 학대와 압제와 살인이 벌어졌고, 우리는 그것을 장편소설이자 대서사시인 《톰 아저씨의 오두막》에서 철저히 목격하게 된다.

"그렇다면 저 어린애를 내게 주십시오. 상당한 값으로 쳐준 건 아시겠죠." "도대체 그 애를 데려가서 무얼 하려는 거요?" 셸비가 물었다.

스토(Harriet Elizabeth Beecher Stowe, 1811 ~ 1896) 소설 형식으로 인본주의를 드러낸, 진정한 작가 스토는 미국 코네티컷 주 리치필드에서 목사의 딸로 태어났다. 한동안 교사로 일하다가 문예지에 단편소설을 기고하면서 문인의 길로 들어섰다. 1850년에 노예도망 단속 법안이 통과되자 노예제에 대한 반발심이 절정에 달하여, 《톰 아저씨의 오두막》을 쓰게 됐다. 당대에 격려와 비판을 동시에 받은 이 장편소설로 스토는 오직 사랑과 헌신만이 인류를 구원한다는 묵직한 메시지를 전했다. 톨스토이는 이 소설을 두고 "가장 고귀한 예술작품"이라고 격찬했다. 스토의 다른 작품으로는 《올드 타운의 사람들》이 있다.

"이 사업에 나서려는 제 친구가 있는데, 잘생긴 흑인 아이들을 사서 시장에 내놓으려고 해요. 부자들의 시중을 드는 흑인 아이들은 값이 좀 나가거든요. 예쁜 흑인 아이가 문을 열어주고 옆에서 시중을 들어준다면 집안의 분위기가 한결 살아나거든요. 그래서 잘생긴 아이들은 상당히 돈이 돼요. 저 아이는 재미있고 노래도 잘하니 아주 제대로 된 물건입니다."

노예 중개인과 백인 농장주가 은밀하게 대화를 나누는 장면이다. 소설의 도입부에 등장하는 이 대목만으로도 흑인이 앞으로 얼마나 비인간적으로 다루어질지 짐작이 간다. 어른 흑인뿐만 아니라 아이 흑인까지 아무런 양심의 거리낌 없이 팔리는 게 현실이다. 소설의 주인공 톰 캐빈은 흑인 노예로, 누구보다도 신앙심이 깊은 고결한 사람이다. 그는 농장주의 신임을 한몸에 받는 특출 난 인간이지만 그 백인 주인이 빚더미에 나앉자 팔려가는 신세가 되고, 끝내는 아주 사악한 백인 주인을 만나 모진 학대를 받다가 목숨을 잃고 만다. 그러나 그의 목숨은 노예 두 사람을 해방시키는 데 쓰이고, 그로써 톰 캐빈은 순교자의 영광을 입는다. 빈센트가 이런 톰을 얼마나 흠모하고 사랑했을지는 굳이 말하지 않아도 좋으리라.

《톰 아저씨의 오두막》에는 톰뿐만이 아니라 신실하고 정직한 인물이 여럿 나온다. 성경에서 막 튀어나온 듯이 보이는 천사 같은 아이 에반젤린, 무신론자이지만 마음만은 자상하고 따듯한 세인트클리어, 구속되어 있는 노예에서 도망자로 마침내는 자유인으로 우뚝 선 조지 해리

▪ Judy Sund, 'Favoured Fictions: Women and Books in the Art of Van Gogh,' *Art History*, XI(1988), 255~267쪽.
▪▪ *Van Gogh 100*, 121쪽.

스 등 인간의 참된 본질을 드러내주는 사람들이 나온다. 선량하고 고상한 인간이 있으면 사악하고 야비한 인간도 있다. 악의 전형성을 보여주는 백인 농장주, 노예제는 신의 섭리라고 주장하는 간교한 목사, 흑인 노예는 무엇보다 매질로 다스려야 한다고 주장하는 젊은 마님, 농장주에게 갖은 학대를 받아 완전히 노예근성에 찌든 나머지 인간성마저 상실해버린 두 흑인 노예감독, 탈출하는 노예를 붙잡아 다시 팔아먹는 브로커 등이 그들이다.

일찍이 톨스토이가 이 소설을 두고 "하느님과 인간의 사랑이 물처럼 흐르고 있는 가장 고귀한 형태의 예술작품"이라고 한 것처럼 빈센트도 이 작품을 열렬히 찬양했다. 이 소설은 몇 번이고 반복해 읽어도 그때마다 감동이 밀려온다고 편지에 쓸 만큼.

정말로 《톰 아저씨의 오두막》에는 빈센트의 혼을 사로잡을 만한 요소가 많다. 억압받는 노예의 자유를 그리고, 사랑만이 인류를 구원한다는 메시지가 담긴데다가 소설 곳곳에 등장하는 성경 구절과 요단강, 예루살렘, 가나안 같은 성경 속 지명, 그리고 버니언의 《천로역정》을 인용한 구절, 성경의 비유 말씀을 재현해놓은 듯한 장면 등은 평소 너무도 고독했던 빈센트에게 친숙한 느낌을 불러일으켰을 것이고 그의 종교적 감수성을 건드렸을 것이다.

스토는 소설에 주옥같은 성경 구절을 변형하여 넣거나 그대로 넣곤 했다.

> 라마에서 통곡소리가 들린다 애절한 울음소리가 들린다 라헬이 자식을 잃고 울고 있구나 그 눈앞에 아이들이 없어 위로하는 말이 하나도 귀에 들어가지 않는구나. - 예레미야서 31장 15절

남을 죄짓게 하는 자는 불행하다. - 마태복음 18장 7절

　이것은 노예 엄마한테서 아이를 강제로 떼어내어 따로 팔아넘기는 장면을 더욱 극적으로 드러내 보인다. 노예 엄마는 자식도 저처럼 비참한 삶을 살게 될까 두려워 자식에게 아편을 먹이고 품에 꽉 안아 죽이기까지 한다. 이 어미의 애통한 마음을 누가 헤아릴 수 있을까? 그러니 어미한테서 아이를 떼어내는 행위에 빈센트는 눈물을 흘리지 않을 수 없었을 것이다. 그래서 시엥의 사생아를 누구보다 잘 돌보았을 것이다. 빈센트는 아이를 좋아하여 요람 속의 아이를 그린 적이 있고, 우체국 직원 룰랭의 두 딸을 그리기도 했다. 그는 요람에 뉘어 있는 아기의 눈 속에 신이 있다고도 말했다. 그러니 학대받는 흑인 아이를 보고 빈센트가 얼마나 눈물을 흘렸을지 짐작이 간다.
　'나사로의 소생' 장면이 있는 요한복음 11장은 톰이 무척이나 좋아하는 구절로 나온다. 알다시피 빈센트는 죽기 1년 전 〈나사로의 소생〉이라는 그림을 그렸다. 빈센트는 그 그림에 붉은 수염을 가진 나사로를 그려 넣었다. 붉은 수염을 가진 나사로, 바로 빈센트 자신이 아닌가! 그것은 참으로 눈물겨운 신앙 고백이었다.
　그 밖에도 《톰 아저씨의 오두막》에는 빈센트가 감동할 수밖에 없는 대목이 많이 있다. 특히 예수의 비유 말씀 가운데 하나인 선한 사마리아 사람을 떠올리게 하는 부분을 옮겨본다.

　"저 불쌍한 친구를 어떻게 하실 겁니까?" 조지가 물었다.
　"우선 아마리아의 집으로 데려갈 겁니다. 거기 스티븐스 할머니가 계신데, 다들 도커스라고 부르지요. 훌륭한 간호사입니다. (…) 이 할머니가

병든 사람을 돌봐주면 효과 만점이죠. 저 친구를 한 이 주쯤 맡길 생각입니다."

여기서 '불쌍한 친구'는 바로 톰 로커다. 그는 주인의 폭압을 견디지 못하고 도망친 노예들을 붙잡아 되파는 노예 상인이다. 비열하기 짝이 없는 그가 퀘이커교도인 도커스의 간호를 받게 된 것은 도망자 노예 '조지'를 쫓다가 정당방위를 하는 조지의 총에 맞고 중상을 입었기 때문이다. 톰 로커와 죽이 잘 맞던 백인 동료는 크게 다친 톰을 내버려둔 채 줄행랑을 쳐버리고, 오히려 톰 로커의 추적을 당하던 조지 일행이 톰 로커를 거두어 퀘이커 정착촌에 데려다주는 것이다. 그야말로 '선한 사마리아인' 비유 말씀을 스토 식으로 풀어낸 것으로 보인다. 백인에게서 멸시받는 조지(사마리아인)가 곤경에 빠진 그 백인을 안전한 곳으로 데려가 치료받게 한다는 점에서 말이다.

빈센트의 고백대로 《톰 아저씨의 오두막》에는 지금 우리가 읽어도 감동적인 데가 참으로 많다. 몇 대목만 옮겨본다.

> 아주 인도적인 한 법률학자가 이런 말을 했다. "인간을 최악으로 학대하는 방법은 그를 목매달아 죽이는 것이다." 아니다. 그보다 더 나쁘게 인간을 학대하는 방법이 있다. 그것은 노예제도이다.

> "이 저주받은 제도, 신과 인간에게 저주받은 이 제도의 본질은 과연 무엇일까요? 이 제도의 모든 장식물을 벗겨내고 그 뿌리와 핵까지 파고 들어간다면, 과연 무엇이 있을까요? 자, 한번 보십시오. 흑인은 무지하고 나약한데 나는 지식이 있고 강하기 때문에, 내가 어떻게 해야 할지 알고

또 그렇게 할 수 있기 때문에, 나는 흑인이 가진 모든 것을 빼앗아 독차지하고 내 기분만큼만 그에게 줍니다. 내게 너무 힘들고 너무 지저분하고 너무 마음에 들지 않는 일은 무엇이든지 흑인에게 주어 그것을 하도록 시킵니다. 내가 일하는 것을 싫어하니까 흑인에게 시키는 거죠."

"아, 톱시, 불쌍한 아이. 내가 널 사랑하잖아! (…) 내가 널 사랑해. 왜냐하면 넌 아버지도 어머니도 친구도 없는 불쌍한 아이이고 학대받은 아이잖아. 그래서 널 사랑해. 난 네가 착한 아이가 되면 좋겠다. 톱시, 난 몸이 굉장히 좋지 않아. 얼마 살지 못할 거야. 네가 이렇게 못된 아이로 있는 게 정말 슬퍼. 네가 좋은 아이가 되려고 노력했으면 좋겠어. 날 위해서 말이야. 내가 너와 함께 있을 날도 이제 얼마 남지 않았어."

《톰 아저씨의 오두막》을 쓴 해리엇 비처 스토는 단순히 소설가가 아니라, 가장 위대한 예술가이자 사상가라고 할 만하다. 스토는 남북전쟁을 촉발한 문제작으로 평가받는 이 소설을 하느님으로부터 받아 쓴 것이라고 열에 들뜬 듯이 고백하기도 했다. 그만큼 스토 자신이 '톰 아저씨'만큼이나 종교적으로 신실한 사람이었다. 스토는 체험과 르포를 바탕으로 이 방대한 소설을 써서 발표한 뒤 남부 사람들에게서는 정신적 테러에 가까운 비난을, 북부 사람들한테서는 위로와 격려를 받았다. 노예제를 허용하는 남부 사람들과 노예제를 비판하는 북부 사람들 간의 반목은 그 뒤 남북전쟁으로 이어진다.

한데 추악한 노예제의 현실을 폭로하고 고발하는 《톰 아저씨의 오두막》이 웬일인지 한국에서는 동화로 알려져 있다. 그래서 그 주제와 가치가 제대로 평가를 받지 못한 면이 없지 않다. 미국에서는 모든 학교에서 의무적으로 읽게 할 만큼 문학적 가치가 높다. 반면 우리 한국에서는 한국만의 독특한 세계문학전집 시리즈가 지금까지도 여러 종류 쏟아져 나오고 있지만, 《톰 아저씨의 오두막》이 포함된 그것은 문학동네판뿐이다. 최대 권수를 자랑하는 300권 이상의 민음사판을 비롯하여 대부분의 세계문학전집에는 그 책이 들어 있지 않다. 마치 세계문학의 하나가 아니라는 듯이. 그러나 《톰 아저씨의 오두막》이야말로 그 300권 중 어느 책보다도 위대한 세계문학이다. 즉 19세기 후반 미국인의 양심에 호소하여 남북전쟁을 촉발시킨 항의소설이자, 노예무역으로 팔려온 아프리카 흑인들이 미국 땅에서 겪는 참상을 작가 자신의 실제 경험에 비추어 세세히 묘사한 걸작이다. 직설적이고 예리한 비판으로 노예제의 반反문명성을 공격하는 한편 노예제라는 것이 결국 하나의 거대한 농담임을, 유머라는 문학적 장치를 이용해 마음껏 조롱하는 위대한 작품이다.

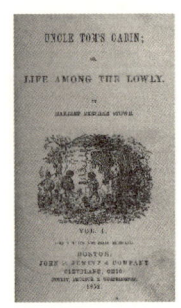

톰 아저씨의 오두막, 스토 지음
이종인 옮김, 문학동네

"이런 자들은 지옥에서 '영원히' 불탈 거야. 틀림없어." 앤디가 말했다. "애들아! 너희들은 지금 무슨 말을 하고 있는지 모르는 것 같구나. '영원히'라는 말은 정말 무서운 말이야. 그런 생각을 하다니 정말 끔찍하구나. 그 어떤 사람에게도 그런 말을 써서는 안 되는 거야." 톰이 말했다. -《톰아저씨의 오두막》에서

칼라일의 《의상철학》

빈센트 반 고흐는 1877년 10월 21일 테오에게 쓴 편지에서 처음으로 칼라일을 언급했는데, 이는 칼라일의 《프랑스혁명》을 읽고 쓴 것이다. 그러나 빈센트가 칼라일에 대해 집중적으로 쓴 시기는 1883년이다. 그 해 빈센트는 헤이그에 머물면서 친구인 라파르트에게 칼라일의 《의상철학》을 읽고 다음과 같이 썼다.

그는 '낡은 의상' 속에 모든 종류의 형식이나 종교의 모든 교리를 포함시키고 있네. 참으로 아름답고 현실에 충실한 책이며 인간적인 책이지. 그의 다른 책과 마찬가지로 이 책에 대해서는 여러 가지 비판이 있네. 많은 사람들이 칼라일을 괴물이라고 생각한다네. 그의 《의상철학》에 대해 이런 농담이 떠돌고 있거든. 그는 사람들의 옷을 벗겨 나체로 만들었을 뿐 아니라 가죽까지 벗겼다든가 하는 농담 말일세. 이 농담은 잘못된 것이지만 그가 셔츠를 피부라고 부르지 않을 정도의 성실함을 가진 것은 사실이지. 나는 그의 책에서 인간을 비하하는 경향은 전혀 보지 못했네. 도리어 인간을 이 세상에서 보다 높은 단계로 고양시키려 한다고 생각하네. 나는 그 책에서 신랄한 비판을 넘어 인간성에 대한 사랑, 깊은 사랑을 발견했네. 칼라일은 괴테로부터 많이 배웠지. 그러나 나는 그보다 더욱 많은 것을 책 같은 건 전혀 쓴 적이 없는 어떤 사람한테서 배웠다고 생각하네. 그러나 자신이 쓰지는 않았지만 그의 말은 지금도 전해지고 있네. 바로 예수지. 그는 또한 칼라일보다 더욱 이전에 모든 사물이 갖는 다양한 형식주의를 '낡은 의상' 속에 던져버렸다네. - 1883년 3월 5일경, 라파르트에게 쓴 편지

목사인 아버지와 복음주의자들에게서 상처를 받을 대로 받은 시기인 1880년, 탄광 지역에 머물고 있던 빈센트는 테오에게 편지를 보냈다. 그리고 그 편지에서 넌더리난다는 듯이 다음과 같이 말했다.

너는 복음주의자도 예술가의 경우와 똑같다는 것을 반드시 알아야 한다. 전통을 맹종하는 낡은 무리가 있다. 그들은 실로 혐오스럽고 전제적이며 '황폐하게 만드는 끔찍한 자'다. 요컨대 편견과 관습의 갑옷, 그것도 강철로 된 갑옷을 입은 무리다. - 1880년 6월 22~24일경, 테오에게 쓴 편지

여기서 빈센트가 입에 올린 '편견과 관습의 갑옷', 즉 강철로 된 갑옷이란 말은 칼라일의 《의상철학》을 읽고 나름대로 얻은 자신만의 표현으로 보인다.

칼라일의 《의상철학》은 한 지적 방랑자의 구도 여행기다. '토이펠스드뢰크 씨의 생애와 견해'라는 부제가 딸린 이 철학소설은 '토이펠스드

칼라일(Thomas Carlyle, 1795~1881) 스코틀랜드에서 가난한 석공 겸 농부의 아들로 태어난, 영국의 비평가이자 역사가다. 독실한 칼뱅주의자인 부모 아래서 종교적 감수성을 키워나갔으나 근대사상의 보고인 에딘버러대학에서 공부하며 계몽주의의 영향을 받았고, 한동안 종교에 회의를 품으면서 독일의 여러 사상가와 문인의 책을 탐독하였다. 그리하여 칸트, 피히테 같은 독일 사상가나 실러, 괴테 같은 독일 문인에게서 많은 자양분을 얻었다. 괴테의 《빌헬름 마이스터의 수업시대》를 영어로 번역하기까지 했다. 1828년에 결혼을 한 뒤 외딴 농장에 살면서 사색에 몰두하였다. 1832년부터 프레이저 지에 소설 형식의 철학 논고인 《의상철학》을 연재하기 시작했다. 이 논고에서 칼라일은 육체와 자연 같은 눈에 보이는 것은 모두 신의 의복이며, 모든 상징들은 본질을 감추고 있다고 설파하면서 당대의 유행 사조였던, 이성 중심의 공리주의와 경험론에 맞섰다. 《의상철학》은 초절주의 사상가인 에머슨의 도움으로 미국에서 먼저 책으로 출간되었다. 이후 역사에 관심을 돌려 《프랑스혁명사》를 완성했다. 혁명은 지배계급의 학정 때문에 일어나므로 정당한 행위라고 믿었고 지지했다. 그 밖의 저서로 《영웅과 영웅숭배》, 《프리드리히 대왕전》 등이 있다.

뢰크'라는 기묘한 사람이 형식과 기계주의에 맞서 영원한 긍정이 무엇인지, 즉 인간에게 가장 가치 있는 삶이 무엇인지를 고독하게 성찰하면서 풀어내는 진지한 장광설이다. 독실한 칼뱅주의 기독교 집안에서 태어난 칼라일은 대학 시절부터 종교에 회의를 느끼면서 내적 갈등을 심하게 겪었고, 10년 동안 칸트나 피히테 같은 사상가의 책과 괴테, 실러 같은 문인들의 책을 탐독하였다. 그렇게 해서 자신만의 책을 썼으니 그것이 《의상철학》이다. 소설 형식을 띠고 있지만 엄밀히 말해 철학서다. 《의상철학》에서 칼라일은 종교의 형식이나 의식 따위를 '낡은 의상'이라고 비판한다. 그러고는 이기적인 자아를 버리고, 쾌락이 아닌 신을 사랑하는 것이 인간의 참다운 자세라고 주장한다.

> 사람에게는 행복을 열렬히 추구하는 것보다 '더 높은 것'이 있다. 그는 행복이 없어도 지낼 수 있으며 행복 대신 축복을 발견할 수 있다! 모든 시대의 성자와 순교자, 시인과 성직자들이 고난을 받으며 가르친 것은 이 '더 높은 것'을 선포하기 위해서가 아니었던가? 그들이 자신들의 삶과 죽음을 통해 인간 내면에 있는 신성한 것을 증언하고, 이 신성한 것으로만 힘과 자유를 얻을 수 있음을 증언한 것은, 이 '더 높은 것'을 선포하기 위해서가 아니었던가? (…) 그대의 자아는 절멸되어야 한다. 생명은 자비로운 열병적인 경련에 의해 만성적인 병을 근절하고, 죽음을 넘어설 수 있다. 그대는 시간이라고 하는 성난 파도 위에서 삼켜지지 않고, 영원한 창공으로 높이 솟구쳐 올라갈 수 있다. 쾌락을 사랑하지 말고 하느님을 사랑하라. 이것이야말로 영원한 긍정이다.

인용한 글에서 마지막 발언, 즉 쾌락을 사랑하지 말고 하느님을 사랑하는 것이야말로 영원한 긍정이라는 것이, 이 방대한 소설의 핵심이다. 다시 말해 인간이 행복해지기 위해서는 단 하나만 필요한데, 그것이 곧 신앙이라는 것이다.

칼라일의 분신인 토이펠스드뢰크라는 사람은 이 깨달음을 얻기 위해 다락방에 칩거하고, 커피하우스에서 온종일 담배 연기에 둘러싸여 사색을 하며, 첫사랑에 실패하고 난 뒤에는 작심하고 수년간 방랑길에 오른다. 그가 방랑길에 나선 것도 세속에서 가장 아름답게 치켜세워지는 영원한 첫사랑에 실패한 뒤, 보다 궁극적이고 절대적인 것을 찾기 위해서다. 그것은 구도의 여정이다. 토이펠스드뢰크는 홀로, 괴팍하게 종교적 깨우침을 얻고자 앞으로 나아가고, 마침내 《의상철학》을 완성하게 된다.

빈센트가 왜 그토록 이 책을 좋아했는지는 어렵지 않게 짐작할 수 있다. 칼라일은 기본적으로 민중과 하층민을 사랑한다. 그는 토이펠스드뢰크의 입을 통해 말한다. "가장 천한 땜장이에게도 측량할 수 없는 숭엄한 신비가 깃들어 있음을 볼 줄 아는 사람은 행복하다." 토이펠스드뢰크가 묘사하는 늙은 하녀는 또 어떤가. "바지런한 할머니! 부엌에서 빨래하고 정돈하고 청소하더라도 귀에 거슬리는 소리 한번 낸 적이 없었다. 부엌은 언제나 모든 것이 알뜰하게 자리가 잡혀 있었고, 항상 알맞은 때에 뜨겁고 검은 커피가 들어왔다. 말 없는 리센 할머니는 귀 덮개가 달린 깨끗하고 하얀 모자 밑으로 주름은 잡혔지만 깨끗한 얼굴에 친절하고 총명한 표정, 거의 자비심이 가득한 얼굴로 사람들을 바라보곤 했다." 그리고 토이펠스드뢰크가 대장장이의 노동을 찬탄하는 것을 보자. "검댕을 뒤집어쓴 대장장이는 말로써가 아니라 두뇌와 근육으로 힘의 신비를 설교한다." 알다시피 빈센트 반 고흐는 늙은 여자와 구빈원 노인을 즐겨 그렸고, 그들에게서 숭고함을 느꼈다. 빈센트는 내가 아는 한 결코 상류층 여자를 그린 적이 없고 권력자를 그린 적도 없다. 빈센트는 버림받은 사람, 복권에라도 희망을 걸려고 복권소에 줄지어 선 빈민들, 거리의 여자, 베 짜는 직공을 그렸을 뿐이다. 칼라일은 하층민 서민을 좋게 본 것과는 달리 귀족은 경멸하였다. 그가 자기 분신을 내세워 조롱한 귀족을 보자.

여기 영면하신 분은 위대하신 필리푸스 체다름 체다름 백작, 황제고문관 황금 양모 훈장, 발목 장식 훈장, 검은 독수리 훈장을 받으신 분, 달 아래 사시는 동안 오 천 마리의 메추라기를 납 탄환으로 잡으시다. 자신과 하인들 그리고 네발짐승들과 두발동물들이 다채로운 음식물 천 만 파운드를 요란하게 소화시켜 공공연히 똥으로 만들다. (…) 그의 기념비를 찾고자 한다면 똥 무더기를 보라.

게다가 《의상철학》을 탈고한 토이펠스드뢰크는 지독히 가난한데다 사교성이라고는 전혀 없는 외골수다. 이 은둔하는 사람은 광기의 거리에 있는 맨 꼭대기 다락방에 기거하며, 누더기 옷을 걸치고 다닌다. 그러나 이 볼품없는 외모를 가진 인간의 내면에는 사상의 바다가 흐르고 있다. "그토록 완미하고 초라하기만 한 외모와 환경의 모든 안개와 어둠을 뚫고서, 우리는 그 내면에 있는 광명과 사랑의 바다 전부를 들여다보곤 한다." 이 사람은 자기는 학교에서 얻은 게 거의 없다고 단언하면서 오직 독학으로 자신의 내면을 튼실하게 일궈나갔다. 도서관의 사서도 어디에 있는지 알지 못하는 책까지 스스로 찾아 읽으면서! 그는 이렇게 독려한다.

형제여, 시작하자! 여기 책들이 있고, 우리에게는 책을 읽을 두뇌가 있다. 여기 땅 전체와 하늘 전체가 있고, 우리에게는 그것을 볼 눈이 있다. 자, 시작하자!

빈센트가 책을 통해 거의 모든 것을 얻은 것과 무엇이 다른가!
또한 토이펠스드뢰크는 오직 두 사람만을 존경한다고 고백한다. 땀 흘려 일하는 수척한 일꾼이 그 하나요 생명의 양식(진리 사상)을 위해 일하는 사람이 또 다른 하나다. 첫 번째 사람에는 농부·직공 등이 포함되고 두 번째 사람에는 예술가와 사상가가 포함되리라. 그리하여 토이펠스드뢰크, 즉 칼라일은 말한다. "나는 이 세상에서 '농사꾼 성자'보다 더 숭고한 존재는 모른다." 이 대목은 필경 빈센트의 심장을 뛰게 했을 것이다. 빈센트는 농부처럼 땀 흘려 그림을 그리길 원했고, 그림으로 신을 드러내고자 했다. 그러니 빈센트야말로 농사꾼 성자일지도 모른다.
한편 흥미로운 것이 있다. 뒤쪽에서 다루겠지만 디킨스는 《어려운 시절》을 썼다. 디킨스는 이 장편소설을 칼라일에게 바친다고 썼다. 왜 칼라일일까? 《어려운 시절》에서 디킨스가 비판하는 것이 기계주의, 수치 계량화다. 상상력을 짓밟고 오직 이성에 의해 가동되는 기계주의를 디킨스는 설득력 있게 비판했다. 그런데 이 기계주의를 앞서 비판하는 이가 바로 칼라일이다. 칼라일은 《의상철학》에서 이렇게 말한다.

경탄의 감정을 파괴하고 그 자리에 '측량'과 '계수'를 놓으려는 과학의 발전을 토이펠스드뢰크 씨는 그다지 환영하지 않는다. (…) 그는 외친다. '과학'이란 일종의 기계적이고 비천한 수공업에 지나지 않으며 그와 같은 일을 하기에는 과학적인 머리조차도 (그 속에 영혼이 들어 있으므로) 너무도 고귀하다.

 기계주의라는 귀신이 어떤 악몽보다 더 심하게 목을 졸라매고 있으니 그의 영혼은 질식하여 거의 다 빠져나가고, 그에게 남은 것이라고는 소화 기관과 기계적인 생명뿐이다.

 빈센트는 다음 구절에도 꽤 많이 공감했을 것 같다. "신념이란 아무리 훌륭하더라도, 행동으로 변하지 않으면 무가치한 것이다. (…) 즉 네가 의무라고 여기는 '가장 가까운 의무를 다하라'는 것이다!" 신념을 행동으로 옮기고자 빈센트는 버림받은 거리의 여자 시앵을 거두어 품에 안았다. 이론이 아닌 실천으로!
 모든 책이 완벽하지 않듯이 《의상철학》에도 다소 아쉬운 부분이 보인다. 기독교를 근간으로 철학을 논하는 만큼 이슬람교나 조로아스터교 같은 타 종교를 은연중 배척하는 분위기가 감지되며, 자기 나라인 영국보다 뒤떨어졌다고 여기는 나라에 대해서는 은근히 경멸감을 드러내기도 한다.
 칼라일이 《의상철학》에서 주장하는 것은 기계론적인 세계관에서 영웅적·신앙적·철학적·도덕적 세계관으로 돌아가야 한다는 것이다. 그는 당대의 기계론적 세계관을 다음과 같이 그렸다.

 파괴와 불신이 횡행하는 우리의 이 시대에는 악마까지도 쓰러뜨렸으므로 악마에 대한 믿음조차도 가질 수 없다. 내게 우주는 완전히 공허하여 생명도 목적도 의지도, 심지어 적의마저도 없었다. 그것은 하나의 거대한, 죽어버린 광대무변한 증기기관이어서 무생명의 무관심 속에서 돌고 돌며

내 사지를 갉아내고 있었다.

빈센트는 칼라일이 1829년에 쓴 〈현대의 징후〉라는 논문을 읽었다고 말한 적은 없지만 그 글에서 현대를 '기계의 시대'라고 규정한 점에는 동의했을 것이다. 칼라일은 "도처에 살아 있는 기술공들은 더욱 신속한 무생물에게 자리를 내주며 작업장에서 쫓겨나고 있다. 북은 직조공의 손에서 빠져나와 더 빨리 움직이는 철제 손에 잡히는 것이다." "이제 기계는 외적·물적인 것만이 아니라 내적·정신적인 것까지도 다루고 있다."■고 썼다. 즉 기계식 생산은 엄청난 생산력 증가와 빈부 격차를 낳을 뿐만이 아니라 인간의 생각과 감정 및 습관까지 변화시킨다는 것이다.

칼라일은 그러한 '기계적인 것'에 '역동적인 것'을 대립시켰지만, 그중 어느 하나가 아니라 두 가지가 균형을 이루어야 한다고 말했다. 그런데 현대에는 기계적인 것이 지나치게 중시되고 있다는 것이다. 이는 주목할 만한 비판이다.

《의상철학》에서 칼라일은 '역동적인 것'을 정신적 유기체로 설명했다. 그것은 "무한한 사랑과 무한한 동정"의 충성심과 이타주의 같은 무한하고도 신비로운 종교적 기반 위에 성립되는 것이다. 이처럼 《의상철학》은 신앙의 위기를 극복한 책이기도 하다. 결국 '낡은 의상'이란 전통적인 그리스도교를 말하고, '새로운 의상'이란 '역동적인 것'을 뜻한다. 빈센트는 이어 암스테르담에서 칼라일의 《영웅숭배론》■■을 읽고

■ 레이몬드 윌리엄스, 나영균 옮김, 《문화와 사회 1780~1950》, 이화여대출판부, 1988, 111~112쪽 재인용.
■■ 박상익 옮김, 한길사, 2003.

1883년 10월 12일 또는 13일 테오에게 다음과 같이 썼다.

> 그 책에는 좋은 문장이 나온다. 가령 "우리에게는 용감해야 할 의무가 있다. 그러나 이는 일반적으로 비범한 예로 잘못 생각되고 있다." 삶에서도 마찬가지. 선(善)이 모든 것 위에 너무 높이 있어서 우리는 마땅히 거기까지 이를 수 없다고 생각하게 된다. 가장 타당한 길, 삶을 더욱 부조리하지 않게 하는 길, 그것은 우리의 색채 단계를 낮은 분위기에 놓는 것이거나 생기 없는 느낌으로 타락시키는 것이 아니라 밝고 빛나게끔 노력하는 것이다. - 1883년 10월 12일 또는 13일, 테오에게 쓴 편지

또한 그로부터 열흘 뒤인 10월 22일경 테오에게 "'온전히 왕자와 같은 기분'으로 자연 속을 거닐며 그림을 그릴 수 있다."라고 썼다. 그리고 1886년 2월 9일 칼라일에 대해 다음과 같이 썼다.

> 그는 또한 많은 것을 대담하게 감행한 사람이고, 일반인과는 너무도 달리 세상을 본 사람이다. 그러나 그런 사람들의 생애를 조사해보면 언제나 나는 똑같은 이야기와 마주하게 된다. 돈의 결핍, 병고, 적대, 고립, 요컨대 처음부터 끝까지 어려움 속에서 살았다는 것이다. - 1886년 2월 9일, 테오에게 쓴 편지

위 편지에서 보듯이 빈센트는 칼라일의 고통스러운 삶에도 혁신적인 사고에도 공감을 했다. 특히 칼라일이 가난한 농부의 장남으로 태어나 대학을 졸업하지 못하고 이십대부터 위장병에 시달렸으며 스물네 살에 기독교 신앙을 버린, 성마르고 고집 센 사람인 것을 자신과 동일시했

을 수 있다. 나아가 칼라일이 글을 써서 생계를 유지하려 했으나 오랫동안 인정을 받지 못해 가난에 시달린 점, 특히 세상을 일반 사람들과 다르게 본 점도 자신과 비슷하다고 생각했으리라.

그러나 칼라일이 빅토리아 시대에 가장 유명한 작가였다는 점이 빈센트에게 어필되었다는 점도 잊어서는 안 된다. 다윈은 칼라일을 두고, "내가 알고 있는 사람 중 가장 귀 기울일 가치가 있는 사람"이라고 했다. 그러나 이런 칼라일에게도 문제가 아주 없지는 않았다. 1880년대의 사회주의 운동을 고취시킨 작가가 러스킨과 칼라일이었지만 모리스가 "칼라일 옆에 누군가가 있으면서 그의 머리를 주먹으로 쳤어야 했다."고 지적했듯이 말이다.■ 칼라일이 제국주의 성향을 드러냈다는 점도 문제다.

칼라일의 문제점

앞에서 보았듯이 빈센트는 미슐레를 통해 프랑스혁명에 공감했다. 그가 보기에 칼라일의 '프랑스혁명관'도 미슐레와 다르지 않으므로 쉽게 공감했으리라고 생각된다. 프랑스혁명의 폭력성을 비판한, 18세기 정치가 에드먼드 버크(Edmund Burke)와 같은 '프랑스혁명관'이 19세기 영국을 지배했음에도 칼라일은 프랑스혁명의 정당성을 인정했다. 그러나 칼라일은 당시 노동자의 투표권을 요구한 차티스트(1830년대에서 1840년대 영국에서 노동자의 정치적 권리, 특히 보통선거권을 얻기 위해 싸운 참정권 운동가)들에 반대하고, 도덕적 우월성을 갖춘 새로운 영웅인 중산층이 문제를 해결할 수 있다고 믿었다. 빈센트가 칼라일의 그러한

■ M. H. 에이브럼즈 외, 김재환 옮김, 《노튼 영문학 개관》, 2권, 개역판, 까치, 1984, 172쪽.

'중산층 영웅론'을 공유했다고 볼 만한 편지는 없다. 그러나 빈센트가 칼라일의 영웅을 예술가에게서 찾았음은 분명하다. 또한 새로운 시대의 주인공으로서 중산층을 인정한 것도 자명하다.

그리고 빈센트는 칼라일의 《과거와 현재》를 언급한 적은 없지만 그 책을 읽었으리라 짐작된다. 왜냐하면 그 책에서 칼라일은 배금주의와 자유방임의 정치경제를 비판했는데, 이는 빈센트의 편지 곳곳에 나타나기 때문이다. 또한 빈센트가 칼라일이 대안으로 제시한, 중세적 기사도와 수도원의 온정적 공동체주의 자체를 이상으로 삼았다고 볼 수는 없으나 그러한 예술가 공동체를 꿈꾼 것만은 사실이다.

칼라일은 《과거와 현재》에서 "영국은 지극히 부유하고 온갖 물자로 가득하여 인간의 모든 종류의 욕망을 충족시키고 있다. 그러면서도 영국은 빈궁에 빠져 있다. (…) 부유한 영국의 노동자 전체가 어느 면으로 보아도 결코 유례가 없는 비참한 상태에 급속도로 빠져 들어가고 있다."고** 지적하며 다음과 같이 썼다.

> 백 만의 굶주린 노동자들이 궐기하여 모두 거리로 쏟아져 나와 거기 섰다. 그들의 억울함과 설움은 뼈저린 것이고 참을 수 없는 것이었으며, 그것에 대한 그들의 분노는 정당하였다. 그러나 그런 억울함을 준 사람은 누구이며, 그것을 시정하려고 노력할 사람은 누구인가? 우리는 우리의 적이 누군지 무엇인지 모르며, 우리는 친구가 누군지 어디 있는지 모른다! 그러니 어떻게 누구를 공격할 수 있으며 총으로 쏠 수 있으며 총에 맞을 순들 있으랴?

** 칼라일, 박시인 옮김, 《과거와 현재》, 1963, 을유문화사, 213~215쪽. 단 번역은 저자가 수정함.

이 책에서 칼라일은 그 시대를 지배하고 있던 배금주의에 대한 구제책을 정부에 구할 수는 없고, 노동자들만이 이를 해결할 수 있다고 보았다. 그러고는 "고상하고 공정한 산업주의와 가장 현명한 사람들에 의한 정치"를 염원하면서 중세로 회귀할 것을 주장했다.

한편 칼라일은 1850년대에 들어서 인종차별적이고 제국주의적인 사고로 기울었으나 빈센트가 그런 칼라일의 책을 읽거나 그런 사상에 공감했다고 보기는 어렵다. 플라톤식 철인정치로 요약되는 칼라일의 '영웅숭배론'은 민주주의를 부정하고 차츰 노동자를 멸시하는 것으로 나아갔기 때문이다. 그럼에도 빈센트가 칼라일의 저서를 읽고 당시의 사회적 모순에 눈을 뜬 것만은 부정할 수 없다.

의상철학, 칼라일 지음
박상익 옮김, 한길사

아, 신비하고도 무서운 일이다. 우리는 미래의 유령을 하나씩 지니고 다닐 뿐만 아니라 우리가 정말 유령(환영)이라는 것을 생각하니 말이다! 이 손발, 이 폭풍 같은 힘, 이 생명의 피와 불타는 감정을 우리는 어디에서 얻었는가? 그것들은 먼지와 그림자. (…) 오직 아는 것은 신비를 통과해서 신비로, 신에게서 와서 신으로 간다는 것. 그것뿐이다. - 《의상철학》에서

디킨스의 인간적인, 너무도 인간적인 사람들

빈센트 반 고흐가 1888년 아를에서 그린 〈의자와 담뱃대〉는 영국 화가 필데스(Samuel Luke Fildes)의 목판화 〈디킨스의 빈 의자〉를 원용한 것이다. 빈센트는 〈디킨스의 빈 의자〉를 당시 즐겨 읽던 영국 잡지 〈그래픽〉에서 보았다(디킨스가 죽고 난 직후 필데스는 디킨스의 서재를 둘러보고는 살아생전 디킨스가 앉았던 의자를 그려, 거장을 추모했다. 빈센트는 1882년 7월 26일자 편지에서 이 그림을 극찬한 뒤에도 몇 차례 더 언급했다). 영국 국민들만큼이나 빈센트도 디킨스를 좋아했다. 빈센트는 죽기 직전에 아를의 하숙집 여주인이던 상냥한 지누 부인을 떠올리며 〈아를의 여인〉을 그렸는데, 그 여인 앞에 두 권의 책을 사이좋게 놓았다. 바로 디킨스의 《크리스마스 캐럴》과 스토의 《톰 아저씨의 오두막》이다. 그만큼 빈센트는 디킨스의 소설을 좋아했다.

사실 《크리스마스 캐럴》과 《톰 아저씨의 오두막》은 당대에 가장 유명한 걸작이었고, 빈센트도 이를 잘 알고 있었다. 지금도 마찬가지다. 한국에도 두 소설작품을 모르는 사람은 거의 없다. 대개 어린 시절부터 접하고 읽는다. 그러나 한국에서는 두 작품 모두 아동용으로 소개되곤 하는데, 원래 아동보다는 성인을 위한 문학작품으로 창작되었다.

빈센트는 디킨스를 1877년 1월 21일자 편지에 처음으로 언급했다. 그러나 이미 그 전부터 읽었으리라. 영국에 거주하면서 읽었다면 아마도 런던 남단에 있는 디킨스의 고향 포츠머스나, 디킨스가 런던에서 살았던 집 또는 웨스트민스터 사원에 있는 디킨스의 무덤을 찾았을지도 모르겠다. 하지만 그런 기록은 남아 있지 않다. 빈센트는 평생을 사숙한 밀레의 바르비종 집과 무덤도 찾지 않았다. 빈센트는 사람 자체가 중요하지 집이나 무덤 같은 것은 별로 중요하지 않다고 생각한 듯하다. 하긴 빈센트는 그 전에 그토록 존경하던 화가 쥘 브르통이 살던 곳까지 70킬로미터 되는 길을 걸어서 찾아갔건만 쥘 브르통이 농부 그림을 그리는 화가답지 않게 너무도 화려한 집에서 살고 있어 실망한 적이 있다.

시인 키츠의 경우처럼 디킨스가 빈센트 시대에는 가장 인기 있는 영국 작가 중 한 사람이었으므로 빈센트도 떠밀려 좋아했다고 말할 수 있을까? 아니라고 생각한다. 빈센트의 독서 경향을 보면 반드시 대중적인 인기도와 결부되었다고 보기는 어렵기 때문이다. 가령 그 시대에 샬롯 브론테(1816~1855)와 에밀리 브론테(1818~1848)의 작품들이 폭발적인 인기를 끌었지만 빈센트는 그들에게서 아무런 흥미를 느끼지 못했다. 그렇다면 브론테 자매가 단지 여성 작가여서 읽지 않았던 것일까? 아니다. 빈센트는 여성 작가인 조지 엘리엇의 소설은 거의 모두 좋아했다. 결국 빈센트에게 흡입력 있게 다가간 작품은 사회현실과 구원을 다룬 것이었다. 디킨스와 엘리엇이 그랬다. 반면 제인 오스틴(1775~1817)이나 브론테 자매는 그러지 않았거나 덜 그랬다고 볼 수 있다.

디킨스(Charles John Huffam Dickens, 1812~1870) 영국 리얼리즘 문학의 거장이다. 하급관리인 아버지가 빚을 지는 바람에 어렸을 때부터 가난에 허덕였고 학업을 중단하고 열두 살부터 구두약 공장에서 일을 하게 되면서 노동 문제, 계급 문제 등 부조리한 사회현실에 눈 떴다. 변호사 사환, 법원의 속기사로 일했으며 신문사 통신원으로 있으면서 틈틈이 글을 썼다. 첫 단편소품집인《보즈의 스케치》를 시작으로, 고아 소년 올리버의 역경과 희망을 그린《올리버 트위스트》를 발표하여 크나큰 호응을 얻었다. 그 뒤《크리스마스 캐럴》,《두 도시 이야기》,《어려운 시절》 등 구원의식을 다룬 종교소설뿐 아니라 사회비판소설을 발표하여 문인으로서 확고한 입지를 굳혀 나갔다. 이야기 구성의 치밀함, 개성적이고 리얼한 인물 묘사에 산업사회의 비인간성을 설득력 있게 비판하는 작업들로 평단과 대중을 모두 감동시켰다는 평을 받는다.

최근 오스틴이나 브론테 자매의 소설이 자주 영화화하고 있는데, 만약 빈센트가 살아 있다면 이런 경향을 어떻게 바라볼까? 젊고 재능 있는 여성이 능력 있는 배우자를 찾아 결혼에 이르는 과정을 그린, 오스틴의 《오만과 편견》 등을 빈센트가 흥미롭게 읽었을 것으로 보이지는 않는다. 마찬가지로 샬롯 브론테의 소설 《제인 에어》에서 여주인공의 소위 '여성답지 못함'이나 에밀리 브론테의 《폭풍의 언덕》에 나오는 주인공 남녀의 광기 어린 사랑도 빈센트를 사로잡지는 못했을 것이다.

〈의자와 담뱃대〉, 1888년, 암스테르담, 반 고흐 미술관.

　반면 디킨스 문학의 특징인 등장인물의 개성적인 묘사와 권선징악적 스토리는 빈센트에게 크나큰 감동을 주었다. 빈센트도 디킨스가 지니고 있던 인물관과 사회관을 비슷하게 지니고 있었기 때문이다. 무엇보다 두 사람은 자본주의 사회를 비판적으로 받아들였다. 디킨스는 정치, 경제, 법, 종교, 교육, 가족 등 모든 문제를 철저히 비판했다. 즉 부분적인 비판이 아니라 체제 자체를 비판했다는 점에서 보다 근본적인 비판이었다.

　물론 그것이 얼마나 근본적인 비판이었는지를 따지는 사람도 아예 없지는 않다. 다시 말해 디킨스가 자본주의를 반대한 것은 근본적인 차원에서가 아니라 개량주의적인 차원에서라고 말하는 사람도 있다. 분명히 디킨스는 체제 변화나 제도 개혁보다 인간의 고귀한 자존감과 선량한 심성을 더 강조하긴 했다. 그렇다고 이를 개량주의라고 비판할 수 있을까? 설령 체제 차원에서 자본주의가 공산주의로 변화한다 해도 인간의 심성이 변하지 않는 한, 완전한 공산주의가 성립될 수 있을까?

어쨌든 주목할 점은, 빈센트가 디킨스의 작품을 읽었다고 말한 때가 세 시기로 나뉜다는 것이다. 1877년부터 1880년까지가 첫 번째 시기, 1882년부터 1883년까지가 두 번째 시기, 1889년부터 1890년까지가 세 번째 시기다. 즉 보리나주 시절, 시앵과 함께 살던 시절, 그리고 만년의 병원 시절이다. 대체로 빈센트에게 고통스러웠던 시절이다. 그 시기마다 빈센트가 디킨스의 어떤 작품을 읽었는지는 분명치 않다. 가령 디킨스가 1843년에 발표한 《크리스마스 캐럴》을 빈센트는 1889년 3월 29일에 쓴 편지에 언급하지만, 재독한 것이라고 쓴 만큼 그것을 언제 처음 읽었는지는 알 수 없다. 적어도 1873년 6월부터 영국에서 일할 때 읽었으리라. 반대로 디킨스가 유작으로 남긴 미완성 추리소설 《에드윈 드루드의 비밀》이 빈센트의 초기 편지(1882년 6월 9일 편지)에 언급된다. 이 《에드윈 드루드의 비밀》은 1985년 뉴욕의 야외극장에서 뮤지컬로 상연되어 호평을 받은 뒤, 브로드웨이의 인기 뮤지컬로 자리 잡았다. 그러나 이 추리소설을 읽고 난 느낌을 빈센트는 편지에 밝히지 않았다.

《크리스마스 캐럴》

《크리스마스 캐럴》은 흔히 '스크루지 영감 이야기'로 잘 알려져 있다. 디킨스가 1843년 12월에 발표한 작품인데 당시 그는 서른한 살의 신진 작가였다. 크리스마스를 일주일 남짓 앞두고 모습을 드러낸 이 작품집은 매우 화려하게 장정되고 책값도 당시 돈으로는 꽤 큰, 5실링이나 되었다. 그런데도 크리스마스이브가 코앞으로 다가오자 수천 부가 팔려나갔다. 이듬해 연극으로 각색되어 무대에 올려진 작품이 8편일 정도고, 2009년까지 영화나 TV드라마, 애니메이션 등으로 만들어진 작품만도 50편을 넘는다. 《크리스마스 캐럴》은 낭독회의 단골 작품이어서 저자인 디킨스도 낭독회에 참석하여 목소리를 가다듬고 낭독을 하곤 했다. 독자와의 소통을 진심으로 중요하게 여겼던 디킨스는 독자들이 페치위그 영감네 가게에서 벌어지는 무도회 장면을 특히 좋아한다는 것을 알고, 그 부분을 주로 낭독하였다. 다소 길지만 유쾌한 분위기를 함께 느껴보는 것도 좋을 것 같아 옮겨본다.

페치위그 영감이 높은 책상 의자에서 날렵하게 뛰어내렸다. 정말 깨끗이 치워졌다! (…) 악보를 가지고 온 악사는 높다란 책상 쪽으로 가더니 책상이 오케스트라인 양 바라보며 쉰 가지 정도의 배 앓는 소리를 내며 조율을 했다. 이어서 함박웃음을 머금은 페치위그 부인이 등장했고 환하게 빛나는 페치위그 영감의 사랑스러운 세 딸도 들어왔다. 그리고 그 아가씨들 때문에 애태우는 청년 여섯도 따라 들어왔다. 그 집에서 일하는 젊은 남녀들도 들어왔다. 하녀는 빵 장수 사촌과 함께 오고, 요리사는 오빠의 절친한 친구인 우유 배달부를 데려왔다. 주인한테 푸대접을 받는다는 길 건너편의 점원 소년도 주인에게 툭하면 귀를 뜯긴다고 소문 난 옆집 하녀 뒤에 숨어 쭈뼛쭈뼛 들어왔다. 한 사람 한 사람씩 모두 도착했다. (…) 사람들은 춤을 좀 더 추고 나더니 벌금놀이를 한 다음 다시 춤을 더 추었다. 그런 다음 케이크가 나오고 실컷 마실 수 있는 양의 니거스 술이 나오고 큼직하고 차가운 로스트비프와 삶아 식힌 고기가 나오고 민스 파이와 맥주가 차례로 나왔다. (…) 페치위그 영감이 부인과 춤을 추기 위해 앞으로 나갔다. 노부부가 앞에 서서 스물서너 쌍, 그것도 그냥 즐기려는 게 아니라 본격적으로 춤추려는 젊은이들, 좀처럼 겉을 생각이 없는 젊은이들을 이끌고 길을 열어나간다는 것은 여간 힘든 일이 아니었다. 그러나 파티에 모인 사람들이 그보다 두 배, 아니 네 배가 되었다 한들 페치위그 영감은 능히 상대할 수 있었을 것이다. 페치위그 부인도 마찬가지였다. 부인으로 말할 것 같으면 어느 모로 보나 그와 천생연분이었다. (…) 시계가 11시를 가리켰을 때야 무도회는 끝났다. 페치위그 부부는 문 옆에 서서 사람들과 일일이 악수를 나누며 "메리크리스마스!"라고 인사했다. 두 견습생을 빼고 모두 돌아가자 부부는 이 두 청년에게도 똑같이 인사를 건넸다.

《크리스마스 캐럴》의 줄거리는 간단하다. 수전노의 대명사로 잘 알려진, 인색하기 짝이 없고 얼음장같이 차가운 스크루지 영감에게 크리스마스 전날 밤, 과거의 동업자이자 이미 죽어서 저세상 사람이 된 '말리'가 유령이 되어 찾아온다. 죽어서도 편히 잠들지 못하고 쇠사슬에 묶인 채 고통을 받고 있는 말리는 스크루지에게 마음을 고쳐먹고 착하게 살지 않으면 자신과 똑같은 운명이 될 것이라고 경고한다. 스크루지는 말리 유령이 본분을 다하고 사라지자 새롭게 나타난 크리스마스의 과거, 현재, 미래의 유령들을 따라다니면서 모든 사람들에게 손가락질 당하는 자신의 비참한 모습과 마주한다. 결국 스크루지는 지난날을 반성하고 크리스마스 날 아침, 사랑과 인정이 넘치는 새로운 사람으로 거듭난다.

줄거리를 보듯이 《크리스마스 캐럴》은 인간의 갱생 또는 부활에 관한 이야기다. 작가가 분명히 도덕적인 의도를 가지고 쓴 이 소설책은 출간된 직후부터 기부자가 엄청나게 느는 등 긍정적인 변화를 이끌어냈다. 디킨스가 의도했던 바가 이루어진 셈인데,《크리스마스 캐럴》의 문학적인 가치에 대해서는 사실 오랫동안 논쟁이 있어 왔다. 그러나 "메리크리스마스!" 하며 인사를 건네는 사람은 모조리 푸딩에 넣어 끓여버려야 한다고 악담을 퍼붓기 일쑤며, 무엇이든 한번 쥐었다 하면 손에서 절대 놓지 않는 탐욕스러운 영감이 착한 사람으로 거듭난다는 이야기는, 갱생과 구원에 남다른 관심을 지니고 있던 빈센트에게 너무도 감동적인 것이었다.

당시 한 시인은 디킨스에게 다음과 같이 편지를 써서 보내기도 했다. "선생의 작은 소설 한 편이 그 어떤 기독교의 성직자나 설교자의 말보다도 크나큰 힘을 발휘하였습니다." 그만큼《크리스마스 캐럴》은 종교적인 색채가 은은하게 배어 있는 작품이어서 빈센트로선 좋아하지 않을 수 없었던 것이다. 게다가 이 짧은 소설에는 '밥 크래칫' 가족처럼 빈센트 자신과 너무도 비슷한 처지의 빈민들이 등장하니 빈센트가 더더욱 공감했으리라.

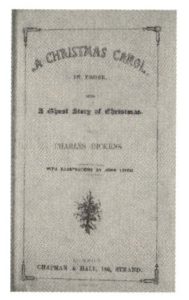

스크루지는 평소처럼 음침한 선술집에서 혼자 저녁을 먹고 난 뒤 신문이란 신문은 모조리 다 읽은 다음 시간이 남아 있어 은행 장부를 뒤적이다 잠을 자러 집으로 향했다. (…) 쳐라, 환영이여, 쳐라! 그리하여 그 상처로부터 선행이 샘솟아 세상에 영생의 씨앗을 뿌리게 하라! -《크리스마스 캐럴》에서

크리스마스 캐럴, 디킨스 지음
이은경 옮김, 펭귄클래식코리아

5장 반 고흐가 사랑한 영문학   361

《어려운 시절》

스물여섯 살이던 1879년, 빈센트는 디킨스의 《어려운 시절》을 읽었다. 그러고는 가혹한 산업사회의 노동력 착취를 비판하는 그 소설에 공감한다고 썼다. 또한 그 사회에서 소외된 고독한 노동자 '스티븐 블래풀'의 희생정신에도 공감한다고 말했다(1879년 8월 5일 편지).

《어려운 시절》은 디킨스가 사십대 말에 주간잡지에 연재한 소설로, 19세기 산업사회의 비인간성과 그 대척점에 있는 휴머니즘을 함께 다룬 놀라운 작품이다. 노동자에 깊은 연대감을 드러내는 이 소설은 어려서부터 공장 노동자, 사환, 속기사, 언론인 등 여러 노동 현장을 거쳤던 디킨스의 작품이기에 더 진실하게 다가온다.

우선 줄거리를 보자. 자칭 '사실과 계산의 인간'이며 '탁월하게 실제적인' 인간 토머스 그래드그라인드는 두 자녀를 자기 소신대로, 그러니까 사실과 계산, 수치 등의 이론으로 키워내기 바쁘다. 그 결과 딸 루이자는 이성과 합리성에 입각하여 강제로 아버지뻘 되는 남자와 애정 없는 결혼을 하게 되고, 아들 톰은 그 매형 밑에서 하수인 노릇을 하다가 범죄에 빠지고 만다. 결국 사랑 없는 결혼에 환멸을 느낀 루이자는 난파된 배처럼 무작정 집을 뛰쳐나옴으로써 점차 감정을 지닌 사람이 될 가능성을 보여주고, 범죄자 톰은 끝내 도망자로 남는다.

이 소설은 파종, 수확, 저장이라는 묵직한 소제목을 각각 달고 있는데 말할 것도 없이 파종, 수확, 저장은 신약성경에서 예수의 가르침을 떠올리게 한다.

예수께서 또 다른 비유를 그들에게 말씀하셨다. "하늘나라는 어떤 사람이 밭에 좋은 씨를 뿌린 것에 비길 수 있다. 사람들이 잠을 자고 있는 동안에 원수가 와서 밀밭에 가라지를 뿌리고 갔다. 밀이 자라서 이삭이 팼을 때 가라지도 드러났다." 종들이 주인에게 와서 "주인님, 밭에 뿌리신 것은 좋은 씨가 아니었습니까? 그런데 가라지는 어디서 생겼습니까?" 하고 묻자 주인의 대답이 "원수가 그랬구나!" 하였다. "그러면 저희가 가서 그것을 뽑아버릴까요?" 하고 종들이 다시 묻자 주인은 "가만 두어라. 가라지를 뽑다가 밀까지 뽑으면 어떻게 하겠느냐? 추수 때까지 둘 다 함께 자라도록 내버려두어라. 추수 때에 내가 추수꾼에게 일러서 가라지를 먼저 뽑아 단으로 묶어 불에 태워버리게 하고 밀은 내 곳간에 거두어들이게 하겠다."고 대답하였다. - 마태복음 13장 24~30절(공동번역)

상상력과 감정을 말살시키고 오로지 계량된 수치와 사실만으로 두 남매를 교육하는 것, 이것이 파종이다. 딸이 애정 없는 결혼생활에 속박당하다가 뛰쳐나오고, 아들이 기계적인 하수인 노릇을 하다가 범죄자(건달)로 전락하는 것, 이것이 수확이다. 알곡이 아닌 쭉정이로 수확되는 남매! 마지막으로, 비록 쭉정이로 자라나긴 했으나 감정을 지닌 인간으로 다시 태어나려고 애쓰며 새 희망을 품는 것이 바로 저장이다. 아비 토머스 그래드그라인드가 자신의 교조적이고 딱딱한 이론을 마침내 반성하는 것도 저장의 한 모습이리라.

사실 파종된 씨앗에는 두 남매 말고도 '씨씨 주프'가 있다. 씨씨 주프는 곡예사의 딸인데, 아버지가 실종되는 바람에 우연히 그래드그라인더 씨 집으로 들어가 하녀로 살게 되고 교육까지 받는다. 그러나 파종된 '씨씨 주프'는 쭉정이로 수확되지 않고 밀로 수확된다. 오직 씨씨 주프만이다! 상처받을 대로 상처받고 망가져버린 루이자를 어루만지고 일으켜 세우는 사람도 씨씨 주프다. 앞에서도 잠깐 말했지만 이 '파종, 수확, 저장'은 신약성경에 나오는 예수의 가르침을 연상케 한다. 빈센트는 디킨스의 이러한 의도된 구성을 눈치 챘으리라 생각한다. 빈센트만큼 성경을 잘 아는 이도 없을 테니.

사실상 이 소설에 등장하는 인물은 두 부류다. 첫 번째 부류는 학교 교장이자 마을 유지인 토마스 그래드그라인드 씨와 자수성가한 자본가 바운더비 씨를 중심으로 하는 사실(수치) 맹신자, 두 번째 부류는 곡마단 사람들을 포함하여 곡예사의 딸인 씨씨 주프와 공장 노동자인 스티븐 블랙풀로 대변되는 감정과 열정의 사람들. 즉 디킨스는 교장과 자본가를 통해 계몽을 한답시고 사실과 수치만을 주입시키는 광신주의자의 민낯을 보여줌과 동시에 교조주의적인 노동조합을 거부하고 독자적인 판단에 따라 자신의 길을 걸어가는 직조공 스티븐 블랙풀을 통해 사랑과 휴머니즘의 승리를 보여준다. 빈센트가 스티븐 블랙풀을 좋아할 수밖에 없는 것도 스티븐은 온전히 무학의 노동자지만 교조주의적인 노동운동을 멀리하고, 기계적인 삶을 버리고 떠나기 때문이다.

스티븐은 조용하고 조심스럽고 차분하게 직조기 위로 몸을 굽혔다. 그가 일하는 직조기의 숲에 있는 모든 노동자들이 그러하듯, 그 모습은 부수고 분쇄하고 찢는 기계장치와 특별한 대조를 이루었다. 걱정 많은 선량한 사람들이여, 기술이 자연을 망각케 할까 두려워 말라. 조물주의 작품과 인간의 작품을 어디에든 나란히 놓고 보면 전자가 비록 아주 보잘것없는 일손의 무리라 해도 그 비교에 의해 존엄성을 획득하게 될 것이다.

직조기 위로 몸을 굽히는 성실한 노동자 스티븐은 빈센트를 감동케 했을 것이고, 빈센트는 직조공을 그리면서 스티븐을 떠올렸을 것이다.

게다가 이 스티븐은 슬픔의 사람이었다. 노동자이면서도 동료 노동자들에게서 배척을 받고 고용주한테서도 버림을 받는 사람이기 때문이다. 단지 먹고 살기 위해서 일을 해야 하는 스티븐. 노동자 형제들과 맞서기 위해서가 아니라 단지 먹고 살기 위해서, 단지 일할 권리를 얻기 위해서 노동규약에 동참하지 않는 스티븐. 노동규약이 오히려 노동자들을 옥죌 것이라고 믿는 스티븐.

"저 사람(스티븐)은 자기가 속한 계급의 편견과 다른 계급의 편견 둘 다에 의해 희생됐단 말인가요? 이 도시의 두 계급은 철저하게 갈라서서 둘 사이에 성실한 노동자가 살 공간은 조금도 없는 건가요?"

그럼에도 스티븐은 구걸하지 않고 꿋꿋이 자기 길을 간다. 끝내 죽음에 이르지만 그의 죽음은 숭고한 데가 있다. 코크타운(Coketown)의 은행털이범이라는 죄를 뒤집어쓰자 그 누명을 벗으려고 떳떳이 제 발로 코크타운으로 돌아가다가 죽음을 맞기 때문이다.

《어려운 시절》은 영국의 신흥 공업도시인 코크타운을 배경으로 한 작품이어서 보리나주의 참상 속에 살았던 빈센트로선 충분히 공감할 만한 작품이었다. 코크타운의 모습을 보자.

그곳은 붉은 벽돌의 도시, 만약 공장 연기와 재가 허락했다면 붉은색이었을 벽돌로 이루어진 도시였다. 그러나 사실은 물감 칠한 야만인의 얼굴처럼 부자연스러운 붉은색과 검은색의 도시였다. 그곳은 기계와 높은 굴뚝의 도시로, 그 높다란 굴뚝에서 연기의 뱀이 끊임없이 기어나와서는 결코 풀어지지 않았다. 도시 안에는 검은 운하와 악취를 풍기는 염료 때문에 자줏빛으로 흐르는 강이 있었으며, 창들로 꽉 찬 거대한 건물더미에서는 하루 종일 덜컹거리고 덜덜 떠는 소리가 들렸고, 우울한 광증에 사로잡힌 코끼리의 머리 같은 증기기관의 피스톤이 단조롭게 상하운동을 했다. 서로 꼭 닮은 큰 길 몇 개와 한층 더 닮은 작은 거리가 많이 있었으며 그 거리에는 마찬가지로 꼭 닮은 사람들이 같은 시각에 같은 포도(鋪道)에서 같은 일을 하기 위해 출퇴근하며 살고 있었다. 그들의 매일은 어제나 내일과 똑같았고, 매해는 작년이나 내년과 똑같았다.

코크타운의 이런 속성은 그 도시를 지탱하는 노동과 대체로 떼어놓을 수 없는 것이었다. 이런 속성은 온 세상에 퍼져 있는 생활의 이기들이나, 코크타운 같은 장소가 언급되는 걸 참고 들을 수 없는 귀부인의 많은 부분을 구성하는, 얼마나 많은 부분인지는 굳이 따지지 않겠는데, 우아한 물건들과 대조되게 마련이었다. 나머지 특성들은 자연발생적인 것으로, 다음과 같았다.

코크타운에서는 심하게 일하는 것 외에는 어떤 것도 볼 수 없었다. (…) 도시의 모든 공식 명판은 똑같이 살벌하게 흰 바탕에 검은 글자로 씌어 있었다. 감옥이 병원일 수도, 병원이 감옥일 수도 있었으며, 시청 역시 둘 중의 하나일 수도, 둘 다일 수도 있고, 또는 다른 무엇일 수도 있었는데, 다른 무엇이더라도 안 될 만한 무슨 건축상의 장점이란 아무것도 없었다. 도시의 유형적인 면 어디나 사실, 사실, 사실, 무형적인 면 어디나 사실, 사실, 사실뿐이었다.

디킨스가 말한 '사실'에 의해 움직이는 것이 공리주의였다. '최대 다수의 최대 행복'이라는 명제를 내세운 공리주의는 벤담(1748~1832)이 주창한 것으로, 사회를 구성하는 개개인의 이익 총합이 곧 사회의 이익이라고 보았다. 그러나 디킨스는 달리 생각하였다. 즉 개개인의 이익 총합이 곧 사회의 이익이라는 주장은, 수치로는 결코 계량화할 수 없는 가치를 무시하기 때문에 실질적인 행복은 보장할 수 없다고 보았다. 이로써 벤담이 대표하는 자본주의를 비판한 것이다.

물론《어려운 시절》은 노동자들을 연민의 대상으로 보고, 그들을 위해서는 고난 속에서 개인이 헌신하는 것 말고 다른 방법은 없다고 주장한다는 점에서 지금 우리가 보기에 문제가 전혀 없는 것은 아니다. 다음은 디킨스의 이런 주장을 매섭게 비판하는 사회주의자 하우저의 말이다.

> 자본주의의 내적 구조에 관한 그의 개념은 아직도 얼마나 불충분하며, 노동운동의 목표에 대한 판단은 얼마나 불공평하고 유치하며, 사회주의적 언사는 다만 선동일 뿐이요 파업 선언은 오직 공갈 협박에 불과하다는 관점은 얼마나 속물적인가! 작가의 공감은 파업에 가담하지 않으면서 개처럼 고분고분한 일종의 격세 유전적 충성심 때문에 비록 강하게 감춰지긴 했어도 거역할 수 없는 주인과의 연대감을 느끼는 온순한 스티븐 블랙풀에게로 간다. '충견의 도덕'이 디킨스에게 커다란 역할을 하는 것이다.■

하우저의 비평대로 본다면 빈센트도 '충견의 도덕'에 공감한 것이고, 자본과 노동 사이의 갈등이 갖는 의미를 잘못 파악한 것이 된다. 스티븐이 불행한 것은 비인간적인 산업현장 때문이 아니라 그 부인이 주정

■ 하우저, 위의 책, 155~156쪽.

뱅이라 그렇고, 스티븐이 노동운동에 가담하지 않는 이유가 소신이 아닌, 연인 레이첼과의 개인적인 약속인 것으로 다소 애매하게 그려지는 것도 하우저의 비판을 정당화하는 요소가 될 수 있다. 그러나 노동자라고 해서 반드시 그런 개인적인 사정에 영향을 받지 말라는 법은 없다. 나아가 적어도 스티븐이 다음과 같이 사장에게 말하는 모습을 보는 한, 우리는 스티븐을 단순히 사장의 충견이라고 비난할 수는 없다.

"사실 우리는 엉망진창입니다. (…) 여기서 살도록 끌려와서 실을 짜거니 보풀을 뜯거나 태어나서 죽을 때까지 일평생 같은 일만 하면서 겨우겨우 생계를 이어가는 수많은 사람들을 한번 보세요. 우리가 어떻게 살아가는지, 어떤 집에서 지내는지, 얼마나 많은 사람이 모여서, 어떤 가능성을 안고, 얼마나 똑같이 살아가는지 한번 보세요. 그리고 공장이 매일 어떻게 굴러가는지, 공장이 우리를 어떻게 혹사시켜서 멀리 있는 목적지-거의 항상 죽음이지요-에 이르게 하는지 보세요. (…)

강경 수단이 개선하지는 못합니다. 승리를 거두고 정복해서는 개선하지 못합니다. 한쪽은 이상하게 영원히 옳다 하고, 다른 한쪽은 이상하게 영원히 틀리다 해서는 결코, 결단코 개선하지 못합니다. 모두 같은 생활을 하고 똑같이 엉망진창에 빠져 있는 수 백만의 사람들을 내버려둔다면, 그들은 그들이고 사장님은 사장님으로 그 사이에는 건널 수 없는 암흑세계가 놓이게 되며, 그 세계는 이 같은 불행이 지속되는 만큼 길게 존재할 수도 짧게 존재할 수도 있습니다. 많은 문제를 안고 있으면서도 서로에게 가까이 다가가고, 많은 고통을 안고 있으면서도 자기네들이 필요로 하는 것으로 서로를 감싸주는 사람들에게 … 친절하고 인내심 있게 그리고 유쾌하게 다가가지 않으면, 태양이 얼음으로 바뀌더라도 상황은 나아지지 않을 겁니다."

디킨스나 빈센트는 사용자(자본가)와 노동자가 서로 이해하고 공감할 것을 주장한다. 그들은 사용자만이 아니라 노동자에게도 문제가 있다고 본다. 이를 "어정쩡한 타협"으로 보는 견해도 있지만▪ 노사 갈등의 현실을 직시하는 디킨스나 빈센트의 시각을 잘못된 것이라고 볼 수는 없다. 하우저는 그 갈등의 근본 원인을 계급적인 것으로 보고, 그것을 깨뜨리려면 사회주의 혁명을 해야 한다고 주장하지만 그것이 실패로 돌아갔음을 우리는 이미 알고 있다. 그러니 하우저의 입장에 결코 동조할 수 없다. 오히려 디킨스가 《어려운 시절》에서 비판하는 '공리주의'가 여전히 21세기 한국은 물론 전 세계를 지배하고 있다는 점을 중시할 필요가 있다.

여하튼 스티븐은 탄갱에 빠져 사경을 헤매다가 간신히 구조되어 자신의 무죄를 밝히고 죽는다. 그렇게 죽어가는 모습은 묘하게도 순교자의 모습으로 비치기도 한다. 그리고 그 모습은 기독교 최초의 순교자인 스테파노(스테반)를 연상케 한다.

> 그는 "아, 하늘이 열려 있고 하느님 오른편에 사람의 아들이 서 계신 것이 보입니다." 하고 외쳤다. 그러자 사람들은 크게 소리를 지르며 귀를 막았다. 그리고 스테파노에게 한꺼번에 달려들어 성 밖으로 끌어내고는 돌로 치기 시작하였다. 그 거짓 증인들은 겉옷을 벗어 사울이라는 젊은이에게 맡겼다. 사람들이 돌로 칠 때에 스테파노는 "주 예수님, 제 영혼을 받아주십시오." 하고 부르짖었다. 그리고 무릎을 꿇고 큰 소리로 "주

▪ 장남수, 《디킨즈와 산업사회 비판》, 울산대학교출판부, 2004, 101쪽.

님, 이 죄를 저 사람들에게 지우지 말아주십시오." 하고 외쳤다. 스테파노는 이 말을 남기고 눈을 감았다. - 사도행전 7장 56~60절(공동번역)

이러한 이미지는 빈센트의 그림에 나타나는 별빛과도 연관된다. 스티븐은 사랑하는 여자 레이첼이 지켜보는 데서 가까스로 고백한다. 이 레이첼은 스티븐의 미친 아내를 돌보는 또 하나의 천사다.

"내가 탄갱 밑바닥에서 고통과 괴로움을 겪을 때 저 별이 나를 비춰주었소. (…) 고통과 괴로움을 맛보며 밤하늘을 보다가 별빛이 나를 비춰주는 가운데 나 자신이 세상에서 허약한 존재로 지냈던 때보다는 세상 사람들이 좀 더 사이좋게 지내고 상대방을 더욱 잘 이해하면 좋겠다고 훨씬 분명히 깨달았고, 죽어가면서 그것을 위해 기도했소.

의식이 돌아와서, 탄갱 밑에서 고통을 겪는 나를 저 별이 비추고 있구나, 하고 생각할 때마다 저 별이 구세주의 집으로 안내하는 별일지 모른다고 생각했소. 저 별이 바로 그 별인 듯하오!"

이렇게 해서 '자기 나름의 영혼과 생각을 지녔던' 스티븐 블랙풀은 끝내 눈을 감는다. 디킨스는 스티븐이 마지막으로 본 별을 공들여 묘사하였다.

별은 그에게 가난한 자들의 하느님을 찾을 장소를 비춰주었고, 그는 굴욕과 슬픔과 용서를 통해서 마침내 구세주의 품에 안기게 되었다.

빈센트는 이 구절을 보고 눈물을 흘렸을까? 아마도 그랬을 것이다. 이 세상은 사실이나 통계로 맺어지는 이해관계가 아니라 그와는 전혀 다른 사랑과 헌신으로 구원받을 수 있다고 믿는 디킨스의 생각에 빈센트는 전적으로 공감했으므로.

어려운 시절, 디킨스 지음
장남수 옮김, 창비

"제가 아는 바는 그저 아버지의 철학과 교육이 저를 구해주지는 못할 거라는 거예요. 자, 아버지, 아버지가 저를 이 지경으로 끌고 왔어요. (…) 절 붙잡으면 죽어버리겠어요!" 그래서 그는 루이자를 방바닥에 내버려두었고, 자기 마음의 자부심이자 체계의 승리가 무감각한 덩어리로 발치에 쓰러져 있는 것을 보았다. -《어려운 시절》에서

《작은 도릿》

빈센트 반 고흐는 《어려운 시절》 외에도 디킨스의 소설을 여러 작품 읽었다. 먼저 《작은 도릿》을 보자. 1882년에 쓴 편지에다 빈센트는 디킨스의 《작은 도릿》을 언급하였다.

> 너는 디킨스의 《작은 도릿》을 읽었니? 거기 나오는 도이스(Doyce)라는 인물을 기억하는지 모르겠다만, 그 도이스는 마치 우리가 해야 할 일을 자신의 주의로 삼고 있는 종류의 사람이라고 해도 좋다. 그 훌륭한 노동자 인간상은 이 작품을 통해서는 몰라도 다음 구절을 보면 그 성격을 알 수 있다. 자신이 이루고자 생각한 것이 타인의 냉담, 또는 더욱 나쁜 여러 가지로 방해받아 계속할 수 없게 됐을 때 그는 "이번의 불운으로 특별히 달라진 것은 아무것도 없다. 지금(즉 좌절 후)도 진실이라면 그 때(즉 좌절 전)도 진실이다."라고 말할 뿐이다. 그리고 영국에서 손해본 것을 미국에 건너가 다시 시작하여 성공을 이루지.
>
> 내가 말하고 싶은 것은 이것이다. 인민을 위해, 인민 속 노동자의 여러 유형을 묘사하고 이를 보급판으로 알리며, 모든 일은 의무로써 인민에 대한 봉사로 여기고 그것에만 진력해야 한다고 생각하며, 그 일이 설령 빨리 성공하지 못해도 "오늘도 어제처럼 진실이고 내일도 마찬가지로 진실이다."라고 생각해도 좋다고 충분히 확신할 뿐이라는 것이다. - 1882년 12월 4~9일, 테오에게 쓴 편지

《작은 도릿》은 관료주의에 빠진 국가 기관과 채무자 감옥을 배경으로, 한 가족의 삶을 그린 역작이다. 찰스 디킨스는 부조리한 관료체계는 물론이거니와 걷잡을 수 없이 쌓여가는 빚으로 인해 영국을 포함

한 전 세계가 감옥으로 변했다고 비판하였다. 실제로 빅토리아 시대에는 채무자 감옥이 있었다고 한다. 《작은 도릿》은 윌리엄 도릿 씨의 딸 에이미 도릿이 빚에 허덕이는데도 도무지 정신을 못 차리는 철부지 가족을 위해 뼈 빠지게 일하다가 우연찮게 돈을 얻게 되면서 벌어지는 내용을 담고 있다. 이 시대극으로 디킨스는 또한 상류층의 천박함과 위선, 극심한 양극화, 소시민들의 속물근성 등을 낱낱이 드러낸다. 빈센트는 이런 묘사에 끌리기도 했지만 무엇보다 주인공들이 신약성경을 통해 구원을 받는다는 내용에 감동했다. 그래서 그는 1882년 말부터 1883년 초까지 노동하는 사람들을 화폭에 담으면서 자주 디킨스를 언급했다.

그런데 1883년 이후로 오랫동안 빈센트는 디킨스를 언급하지 않다가 1889년 3월 아를에서 다시금 언급하기 시작했다. 그의 관심이 변화한 것이다. 즉 빈센트는 "단단한 사상을 갖고자" 디킨스의 《크리스마스 캐럴》을 스토의 《톰 아저씨의 오두막》과 함께 다시 읽었다고 하면서 칼라일도 같이 언급했다. 그런데도 약 한 달 뒤 빌에게 쓴 편지에서는 다음과 같이 말했다.

> 나는 좀 더 생각을 하기 위해 책을 거의 읽지 않는다. 아마도 나는 더 많이 고생을 해야 할 것 같다. 그러나 진실을 말한다면 어떤 상황에서도 나는 순교자의 생애에 매혹 당하지는 않는다. 그런 것은 내게 맞지도 않고. 왜냐하면 나는 언제나 영웅주의와는 다른 걸 추구해왔으므로 자신이 아닌 타인의 경우라면 영웅주의에 감동할 테지만 되풀이 말하건대 그건 나의 의무도 이상도 아니라고 생각한다. - 1889년 4월 28일~5월 2일경, 빌에게 쓴 편지

아쉽게도《작은 도릿》은 한국어판으로 나와 있지 않다.

《데이비드 코퍼필드》

빈센트는 디킨스의《데이비드 코퍼필드》에 대해서는 언급한 적이 없다. 그렇다고 톨스토이가 그 작품을 낮게 보았던 이유는 아니었으리라고 본다. 그 작품은 디킨스의 자전적 소설로 유명할 뿐만 아니라 디킨스의 최대 걸작으로 평가받는다. 주인공인 데이비드도 빈센트처럼 가난한 집안의 아들로 태어나 작가로 성공했기 때문에 빈센트한테는 디킨스의 어떤 소설보다도 친숙하게 다가왔을 수 있다.

디킨스도 마찬가지였다. 디킨스 역시 대학 교육을 받지 못하고 사립학교에서 교육을 받기는 했지만 아버지가 빚을 갚지 못하여 감옥에 들어가면서 집안형편이 점점 어려워졌다. 디킨스는 돈을 벌려고 열두 살 때 런던의 한 구두약 공장에 견습공으로 취직하여 열악한 환경에서 하루 10시간 가까이 일하기도 했다. 이 경험은 뼛속까지 녹아들어,《데이비드 코퍼필드》에서 생생히 되살아났다. 즉《데이비드 코퍼필드》에는 중산층에 속한다고 생각했던 어린 찰스가 일찍이 노동자가 되어 느끼는 고통스러운 좌절감이 절절히 배어 있다.

실제로 디킨스는 중학교를 2년 남짓 다니다가 열다섯 살에 변호사 사무실에서 심부름꾼으로 일했고, 이듬해인 1828년 법원의 속기사를 거쳐 신문사 속기사가 되었다. 이후 여러 신문사에 글을 기고하다가 1834년 〈아침 신문〉에 들어갔다. 거기서 의회 담당 기자가 되어 처음으로 '보즈'라는 필명을 쓰면서, 런던의 삶을 다룬 글을 여러 편 발표했다. 그러니 빈센트는 자신의 어린 시절이 디킨스의 어린 시절과 비슷하다고 느꼈을 수도 있다.

《두 도시 이야기》

빈센트는 일찍부터 미슐레의 '프랑스혁명론'에 공감했고, 그와 마찬가지로 프랑스혁명을 배경으로 한, 디킨스의 《두 도시 이야기》에 감동했다. 칼라일의 《프랑스혁명》을 읽고 자극을 받아 쓴 것으로 알려진 이 소설은 18세기 후반(프랑스혁명이 일어나기 직전과 정점 그리고 이후) 당시 런던과 파리라는 두 도시에서 벌어지는 인간의 광기 어린 열정과 숭고한 사랑을 그리고 있다. 성경과 셰익스피어 작품 다음으로 가장 많이 읽혔다는데 그래서인지는 몰라도 빈센트 역시 좋아했다. 1877년 10월 21일 테오에게 쓴 편지에 빈센트는 《두 도시 이야기》를 두고 "부활의 정신과 생명, 죽은 듯이 보이지만 실은 살아 있는 생명, 죽은 것이 아니라 잠들고 있는 생명이 숨 쉬고 있다."라고 썼다. 빅토르 위고가 《레미제라블》에서 소수의 영웅이 아닌 민중의 건강성을 그렸듯이 찰스 디킨스도 《두 도시 이야기》에서 가난하고 소외된 사람들과 멸시받는 사람들을 하나 하나 호명하여, 역사의 주인공으로 만들었다. 그렇다고 그 약자들을 무조건 옳다는 식으로 그리지는 않았다. 귀족 형제의 장난으로 가족이 몰살당하자 복수심에 불탄 나머지 점점 살인 기계가 되어가는 평민 여인과, 후작 가문이라는 이유로 무고하게 사형을 언도받은 귀족 남자를 함께 그림으로써 균형을 잡았다.

사실 《레미제라블》보다 《두 도시 이야기》가 먼저 쓰어졌는데, 아마도 위고는 디킨스의 이 소설에서 어느 정도 영향을 받은 것으로 보인다. 가령 《레미제라블》에서 숭고한 사랑의 대상인 '꼬제트'가 《두 도시 이야기》에서는 '루시'다. 《레미제라블》에서 도무지 미워할 수 없는 악당 '떼나르디에'는 《두 도시 이야기》에서 은행의 사환이자 무덤 도굴꾼인 '크런처', 혹은 술집 주인인 '드파르주'다. 타인을 위해 기꺼이 자기 목숨을 내놓는 아름다운 희생정신을 그린 것도 두 작품이 비슷하다. 그 자신이 빈자였고, 빈자의 벗이었던 빈센트가 이 소설을 좋아한 것은 너무도 당연한 일이었다.

빈센트는 스물일곱 살이던 1880년 6월 22~24일경 테오에게 보낸 편지에 《두 도시 이야기》 속 인물인 시드니 카턴을 언급하며, 이 사람을 좋아한다고 서슴없이 말했다.

시드니 카턴은 방랑벽이 있는 사람이고 계획 없이 되는 대로 사는 방탕한 인간이지만 순간순간 예수의 말씀을 되새기곤 하는 사람이기도 하다. 남들 눈에는 근본도 없는 무뢰배로 보일지 몰라도 내면은 더없이 숭고하다. 그는 짝사랑하는 여인을 위해, 그 여인이 사랑하는 남자(프랑스 귀족) 대신 형장의 이슬로 사라진다. 소리소문도 없이. 그 누구의 관심도 받지 못하던 사람이, 아니 타인들에게 뭔지 모를 불안감을 주던 사람이 제 목숨을 내놓는다. 자칭 희망 없는 일벌레이자 타락한 개이며 누구 하나 걱정할 사람도 걱정해줄 사람도 없는 고독자, 카턴이!

햇빛이 비친 광경에서 무엇이 그 남자의 일생보다 더 슬프겠는가. 뛰어난 능력과 선량한 심성을 가졌지만 그것을 다 발휘하지 못하고, 자신의 발전과 행복을 위해 쓰지 못하며, 자신을 파먹는 해충인 줄 알면서도 그 해충이 자신을 먹어치우도록 보고만 있는 남자였다.

"마네트 양 (…) 당신이 제 영혼의 마지막 희망이라는 것을 알아주셨으면 합니다. 저는 타락할 대로 타락한 놈입니다. 하지만 (…) 당신을 알게 된 후로 다시는 나를 책망하지 않을 줄 알았던 회환에 괴로워하게 되었고, 나를 억지로 일으켜 세우는 예전 목소리, 영원히 들리지 않을 줄로만 알았던 그 나지막한 목소리를 들었습니다."

빈센트는 이런 시드니 카턴에게 깊은 공감을 느꼈고, 비록 테오에게 보낸 편지에 리처드 카턴이라고 이름을 잘못 쓰기는 했지만, 이 사람을 사랑했으며 이 사람처럼 되고 싶어했다. 그리하여 시드니 카턴이 짝사랑하던 루시 마네트 양을 위해 죽었듯이 빈센트 자신도 짝사랑하던 '예술'에 몸과 마음을 다 바치다가 죽음에 이르렀다.

두 사람은 빠르게 줄어드는 희생자 틈에 서 있었지만 마치 자기들만 있는 것처럼 대화를 나눈다. (…) 안 그랬으면 멀리 떨어져 서로 다른 세계에 살았을 우주라는 어머니의 두 아이가, 이 어두침침한 대로에서 만나 함께 집을 고치고 어머니의 품에 안기려 하고 있다. -《두 도시 이야기》에서

두 도시 이야기, 디킨스 지음
이은정 옮김, 펭귄클래식코리아

엘리엇의 이토록 아름다운 사람들

디킨스를 깊이 읽었던 것처럼 빈센트 반 고흐는 영국의 소설가인 엘리엇을 깊이 탐독하였다. 어찌나 엘리엇의 소설에 감동했던지 친구 라파르트에게 엘리엇을 드높이기도 했다. "특히 내가 말하고 싶은 것은, 엘리엇은 글솜씨도 뛰어나지만 그것을 뛰어넘어 뭔가 독특한 천재적 자질을 지니고 있다는 점이네. (…) 엘리엇만큼 철저하고 성실하며, 훌륭한 작가는 그리 많지 않다네."(1884년 3월 18일경, 라파르트에게 쓴 편지)

여기서 '엘리엇'은 '사월은 잔인한 달'이라고 노래한 장시 〈황무지〉를 쓴 토머스 스턴스 엘리엇Thomas Stearns Eliot이 아니라 19세기 영국 소설가 조지 엘리엇George Eliot이다.

조지라는 이름을 보고는 선뜻 남자로 생각할 수도 있겠다. 그런데 조지 엘리엇은 여자다. 우리 한국에도 여자가 남자 이름을 가진 경우가 있으니 시비하지는 말자. 사실 남자 이름이니 여자 이름이니 하는 것도 다 편견이지 않은가. 조지 엘리엇은 비현실적이며 상투적인 로맨스를 썼던 당시 여성 소설가와는 많이 달랐다. 그녀는 남성적인 필명으로 매우 지적인 작품들을 발표했고, 성별과 상관없이 자신만의 영역을 만들어냄으로써 당대에 평가받을 수 있었다.

그런데 어찌된 일인지 조지 엘리엇은 한국에 잘 알려져 있지 않다. 그녀의 초기작인 《플로스 강의 물방앗간》■이 아동용 동화로 번안되어 오다가 세계문학전집 시리즈로 번역되었고, 1950년대에 《사일러스 마너》가 번역된 것 말고는 아직도 번역되지 않은 작품이 많다. 최근에야

■ 한애경, 《플로스 강의 물방앗간 다시 읽기》, 동인, 2011.

《플로스 강의 물방앗간》이 완역되었고, 《아담 비드》도 완역되었다. 매우 환영할 만한 일이다.

반면 빈센트 당대에는 엘리엇이 디킨스와 더불어 널리 읽혔다. 그러나 디킨스가 폭넓게 대중적인 인기를 끈 반면 엘리엇은 교육을 받은 지식인 계층에게서 인기를 얻었다. 이는 디킨스의 소설이 대도시 인민의 정서를 반영한 반면, 엘리엇의 소설은 전통적인 농촌을 주로 다룬 점과도 관련된다. 그러나 엘리엇의 소설은 단순히 전원 소설이 아니다. 그것은 19세기 사회 속에서 급변하는 농촌을 다룬, 일종의 사회소설이다. 엘리엇은 비현실적인 전원 소설이 유행하던 당시 세태에 반발을 한 것이다.

엘리엇의 펜 끝에서 그려지는 농촌의 모습은 빈센트가 화폭에 담은 농촌과 크게 다르지 않다. 엘리엇의 생애만 놓고 봐도 빈센트로선 공감할 만한 요소가 많다. 건축가였다가 지주의 토지를 관리하는 일을 맡아 한, 엘리엇의 부친은 견실한 성격을 지녔다. 그는 《아담 비드》의 주인공인 아담을 위시하여 여러 작품에 모델로 등장하기도 했다. 소녀

엘리엇(George Eliot, 1819~1880) 영국 워릭셔의 조그만 농가에서 태어난 엘리엇은 당대 여성작가들과는 달리 짜임새 있는 구성에 인간의 삶을 깊이 성찰하는 소설을 발표하여 많은 독자의 사랑을 받았다. 본명은 메리 앤 에반스. 어머니를 일찍 여읜 탓에 집안일을 돌보면서 스스로 지식과 교양을 쌓아나갔다. 방대한 독서는 기본이고 미술관이나 박물관 같은 곳을 견학하기를 좋아하였다. 종교에 깊은 관심을 가져 슈트라우스의 《예수의 생애》와 포이어바흐의 철학서인 《예수의 본질》을 번역하기도 했다. 35세 때 비평가인 조지 헨리 루이스와 동거를 하기 시작했다. 당대에 저명한 지성인이던 루이스는 유부남이었지만 사회통념에 굴복하지 않고 루이스와 같이 살았다. 루이스는 그런 엘리엇이 소설을 쓰는 데 조언을 아끼지 않았고, 엘리엇은 37세에 《목사 생활의 양상》을 시작으로 《아담 비드》, 《플로스 강의 물방앗간》, 그리고 대작인 《미들 마치》를 썼다. 필명을 '조지 엘리엇'으로 한 것은 '조지'가 루이스의 세례명이었기 때문이다. 그만큼 조지 엘리엇은 남편 루이스를 정신적인 동반자로 여겼다. 작품마다 탁월한 심리묘사는 물론이거니와 도덕적이고 종교적인 감수성을 드러낸다. 남편이 죽은 뒤 재혼을 했지만 새 생활을 얼마 누리지 못하고 목 질환으로 눈을 감았다. 그림은 〈엘리엇의 초상〉으로, 영국 초상화가인 새뮤얼 로렌스의 작품이다.

시절에 엘리엇은 복음주의를 열렬히 따랐으나 당시 주된 흐름이던 과학주의 내지 실증주의의 영향˙을 받아 기독교에서 멀어지기도 했다. 그러나 조지 엘리엇은 평생 종교적인 심성을 지켜나갔다. 1854년 이후에 가정이 있는 조지 루이스와 동거 생활을 하게 되어 세간의 따가운 시선을 받기도 했다. 이것은 빈센트가 창녀인 시엥과 동거했을 때도 받은, 편견의 시선이었다. 그러나 그보다 빈센트가 조지 엘리엇에 공감했던 것은 순수한 열정으로 복음주의에 심취했다가 종국엔 기독교에 의문을 품은 점이었으리라.

《플로스 강의 물방앗간》을 빈센트는 언급한 적이 없다. 그러나 분명히 읽었을 것이다. 특히 그 소설의 여주인공 '매기'에게 결정적인 영향을 끼치는 것으로 나오는, 토마스 아 캠피스의 《그리스도를 본받아》는 빈센트한테도 크나큰 영향을 미친 책이었음을 우리는 앞에서 보았다. 토마스 아 캠피스의 책은 《플로스 강의 물방앗간》 5권에서 자기단념과 자기부정을 가르치는 책으로 나오는데, 이는 엘리엇 자신이 실제로 스무 살 전후에 영향을 받은 책이기도 하다.

> 너 자신을 버려라. 너 자신을 단념하라. 그러면 훨씬 마음의 평화를 즐기게 된다. (…) 그러면 모든 상상력이나 사악한 동요나 쓸데없는 번뇌가 사라질 것이며 지나친 두려움이 너에게서 떠나고, 억제할 수 없는 사랑이 죽을 것이다.˙˙

이러한 '자기부정' 사상은 인간을 고통스러운 삶으로부터 유일하게

˙ 특히 다윈의 영향에 대해서는 질리언 비어, 남경태 옮김, 《다윈의 플롯》, 휴머니스트, 2008 참조.
˙˙ George Eliot, *Scenes of Clerical Life*, Penguin Books, 1977, 310쪽.

해방시키는 것으로, 엘리엇 문학의 핵심이라고 할 수 있다. 또한 엘리엇이 사물을 사실적으로 묘사함에 있어서 네덜란드파의 일상생활 그림***과 비교한 점****도 빈센트를 기분 좋게 했을 것이다.

엘리엇이 페미니즘의 입장에서 작품을 썼고, 그런 만큼 1980년대 이후 페미니즘 쪽에서 엘리엇을 재조명하고 있지만 빈센트가 엘리엇에 흥미를 느낀 것은 단순히 여성주의 때문이 아니라 엘리엇의 소설에 잔잔히 흐르고 있는 종교적인 감수성 때문이다. 엘리엇은 젊은 시절 기독교에 일말의 의문을 품고, 자신이 번역을 하기도 한 《기독교의 본질》의 저자 포이어바흐(1804~1872)처럼 '인간성의 종교'를 주장했다. '인간성의 종교'란 사랑만이 인간을 결속시키는 가장 강력한 힘이자 기독교의 본질이라는 것이다. 이는 인간의 의지와 타인에 대한 사랑과 연민 그리고 이해로 신의 자리를 대신하되, 인간의 행동에 대한 개인의 책임과 의지, 인과응보를 강조한 점에서 무신론과는 구별된다. 빈센트가 편지에서 포이어바흐나 엘리엇의 종교관에 대해 언급한 적은 없다. 그러나 빈센트가 엘리엇의 책을 폭넓게 읽은 것을 보면 그녀의 종교관에도 충분히 공감했으리라 생각한다. 엘리엇의 종교관은 예술관으로 연결되었다. 즉 엘리엇은 예술의 궁극적인 목적은 타인에 대한 연민과 공감의 확대에 있다고 믿었다.

《목사 생활의 양상》

빈센트는 엘리엇을 1876년 초에 처음으로 언급했으나 이미 그 전부터 읽었으리라. 빈센트가 맨 처음 엘리엇을 언급한 것은 파리 구필 화

*** 츠베탕 토도로프, 이은진 옮김, 《일상 예찬: 17세기 회화 다시 보기》, 뿌리와이파리, 2003.
**** 조정호, 《조지 엘리어트의 소설 연구》, 이화여자대학교출판부, 1992, 73쪽.

랑에서 일할 때다. 그는 1876년 2월 19일 테오에게 쓴 편지에 엘리엇의 데뷔작인 중편소설집 《목사 생활의 양상》을 소개하면서, 마지막에 나오는 〈자넷의 참회Janet's Repentance〉가 특히 마음을 울렸다고 고백하였다. 자넷은 알코올 중독이라는 절망적 상황에서 구원을 받은 여성이다.

> 그것은 주로 빈민가 주민들 속에서 부대끼며 사는 목사의 이야기다. 그의 서재는 양배추를 심은 뜰이나 빈민의 길고 붉은 지붕, 연기를 토하는 연돌 등을 볼 수 있는 곳이지. 그의 식사는 보통 생으로 구운 양고기와 물기가 있는 감자 외에 아무것도 없다. 그는 서른네 살에 죽고 만다. 그는 과거에 술꾼이었으나 오랫동안 병상에 누워 생활하면서 한 여인의 간호를 받는데, 이 여인은 그에게 가르침을 받고 감동하여 자신의 결점을 극복하고 마음의 따뜻함을 발견한 인물이지. 그를 땅에 묻을 때 사람들은 "나는 부활이고, 생명이다. 나를 믿는 자는 설령 죽었다 해도 살아난다."고 하는 장을 읽었다. - 1876년 2월 19일, 테오에게 쓴 편지

위에서 설명한, 감자를 먹던 목사의 식사는 뒤에 빈센트가 화폭에 담게 되는 〈감자 먹는 사람들〉과 연관됐을 수도 있다. 또한 그 식사는 자신의 아버지인 테오도루스 목사의 식사였을 수도 있다. 특히 〈목사 생활의 양상〉과 함께 실린 중편소설 〈아모스 바튼 목사의 비운〉에서 바튼 목사는 연봉 80파운드의 수입으로 자녀 여섯을 키우는 가난하고 평범한 목사다. 그러니 빈센트로선 자연히 아버지를 떠올렸을 수도 있다. 또 우아하고 품위 있는 그의 부인 '밀리'를 보면시는 빈센드 자신의 어머니를 떠올렸을지도 모른다.

《아담 비드》

빈센트는 1876년 8월 18일 테오에게 쓴 편지에 《목사 생활의 양상》과 함께 엘리엇의 《급진주의자, 펠릭스 홀트》를 언급했다. 그는 이 책을 읽으면 행동거지를 바르게 하게 된다고 썼다. 그리고 그 이듬해에 쓴 편지에서도 《목사 생활의 양상》과 《아담 비드》를 언급하며, 아버지가 이 소설책들을 읽었으면 하는 속내를 내비쳤다(1877년 1월 21일, 테오에게 쓴 편지).

엘리엇의 첫 장편소설책 《아담 비드》는 긴 호흡으로 진행되는 시대극으로, 18세기 후반의 풍속을 매우 사실적으로 정감 있게 그려낸 수작이다. 목수인 아담 비드를 중심으로 그의 선량한 동생 세스 비드, 장차 마을을 이끌어갈 젊은 지주 아서 도니손, 주민들에게 존경을 받는 어윈 목사, 농부인 마틴 포르세와 그 아내, 뛰어난 미모를 가진 열일곱 살 소녀 헤티, 영국 국교회의 박해에도 꿋꿋이 자기 신앙을 지켜나가는 감리교도 다이나 모리스, 한창 멋 부리기 좋아하는 대장장이 딸, 다소 괴팍하고 신경질적이긴 하지만 제자인 아담만은 끔찍이 챙기는 야학 선생 등이 나와, 때로는 인간적으로 때로는 갈등을 드러내며 얽히고설키는 모습을 보여준다.

엘리엇 자신이 시골 마을의 한 농가에서 태어난 평민인데다 토지 관리인의 딸이었으므로 그녀가 《아담 비드》에서 그리고 있는 모든 삶의 풍경은 꾸밈없이 진실하게 다가온다. 엘리엇은 단순히 삶의 풍경만을 그리지 않았다. 엘리엇은 그 풍경의 본질, 인간사회의 속성을 보여주고자 했다. 다시 말해 《아담 비드》로 지주와 평민의 권력 관계를 성찰하고, 영국 국교인 성공회와 비국교인 감리교를 화해시키며, 세속과 비세속을 조화시켰다. 교리가 아니라 오직 사랑과 헌신으로.

줄거리는 간단하다. 나무를 잘 다루는 솜씨 좋은 목수 '아담 비드'는 토지 관리인 마틴의 질녀 '헤티 소렐'을 사랑한다. 헤티는 여신처럼 아름답고, 허영심이 많은 소녀다. 어떤 남자라도 헤티를 보면 한눈에 빠지고 만다. 그러니 장차 할아버지로부터 재산을 물려받아 대지주가 될 아서 대위조차도 헤티의 미모에 빠져들고, 헤티와 사랑놀음을 하게 된다. 아서는 자신이 헤티를 진심으로 사랑한다고 믿고 싶어하지만 신분 차로 결혼을 하지 못하리란 것 또한 분명히 알고 있다. 결국 헤티는 버림을 받고, 아담은 버림받은 헤티를 진심으로 사랑하여 그녀와 결혼하기로 마음먹는다. 하지만 뒤늦게 심적인 부담감을 느낀 헤티가 도망을 치게 되고, 길에서 아서의 아기를 낳아 죽게 방치한다.

한편 감리교도인 다이나 모리스는 이모가 사는 곳이자 아담이 사는 마을인 헤이슬롭에 설교하러 와서 한동안 머물다가 헤티를 걱정하고 나중에 영아살해 혐의로 감옥에 갇힌 헤티를 구원의 길로 이끌어낸다. 아담은 헤티를 타락하게 만든 아서 대위를 비판하고, 아서는 마지못해 군에 입대함으로써 현실을 회피한다. 나중에 헤티는 교수형 직전에 사면을 받지만 돌연사하고, 아담은 다이나와 결혼을 하게 된다.

《아담 비드》의 여주인공 다이나 모리스(Dinah Morris)는 여러 모로 헤티 소렐과는 대조적인 인물이다. 헤티가 육체적인 미를 상징한다면 다이나는 정신적의 미를 상징한다. 한 여자는 은연중 자기의 미모를 이용하여 신분 상승을 꿈꾸고, 한 여자는 인류애를 펼치고자 세속의 안락을 거부한다. 그리하여 한 여자는 타락하고 한 여자는 평온을 얻는다. (헤티와 아서 대위 간의 사랑은 얼핏 톨스토이의 《부활》을 연상시킨다. 《부활》에서 젊은 지주는 하녀를 건드리고 하녀의 인생을 망가뜨린다. 그런데 《부활》에서 지주는 저 때문에 나락으로 떨어진 하녀를 구원으로 이끌기 위해 끝까지 노력하지만,《아담 비드》의 젊은 지주는 거의 노력을 하지 않는다.)

다이나 모리스는 누구보다도 빈센트 반 고흐에게 영감을 준 인물이다. 그녀는 가난하고 척박한 땅인 스노필드에서 방직공장 일을 하면서 헌신하는 삶을 산다. 그녀가 안락하고 편안한 시골 농장에서의 삶을 버리고 빈민촌으로 가, 낮은 자리에서 섬김의 삶을 사는 모습은 유독 빈센트의 마음을 흔들었다. 그리하여 빈센트는 과감히 영국에서의 삶을 뒤로하고 보리나주 탄광촌으로 가게 된다.

"사랑하는 여러분, 여러분과 저는 가난합니다. 우리는 허름한 오두막집에서 태어났고 보리빵을 먹으며 자랐으며 비천하게 살았습니다. 우리는 학교도 많이 다니지 못했고 책도 별로 읽지 못했으며 주변에서 일어나는 일 외에는 그 어떤 것도 알지 못합니다."

헤이슬롭 마을의 한 광장에서 다이나가 국교회 신자들인 마을 사람들의 따가운 시선을 받으며 꿋꿋이 설교를 하는 모습이다. 다이나의 처지와 빈센트의 처지는 많이 닮아 있다.

"햇빛 구경 한번 제대로 못하는 남자들이 탄광 속에서 일하며 살아야 하는 험한 산골에 가서 그들을 도와주며 살고 싶어요. 쓸쓸하고 추운 날, 언덕 위의 하늘에 검은 구름이 덮여 있을 때에도 마음속에 하느님의 사랑만 있다면 그들을 위로해줄 수 있을 겁니다. 외롭고, 메마르고, 헐벗은 사람들을 찾아가 주님의 사랑을 전한다는 것은 정말 축복받은 일이죠."

이렇듯 다이나는 잠시 쉬러 헤이슬롭에 올 때 말고는 언제나 쓸쓸하고 황량한 땅 스노필드에 머무른다. 거기서 거친 광부들 앞에서 설교를 한다. 그에 감동한 광부들은 최고의 존경심과 호의를 갖고 다이나를 예우한다.

'다이나'라는 성스러운 인물의 삶 말고도 《아담 비드》에는 빈센트가 감동할 만한 대목이 많이 나온다. 이 소설에는 버니언의 《천로역정》에 대한 이야기도 나오고, '어윈' 목사와 목사관의 풍경도 나온다. 마을 사람들의 존경을 한몸에 받는 어윈 목사를 보면서 빈센트는 개신교 목사인 아버지를 떠올렸을 것이다. 빈센트가 화폭에 담은 많은 그림이 《아담 비드》의 한 장면을 연상시킨다. 가령 빈센트는 우체국 직원 조셉 룰랭의 아이를 그린 적이 있다. 그 그림은 《아담 비드》의 한 장면과 자연스럽게 포개진다. "톳티(마틴 포이저의 아이)는 머리에 리넨 나이트캡을 쓰고 있었는데, 캡의 테두리가 얼굴 윤곽을 더 뚜렷이 보이게 해서 어느 때보다도 더 포동포동해 보였다."

또한 빈센트가 성직자의 길을 걷기로 다짐하고 라틴어 같은 고전어를 배우다가 어려움을 느껴 돌연 그만둔 것도 다음의 대목에서 영향을 받은 것 같다. "저는 고전에 대한 지식이 시골 신사에게 꼭 필요한 것이라고 생각하지는 않아요. 그것보다는 비료에 대해서 해박한 지식을 가지는 것이 훨씬 낫죠." 아서가 어윈 목사에게 한 말이다.

흥미롭게도 《아담 비드》에는 네덜란드 화가에 대한 엘리엇의 견해가 나와 있다. 이 장은 소설 내용과는 별도로 진행되는 이야기인 만큼 소제목도 '잠시 이야기를 멈추고'다. 여기서 조지 엘리엇은 말한다.

스스로 고상한 생각을 한다는 이들은 네덜란드 사람들의 그림을 무시하지만 나는 진기하고 귀중한 진실성이라는 특성 때문에 네덜란드의 그림들을 좋아한다. 나는 단조롭고, 소박한 삶을 충실하게 그려놓은 그림에서 향기로운 공감의 원천을 발견할 수 있다. (…) 나는 영웅에게는 별로 관심이 없다. 그들보다는 오히려 늙고 평범한 여인이 화분의 꽃을 돌보려고 허리를 구부리거나 혹은 혼자서 외로이 식사하는 모습을 보았을 때, 곧장 관심이 간다. (…) 이런 나의 생각에 이상주의자들은 이렇게 말할지도 모른다.

〈마르셀 룰랭의 초상〉, 1888년, 암스테르담, 반 고흐 미술관.

피이! 참 시시껄렁하네. 뭣 때문에 늙은 여인이나 시골뜨기를 그렇게 사실대로 묘사하려고 애쓰지? 너무 시시하잖아! 얼마나 천박하고, 못생긴 사람들인지! (…) 예를 들면 일에 찌든 거친 손으로 당근을 긁고 있는 늙은 여인의 모습이나 초라한 선술집에서 휴일을 즐기고 있는 뚱뚱한 시골뜨기, 허리를 굽혀 삽질하며 거친 일로 등골이 휘어지고 세월에 찌들어버린 양파 다발들이 걸려 있는 시골집들의 풍경들은 예술적인 소재가 되지 못하고 만다. (…) 우리는 예술을 통해 한평생 기꺼이 고통을 바쳐 살아온 평범한 사람들을 충실히 묘사해주어야 한다. 그러면 우리는 그들이 가진 진정한 아름다움이 무엇인지 알게 되고, 하늘의 빛이 그들에게 얼마나 친절한 은혜를 베풀었는지 보면서 즐거워하게 된다.

이 애정에 찬 문장들은 평생 빈센트를 지배하였을 것이다. 빈센트는 테오에게 쓴 편지에 늘 노동자를 그리고, 주변 사람들을 애정으로 그려야 한다고 말하곤 했다. 그리고 그 말대로 했다. 엘리엇은 자연을 예찬하기도 한다. "능숙한 구두 수선공이 성경을 낭독할 생각을 어떻게 했는지, 그의 가장 절친한 친구조차도 불가사의한 일로 여긴다. 나는 조슈아 랜(구두 수선공)이 그런 생각을 자연에서 얻었을 것이라고 믿는다." 엘리엇 못지않게 빈센트도 자연을 열렬히 예찬하지 않았던가.

그린 광장 근처의 앞쪽에는 이 지역만의 독특한 풍경이 멋지게 펼쳐져 있었다. 지평선 너머에는 커다란 원뿔 모양의 언덕들이 바로 눈앞에 보이는 옥수수 밭과 초원지대를 지켜주듯 무리지어 버티고 있었다. (…) 이 언덕들은 아침에 떠오른 붉은 태양의 햇살로 눈부시게 반짝였다. 4월이면 정오의 찬란한 햇빛이 날개 돋친 듯 날아가버리고, 여름이면 무르익은 치자 빛 황혼이 장관을 이루며 저물어가곤 했다.

한 편의 풍경화를 보는 듯한 묘사다. 빈센트는 이에 깊이 감동하였고 이런 식의 풍경화를 즐겨 그리곤 했다. 또한 빈센트는 잘 알다시피 〈감자 먹는 사람들〉을 그렸다. 앞서 《목사 생활의 양상》을 이야기할 때 잠깐 〈감자 먹는 사람들〉에 대해 언급했지만, 《아담 비드》를 보면 감자 이야기가 또 나온다. 엘리엇은 아담의 입으로 다음과 같이 말한다. "자기 텃밭에 감자 하나를 심어서 두 개를 수확하면, 그런 것들이야말로 더없이 훌륭한 일이라는 거야. 설교를 들으러 쫓아다니거나 기도를 하는 것 못지않게 하느님과 더 가까워지는 일이란 말이야." 동생 세스가 종교를 너무 절대시하는 것을 보고 아담이 온화하게 꾸짖는 장면이다. 아담이 보기엔 언제 어디서나 모든 것에는 하느님의 존재가 깃들어 있으니 진심으로 그 일을 하면 하느님을 저절로 느끼게 된다는 것이다. 아담은 교리만 강조하는 종교를 끔찍이 싫어하는데, 이것에 빈센트는 크게 공감했고 이 생각을 평생 가슴속에 품고 살았다. 그리하여 빈센트는 시도때도 없이 교리를 읊어대고, 공중 기도를 하는 사람들 대신 감자 먹는 사람들의 경건한 모습에서 하느님의 존재를 느끼게끔 했던 것이다.

모파상의 《피에르와 장》에서처럼 《아담 비드》에는 두 형제가 나온다. 장남 아담은 누구한테나 사랑을 받지만 차남 세스는 그렇지 못하다. 세스는 천성이 부드럽고 섬세하고 연약한데 어머니는 건장하고 믿음직한 장남 아담을 노골적으로 사랑하고, 마을 사람들도 아담을 칭찬한다. 심지어 다이나마저 세스의 청혼은 거절하면서도 아담의 청혼은 결국 받아들인다. 빈센트는 그러므로 아담보다는 세스에게 더 연민을 느끼지 않았을까? 특히 세스의 다음 말에 빈센트는 공감하지 않았을까?

"나는 괜찮아, 형. 나는 이대로도 좋다구. 이러다가 어쩜 늙은 독신자가 될지도 모르겠어. 그럼 나중에 형의 아이들하고나 재미있게 웃고 떠들며 놀아주지, 뭐."

실제로 빈센트는 독신자로 남았고, 테오의 갓난아기를 위해 밤새워 〈활짝 핀 아몬드 나무〉를 그렸으며, 그 사랑스런 조카아이가 오베르에 놀려올 때마다 같이 놀아주곤 했다.

《아담 비드》는 빈센트에게 그야말로 좋은 작품을 넘어서 인생의 선생이었으리라. 빈센트는 서슴없이 엘리엇을 '최고'라고 격찬하였으니.

한편 빈센트는 엘리엇의 《로몰라》도 감동적으로 읽었다(1878년 3월 3일 편지). 《로몰라》에 나오는 '로몰라' 역시 《아담 비드》의 다이나와 비슷한 인물이다. 《로몰라》는 피렌체의 종교개혁가 사보나롤라(1452~1498)에게서 영향을 받은, 젊은 여성 로몰라의 믿음과 헌신의 삶을 그린 소설이다. 로몰라의 경건한 삶은 종교적 평화로 이어졌다. 그런 평화는 빈센트도 평생 일관되게 추구한 것이었던 만큼 빈센트가 《로몰라》를 훌륭한 소설이라고 한 것도 당연하다.

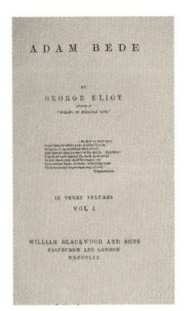

아담 비드, 엘리엇 지음
유종인 옮김, 현대문화

"아담, 제가 그렇게 못된 짓을 했지만, 그래도 다시 키스해주시겠어요?" 아담은 말없이 헤티가 내민 창백하고 초췌한 손을 붙잡았다. 그리고 그들은 영원한 이별의 키스를 엄숙하게 나누었다. 헤티가 조금 더 힘주어 말했다. "한때는 그를 증오하고 저주했어요…. 근데 다이나가 그러더군요. 그를 용서해야 한다고요. 그렇게 하도록 노력할 거예요." -《아담 비드》에서

《사일러스 마너》

빈센트는 1878년 3월 3일 테오에게 쓴 편지에 《사일러스 마너》도 언급했다. 이 소설은 아마포 직조공인 '사일러스 마너'가 다소 편협한 종교 공동체에서 모함을 받고 부당하게 추방되어, 외로운 수전노로 전락했다가 버려진 사생아를 맡아 키우면서 갱생을 하고 구원을 받는다는 이야기다. 주인공 사일러스 마너는 여러 모로 빈센트에게 공감을 준 인물이었던 것 같다. 누구보다도 신앙심이 깊던 젊은이가 종교 공동체로부터 버림을 받고 쫓기듯 고향을 떠나 외딴 시골 마을로 흘러 들어가, 마음의 문을 닫아건 채 고립된 삶을 사는 모습이 특히나 빈센트의 마음을 사로잡았던 것으로 보인다. 사일러스 마너의 고독한 삶을 잠시 들여다보자.

> 그는 자기 집 문지방 너머로 손님을 초대한 적이 없으며, 레인보 술집에서 한잔하려고 마을로 오지도 않았고, 수레바퀴 제조공 가게에서 잡담하는 일도 없었다. 그는 자기 일거리에 관련되거나 생활 필수품을 사는 일이 아니면 누구도 찾지 않았다.

그런 그가 온종일 베를 짜서 하루하루 모은 금화를 도둑맞은 뒤 한동안 방황을 하다가 눈 속에 버려진 아이를 거두어 키우면서 마을 공동체에 차츰 발을 들여놓기 시작한다. 이런 모습에 빈센트는 실로 감동을 느꼈으리라. 훗날, 그러니까 1884년 1월과 2월에 빈센트가 베 짜는 노동자를 유독 많이 그린 것도 어느 정도는 《사일러스 마너》의 영향 때문일 것이다.

게다가 서른 살에 시앵과 그의 딸, 시앵이 낳은 사생아를 깊이 사랑

〈베 짜는 직조공〉, 1884년, 오테를로, 크뢸러 뮐러 미술관. 빈센트는 1884년 3월, 라파르트에게 보낸 편지에 이렇게 썼다. "근래 천을 짜는 사람을 위해 베틀의 북을 돌리며 앉아 있는 소녀와 직조기를 유화로 그렸다네. 자네가 조만간 내 유화 습작을 볼 수 있기를 기대하네."

하고 연민한 것도 직공 사일러스 마너가 지주의 사생아를 무조건적으로 사랑하는 모습에 진실로 동화되었기 때문일 것이다. 사일러스 마너가 버려진 아기를 막 발견하는 장면은 경이롭기까지 하다.

"그것은 잠이 든 아기였다. 온통 부드러운 금발 곱슬머리를 한 동그랗고 예쁜 아기였던 것이다." 이 장면은 빈센트로 하여금 부드럽고 순결한 아기에 대한 환상을 갖게 하였을 것이다. 실제로 빈센트는 시앵이 사생아를 낳자 '요람에 누인 아기'를 그린 적이 있다. 물론 소설 내용과 빈센트의 그림을 지나치게 연관지어 생각하는 건지도 모르겠지만 전혀 아니라고 할 수도 없지 않을까?

빈센트는 《사일러스 마너》에 묘사된 신심 깊은 사람들의 모임, 즉 공동체에도 깊이 공감하였다. 그리하여 1876년 테오에게 쓴 편지에 '랜턴 야드의 예배당'을 언급한다. 이 랜턴 야드(Lantern Yard)의 예배당은 《사일러스 마너》에 나오는 예배당으로, 주인공인 사일러스 마너가 내쫓기기 전 이 예배당 모임에서 나눔의 삶을 실천하고 이웃들을 돌보았다. 당시 빈센트는 화랑 일을 그만두고 보다 뜻깊은 일, 가령 빈민들을 가르치고 전도하는 일을 꿈꾸고 있었던 만큼 《사일러스 마너》는 넉넉히 그의 가슴을 파고드는 작품이었다.

거대한 도시의 인민들 가운데는 종교에 그만큼 강한 열망을 품고 있는 사람도 있는 법이다. 공장이나 상점에서 일하는 수많은 노동자는 경건한 어린 시절을 보냈다. 그러나 도시 생활은 그들의 '이른 아침 이슬'을 자주 빼앗아가곤 했지. 그래도 여전히 '오래된, 오래된 이야기'에 대한 향수가 남아 있다. 마음속에 있는 것은 무엇이건 그대로 간직되어 있으니 말이다. 엘리엇이 그 소설에 작은 공동체를 만들어 랜턴 야드의 예배당에서 예배를 드리는 공장 노동자들의 생활을 묘사했더구나. 엘리엇은 그것을 '지상에 있는 신의 왕국'이라 불렀는데, 정말로 그렇다. 이러한 복음의 사도들의 말을 듣기 위해 수천 명이 모이는 장소는 실로 감동적이다. – 1876년 5월 12일, 테오에게 쓴 편지

여기서 말하는 '복음의 사도들'이란 빈센트가 위 편지의 첫 부분에서 언급한 무디(Dwight L. Moody, 1837~1899)나 스펄전(Charles Spurgeon, 1834~1892) 같은 복음주의자다. 빈센트는 스펄전을 편지에 직접 언급한 적은 없다. 그러나 뒤에 암스테르담에서 신학 공부를 할

때 같이 하숙을 한 친구의 회상으로, 당시 빈센트는 성경과 함께 스펄전의 책만 읽었다.▪

복음주의는 성경의 권위와 개인적 구원, 회심과 복음 설교를 강조하는 주의다. 빈센트는 자신이 복음주의로 전환했다고 편지에 쓴 적은 없지만, 1875년 9월 이후에 쓴 편지를 보면 분명히 성경을 자주 인용해가며 구원을 강조하곤 했다. 특히 캠피스의 《그리스도를 본받아》와 버니언의 《천로역정》을 매일같이 읽었다. 토마스 아 켐피스는 흐로닝언파에서도 중요한 저자였다. 그러나 나는 그런 종교적 측면보다도 위 편지에서 보듯이 빈센트가 일찍부터 노동자 공동체에 관심을 두었다는 점을 강조하고 싶다.

우리는 빈센트가 《사일러스 마너》에 묘사된, 다분히 중세적인 '랜턴 야드'라는 이상향을 1876년 5월 12일 편지에 언급했음을 앞서 보았다. 도시 '랜턴 야드'는 '래블로(Reveloe)'라는 시골과 대조된다. 말하자면 공업과 농업의 대조인 셈이다. 이러한 대조 외에도 《사일러스 마너》에는 고립된 개인과 사회, 상류 지배층과 하층 인민의 대조가 뚜렷이 나타난다. 캐리 일가로 대변되는 상류층의 부도덕한 우월의식은 최하층 인물인 사일러스 마너의 겸손함과 대비된다.

흥미롭게도 이 소설에는 다음과 같은 대목도 나온다. "그는 자기 어머니가 간단히 조제한 디기탈리스 풀로 효험을 본 기억이 나서, 의사는 아무런 도움도 못 된다고 하니 자기가 좋은 약을 갖다 주겠다고 약속했다." 약초에 관한 지식을 갖고 있는 직조공 사일러스 마너는 동정심에 디기탈리스를 뜯어다가 아픈 주민들을 돕기도 했던 것이다. 훗날

▪ Susan Alyson Stein ed., *Van Gogh, A Retrospective*, 42쪽.

빈센트는 디기탈리스를 제 그림에 그려 넣는다. 너무도 유명한 그림, 〈의사 가셰의 초상〉에 말이다. 빈센트는 가셰가 어딘지 아파 보이고 멍해 보인다면서, 노란색 책 한 권과 디기탈로스 꽃이 놓여 있는 탁자 앞의 가셰를 그렸다고 테오에게 쓴 적이 있다.

또한 빈센트는 1883년 2월 15일경 테오에게 쓴 편지에, 발자크와 졸라가 프랑스의 상황과 정감을 분석했듯이 엘리엇은 《미들 마치》에서 영국의 그것들을 분석했다고 썼다. 《미들 마치》는 하층민에서 상류층에 이르는 다양한 계층의 사람들의 삶과 그 복잡한 사회적 관계 속에서 현실과 이상의 갈등을 인간적인 공감으로 표현한 소설이다. 엘리엇은 제15장 서두의 '직조물 비유'로 계층 간의 관계 그리고 현실과 이상 간의 갈등을 단적으로 표현한다.

이처럼 1883년에 빈센트는 발자크, 졸라, 엘리엇이 글로 사회를 분석한 것처럼 자신은 그림으로 사회현실을 그리겠다고 생각했다. 이는 대단히 중요한 사실이다. 왜냐하면 그 뒤 빈센트가 그린 거의 모든 그림은 그러한 의도에서 나온 사회적 미술이기 때문이다.

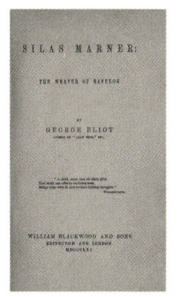

사일러스 마너, 엘리엇 지음
한애경 옮김(부분 번역), 지만지

사일러스는 고독 속에서 아침 점심 저녁을 준비해야 했고 마실 물을 샘에서 길러와야 했으며 손수 주전자를 불 위에 얹어야 했다. (…) "이 아이가 제게 온 뒤로 제가 이 아이를 제 몸처럼 사랑하게 된 뒤로, 저는 온전한 신앙의 빛을 얻었어요. 그리고 이제 이 아이가 제 곁을 떠나지 않겠다고 하니 죽는 날까지도 신앙이 이어질 겁니다." - 《사일러스 마너》에서

《급진주의자, 펠릭스 홀트》

《급진주의자, 펠릭스 홀트》는 1832년의 선거법 개정을 둘러싸고 벌어지는 상황들을 그린, 일종의 정치소설이다. 그러나 빈센트는 안락한 가족이나 기업의 울타리 안에서 성공하는 길을 포기하고 노동자들과 함께 검소한 생활을 하던 주인공에게 더욱 마음이 갔을 것이다. 엘리엇의 소설들은 종교적 색채를 띠기에 다른 어떤 사회소설보다도 빈센트에게 더욱 친숙했다. 그러나 뒤로 갈수록 빈센트는 교리 중심의 종교에 회의를 느끼게 되고, 자연히 엘리엇 소설의 사회적 측면에 관심을 기울이게 되었다.(물론 1876년 10월 31일 테오에게 쓴 편지에《급진주의자, 펠릭스 홀트》가 등장한다. "엊저녁에 존스 씨 댁으로 봉사하러 갔다. 나이 많은 소년도 함께 갔는데 그 애는 열일곱 살이지만 키가 나만 하고 턱수염도 났다. (…) 그 아이는 정직하고 착하며 마음도 여리다. 나중에 일꾼들과 어울려 착하게 일하며 사는 게 그 아이의 희망이지. 나는 그 아이에게 엘리엇의《급진주의자, 펠릭스 홀트》를 권했다.")

그리하여 빈센트는 1883년 테오에게 쓴 편지에《급진주의자, 펠릭스 홀트》의 한 구절을 인용했다. 이 소설도 당시의 영국 생활과는 전혀 다른 중세적인 전원 유토피아를 묘사하고 있다. 빈센트는 그러한 시골 사람들의 모습에 크게 공감하였다.

> 우리 주변 사람들에게는 부자들과 마찬가지로 어리석고 부도덕한 면이 있다. 그러나 그들의 어리석고 부도덕함에서 나오는 '구체적인 표현 방식은 다양하다.' 그리고 그들에게는 부자가 갖고 있는 세련미가 없다. 그런 세련미가 있다면 그들의 결함을 아직 조금은 참을 수 있을 테지만. 그러나 그런 것은 나에게 중요한 문제가 아니다. 나는 그런 종류의 세

런미를 좋아하지 않지만, 좋아하는 사람도 있다. 그런 자들은 그런 세련 미를 갖지 못한 사람들과 함께 있으면 불편함을 느낄 것이고. - 1883년 3월 4일, 테오에게 쓴 편지

1884년 3월 후반 친구 라파르트에게 보낸 편지에서도 빈센트는 엘리엇의 《급진주의자, 펠릭스 홀트》를 읽었다며, 네덜란드 말로 훌륭하게 번역되어 있으니 한번 읽어보라고 권했다. 그러고는 잊지 않고 덧붙였다. "엘리엇만큼 철저하고 성실하며 훌륭한 작가는 그리 많지 않다네." 여기서도 우리는 노동계급은 정치적 권력이 아니라 도덕적 개혁으로 유토피아를 성취할 수 있다고 믿는 엘리엇과 빈센트의 순진한 이상주의 내지는 진지한 열망을 느낄 수 있다. 훗날 아를로 떠나 살 때 빈센트는 자신의 소박한 침실에 대해 그것이 《급진주의자, 펠릭스 홀트》에 나오는 것과 같다고 쓰기도 했다. "아마도 너는 가장 추한 인테리어를 보게 될 테지. 나무로 된 침대와 의자 두 개밖에 없는 허전한 침실을. 그럼에도 나는 두 번이나 큰 스케일로 침실방을 그렸다. 나는 《급진주의자, 펠릭스 홀트》에 묘사된 것처럼 소박한 효과를 드러내고 싶었거든."(1889년 10월 21일경, 빌에게 쓴 편지)

한편 우리는 《로몰라》와 《급진주의자, 펠릭스 홀트》 같은 엘리엇의 사회소설 내지 정치소설을, 빈센트가 《아담 비드》 등의 종교적 소설을 읽었던 때와 달리 그가 보리나주에서 실패하고 종교로부터 정치적 문제로 관심을 돌렸을 때 읽었다고 보는 종래의 견해*가 옳지 않음을 확인하게 된다. 그것은 빈센트가 보리나주 이전에는 종교적 문제에만 관

---

* Patricia E. Connors, 'Vincent as Reader: Reading in the Formation of the Artist,' *Van Gogh 100*, 119쪽.

5장 반 고흐가 사랑한 영문학

심을 갖다가 그 이후에야 정치적인 문제로 관심을 돌렸다고 보는 견해인데, 그렇게 볼 만한 근거는 없다. 빈센트에게는 처음부터 종교적 문제와 정치적 문제가 하나로 연결되어 있었다고 보는 게 공정하다.

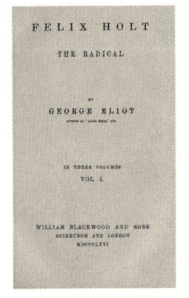

급진주의자, 펠릭스 홀트,
엘리엇 지음, 한국어판 없음

엘리엇이 1866년에 발표한 《급진주의자, 펠릭스 홀트》는 1832년의 선거법 개정을 둘러싼 일종의 정치소설이다. 빈센트 반 고흐는 이 소설을 스물세 살경에 읽었고, 깊이 감동하였다. 그래서 함께 봉사활동을 하곤 했던 선량한 열일곱 살 소년에게 이 소설을 읽어보라고 권했다. —지은이

| 맺음말 |

반 고흐와 함께 톰아저씨의 오두막을

약 3년 전인 2011년 봄, 편집 일을 하던 서정순이 나에게 이 책을 써달라고 했으나 나는 간디를 공부하느라 꼬박 두 해를 보내야 했다. 고맙게도 '간디 공부'는 이 책을 쓰는 데 몹시 유익했다. 요컨대 간디와 반 고흐는 하나였다. 그러나 '간디와 반 고흐는 하나'라는 나의 생각은 번번이 공격을 받곤 했다. 간디를 전공한 사람이나 반 고흐를 전공한 이들은 내가 이런 견해를 내비칠 때마다 모두 화를 냈던 것이다. 간디는 너무도 근엄하고 도덕적이며 종교적인 성자고, 반 고흐는 도덕과는 무관한데다 너무도 열정적인 천재화가이고 심지어 자살까지 했으니 둘은 엄연히 다르다는 것이다. 그러나 나는 두 사람 모두 도덕적이고 정열적이며 초월적이라는 점에서 본질적으로는 같은 사람, 한 사람이라고 생각한다. 빈센트 반 고흐는 19세기 후반에 유럽에서, 간디는 20세기 전반에 인도에서 주로 활동한 만큼 서로 만나기는커녕 서로를 알지도 못했지만 적어도 당대의 주된 흐름인 자본주의 세계에 저항했다는 점에서는 같았다. 다시 말해 두 사람 모두 반反자본주의자였다.

두 사람은 이렇게도 연결이 되지만 더욱 직접적으로 통하는 것이 있다. 둘 다 책을 많이 읽었고, 그것도 같은 책을 즐겨 읽었다는 점이다. 가령 '톨스토이'와 '칼라일'을 두 사람은 다 좋아했다. 간디와 빈센트는 '칼라일'과 '톨스토이' 말고도 셰익스피어를 비롯한 영문학 작품들을 함께 읽었다. 물론 셰익스피어를 분명히 읽었다고 말하는 빈센트와 달리 간디는 그런 말을 직접 하지는 않았다. 그렇지만 대영제국 하에서 교육을 받은 간디가 셰익스피어를 비롯한 영문학 고전을 안 읽었을 리는 없다. 실제로 간디의 책에는 셰익스피어로부터 인용한 것이 간디 자신도 모르게 불쑥불쑥 튀어나온다. 그러나 대영제국에 반대한 사람으로서 간디는 빈센트처럼 셰익스피어를 비롯한 영문학 고전들을 찬양하기는커녕 읽었다고 말하는 것조차 못내 싫었으리라.

빈센트가 읽은 책은 앞에서 살펴본 것 외에도 아주 많다. 그 중에서 그가 가장 좋아했던 책 다섯 권을 독자들도 함께 읽어보기를 권한다. 먼저 디킨스의 《크리스마스 캐럴》이다. 한국에서도 꽤 유명한 작품이니 줄거리를 모르는 사람은 거의 없을 것이다. 보통 아동문학 작품으로 읽혀서 아이들도 잘 아는 편이다. 그러나 돈을 거머쥔 사람, 돈밖에 모르는 사람인 수전노의 대명사 '스크루지 영감'은 동화 속에만 있는 게 아니라 우리 사회에도 얼마든지 있다. 가령 노동조합을 탄압하는 대표적인 자본가 이건희는 현대판 스크루지가 아닐까? 그리고 솔직히 말해서, 우리 모두는 어려서부터 스크루지가 되려고 애쓰고 있는 것은 아닌지?

그러나 빈센트는 결코 스크루지 같은 이가 되려고 한 적이 없다. 도리어 스크루지 근성을 철저히 멸시했다. 우리가 빈센트와 함께 《크리스마스 캐럴》을 읽으려고 하는 것은 스크루지 같은 수전노, 즉 돈의 노예가 되지 않기 위해서다.

두 번째 작품은 미국의 노예 문제를 본격적으로 다룬, 스토의 《톰 아저씨의 오두막》이다. 빈센트가 영국이나 프랑스에서 살 때는 이미 노예가 해방된 뒤였지만 새로운 '현대판 노예'라고 할 수 있는 노동자의 삶은 노예의 삶만큼이나 비참했다. 빈센트는 그 점을 날카롭게 인식했다. 그러나 스크루지의 경우와 마찬가지로 톰 아저씨의 문제는 한국에서 동화로만 다루어질 뿐 혁명적인 차별 철폐, 노동 해방으로 나아가지는 못하고 있다.

빈센트는 누구보다도 '스크루지'와 '톰 아저씨'가 자본주의의 한 쌍임을 잘 알았다. 그는 디킨스와 스토의 이 책들을 너무도 좋아하여 제 그림에 두 권 모두 그려 넣기까지 했다. 그러나 빈센트가 존경해마지 않던 디킨스와 스토를 세상은 달리 받아들이고 있다. 즉 영문학계에서 디킨스는 19세기 작가 중 가장 많이 언급되지만 스토는 전혀 언급되지 않는, 잊힌 작가다. 나는 스토의 작품이 노예 해방의 계기가 되었다는 점에서 이 세상의 어떤 문학작품보다도 위대하다고 생각하므로 스토에 대한 이러한 평가가 부당하게만 느껴진다.

수전노가 지배하는 세상에 맞서 들불처럼 들고 일어나는 노동자 이야기가 세 번째 작품인 위고의 《레미제라블》과 네 번째 작품인 졸라의 《제르미날》이다. 저항이 정치적인 혁명으로 나타난 것이 《레미제라블》이고, 경제적인 파업으로 나타난 게 《제르미날》이다. 두 작품 역시 한 쌍이다. 마지막으로 이 모든 갈등을 극복하고 새로운 삶을 보여주는 것이 톨스토이의 《나의 종교》다. 이것이 우리가 꼭 함께 읽어야 할 다섯 번째 작품이다.

18세 반 고흐. 헤이그 구필 화랑에서 일하던 시기.

벗이자 동료화가인 에밀 베르나르와 이야기를 나누고 있는 빈센트 반 고흐. 등을 보이고 있는 이가 빈센트다. 파리 근교 센 강변. 1886년.

빈센트 반 고흐의 발자취

1853년 3월 30일, 네덜란드 북부인 브라반트 주의 호르트 준데르트에서 6남매 중 맏이로 태어나다. 아버지는 개신교 목사인 테오도루스 반 고흐이고 어머니는 책 제본사의 딸인 안나 코르넬리우스다.

1857년 5월 1일, 동생 테오(테오도루스) 반 고흐가 태어나다.

1861~1864년 준데르트에 있는 공립학교에 다니다.

1864~1866년 고향 부근에 있는 사립 기숙학교에 들어가 2년 남짓 다니다가 66년 틸뷔르흐(Tiburg)에 있는 중학교로 옮기다.

1869년 7월 30일, 헤이그 구필(Goupil) 화랑에서 미술품 거래상으로 일하기 시작하다.

1872년 헤이그에서 동생 테오와 시간을 보내다. 이후 서로에게 편지를 쓰기 시작하다.

1873년 1월, 구필 화랑 브뤼셀 지점으로 옮기다. 5월, 파리를 여행하던 중 루브르 박물관을 견학하다. 6월, 구필 화랑의 런던 지사로 옮겨가다. 이 해에 키츠의 시를 즐겨 읽고, 미슐레의 《사랑》을 읽다.

1875년 5월, 구필 화랑의 본점인 파리 지사로 옮기다. 여러 미술관을 찾아다니며 회화 공부를 하다. 이 해에 하이네의 시집 《여행의 책》을 읽다.

1876년 4월 1일, 구필 화랑에서 해고되다. 이후 영국으로 거처를 옮겨, 런던 부근에 있는 램스게이트에서 잠시 보조교사 노릇을 하다. 7월 중순부터 런던 근교에서 존슨 목사의 조수로 일하다가 11월 4일, 생애 처음으로 설교를 하다. 크리스마스 즈음에 네덜란드로 가다. 이 해에 버니언의 《천로역정》에 심취하고, 롱펠로의 시를 즐겨 읽다. 조지 엘리엇의 《목사 생활의 양상》 같은 소설책을 읽고 감동하여 편지에 엘리엇을 극찬하다. 이후 오랫동안 엘리엇의 소설을 탐독하다.

1877년 런던으로 돌아가는 것에 반대하는 부모의 뜻을 받아들여, 도르트레히트에 있는 브라트 책방에 점원으로 취직하다. 그러나 성직자의 길을 걷고 싶어 책방을 곧 그만두고 신학교 입학을 위해 암스테르담으로 가다. 5월부터 삼촌 얀 반 고흐의 집에 머물면서 라틴어와 그리스어를 배우다. 그러나 이론과 학문보다는 실천에 뜻을 두다. 켐피스의 《그리스도를 본받아》에 심취하다. 이 해에 칼라일의 《프랑스혁명》을 읽다. 그리고 이 해부터 죽는 해까지 《크리스마스 캐럴》, 《어려운 시절》 같은 디킨스의 소설을 애독하다.

1878년 결국 신학교 입학을 포기하고 브뤼셀에 있는 전도사 양성 학교에 들어가다. 그도 적성에 맞지 않아 에텐으로 돌아가다. 11월, 벨기에 탄광지대인 보리나주로 떠나다. 보리나주에서 가난하게 생활하면서 아픈 이들을 방문하고 광부들에게 성경을 읽어주다. 이 해에 엘리엇의 《로몰라》, 《사일러스 마너》 등을 읽다.

1879년 임시 전도사로 채용되어 6개월 남짓 가난한 광산촌 사람들에게 예수의 가르침을 전하고 섬기다. 광부의 처지를 온몸으로 받아들이고 느끼고자 지극히 빈곤한 생활을 이어가다. 7월에 임시 전도사직을 박탈당하다. 체면 지키기에 급급하고, 사람들에게서 존경받기를 원하던 벨기에 교회위원회는 반 고흐를 광신자 취급하며 재임용하지 않다. 이 해에 스토의 《톰 아저씨의 오두막》을 읽고 깊이 감동하다.

1880년 1월, 농민화를 그리던 화가 쥘 브르통을 걸어서 찾아가다. 그러나 농민화를 그리는 사람답지 않게 화려한 집에서 사는 것을 보고 실망하여 돌아오다. 3월에 에텐으로 가지만 가족과의 불화로 정신적 고통을 겪다. 8월에 성직자의 길을 완전히 포기하고 화가의 길을 걷기로 마음먹다. 10월에 그림공부를 하러 브뤼셀로 가서 아카데미에 등록하고 원근법 등을 잠깐 배우다. 동생 테오가 도움의 손길을 내밀기 시작하다. 11월, 테오의 소개로 안톤 반 라파르트를 만나게 되다. 이 해에

셰익스피어의 《리어왕》을 읽고 셰익스피어를 격찬하다. 위고의 《사형수 최후의 날》
도 읽다.

1881년 7~8월, 목사인 숙부 요한네스 스트리커의 딸 케이 보스에게 청혼을 하나
거절당하다. 11월, 헤이그에서 안톤 모베를 만나다. 크리스마스에 아버지와 심하게
다투고 에텐을 떠나다. 이 해에 미슐레의 《사제, 연인, 가족에 대하여》를 읽고, 발자
크의 소설 《13인의 이야기》 등을 읽다.

1882년 1월, 임신을 한 매춘부 시앵과 그녀의 딸을 가족으로 맞아들여 함께 살다
(모베는 이런 빈센트에게 실망하고 돌아서다). 이 해에 '밀레 전기'인 《장 프랑수아
밀레의 삶과 예술》을 밤새워 읽다. 위고의 《범죄의 역사》 등을 읽고 감동하다. 졸
라의 《파리의 중심》, 《사랑의 한 페이지》 등을 읽고 졸라에게 빠져들다. 디킨스의
《작은 도릿》을 읽다.

1883년 9월 11일, 시앵과 헤어진 뒤 드렌테로 가서 바람을 쐬다. 12월에 부모가 있
는 누에넨으로 돌아가다. 이 해에 칼라일의 《의상철학》을 읽다. 위고의 《레미제라
블》과 《93년》을 읽고 깊이 감동하다.

1884년 1월, 다리가 부러진 어머니를 정성껏 간호하다. 2월, 정기적으로 테오에게
소묘를 보내다. 5월, 라파르트가 와서 열흘간 머물다. 농민을 주로 그리다.

1885년 3월 26일, 아버지 테오도루스 반 고흐가 심장발작으로 갑작스레 사망하다.
4~5월에 〈감자 먹는 사람들〉을 완성하다. 이 해에 졸라의 《증오》를 읽다. 공쿠르
의 《셰리》를 읽고 테오와의 관계가 좀 더 깊어지기를 소망하다.

1886년 1월, 안트베르펜에 머물며 '에콜 데 보자르'라는 미술 아카데미에 잠시 다니
다. 3월, 무작정 파리로 가서 동생 테오와 함께 살다. 4월, 코르몽 화실에서 얼마간
지도를 받으며 베르나르, 로트레크, 러셀 등과 사귀다. 이 해에 졸라의 《작품》을
읽다. 모파상의 《벨아미》를 읽고 매혹을 느끼다.

1887년 화구 상인 탕기 영감을 화폭에 담고 풍경화도 그리다. 이탈리아 여자인 아고스티나 세가토리의 가게 '르 탕부랭'에서 일본판화전을 열다. 이 해에 톨스토이의 《행복을 찾아서》를 읽고 감동하다. 볼테르의 《캉디드》와 모파상의 《오리올 산》도 흥미롭게 읽다.

1888년 2월, 프랑스 남부인 아를로 옮기다. 노란 집을 빌려 그림 작업에 힘쓰다. 예술가 공동체를 꾸릴 생각에, 먼저 폴 고갱을 불러들이다. 10월 23일, 고갱이 아를에 도착하다. 12월 23일, 작업방식과 기질 상의 차이로 고갱과 다툼을 벌이고 제 귀를 자르는 일까지 벌어지다. 다음 날 피를 흘리고 의식을 잃은 채로 발견되어 아를 시립병원에 입원하다. 이 해에 톨스토이의 《나의 종교》를 읽고 공감하다. 위고의 《무서운 해》와 휘트먼의 시집 《풀잎》을 읽다. 그리고 로티의 《국화 부인》과 도데의 《타라스콩의 타르타랭》 등을 읽다. 모파상의 《피에르와 장》, 《시편》 등도 애독하다.

1889년 1월에 퇴원하여 다시 그림 작업에 임하다. 2월 7일, 다시 병원으로 들어갔다가 1주일 뒤 나온다. 그러나 2월 26일, 아를 주민들의 청원으로 다시 강제 입원을 하다. 일주일 뒤 동료화가 폴 시냐크가 병문안을 오다. 4월 18일, 테오가 결혼하다. 5월 8일, 생레미 근처에 있는 생 폴 정신병원에 입원하다. 6월, 창살을 통해 밀밭을 보고 밀밭 그림, 올리브 밭 그림 등을 그리다. 9월, 들라크루아와 밀레의 그림을 모사하다. 이 해에 르낭의 《예수의 생애》를 읽고 깊이 감동하다. 발자크의 《시골 의사》와 플로베르의 《부바르와 페퀴셰》를 읽다.

1890년 1월 17일, 브뤼셀의 '20인전'에 〈해바라기〉 등을 내놓다.
〈붉은 포도밭〉을 시인 유진 보흐의 누이인 안나 보흐가 구입하다.
그로부터 며칠 뒤 발작 증세가 나타나 고생하다.

1월 25일, 평론가 알베르 오리에가 쓴 '반 고흐론'을 테오가 보내오다.
1월 31일, 테오의 아들이 태어나다.
3월 19일, 앙데팡당전에 작품 10점을 출품하다.
5월 16일, 파리에 도착하여 테오의 집에서 사흘간 머무르다. 5월 20일, 최종 정착지인 오베르에 도착하여 의사 가셰를 만나다.
7월 6일, 테오의 요청을 받아들여 파리로 가서 화가 로트레크와 평론가 알베르 오리에를 만나다.
7월 27일, 총상을 입고 귀가하다. 이틀 뒤 테오의 품에 안겨 숨을 거두다.

그로부터 여섯달 뒤인 1891년 1월, 테오가 눈을 감다. 1914년, 반 고흐의 묘지 옆으로 테오의 묘지가 옮겨지다.

〈자화상〉, 1887년, 시카고, 시카고 미술관.

세상에는 믿고 사랑할 만한, 가치 있는 것이 너무도 많다. 셰익스피어 안에 렘브란트적인 것이 있고, 미슐레 안에는 코레조적인 것, 위고에는 들라크루아적인 것이 있다. 나아가 복음서에는 렘브란트의 무엇인가가, 렘브란트에는 복음서의 무언가가 있다. 말하자면 그것들은 대체로 같은 선상에 있다. (…) 만일 네가 지금 그림을 탐구하고자 하는 인간을 용인할 수 있다면, 책을 사랑하는 것은 렘브란트를 사랑하는 것과 마찬가지로 신성하다고 인정해도 좋지 않을까? 그 둘은 서로 보완하는 것이라고 나는 생각한다. - 동생 테오에게 보낸 편지에서

〈책 세 권의 정물〉, 1887년, 암스테르담, 반 고흐 미술관.

일본의 차(茶) 상자 뚜껑에 그려진, 세 권의 책이 보인다. 맨 위에 놓인 책은 리슈팽의 소설 《용감한 사람들》이다. 지방으로 간 음악가와 알코올 중독으로 요절한 무언극 배우의 시련을 다룬 작품이다. 그 아래 소설은 공쿠르의 《매춘부 엘리자》다. 손님을 죽여 감옥에 간 매춘부의 삶을 다룬 작품이다. 맨 아래 놓인 붉은색 표지의 소설책은 졸라의 《여성의 행복》으로, 사업가인 옥타브 무레가 여성들과 숱하게 교제를 하여 사업에 성공한다는 이야기다. 위 소설책은 모두 빈센트가 파리에 있으면서 애독한 것들이다.

〈펼쳐진 성경이 있는 정물〉, 1885년, 암스테르담, 반 고흐 미술관.

〈펼쳐진 성경이 있는 정물〉은 빈센트 반 고흐가 처음으로 그린 책 정물화다. 빈센트는 성경과 졸라의 소설책인 《삶의 기쁨》을 한데 그렸다. 커다랗게 그려진 성경에 비해 다소 작게 그려진 졸라의 《삶의 기쁨》을 두고, 어떤 이는 아버지에 대한 빈센트의 적의가 표현되어 있다고 해석하기도 한다. 가족의 비난을 받으면서도 빈센트가 끝내 아버지를 용서하지 않았다는 것이다. 그러나 이는 과도한 해석이다. 빈센트는 죽은 아버지와 화해코자 성경과 현대소설책을 한자리에 두었다.

〈베 짜는 직조공〉, 1884년, 오테를로, 크뢸러 뮐러 미술관.

빈센트 반 고흐는 1878년 3월 3일 테오에게 쓴 편지에서 《사일러스 마너》도 언급했다. 엘리엇의 이 소설은 아마포 직조공인 '사일러스 마너'가 다소 편협한 종교 공동체에서 모함을 받고 부당하게 추방되어, 외로운 수전노로 전락했다가 버려진 사생아를 맡아 키우면서 갱생을 하고 구원을 받는다는 이야기다. 사일러스 마너는 온종일 베를 짜서 하루하루 모은 금화를 도둑맞은 뒤 한동안 방황을 하다가 눈 속에 버려진 아이를 거두어 키우면서 마을 공동체에 차츰 발을 들여놓는데, 이런 모습에 빈센트는 실로 감동을 느꼈으리라. 훗날, 그러니까 1884년 1월과 2월에 빈센트가 베 짜는 노동자를 유독 많이 그린 것도 어느 정도는 《사일러스 마너》의 영향 때문일 것이다.

〈아를의 여인〉, 1890년, 상파울로, 현대미술관.

빈센트 반 고흐는 생레미에서 다시금 〈아를의 여인〉을 4점 더 그렸다. 이번에는 고갱이 아를에 남겨두고 간 〈지누 부인의 초상〉을 보고 그린 것이다. 이 여인의 앞에는 디킨스의 《크리스마스 캐럴》과 스토의 《톰 아저씨의 오두막》이 그려져 있다. 여인의 포즈는 앞서 그린 〈아를의 여인〉과 크게 다르지 않으나 표정만은 훨씬 자애롭다.

〈의사 가셰의 초상〉, 1890년, 개인 소장.

의사 가셰의 초상화와 또 다른 아를 여인의 초상화에는 빈센트 반 고흐가 좋아한 공쿠르 형제의 《제르미니 라세르퇴》와 《마넷 살로몽》이 함께 그려져 있다. 앞에서 보았듯이 《제르미니 라세르퇴》는 한 노동자 여성이 알코올 중독, 정신질환, 결핵을 앓다가 결국 죽음을 맞는 일생을 그린 작품이다. 《마넷 살로몽》은 파리 예술가의 투쟁 어린 삶을 그린 책이다.

〈무스메〉, 1888년, 워싱턴, 국립회화관.

빈센트 반 고흐는 1888년 7월 29일에 쓴 편지에 로티의 《국화 부인》을 읽고, 일본어로 젊은 미혼 여성을 뜻하는 '무스메'를 그렸다고 썼다. (…) 서양 남자와 일본 게이샤 간의 사랑을 그린 《국화 부인》이나 이를 원작으로 한 오페라와 달리, 빈센트가 그린 '무스메'는 게이샤의 이국적이고 야릇한 성적 분위기가 전혀 없다. 빈센트는 이 무스메 그림을 꼬박 일주일이나 걸려서 그렸다.

〈감자 먹는 사람들〉, 1885년, 암스테르담, 반 고흐 미술관.

빈센트 반 고흐가 걸작이라고 자신한 그림이다. 빈센트는 램프 불빛 아래서 감자를 먹는 사람들이 바로 그 손으로 대지를 일구고 정직하게 일용할 양식을 얻었음을 증언하고 싶었다고, 동생 테오에게 보낸 편지에 썼다. 그리고 덧붙였다. "언젠가는 이 그림이 진정한 농민화로 평가받으리라 믿는다." 이 감자 먹는 사람에 대한 묘사가 엘리엇의 중편소설집 《목사 생활의 양상》에도 나온다. 빈센트는 이 소설책을 흥미롭게 읽었다.

〈슬픔〉, 1882년, 영국 월솔, 월솔 미술관.

1882년 4월, 빈센트 반 고흐는 남자한테서 버림을 받고 거리에 나앉은 임신부 시앵을 그리고는 '슬픔'이라는 제목을 붙였다. 시앵은 그때 임신을 한 지 7~8개월째였다. 당시만 해도 이 그림은 무척 특이한 것이었다. 왜냐하면 임신부를 누드로 그리는 것은 물론 옷을 입은 임신부를 그리는 일도 매우 드물었기 때문이다. (…) 그림 아래에 빈센트가 적어 넣은 것은 미슐레의 글이다. '어떻게 여성이 지상에 버려져 홀로 있을 수 있는가?'